HENRICUS DE GANDAVO

ANCIENT AND MEDIEVAL PHILOSOPHY
De Wulf-Mansion Centre
Series 2

HENRICI DE GANDAVO

OPERA OMNIA

XXXVI

LECTURA ORDINARIA SUPER SACRAM SCRIPTURAM

HENRICO DE GANDAVO adscripta

The De Wulf-Mansion Centre deals with research in Ancient and Medieval Philosophy, at the Philosophy Institute of the Catholic University of Louvain (K.U.L.).
2. Kardinaal Mercierplein, B-3000 Leuven

LECTURA ORDINARIA SUPER SACRAM SCRIPTURAM

HENRICO DE GANDAVO adscripta

Edidit

R. MACKEN, O.F.M.
Dr. Phil.

LEUVEN
UNIVERSITY PRESS

E. J. BRILL
LEIDEN

1980

Gepubliceerd met de steun van de Universitaire Stichting van België

ISBN 90 6186 104 7

Leuven University Press / Presses Universitaires de Louvain /
Universitaire Pers Leuven
Krakenstraat 3, B-3000 Leuven / Louvain (Belgium)

D/1980/1869/8

AVANT-PROPOS

Au terme des travaux préparatoires à l'édition de la «Lectura ordinaria», il nous reste un devoir agréable à accomplir : celui de remercier toutes les personnes qui nous ont aidé à réaliser ce projet. Elles sont nombreuses, mais il y en a quelques-unes que nous voudrions mentionner spécialement.

Le Révérend Père H.-L. Van Breda, Professeur à l'Institut de Philosophie de l'Université de Louvain, nous a encouragé dans notre étude d'Henri de Gand. M. G. Verbeke et le Révérend Père E.-M. Buytaert, Professeurs à l'Université Catholique de Louvain, M. F. Masai, Professeur à l'Université Libre de Bruxelles, et le Révérend Père Ét. Axters, membre de la «Koninklijke Vlaamse Academie voor Taal- en Letterkunde», ont bien voulu revoir notre texte aux différents stades de son élaboration. Mlle S. Mansion, Professeur, Secrétaire du «Centre De Wulf-Mansion», nous a procuré les microfilms nécessaires. Mgr. Ph. Delhaye, Doyen de la Faculté de Théologie de l'U.C.L., a bien voulu accueillir l'ouvrage dans les «Analecta Mediaevalia Namurcensia» qu'il dirige. Mlle B. Smalley, Professeur émérite à l'Université d'Oxford, a témoigné une bienveillante attention à cette édition, qui l'avait intéressée bien avant nous. Nos supérieurs nous ont accordé leur confiance, et ont facilité nos travaux.

L'association «Vlaamse Leergangen te Leuven» nous a aidé à plusieurs reprises, surtout au début de nos recherches.

Un crédit obtenu de la part du «Nationaal Fonds voor Wetenschappelijk Onderzoek» a permis de nous procurer une partie du matériel nécessaire à nos recherches sur Henri de Gand. Elle nous a aidé surtout à visiter pendant 3 ans les bibliothèques de la plupart des pays européens pour décrire sur place plus de 200 manuscrits d'ouvrages attribués à Henri de Gand ou traitant *ex professo* de ses doctrines, qu'une investigation rigoureuse des catalogues et de la littérature scientifique nous avait permis de découvrir. Des microfilms de la majorité de ces manuscrits et parties de manuscrits ont été acquis par le «De Wulf-Mansion-Centrum». Le résultat de ces voyages sera publié sous le titre : *Bibliotheca manuscripta Henrici Gandavensis.* I. *Catalogue.* II. *Répertoire.* Que le N.F.W.O. trouve ici l'expression de notre gratitude. Ce crédit nous a aussi permis de décrire sur place le manuscrit de la «Lectura ordinaria», et nous remercions la Direction et le personnel du Département des Manuscrits de la Bibliothèque Nationale de Paris, qui nous ont accordé toutes facilités pour examiner à loisir le manuscrit que nous éditons ici.

Une subvention de la «Universitaire Stichting» nous a permis la publication du présent volume. Nous lui exprimons toute notre reconnaissance.

Nous avons une dette spéciale de reconnaissance vis-à-vis de dom Hildebrand Bascour, o.s.b., Directeur des «Recherches de Théologie ancienne et médiévale», qui nous a été d'un précieux appui dans l'élaboration de cette édition, et du chanoine F. Van Steenberghen, Professeur à l'Institut de Philosophie de Louvain, qui nous a donné maints conseils éclairés pour son achèvement et en a assuré une dernière mise au point.

Louvain, en la fête de la Résurrection du Seigneur,
le 2 avril 1972.

NOTE ADDITIONNELLE

En 1979, le *De Wulf-Mansioncentrum (Katholieke Universiteit Leuven)* inaugura la collection HENRICI DE GANDAVO *Opera Omnia* en publiant la *Bibliotheca manuscripta Henrici de Gandavo* (I-II) et l'édition critique du *Quodlibet I* d'Henri de Gand (V). Il était dès lors tout indiqué que l'édition critique de cet important ouvrage d'exégèse attribué à Henri de Gand, resté totalement inédit jusqu'en 1972, prenne à son tour la place qui lui revient dans cette collection. Notre reconnaissance va à Mgr. Ph. Delhaye pour la compréhension et la bienveillance avec laquelle il a accepté de nous céder l'ouvrage, publié primitivement dans les *Analecta Mediaevalia Namurcensia.* Nous exprimons encore notre profonde gratitude au Président du *Hoger Instituut voor Wijsbegeerte*, M. le Professeur U. Dhondt, et au Directeur administratif du *De Wulf-Mansioncentrum*, le Dr. W. Vanhamel, qui ont bien voulu accueillir cette édition dans la série HENRICI DE GANDAVO *Opera Omnia.*

Louvain, le 1er mars 1980.

INTRODUCTION

Description du manuscrit

La *Lectura ordinaria super sacram scripturam* attribuée à Henri de Gand est conservée dans un seul manuscrit : le ms. *Paris, Nat. lat.* 15355, f. 230ra-251ra. Il date de la fin du 13e ou du début du 14e siècle, comme il résulte des indications données plus loin (1). Voici la description de ce manuscrit.

Reliure

La reliure, exécutée en carton recouvert de basane verte, remonte au 17e ou 18e siècle. Il y a six nerfs. Sur le dos se lit un titre imprimé : *Henrici de Gandavo Ia Pars Summae Quaestionum Theologicarum.* Les feuillets de garde en papier présentent des filigranes (cf. Briquet 13074, attesté 1687).

Composition

Ce codex contient, si l'on néglige un feuillet de garde moderne en papier, un feuillet de garde médiéval en parchemin (f. 1), 9 sexternions terminés chacun par une réclame (f. 2-109), 1 quaternion auquel manque un feuillet (f. 110-116), 3 sexternions terminés chacun par une réclame (f. 117-152), 2 quaternions terminés chacun par une réclame (f. 153-168), 4 sexternions terminés chacun par une réclame (f. 169-216), 1 binion auquel manque un feuillet (f. 217-219), 2 sexternions (f. 220-243), 1 quaternion (f. 244-251), un feuillet de garde médieval en parchemin (f. 252). Un f. de garde moderne en papier a été ajouté à la fin.

Les cahiers sont numérotés à l'angle droit inférieur de leur première page : *1us caternus - 10us caternus.* Les dimensions des feuillets sont de 36,7 × 25,2 cm.

Écritures (2)

Le folio 1, primitivement blanc, a reçu quelques notes dès le moyen âge.

(1) Cf. *infra*, p. XIII.

(2) Les dénominations des écritures sont conformes aux principes exprimés dans *Nomenclature des écritures livresques du IXe au XVIe siècle*, Paris, 1954. Cela ne signifie

Première partie (f. 2r-116v)

Dans cette première partie l'espace écrit est de 24 à 16,5 cm. et le texte est disposé sur 54 lignes en 2 colonnes.

Le texte est copié dans une *littera textualis currens*; les tables du f. 116r-v dans une *littera cursiva notularis* (3). Cette partie est écrite par un seul copiste, le même que celui du *Quodl. III* d'Henri de Gand dans le ms. *Paris, Nat. lat.* 15848, aux ff. 21ra-53vb.

Au début de l'ouvrage, il y a une initiale de 4 lignes de hauteur, exécutée à l'encre bleue et rouge, avec des filets verts et rouges, et une antenne bleue, rouge et verte qui couvre la marge entière de gauche. Au début des questions, on trouve alternativement des initiales de 2 lignes de hauteur, exécutées à l'encre rouge, avec des filets verts et une antenne verte qui couvre une partie de la marge, et des initiales de même exécution, mais où les couleurs sont inverties. Dans la marge supérieure, une numérotation courante des articles et questions est exécutée à l'encre noire.

La main du copiste a noté en marge quelques divisions et quelques corrections. Une correction continue dans une *littera textualis currens* comporte des notes, parfois étendues, précédées de signes d'insertion, l'addition du chapitre pour des livres cités dans le texte, des insertions et des ratures.

Une main écrivant dans une *littera cursiva notularis* (la main de Godefroid de Fontaines?) (4), a inséré des notes marginales étendues, et plusieurs mains médiévales ont ajouté des *notabilia*, des *auctoritates*, des schèmes, des divisions, des signes conventionnels destinés à appeler l'attention sur un passage déterminé, des dessins d'une main indiquant un passage. Il y a aussi quelques indications au crayon.

Contenu

— F. 2ra-116va : Henricus de Gandavo, *Summa* (éd. Paris 1520, Ferrare 1646), *prologus — art. 26. Inc.* Quia theologia est scientia, in qua est sermo de Deo et de rebus divinis, ut dicit Augustinus VIIIo *De civitate Dei* ...; *expl.* ... ipsum hominem vel Deum esse iustum

pas du tout que nous adoptions une position déterminée dans le problème si délicat de la terminologie et de la distinction des écritures : notre seul souci est que le lecteur sache ce que nous entendons par ces appellations. Du reste le recours aux fac-similés supprimera tout ce qu'il pourrait y avoir d'ambigu et de contestable.

(3) Concernant cette dernière main, cf. *infra*, p. XI-XII.

(4) Cf. *infra*, p. XIII.

proponimus, sed differenter, quoniam homo alter, alter est iustus, Deus autem ipsum est quod est iustum.

— F. 116va-116vb : table des questions de ce qui précède. Cette table est continuée et achevée sous les colonnes a et b du feuillet 116^{r}.

Deuxième partie (f. 117^{r}-252^{v})

L'espace écrit du texte de cette deuxième partie est de 24,6 à 24,2 cm. sur 16,8 à 16,5 cm., et le texte est disposé sur 54 lignes, en 2 colonnes.

Écritures

Le texte est copié dans une *littera textualis currens*. C'est l'œuvre d'un seul copiste (à partir du f. 230vb dans une lettre plus épaisse), comme pour les *Quodlibets* I et II dans le ms. *Paris, Nat. lat.* 15848, f. 1ra-19va, 55va-67va. La table du f. 252^{v} est dans une *littera cursiva notularis* (la main de Godefroid de Fontaines ?) (5).

L'arrangement et la décoration sont semblables à ceux des ff. 2ra-116va. Le f. 220ra porte une initiale de 3 lignes de hauteur, semblable à celle du f. 2ra. A partir de ce feuillet il n'y a plus d'initiales et le texte n'est plus divisé en questions : les points de repère sont alors fournis, dans le commentaire scripturaire, par les lemmes de la *Genèse* soulignés, suivant l'ordre du commentaire.

La main du copiste a écrit en marge des divisions, des *auctoritates* et un tableau synoptique précédé d'un signe d'insertion au f. 224^{r}. Ce schème fait donc partie du texte et se trouve dans notre édition à la p. 49, ligne 44-54.

Le texte a bénéficié d'une révision intégrale dans une *littera textualis currens*. Cette révision comporte des notes, dont quelques-unes sont longues, précédées de signes d'insertion, des indications de *va cat*, des insertions, des ratures.

Il existe aussi des notes, parfois étendues, sans signe d'insertion, écrites dans une *littera cursiva notularis* (main de Godefroid de Fontaines ?).

Expliquons-nous sur cette dernière écriture, responsable seulement d'une série de notes et de la table des matières. Cette écriture est identique à celle que Glorieux et plusieurs autres érudits attribuent à Godefroid de Fontaines, possesseur de notre codex (6). Une controverse s'est élevée autour de cette attribution (7) ; nous partageons l'avis de

(5) Cf. *infra*, p. XIII.

(6) Cf. P. GLORIEUX, *Un recueil scolaire ...*, *passim.*

(7) Cf. e.a. B. NEUMANN, *Der Mensch ...*, p. 7-12.

Neumann : les notes marginales qui se trouvent dans les manuscrits légués par Godefroid à la Sorbonne ne sont pas toutes de sa main.

Étudions maintenant l'autre écriture, que nous avons qualifiée de *littera textualis currens*. Il n'existe pas encore d'édition critique de la *Somme*. Nous nous sommes donc bornés à examiner quelques-unes de ces notes : elles modifient un texte ayant un sens en un nouveau texte ayant également un sens et ce nouveau texte est passé régulièrement dans le texte même de l'édition de 1520. Reflètent-elles une double rédaction de la *Somme* dans cette 2e partie ? Nous devons laisser la solution de ce problème à l'édition critique.

La main du copiste de cette 2e partie de la *Somme* d'Henri est la même qui a écrit le *Quodl. I* dans le ms. *Paris, Nat. lat.* 16848, choisi comme manuscrit de base pour notre édition critique du *Quodl. I.*

Plusieurs mains médiévales ont ajouté en marge des *notabilia*, des dessins d'une main indiquant un passage, ou d'une face humaine; il y a aussi quelques notes au crayon, dont quelques-unes assez étendues.

Contenu

— F. 117ra-219va : HENRICUS DE GANDAVO, *Summa* (éd. Paris 1520, Ferrare 1646), *art. 27-52* (et les premières lignes de l'art. 53). *Inc.* Viso de esse Dei et de unitate eius in natura et essentia, sequitur videre de vivere et vita in ipso ... ; *expl.* le texte finit de façon abrupte : ... Et in generali, primo de ipsis personis. Secundo de proprietatibus personarum, quae communiter notiones dicuntur. Circa divinas autem personas in generali inquirenda sunt (éd. 1520, f. 60r).

— F. 219vb : blanc.

— F. 220ra [8]-251ra : HENRICUS DE GANDAVO (?), *Expositio super prima capitula Genesis. Inc.* Hic est liber mandatorum Dei et lex quae est in aeternum. Qui tenent eam pervenient ad vitam ... ; *expl.* ... secundum litteralem et historicum sensum expositum, omni alia expositione spirituali omissa. Deo gratias, alleluia.

— F. 251rb, 252r : blanc.

— F. 251v : blanc, sauf quelques notes médiévales, dont nous traitons plus bas [9].

— F. 252va-252vb : table des articles et questions d'HENRI DE GAND, *Summa*, art. 27-52 (= f. 117ra-219va) et art. 53.

(8) Ce f. 220r est reproduit ci-dessous, après la p. XXIII.

(9) Cf. *infra*, p. XIII.

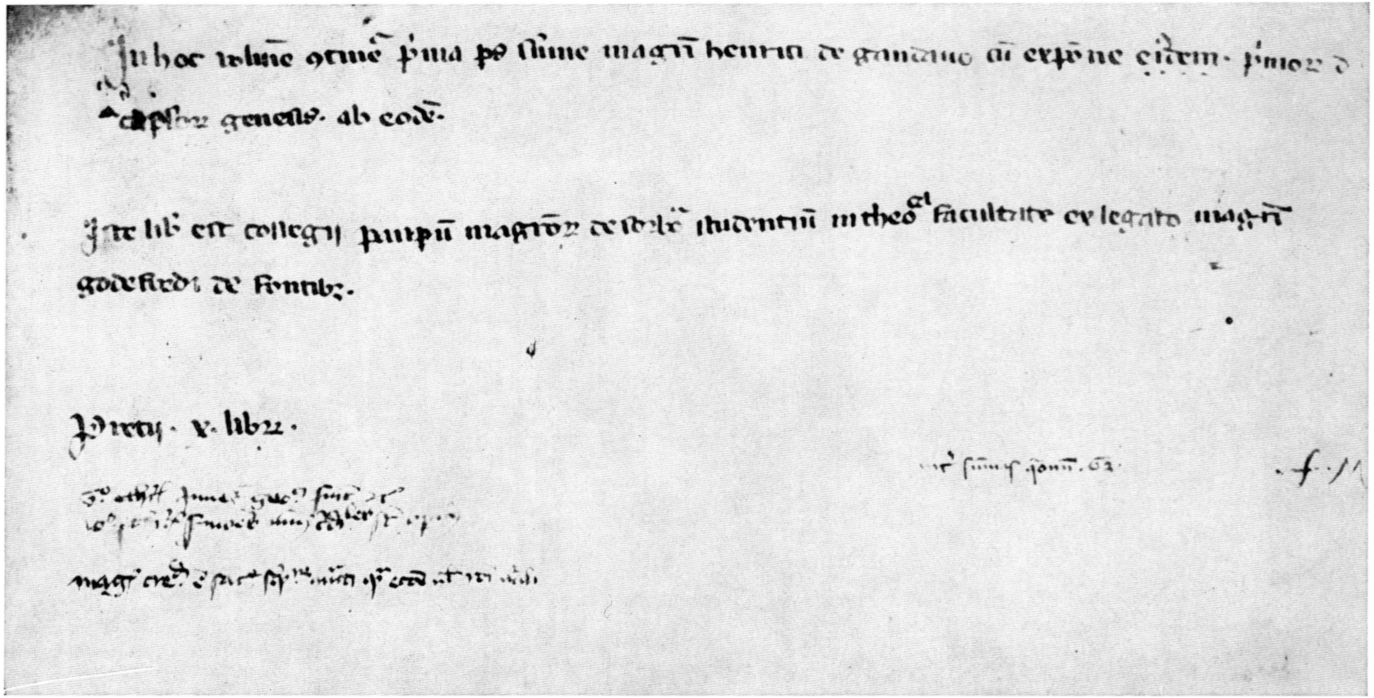

I. Attribution de l'ouvrage à Henri de Gand dans le ms. Paris, *Nat. lat.* 15355, au f. 251v

Origine

Ce manuscrit a-t-il été écrit à Paris ? C'est vraisemblable car il est la copie d'un ouvrage probablement composé à Paris et il a appartenu à Godefroid de Fontaines, maître en théologie à l'Université de Paris.

Histoire du manuscrit

Ce codex a été légué à la Sorbonne par Godefroid de Fontaines († 1306) (10), comme il résulte d'une note au f. 251v écrite en une *littera textualis formata* par la même main médiévale qui a écrit les témoignages du legs de Godefroid à la Sorbonne dans les autres volumes qui en font partie : *In hoc volumine continetur prima pars summae magistri henrici de gandavo cum expositione* (11) *primorum* (12) *capitulorum genesis ab eodem. Iste liber est collegii pauperum magistrorum de sorbona studentium in theologica facultate ex legato magistri godefridi de fontibus. Pretio x librarum. Cathenandus est.* Au même feuillet on a ajouté en caractères très fins : *inter summas quaestionum 63us*. Le catalogue manuscrit de la grande bibliothèque de la Sorbonne, qui date de 1338, mentionne notre manuscrit parmi les « libri cathenati vigesimi primi scamni X » en ces termes : « prima pars summe Henrici de Gandavo. Exposicio primorum, secundorum (13) capitulorum Genesis ». (éd. Delisle, p. 77). Et le catalogue méthodique (14) de cette même bibliothèque de la Sorbonne le mentionne ainsi : « X. p. Item (15) postille Henrici de Gandavo super tria prima capitula Genesis » (éd. Delisle, p. 92 ; éd. Glorieux, p. 275) (16).

(10) Cf. P. Glorieux, *Aux origines* ..., I, p. 331.

(11) Après le mot *expositione* la même attribution à Henri de Gand est répétée par la même main : *eiusdem*, mais ce mot est exponctué.

(12) Entre *primorum* et *capitulorum* quelque chose semble avoir été ajouté, mais l'indication est peu claire. Est-ce un *d*, commencement de *duorum*, comme l'interprète B. Smalley, *A Commentary* ..., p. 60, et ce mot a-t-il été gratté ensuite presque entièrement ?

(13) L'auteur du catalogue a-t-il été égaré par la même abréviation peu claire traitée plus haut, note 12 ?

(14) « Contemporain, ou peu s'en faut, du Catalogue de 1338 », dit P. Glorieux, *Aux origines* ..., I, p. 246.

(15) Le mot « item » se rapporte aux commentaires sur la *Genèse* cités précédemment dans cette division du « Répertoire méthodique », qui est intitulée : « Postille seu exposiciones scripture sacre secundum ordinem librorum » (éd. Delisle, p. 92).

(16) L. Delisle, *Le Cabinet des manuscrits* ..., III, 1881, p. 93. Cf. aussi F. Ehrle, *Heinrich* ..., 1885, p. 401. L'édition de ce « Répertoire méthodique » par Glorieux dans *Aux origines* ..., I, p. 245-289, n'est pas une répétition simple de l'édition de Delisle : c'est au contraire un essai de reclassement de ce répertoire méthodique suivant l'ordre

Aucune indication ne permet de supposer que ce manuscrit ait jamais quitté la Sorbonne. Nous y retrouvons deux fois l'empreinte du sceau de la *Bibliothèque de Sorbonne* (aux ff. 2r et 252v), et trois cotes se rapportant à la Sorbonne : *640* (au f. 2r) (17); *238* (au f. 1r; rayé ensuite); et *702* (aux ff. 1r et 2r, et au verso du plat antérieur avec la date *1783*).

Dans les années de la Révolution française (vers 1790-1796) (18), le volume fut confié temporairement au *Dépôt littéraire de Saint-Louis-la-Culture* (19).

A partir de 1796 le volume a été incorporé à la *Bibliothèque Nationale* de Paris.

Bibliographie

Ms. Cat. Sorbonne 1338 (éd. Delisle, p. 77, 92; éd. Glorieux, p. 275); L. Delisle, *Inventaire ... Sorbonne* ..., 1870, p. 6; Id., *Le Cabinet* ..., III, 1881, p. 77, 92; F. Ehrle, *Heinrich* ..., 1885, p. 401; H. Martin, *Catalogue* ..., IX, 1891, p. 433[1]; H. Omont, *Concordances* ..., 1903, p. 116 (nº 640); P. Glorieux, *Répertoire* ..., 1947, nº 192g, j; F. Stegmüller, *Repertorium commentariorum* ..., I, 1947, p. 150 (nº 318); II, 1947, p. 1947, p. 789; Id., *Repertorium biblicum* ..., III, 1951, p. 28 (nº 3174); B. Smalley, *A Commentary* ..., 1953, *passim*; J. J. Duin, *La bibliothèque* ..., 1959, p. 24; P. Glorieux, *Aux origines* ..., I, p. 275.

L'attribution de l'ouvrage à Henri de Gand

Notre but est ici avant tout d'éditer un texte intéressant et nous n'avons pas l'intention d'approfondir la question de l'attribution à Henri de Gand. Rassemblons toutefois certains éléments susceptibles de conduire à une étude plus approfondie, qui se trouvera facilitée par l'édition du texte.

Ces indications, les unes extérieures au texte, les autres résultant de la comparaison du texte avec les ouvrages sûrement authentiques d'Henri, n'apportent, disons le tout de suite, aucun argument décisif.

L'ouvrage est attribué à Henri dans le volume même, non par le

des rayons, en se basant sur l'indication de la place qui est donnée pour chaque ouvrage : cf. P. Glorieux, *Aux origines* ..., I, p. 246-247.

(17) Cf. H. Omont, *Concordances* ..., p. 116.

(18) Cf. L. Delisle, *Inventaire ... Notre-Dame* ..., p. xi.

(19) Cf. H. Martin, *Catalogue* ..., IX, p. 433[1].

copiste, mais par une autre main, à peu près contemporaine, toutefois, main d'un bibliothécaire de la Sorbonne, à ce qu'il semble [20]. La même main a écrit les attributions — exactes — des autres ouvrages d'Henri appartenant au legs de Godefroid, mais il s'agit là d'ouvrages d'une grande notoriété.

Cette attribution à Henri est répétée dans le « Répertoire méthodique de la grande librairie », rédigé en 1338, ou peu après [21], mais ce n'est pas un nouveau témoignage : il se base sur le précédent.

L'ouvrage est-il attribué ailleurs à Henri ?

La plus ancienne liste sommaire des ouvrages d'Henri découverte jusqu'à présent, se trouve dans le *Chronicon* du Dominicain Henricus de Hervordia († 1370) [22]. Elle ne mentionne pas cet ouvrage [23], mais l'auteur n'a pas l'intention d'être complet.

Il faut en dire autant de la liste de John Capgrave (1393-1464) [24] dans son *Liber de illustribus Henricis* [25]. Il mentionne seulement les deux principaux ouvrages d'Henri : la *Somme* et les *Quodlibets*.

La liste suivante est celle de Trithemius [26] en 1531. Celui-ci attribue

(20) Cf. *supra*, p. XIII.

(21) Cf. *supra*, p. XIII[13].

(22) Éd. A. POTTHAST, *Liber* ..., 1859, p. 213. Cf. concernant cet auteur U. CHEVALIER, *Répertoire* ..., *Bio-bibliographie*, I, 1905, col. 2083.

(23) Voici le texte : « Secundo anno Adolfi doctor solemnis magister Henricus de Gandavo celeberrimus coepit haberi. Hic scripsit *Summam theologiae* verborum quidem intricatione et obscuritate quantitateque notabili voluminis obtusioribus morosam, sed sensuum subtilitate plurima et profunditate mirabili refertissimam et fecundissimam et ob hoc a perspicatioribus quam pluribus avidius anhelatam. Scripsit etiam eiusdemmodi *De quolibet 15* et *Super metaphysicam*. Hic Parisius doctor solemnis nominatur usque in praesentem » (cf. F. EHRLE, *Heinrich von Gent*, p. 400[1]).

(24) Cf. U. CHEVALIER, *Répertoire* ..., *Bio-bibliographie*, I, 1905, col. 774.

(25) Éd. F. Ch. HINGESTON, p. 178-180. Ce témoignage est repris dans A. WAUTERS, *Sur des documents apocryphes* ..., p. 12-14, et examiné là aux p. 9-11.

(26) Voici le texte : « Henricus de Gandavo, archidiaconus Tornacensis, natione theutonicus, vir in divinis scripturis inter omnes doctores sui temporis eruditissimus, et in philosophia Aristotelica valde subtilis, tantae opinionis et authoritatis in gymnasio Parisiorum exstitit, ut doctor solennis per universum Christianum orbem vocatus sit. Erat enim ingenio subtilis et in disputationibus scholastici acutissimus, quod praeclara illius testantur opuscula. De quibus ego tantum reperi ad praesens subiecta.

Summa Theologiae	li. 1.	Super Sententias	li. 4.
De virginitate		li. 1. Sacris virginibus compilator.	
Quodlibeta	li. 1.	De poenitentia	li. 1.
In Metaphysicam	li. 14.	In Physicorum Libros	li. 8.

Cetera quidem multa composuit, sed ad notitiam meam non venerunt. Moritur sub Adolpho Imperatore, anno domini 1293, indictione 6ta, in festo Apostolorum Petri et Pauli. Sepultus Tornaci in ecclesia sanctae dei genitricis Mariae » (Joannes TRITHEMIUS,

déjà à Henri une impressionnante série d'ouvrages, en s'inspirant manifestement de travaux bibliographiques du début du 16e siècle, qui exploitent des catalogues de manuscrits de toute une série de bibliothèques. Notre ouvrage n'y est pas encore mentionné, mais l'auteur reconnaît qu'Henri composa « cetera multa ».

Une liste postérieure des ouvrages d'Henri, celle de Simler en 1574 [27], ajoute aux ouvrages mentionnés par Trithemius :

« Sermones quoque varios et *diversas in sacra pagina lecturas* ».

Cette dernière indication se retrouve plus tard entre autres dans les listes de Fabricius [28] et de Huet [29], et dans les mêmes termes : « diversas in sacra pagina lecturas ». Huet servira de base à la bibliographie des études ultérieures sur Henri de Gand.

La publication par Delisle [30] de l'inventaire des manuscrits latins appartenant au fonds de la Sorbonne de la *Bibliothèque Nationale* de Paris mentionne, comme il va de soi, notre ouvrage, et l'indique comme une « exposition du commencement de la Genèse ». C'est de là qu'Ehrle a repris cette mention dans son article retentissant [31], d'où elle se répandit dans la littérature scientifique contemporaine.

Passons maintenant à la comparaison de cet ouvrage avec les œuvres sûrement authentiques d'Henri, et signalons certaines ressemblances, sans vouloir en exagérer la portée.

Ces ressemblances se trouvent d'abord dans le *contenu* de la *Lectura*.

Certains thèmes sont en effet traités dans une optique similaire. Ainsi le problème de l'éternité du monde, qui reçoit la même solution à partir des mêmes *auctoritates* dans *Lectura ordinaria*, p. 41,3-53,55 [32] et d'autres passages, comme *Lect. ord.*, p. 69,63-65 [33], et dans la q. 7-8 du *Quodl.* I d'Henri. Ensuite la conception bien typique de ce commentaire concernant la priorité du sens littéral, qu'il faut bien étudier avant de vouloir en tirer des conclusions théologiques : cette priorité du sens littéral était sans doute un thème général à cette

Catalogus scriptorum ecclesiasticorum ..., 1531, f. 94v). La seconde colonne, dont nous reproduisons la disposition typographique, mentionne seulement un ouvrage : « De virginitate », en un seul livre, avec son incipit : « Sacris virginibus compilator ».

(27) J. Simler, *Bibliotheca* ..., 1574, p. 277.

(28) J. A. Fabricius - J. D. Mansi, *Bibliotheca* ..., 1858, p. 243.

(29) F. Huet, *Recherches* ..., 1838, p. 71.

(30) L. Delisle, *Inventaire* ... *Sorbonne* ..., 1870, p. 6.

(31) F. Ehrle, *Heinrich* ..., 1885, p. 401.

(32) Dans ce qui suit, nous renvoyons à la *Lectura ordinaria* éditée ici en indiquant d'abord la page de l'édition, ensuite la ligne.

(33) Cf. B. Smalley, *A Commentary* ..., p. 75.

époque [34], mais c'est un thème bien mis en évidence dans les ouvrages certainement authentiques d'Henri [35]. Le repos du dimanche est traité dans la *Lect. ord.*, p. 173,2 - 179,6 dans la même optique que dans le *Quodl. I*, q. 41 d'Henri, mais encore une fois, c'était la conception générale du dimanche au moyen âge.

Passons des thèmes préférés aux auteurs préférés. Il faut tenir compte des exigences spéciales d'un commentaire sur la *Genèse* : on retrouve ici très souvent les *Hebraicae quaestiones in Genesim* de S. Jérôme, la *Glose* est quasi omniprésente. Cette *Glose* est à son tour pour notre auteur la source de beaucoup de ses *auctoritates* : Bède p. ex. se voit cité exclusivement à travers la *Glose*, ou peu s'en faut. Cet usage abondant de la *Glose* est peut-être un signe que le traité a été composé assez hâtivement, du moins dans certaines de ses parties [36]. Cependant on retrouve aussi les auteurs préférés d'Henri.

Un auteur mis fort en évidence et distingué nettement des autres philosophes, est Platon, qui est appelé dans la *Lectura ordinaria* « praecipuus philosophorum » (p. 63, 66) [37]. Cette tendance, qu'on trouve dans les écrits sûrement authentiques d'Henri [38], à séparer Platon des autres philosophes non chrétiens et à le considérer, dans le *Timée* [39], comme très proche de la foi chrétienne, est encore une fois assez commune au moyen âge, et cette interprétation ne s'accorde pas du tout avec l'interprétation moderne des théories de Platon sur la création [40]. Cette interprétation médiévale de Platon lui a valu une place de choix dans les commentaires sur la *Genèse* de l'école de Chartres, mais à l'époque d'Henri on n'était pas habitué à employer le *Timée* d'une façon aussi abondante dans un commentaire sur la

(34) Cf. *infra*, p. XIX[47].

(35) Cf. p. ex. *Quodl. XI*, q. 22, f. 475rI dans l'édition de 1518. Dans ce qui suit nous renvoyons toujours pour les *Quodlibets* et la *Somme* d'Henri aux éditions de 1518 et 1520. Une particularité de l'étude théologique sur la Sainte Écriture chez Henri, est son idée de l'illumination spéciale nécessaire à l'étude de la vérité inspirée : « ... primo credendum est auctoritati sacrae scripturae, deinde studio sacrae scripturae diligenti investigatione insistendum ad hoc quod creditum est, intelligendum, *assistente nobis speciali illustratione divina* ... » (HENR. DE GAND., *Summa*, art. 13, q. 6 : I, f. 94vE). Cf. concernant cette illumination J. BEUMER, *Erleuchteter Glaube* ..., p. 137-138.

(36) C'est aussi l'opinion de B. SMALLEY, *A Commentary* ..., p. 66-67.

(37) Cf. B. SMALLEY, *A Commentary* ..., p. 75.

(38) Cf. p. ex. la *Somme* d'Henri, I, f. 6vI.

(39) « très connu et apprécié d'Henri » (J. PAULUS dans *Henri de Gand*, p. 94). Henri le cite dans la traduction de Chalcidius.

(40) Cf. J. PÉPIN, *Théologie cosmique* ..., p. 25-27 ; M. LANDMANN, *Ursprungbild* ..., p. 148-154.

Genèse (41). Notre commentateur lui accorde une place spéciale, qui mérite d'être relevée.

Un autre préféré d'Henri était Avicenne (42). On le retrouve dans la doctrine de la création, spécialement aux pp. 41,3 - 53,54, à la même place privilégiée que celle qu'Henri lui accorde dans le *Quodl. I*, q. 7-8 (43).

La *Lectura ordinaria* cite à la p. 85,43 comme principale « autorité » contre le « nécessitarisme » d'Aristote les « dicta sanctorum » de la même façon qu'Henri le fait dans son *Quodl. I*, q. 7-8, f. 4v : « ... dicta exempla sanctorum ... » (44). Mais de nouveau c'était un trait assez commun aux néo-augustiniens de la fin du 13e siècle.

Les « adversaires » sont aussi les mêmes : l'auteur de la *Lectura*, à l'instar d'Henri, y reproche à Aristote surtout ce « nécessitarisme » (45) bien typique, que les augustiniens découvraient avec horreur, à mesure que les œuvres d'Aristote étaient de mieux en mieux connues. Notre auteur, représentant typique de ce courant, y voit la source d'autres erreurs, et un point de vue particulièrement dangereux pour la philosophie :

« Philosophus ... manifeste veritatem huius doctrinae negavit ..., dicens sic : « ... mundus totalis est perpetuus, sempiternus, nec cessabit nec cessat umquam generare animalia et plantas et omnes suas species. Et hoc contingit eis, quia proximas causas propagationis rerum viderunt, non primam, ... » (p. 103,23-33).

« Velit ergo nolit, Philosophus necesse habet ponere primum hominem aliquem particularem a Deo factum antequam nullus etiam secundum principia et regulas suae artis, et sic de aliis speciebus rerum naturalium ... » (p. 104, 66-69).

(41) Mlle Smalley dit à ce propos : « The run of Paris commentators on *Genesis*, Andrew of St Victor, Peter the Chanter, Stephen Langton, Hugh of St Cher, William of Middleton, Nicholas Gorran, had all neglected the *Timaeus*. One has to go back to the school of Chartres to find a comparable use of it. Our commentator at least shares a characteristic preference of Henry, which was unusual in his predecessors ». (*A Commentary* ..., p. 64). Concernant l'usage du *Timée* dans l'école de Chartres, cf. J. M. Parent, *La doctrine de la création dans l'école de Chartres*, p. 6-8 et *passim*; et l'édition des Gloses du *Timée* dans cette école par E. Jeauneau. Il faut dire aussi qu'Abélard ne manqua pas d'en faire usage dans son *Expositio in Hexaemeron* (PL 178).

(42) J. Paulus dans son ouvrage *Henri de Gand* a bien mis en évidence la place d'Avicenne dans la pensée d'Henri.

(43) Cf. R. Macken, *De radicale tijdelijkheid* ..., p. 521-526.

(44) Cf. R. Macken, *De radicale tijdelijkheid* ..., p. 537 ; Id., *La temporalité radicale* ..., p. 224, 233, 251[173].

(45) Cf. *De radicale tijdelijkheid* ..., p. 542-543 ; *La temporalité radicale* ..., p. 240-241.

Outre ces ressemblances dans le contenu, on peut signaler aussi une similitude dans le *style* et la *facon de rédiger*. Cette comparaison est assez difficile, parce que la *Lectura* contient des leçons sur l'Écriture Sainte, qui sont traitées par notre auteur d'une manière différente de la méthode adoptée pour les questions spéculatives. La méthode des travaux bibliques est bien définie par Nicolas Gorran à la fin du 13e siècle :

« Ad sextum, quomodo differenter traditur <theologia>, dicendum quod *in canone sacrae scripturae in novo et vetere testamento traditur theologia per modum simplicis narrationis, veritatem simpliciter asserentis*; in libro sententiarum traditur per modum scrutationis, veritatem inquirentis et defendentis compendiose; in originalibus autem diffuse » ([46]).

Notre auteur répète à plusieurs reprises qu'il veut éviter les questions spéculatives ([47]). Ainsi des expressions comme celle-ci reviennent régulièrement : « Sed hoc mysticum est, non litterale, quale nos quaerimus » (p. 92,80) et à la fin il conclut :

« In hoc ergo terminatur opus sex dierum cum requie diei septimae, supra, cap. ° 2° a, interposita, *secundum litteralem et historicum sensum expositum, omni alia expositione spirituali omissa* » (p. 265,2-4).

La comparaison est encore rendue difficile par le fait, que notre *Lectura* donne l'impression d'être une reportation ([48]), à l'opposé de la *Somme* et des *Quodlibets*, qu'on peut considérer comme des rédactions d'Henri. La *Lectura* rappelle le style de leçons orales. Cependant elle peut aussi être le résultat d'une dictée faite par l'auteur dans l'intention de préparer une série de leçons, sur la base de certaines notes autographes. Elle pourrait aussi provenir d'une rédaction de l'auteur *après* ses leçons, sur la base d'une reportation faite par un élève.

Malgré ces différences de rédaction, on peut relever certains points de rencontre.

Le moins frappant n'est pas sa « mirabilis habundantia », la générosité d'Henri de Gand pour la longueur de son texte étant bien connue. L'auteur de la *Lectura* implore de Dieu cette abondance :

([46]) Ms. Oxford, *Bodleian Library, Laud. misc.* 161, f. 2rb : Cit. B. Smalley, *A Commentary* ..., p. 63.

([47]) Cf. B. Smalley, *A Commentary* ..., p. 63. Cette limitation au sens littéral est bien replacée par B. Smalley, *The study of the Bible* ..., p. 299-308, 390, dans le cadre de l'attitude similaire des auteurs contemporains.

([48]) Cf. B. Smalley, *A Commentary* ..., p. 62.

« Sic ergo ea quae ad opus hoc aggrediendum Dominus praebuit, cum dispensari coeperint ipso suggerente, confidimus quod multiplicabuntur eo ipso nobis cooperante, ut in hoc ministerio nostro non solum nullam inopiam patiamur, *sed* et *de mirabili abundantia gaudeamus*, ipso praestante qui vivit in saecula saeculorum» (p. 27,73-77).

Il a été exaucé, car un commentaire de cette longueur sur trois chapitres de la Bible est une exception, même au moyen âge. Mais, tout comme chez Henri, abondance ne signifie pas divagations : il reste plus près de son sujet que certains de ses prédécesseurs ([49]), et la longueur de la *Lectura* provient plutôt de sa manière « exhaustive » de traiter les problèmes, en les disséquant jusque dans leurs plus petites subdivisions, ce qui est de nouveau un trait bien « henricien ». En voici quelques échantillons :

« Unde notandum quod lex dicitur quinque modis : largissime, large, communiter, proprie, et proprissime » (p. 18,91-92).

« Est autem hic advertendum, quod ubi littera nostra habet ‚inanis et vacua', alia translatio quam exponit Ambrosius, habet ‚invisibilis et incomposita', unde ‚inane' idem sit quod ‚invisibile', ‚vacuum' vero idem quod ‚incompositum' (p. 68,25-38).

« Sequitur ‚iuxta genus suum' : ut scilicet fructus repondeat ligno, et ligna diversa genere faciant fructus diversos genere, et eadem eundem, ut similia ex similibus procreantur et dissimilia ex dissimilibus » (p. 109, 10-12).

« Dicit ergo : ‚Omne enim', quasi dicat : bene opus erat ut <Adam> videret, quia quod vocavit unumquodque, hoc erat in rei veritate vocandum, et non aliud erat vocandum idem, neque ipsum erat vocandum aliud, ut quod vocavit ‚hominem', hoc erat vocandum ‚homo', et non aliud erat vocandum ‚homo', nec ipsum erat vocandum aliud, ut ‚asinus' vel ‚lapis' » (p. 204,54-59).

Une caractéristique d'Henri bien connue est encore sa prédilection pour des comparaisons visuelles largement élaborées ([50]). Il faut dire qu'une explication de la *Genèse* est déjà assez visuelle par elle-même, mais dans des passages plus théoriques, les images surgissent, dignes d'un adepte de S. Augustin :

« sensus enim mysticus quasi fulgor ex nube splendet ex sensu litterali » (p. 9, 36-37).

([49]) Cf. B. Smalley, *A Commentary* ..., p. 65.

([50]) Cf. R. Macken, *De radicale tijdelijkheid* ..., p. 258; Id., *La temporalité radicale* ..., p. 224. Cf. aussi sa description de la tentation et du péché dans *Quodl. I*, q. 17, f. 17^{r}F.

Henri est connu aussi pour la solennité de son style. Cette solennité se retrouve dans la *Lectura* : le style y est ample, pas du tout bref et concis. Une belle phrase rimée ([51]) suit, au début de l'ouvrage entier, la citation scripturaire :

« ... sublimi*tas*,
... efficient*em*.
... profundi*tas*,
... material*em*.
... fructuosi*tas*,
... final*em*.
... varie*tas*,
... formal*em* ».

Il faut remarquer qu'à l'opposé de la *Lectura*, les *Quodlibets* et la *Somme* d'Henri ne débutent pas par une telle période. Le parallélisme qu'Henri affecte dans l'exposition de ses idées ([52]), se retrouve en maint passage de la *Lectura*. La description largement déployée de la tentation et du péché d'Ève dans la *Lectura ordinaria* (p. 214,42 - 223,18) peut être comparée à une description similaire de la tentation et du péché dans *Quodl. I*, q. 17 ([53]). Henri travaille à l'aide de schémas, qu'on soupçonne derrière mainte question. Dans la *Lectura* aussi on peut aisément reconstruire le schéma général, sur lequel ce cours sur l'Écriture Sainte est bâti, et dont nous avons donné les grandes divisions dans notre table des matières; un schéma est également placé dans la marge au f. 224rb, de la main du copiste et précédé d'un signe d'insertion, ce qui permet de supposer que ce schéma remonte à l'auteur.

Que peut-on conclure de toutes ces considérations concernant l'auteur de la *Lectura*? Notre conclusion sera fort modeste. Elle se borne à dire que l'ouvrage est attribué à Henri de Gand par une seconde main à peu près contemporaine, qu'il y a des ressemblances dans le contenu, le style et la façon de rédiger avec les ouvrages sûrement authentiques d'Henri, et que nous n'avons pas trouvé d'indications en sens contraire ([54]).

([51]) Cf., concernant semblables phrases rimées, entre autres L. Arbusow, *Colores Rhetorici*, p. 32-33; R. Baron, *Études sur Hugues de Saint-Victor*, p. 91-102.

([52]) Cf. un exemple très typique dans *Quodl. I*, q. 16, f. 13^{r}T-13^{v}T.

([53]) Au f. 17^{r}F.

([54]) Mlle Smalley conclut ses considérations concernant cette attribution comme suit : « We shall call our commentator ‚Henry of Ghent' as a working hypothesis »

Si l'ouvrage est d'Henri, celui-ci avait peut-être formé le projet de rédiger un cours sur toute l'Écriture, dont il n'aurait réalisé qu'une partie, soit faute de temps, soit par manque d'intérêt pour la suite, qui convenait moins que la doctrine de la création à ses penchants de métaphysicien et de théologien spéculatif. Mais si l'ouvrage est d'Henri, il peut s'agir d'une reportation et celle-ci pourrait être la seule partie conservée de son enseignement oral sur l'Écriture Sainte.

La date de composition

Si l'ouvrage est d'Henri de Gand, on peut le dater d'une manière assez précise. En effet, la *Lectura* n'est certainement pas l'œuvre d'un bachelier biblique, car ce dernier devait se borner à une brève analyse des textes de l'Écriture. D'ailleurs il s'agit d'une « lectura ordinaria », réservée au maître en théologie (55). Et puisque ce cours semble marquer le début de l'enseignement scripturaire de l'auteur (introduction générale à l'Écriture sainte et explication des premiers chapitres de la Bible), on devra placer la *Lectura* au début de la régence d'Henri, en 1275 ou en 1276 (56).

Si l'on renonce à attribuer la *Lectura* à Henri de Gand, on devra se borner à fixer le *terminus ad quem* de l'ouvrage : il a été composé avant 1306, année de la mort de Godefroid de Fontaines, puisqu'il se trouvait dans un codex de sa bibliothèque, léguée au Collège de Sorbonne.

Valeur du manuscrit

Relevons d'abord deux indications extérieures au texte.

(B. Smalley, *A Commentary* ..., p. 65). Il faut mentionner que d'autres érudits sont plus sceptiques, p. ex. P. C. Spicq, *Esquisse* ..., p. 323.

(55) Mlle Smalley ne rattache pas La *Lectura* au début de la régence d'Henri et, dès lors, elle propose comme date n'importe quelle année de la carrière professorale du maître : « Henry of Ghent was teaching in the faculty of theology at Paris from 1276 at latest to his death in 1293, though not quite continuously. ... If it is really by Henry, it must belong to one of the years in which he held a quodlibet; we know that he must have been regent in these years; that is, any academic year except 1283-1284 until the end of 1292 » (B. Smalley, *A Commentary* ..., p. 60). De fait le *Quodl. VII* est de la Noël 1282, et le *Quodl. VIII* du temps de Noël 1284, selon la chronologie ordinairement admise et qui est basée sur l'incipit et l'explicit des quodlibets : cf. J. Gomez Caffarena, *Ser participado* ..., p. 270, où il donne une table synoptique des *Quodlibets* et de la *Somme*, qui est reprise à son article *Cronología* ..., p. 133.

(56) « Dès 1275 il est docteur en théologie et il régenta de 1276 à 1292 ». (P. Glorieux, *Aux origines* ..., I, p. 309).

II. Première page de la *Lectura ordinaria* (ms. PARIS, *Nat. lat.* 15355, f. 220r)

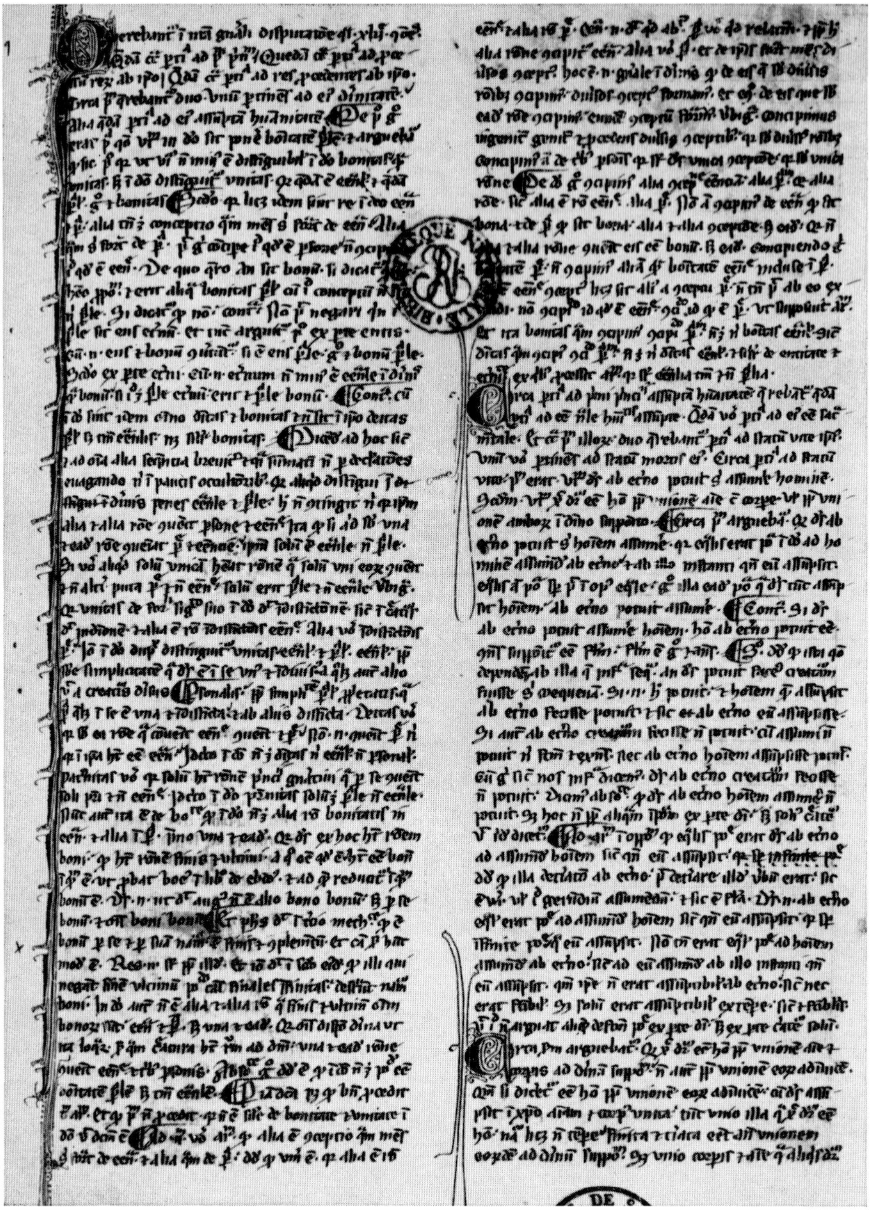

III. Première page du *Quodlibet I* (ms. PARIS, *Nat. lat.* 15848, f. 1ra)

La première est que le manuscrit a été légué à la Sorbonne par Godefroid de Fontaines. Si l'ouvrage est vraiment d'Henri, contemporain de Godefroid, cette copie doit être proche de l'original.

Une seconde indication est que le copiste et sa manière de présenter le texte sont les mêmes que pour le ms. *Paris, Nat. lat.* 15848, f. 1ra-19vb (57), manuscrit de base de l'édition critique de *Quodl. I*, sauf que les corrections marginales de ce manuscrit du *Quodl. I* manquent dans le manuscrit de la *Lectura*. Ce manuscrit du *Quodl. I* a été, après mûr examen, préféré à 33 autres (58).

Venons-en aux indications, assez précaires, que peut nous fournir le manuscrit lui-même. Cette copie ne contient aucun homoioteleuton *corrigé* en marge, mais on ne peut assurer qu'elle ne cache aucun saut du même au même, bien que nous n'ayons pas trouvé trace de lacunes de ce genre dans le texte.

Une série de fautes ne sont pas corrigées; elles reflètent soit une mauvaise lecture du copiste, ou des fautes de l'auteur. En voici quelques exemples :

« ,*Non* enim', ut ait Augustinus 14° De Trinitate, cap. ° 1°, ,quidquid sciri ab homine potest in rebus humanis, ubi plurimum supervacuae vanitatis et noxiae curiositatis est, huic scientiae tribuendum *non* est, sed illud tantummodo ...' » (p. 8, 3-6).

« Non sic, non sic, immo secundum catholicam fidem *Deus*, usque ad propagationem eorum mediantibus causis secundariis, *Deus* primam rerum procreationem per se et immediate ad perfectionem produxit sine aliqua administratione ... » (p. 72, 42-45).

« Iste fluvius ... statim *se* inter margines suos *se* dilatabat in modum stagni permaximi » (p. 192, 95-97).

« ,*Comederitis ex eo*' : hic est quaestio, quare praeceptum proposuit *in singulari* ... » (p. 199, 93-94).

« ... quia *ad unum tendunt natura movebat*, ad aliud non ... » (p. 200, 17).

« ... quia *non potuerunt* extra elementum aquae vivere *non poterant* ... » (p. 203, 6-7).

« ... ut hoc nomen ,homo' *non* significet hominem, et non hominem lignum, lapidem, etc. ... » (p. 204, 48-49).

« Possumus ... dicere ..., *quod* secundum Augustinum Contra epistolam fundamenti, *quod* nudum esse nihil aliud est quam carere vestimento ... » (p. 226, 11-13).

(57) Cf. les photographies de la première page de chacun d'eux, aux pages suivantes.

(58) Cf. R. Macken, *Hendrik* ..., I, *passim*.

Mais gardons-nous des fautes apparentes, car les mots de la Bible commentés sont repris tels quels. Ainsi p. ex. les mots « emisit ambigua » se comprennent facilement, s'ils sont replacés dans leur contexte :

« Et est ista locutio : ‚ne forte mittat', etc. usque ibi : ‚emisit', ambigua ... » (p. 258, 82).

Une série de lectures qui ont un sens, sont barrées ou exponctuées après coup. Ceci *pourrait* dénoter le travail rédactionnel d'un auteur, qui dicte à un copiste, et lui fait corriger le texte aussitôt (59), mais il y a certes d'autres explications. Voici la liste exhaustive de ces accidents :

« Augustinus in *fine* (barré) *Sermone* de diligendo inimicos ...» (p. 8, 89-90).

« Sic ergo ea quae ad opus hoc aggrediendum Dominus *tribuit* (barré) *praebuit* ... » (p. 27, 73-74).

« Unde ... vocans istos haereticos, qui abstulerunt Deo *potentiam* (barré) *suam libertatem* ... » (p. 41, 23-25).

« ... secundum quod istam *responsionem* (exponctué) *rationem* pertractat Avicenna ... » (p. 45, 27-28).

« In hoc ergo principio, hoc est in *filio* (exponctué) *verbo* suo Deus caelum et terram fecit ... » (p. 46, 59-60).

« Qui vero negant materiam esse in spiritibus, sed dicunt materiam corporalium solum, ... » (p. 59, 38-39). Le copiste a ajouté après « dicunt » : « esse ».

« Si autem aves pedes habent et *gradiuntur* (exponctué) *gressibilia sunt* ... » (p. 134, 55-56).

« ... naturam enim eius *maledicere* (corrigé par le même copiste en :) *malam esse dicere* est peccatum blasphemiae » (p. 238, 78).

Une série de passages ont été corrigés par le copiste même, parce que manifestement dépourvus de sens. Des fautes sont inévitables dans toute copie et même dans le travail d'un scribe qui écrit sous la dictée de l'auteur (60).

Une série d'indications dénotent le style d'une leçon orale. Ainsi p. ex. la répétition de mots tels que « inquam » (p. ex. p. 228, 62) « dico » (p. ex. p. 138, 85) ; ou d'expressions dans le genre de : « Ceterum expone ut supra » (cf. p. ex. p. 250, 28-29).

Cela fait penser naturellement à une reportation. D'autre part,

(59) Cf. A. Dondaine, *Secrétaires* ..., p. 46-47, et *passim*.

(60) Cf. A. Dondaine, *Secrétaires* ..., p. 139.

toute une série de passages semblent trop bien composés pour être une simple reportation : s'agit-il de la préparation écrite de leçons, qui n'aurait pas été corrigée en vue d'une publication ultérieure ? Ou serait-ce plutôt une rédaction sur la base d'une reportation ? (61)

Le manuscrit contient aussi des passages non corrigés qui semblent dénoter que le copiste a sous les yeux un modèle pas toujours lisible ou se présentant sous forme de fragments séparés (62) : p. ex.

— des lacunes de la longueur d'un mot, parce que le copiste ne comprenait pas quelque abréviation de son modèle : p. ex. (p. 260, 69-70).

— quelques lapsus calami : p. ex. « ludica » pour « lucida » (p. 194, 46) ; « impediat » pour « impediant » (p. 94, 48).

Il n'y a pas d'indications de pièces, qui montreraient la dépendance du manuscrit par rapport à un *exemplar* universitaire (63).

Dans la marge inférieure du f. 229rb, en bas de la page, sous la colonne b, une note non précédée d'un signe d'insertion se rapporte pourtant au contenu de la même colonne. Elle est écrite dans la *littera cursiva notularis*, attribuée d'ordinaire à Godefroid de Fontaines, possesseur du manuscrit (64). Nous donnons cette note dans l'apparat de la *Lect. ord.* (p. 92, 79).

Que peut-on conclure des indications précédentes ?

Il s'agit sûrement d'un cours sur l'Écriture Sainte de la fin du 13e siècle ou du début du 14e. Mais sommes-nous en présence d'une reportation, ou d'une rédaction, éventuellement basée sur une reportation ? On ne peut le déterminer avec certitude.

Le texte de notre codex a-t-il été dicté ou copié sur un texte préexistant ? Certaines fautes et lacunes suggèrent qu'au moins certaines parties du texte ont été copiées.

De toute façon, la qualité de ce manuscrit qui n'a subi aucune correction, sauf de la main du copiste lui-même, est excellente et on ne saurait admettre beaucoup de maillons intermédiaires dans la chaîne qui le relie à l'original. En effet, il n'y a que 137 leçons inacceptables pour le sens, 14 mots écrits de façon fautive (à vrai dire il est difficile

(61) Une telle solution a été employée au moyen âge, peut-être e.a. pour les *Quodlibets* d'Henri. Cf. une solution similaire, proposée pour un autre ouvrage par Z. K. Siemiatkowska dans *Avant l'exil* ..., p. 12.

(62) Dans cette hypothèse, le modèle consisterait en divers fragments qui devaient être employés par le copiste, ou par l'auteur dictant à un copiste, pour constituer un tel continu : cf. pour un cas similaire A. Dondaine, *Secrétaires* ..., p. 132.

(63) Au contraire, pour les *Quodlibets* et la *Somme* d'Henri, toute une série de manuscrits présentent des indications de pièces.

(64) Cf. *supra*, p. XI.

de les distinguer des cas précédents), 4 espaces d'un mot laissés vides, 3 doublets, 12 additions fautives, 1 inversion fautive. Dans un texte de cette longueur, ce n'est pas tellement considérable.

D'autre part, c'est l'unique manuscrit connu et il doit donc, de toute façon, être la base de notre restauration critique du texte. Nous avons corrigé les fautes mentionnées ci-dessus, mais naturellement en indiquant chaque fois en apparat la leçon du manuscrit.

Titre et contenu de l'ouvrage

À défaut d'un titre de la main du copiste, une main à peu près contemporaine, la même qui attribue l'ouvrage à Henri de Gand, l'intitule : « *Expositio primorum capitulorum Genesis* » (65) ; et le catalogue de la Sorbonne de 1338, qui se base sur cette indication, le nomme : « Item postille Henrici de Gandavo super *tria* prima capitula Genesis ».

L'explicit du manuscrit présente l'ouvrage comme un exposé des sept jours de la création : « In hoc ergo terminatur *opus sex dierum cum requie diei septimae*, supra, cap. o 2o a, interposita ... » (p. 265, 2-3). Cette indication, bien qu'elle soit de l'auteur, serait incomplète si elle prétendait indiquer *tout* le contenu de l'écrit (66), car *avant* d'aborder l'œuvre des six jours, à la p. 41, 1, deux introductions ont déjà précédé, et après l'œuvre des six jours l'auteur traite encore du chapitre 3 de la *Genèse.*

À la fin de son introduction générale l'auteur indique l'origine académique de son ouvrage : « Idcirco a capite utriusque testamenti *lecturam* nostram *ordinariam* incipiemus » (p. 26, 59-60). Ceci rappelle la manière dont Henri intitule sa *Somme* : il ne lui donne jamais, dans ses deux grands ouvrages édités, le nom devenu classique de *Summa* (67),

(65) Cf. concernant cette note : *supra*, p. XIII.

(66) P. Glorieux dans son *Répertoire* ..., I, p. 388, l'a reprise comme deuxième titre : « Opus sex dierum ». B. Smalley l'emploie aussi : « A Commentary on the Hexaemeron »; mais elle sait que ce titre n'est pas adéquat : « In fact it goes to the end of chapter 3. The two prologues suggest that the commentator meant to reach the end of Genesis at least. However, as *we* shall be concerned mainly with the action of the creation, we have called it a commentary on the Hexaemeron » (p. 62).

(67) Un seul passage pourrait nous faire hésiter : il dit dans la *Summa*, art. 21, q. 1, f. 123r, avant A, où, après sa longue introduction sur la théologie, il aborde le « De Deo », la seconde partie, « De creaturis », étant restée inachevée : « Et quia, ut dictum est supra in quaestione de subiecto et materia huius scientiae, proprius ordo et modus procedendi in ea, est incipere a Deo et procedere ad creaturas, ideo hic dubitandum est de duobus *in summa.* Primum est de Deo ut de subiecto principali huius scientiae. Secundum est de creaturis ut de materia subiecto attributa ». Mais cet *in summa* a seulement une signification tout-à-fait générale : « en résumé ».

il la mentionne presque toujours avec un titre fonctionnel, qui est le plus souvent : « quaestiones ordinariae », parfois aussi : « disputatio ordinaria » [68] ou « in quaestionibus disputatis ordinarie » [69].

La seconde partie, que nous avons intitulée : *Introductio generalis ad Genesim*, suggère que l'auteur avait l'intention de commenter toute la *Genèse* [70]. Mais la première partie, que nous avons appelée : *Introductio generalis ad sacram scripturam*, semble attester l'intention de dépasser le commentaire de la *Genèse* [71] :

« quia, ut dicit Augustinus Super Ioannem, sermone secundo, ‚bonum est ut textum divinarum scripturarum, nullum locum praetermittendo pertractemus ut possumus, et pro nostra capacitate pascamur, et ministremus vobis unde et nos pascimur', idcirco *a capite utriusque testamenti lecturam nostram ordinariam incipiemus* : *in veteri testamento a mundi creatione, Genesis, 1°* : ‚In principio creavit Deus caelum et terram', etc. ; *in novo testamento, a creatoris mundi in mundo temporali generatione, Matth. 1°* : ‚Liber generationis Iesu Christi Filii Dei', etc. » (p. 26, 56 - 27, 64). Bien entendu, l'auteur ignore s'il lui sera donné de parvenir à la fin de son commentaire :

« Revera, ut dicit Augustinus 1° De doctrina christiana, ‚opus magnum et arduum, et si ad sustinendum difficile, vereor ne ad suscipiendum temerarium. ... Nunc autem *cum in illo nobis sit spes in hoc opere progrediendi, etsi forte non peragendi*, a quo nobis est fiducia inchoandi, non est nobis metuendum, ne dare desinat cetera ... » (p. 27, 65-70).

Ce doute est pleinement justifié. Il semble bien qu'après la *Genèse* il avait l'intention de traiter les autres livres d'une manière plus brève : « Doctrina igitur Genesis inter alia utriusque testamenti scripta maxime ad nostram doctrinam est scripta. Est enim radix et principium ceterarum, dicente Hieronymo in principio Hebraicarum quaestionum Geneseos : ‚Caput librorum omnium est'. Et ideo *oportet* tendentes ad sacrae scripturae notitiam, huic scripturae primo intendere diligenter, et *expositorem pluriori uti sermone, quia* dicit Avicenna super 3m De anima : ‚Sicut dicit Plato', *maior sermo debet esse in principio.* Minimus enim error in principio est causa maximi erroris in fine; ... » (p. 33, 74-82). Cependant l'œuvre entreprise était

(68) Cf. *Summa*, art. 73, q. 3, ad 1um, f. 269vN : « secundum quod specialius debet declarari in sequenti parte huius disputationis ordinariae ».

(69) Cf. *Quodl. IX*, q. 3, f. 348rP.

(70) Cf. le jugement similaire de Mlle Smalley, mentionné *supra*, p. XXVI66.

(71) Cf. aussi l'indication de Simler « et diversas in sacra pagina lecturas », mentionnée plus haut, p. XVI.

immense et l'auteur ne pouvait pas raisonnablement espérer la mener à bonne fin.

Pour en revenir au titre, il est difficile de trouver une formule qui recouvre les trois parties dont se compose la *Lectura*. Nous avons donc préféré un titre fonctionnel comme titre général et, pour les trois parties, les titres suivants, où nous donnons en italiques les parties reprises littéralement au texte du manuscrit :

« *Lectura ordinaria* (72) super sacram scripturam.
Introductio *generalis* (73) ad sacram scripturam.
Introductio generalis ad Genesim.
Expositio trium *primorum capitulorum Genesis* (74) ».

Existe-t-il d'autres commentaires du cours scripturaire du même auteur ?

Le fait qu'il mentionne un cours sur S. Matthieu qu'il se propose de donner en même temps, n'implique pas que ce cours ait été également rédigé par écrit.

Notons une opinion intéressante de Mlle Smalley : l'auteur n'aurait rédigé personnellement qu'une partie de son commentaire sur la Sainte Écriture : celle traitant de la création du monde, qui l'intéressait en tant que métaphysicien, et pour laquelle il aurait consulté une série d'ouvrages philosophiques. D'autres parties auraient été composées plus rapidement, à l'aide de l'un ou l'autre commentaire existant (75). La présence de parties rédigées hâtivement est indéniable.

Intérêt de l'ouvrage

Si l'ouvrage est d'Henri de Gand, il fournit un témoin nouveau de la pensée de cet auteur : ses vues sur l'Écriture Sainte, sur la *Genèse* en particulier, et sa façon de les enseigner aux étudiants (76).

Dans une perspective plus large, l'ouvrage peut nous éclairer sur bien des aspects de l'enseignement de l'Écriture Sainte à la fin du 13e siècle (77).

(72) Repris au texte, p. 26, 60.

(73) Repris au texte, p. 26, 47.

(74) D'une main à peu près contemporaine : ms. *Paris, Nat. lat.* 15355, f. 251v : cf. *supra*, p. XIII.

(75) Cf. B. Smalley, *A Commentary* ..., p. 66-67.

(76) Une vue générale des qualités et des défauts de ce commentaire dans le contexte de l'exégèse du 13e siècle se trouve chez B. Smalley, *A Commentary* ..., p. 100-101.

(77) Mlle Smalley dit à ce propos : « A study of the commentary ... must inform us on the subject of exegesis in the late thirteenth century. A lecture course by Henry of

Technique de l'édition

Le *texte* est édité suivant l'unique manuscrit connu : *Paris, Nat. lat.* 15355, f. 220ra-251ra, indiqué par le sigle A. Là où le texte édité ne concorde pas avec la leçon du manuscrit, celle-ci est indiquée dans l'apparat.

L'*orthographe* du latin et la *ponctuation* sont modernisées, afin de rendre le texte d'un accès aisé au lecteur (78).

Les *lemmes* de l'Écriture expliqués dans le commentaire et les débuts des paragraphes cités de la *Glose*, sont soulignés dans le manuscrit. La chose est régulièrement notée dans l'apparat.

Pour l'*identification des citations*, l'indication des références est précédée de « cf. » lorsque la citation n'est pas littérale ou lorsque nous ne sommes pas sûr d'avoir retrouvé le texte exact. Nous avons imprimé en italiques tout ce que nous avons retrouvé littéralement. Il faut observer toutefois que, même lorsque les citations sont littérales, le *sens* est parfois changé. D'autre part, l'auteur fond ensemble des fragments souvent assez distants d'un même ouvrage, ou même des fragments de plusieurs ouvrages d'un même auteur (cf. p. 237, 24-28). Les quelques citations implicites que nous avons pu identifier sont indiquées comme les citations explicites : cf. e.a. p. 240, 30-33. Les quelques références qu'on trouvera entre parenthèses dans le texte, font partie du texte dans le codex.

Quand l'auteur dit : *alia translatio*, cela ne signifie pas qu'il en cite l'original : la *Septante*, p. ex., est citée à travers la traduction latine utilisée par S. Augustin (79). Nous avons préféré renvoyer à ces sources intermédiaires. Le même principe a été appliqué pour les auteurs cités à travers la *Glose* : p. ex. « dicit Glossa Augustini ».

Pour ce qui concerne la *division en alinéas*, elle s'appuie d'abord sur la structure systématique de l'ouvrage indiquée dans le texte même. Cette structure comporte des grandes divisions, comme « capitulum », « de opere 4ae diei », etc., et des subdivisions plus petites, comme « pars ». Parallèlement à cette structure, le commentaire est

Ghent would be a valuable and unique document for this reason alone. No other master of the period seems to have left a record of his biblical teaching. Gorran might be cited as an exception; but he never took a degree in theology and in any case he is largely a compiler ». (*A Commentary* ..., p. 65). Un commentaire sur la *Genèse* déjà un peu postérieur, est celui de Maître Eckhart : cf. concernant ce commentaire : H. Bascour, La *double rédaction* ...

(78) Cf. G. Verbeke, *Les éditions critiques* ..., p. 787.

(79) Cf. p. 259, 33.

divisé en une série de questions posées à l'occasion du texte et indiquées en marge de la main du copiste par des indications comme « quaestio », « solutio », « obiectio », « 1ª », « 2ª », « 3ª » (80). Les titres et sous-titres de cette édition sont basés surtout sur la structure systématique, tandis que certaines subdivisions et les alinéas représentent les séries de questions et de réponses.

Les *abréviations et signes* employés ici sont repris à l'article de A. DONDAINE, *Abréviations latines et signes recommandés pour l'apparat critique des éditions de textes médiévaux*, édité en 1960 à la demande de la « Société Internationale pour l'étude de la Philosophie Médiévale ». Voici la liste complète des signes et abréviations employés.

SIGNES CRITIQUES

|	indique le début d'une colonne nouvelle dans le manuscrit, l'indication précise de cette colonne se trouvant en marge.
?	exprime un doute.
< >	addition de mots qui, selon l'éditeur, étaient sous-entendus par l'auteur.

ABRÉVIATIONS

Dans l'apparat critique

add.	addidit
al.	alius (alia, etc.)
col.	columna(e)
conf.	confusum
corr.	correxit
del.	delevit
ead.	eadem
eras.	erasit
exp.	expunxit (expunctum, etc.)
hom.	homoeoteleuton
homoeoceph.	homoeocephalon
ibid.	ibidem
i. m.	in margine
iter.	iteravit
lac.	lacuna (i.e. spatium vacans in codice)
lin.	linea(m)

(80) Une autre catégorie de notes marginales de la main du copiste est constituée par les noms d'auteurs dont la doctrine est exposée dans le texte.

man.	manus (manu, etc.)
rescr.	rescripsit
subl	sublineavit
sup.	supra (super)
v.g.	verbi gratia

Dans les identifications des citations

BGP(T)M	*Beiträge zur Geschichte der Philosophie (und Theologie) des Mittelalters,* Münster i.W., 1891 ss.
c.	caput (capitulum, etc.)
CC lat.	*Corpus Christianorum (series latina),* Turnholti, 1954 ss.
cf.	confer (conferas, conferatur, etc.)
CSEL	*Corpus scriptorum ecclesiasticorum latinorum,* éd. Academia Vindobonensis, Wien, 1866 ss.
f.	folium
ff.	folia
ibid.	ibidem
id.	idem
interl.	interlinearis
lin.	linea
n.	numerus
p.	pagina
PG	*Patrologiae cursus completus, series graeca,* accurante J.P. Migne, Paris, 1857 ss.
PL	*Patrologiae cursus completus, series latina,* accurante J.P. Migne, Paris, 1844 ss.

LECTURA ORDINARIA
SUPER
SACRAM SCRIPTURAM

INTRODUCTIO GENERALIS
AD SACRAM SCRIPTURAM

<Sacrae scripturae quatuor proprietates ex quatuor causis eius principalibus>

Hic est liber mandatorum Dei, et lex quae est in aeternum. Qui tenent eam, 220 ra
pervenient ad vitam. Convertere igitur, Iacob, et apprehende eam, et ambula per viam ad splendorem eius. (Baruch IV). Propheta, divino spiritu afflatus, volumen sacrae scripturae admirans, in verbis propositis commendat eam in quatuor, quae pertinent ad quatuor causas eius principales. Quorum primum est auctoritatis sublimitas, cum dicitur : *Hic est liber mandatorum Dei,* et hoc quoad causam eius efficientem. Secundum est veritatis profunditas, cum dicitur : *Et lex quae est in aeternum,* et hoc quoad causam eius materialem. Tertium est usus fructuositas, cum dicitur : *Qui tenent eam, pervenient ad vitam,* et hoc quoad causam eius finalem. Quartum est modi varietas, cum dicitur : *Convertere igitur, Iacob* etc., et hoc quoad causam eius formalem.

<*Eius auctoritatis sublimitas*>

Bene quidem auctoritatis eius sublimitas notatur, cum dicitur : *mandatorum Dei.* Mandatum enim auctoritatem habet ex magnitudine mandantis : super illud Ioannis, XV b, *Hoc est* mandatum *meum* : Glossa : « *Meum* » dicit, *ne contemnatur.* De magnitudine Dei mandantis dicitur Ecclesiastici 1° : *Unus est altissimus : Omnipotens rex potens et metuendus nimis, sedens super thronum et dominans Dominus* : *ipse creavit illam* : id est : hanc sacram scripturam edidit. De cuius editione dicit Augustinus, XI° De civitate Dei, cap.° 3° *Hic prius per prophetas, deinde per seipsum, postea per apostolos, quantum satis esse iudi-*

3-5 Hic ... eius] *subl.* A 5 splendorem] -rum A 9 Hic ... Dei] *subl.* A 10-11 Et ... aeternum] *subl.* A 12 Qui ... vitam] *subl.* A 14 Convertere ... Iacob] *subl.* A 18 mandatorum Dei] *subl.* A

---

5 *Baruch*, IV, 1-2.
19 *Ioann.*, XV, 12.
20 *Glossa* (V, 1265 A).
21 *Eccli.*, I, 8-9.
24 August., *De civ. Dei*, XI, c. 3 (CC lat. 48, 322-323; CSEL 40, 513; PL 41, 318).

cavit, locutus scripturam condidit quae canonica appellatur, eminentissimae auctoritatis. Unde et de eius auctoritate dicit AUGUSTINUS Super Genesim ad litteram: *Maior est* huius *scripturae auctoritas quam omnis humani ingenii perspicacitas* : id est magis credendum est eius auctoritati, quam cuilibet rationi humani ingenii, perspicacitate adveniente, quantumque efficaci, et hoc propter auctoritatem mandantis, secundum quod dicit AUGUSTINUS XIº De civitate Dei, in principio : *Sacra scriptura non fortuitis motibus animorum, sed plane summae dispositione providentiae, super omnes omnium gentium litteras omnia sibi genera ingeniorum humanorum divina excellens auctoritate subiecit.*

<Eius veritatis profunditas>

Bene etiam notatur veritatis eius profunditas, cum dicitur : *lex quae est in aeternum.* In Psalmo : *In aeternum, Domine, permanet verbum tuum in caelo et in* saeculum saeculi *veritas tua.* De qua dicit AUGUSTINUS in Epistola ad Hieronymum : *Tantummodo scriptis canonicis hanc debeo servitutem, qua eas solas ita sequar, ut conditores earum nihil in eis omnino errare, nihil fallaciter posuisse non dubitem.* Item ad eundem : *Si ad scripturas sacras admissa fuerint vel officiosa mendacia, quid in eis remanebit auctoritatis? Quae tandem de scripturis illis sententia proferetur, cuius pondere contentiosae falsitatis obteratur improbitas?* Propter quod de ea competenter potest exponi illud Sapientiae VIIIº : *Nihil inquinatum incurrit in illam : candor enim lucis aeternae, et speculum sine macula.* Tria dicit hic sapiens de sacra scriptura. Primum : quia est non inquinata. Secundum : quia est candor. Tertium : quia est speculum. In quibus eam commendat quoad tres conditiones veritatis quam continet. Veritas enim sacrae scripturae : 1. pura; 2. certa; et 3. clara. Pura : a falsitate. Certa : a dubitatione. Clara : ab errore. Propter primum, nihil inquinatum incurrit in illam. Propter secundum, est candor lucis aeternae. Propter tertium, est speculum sine macula.

Primo ergo in sacra scriptura nihil incurrit inquinatum : quia continet

---

27-28 ID., *De Gen. ad litt.*, II, c. 5, n. 9 (CSEL 28[1], 39; PL 34, 267).

32 ID., *De civ. Dei*, XI, c. 1 (CC lat. 47, 321; CSEL 40[1], 510-511; PL 41, 316-317).

37-38 Cf. *supra*, p. 5, 3.

38-39 *Ps.* CXVIII, 89-90.

40 AUGUST., *Epist.* 82. c. 3, n. 24 (CSEL 34, 376; PL 33, 286).

43-46 ID., *Epist.* 40, c. 3, n. 3 (CSEL 34, 71-72; PL 33, 155).

47 *Sap.*, VII, 25-26.

veritates puras, nulla falsitate respersas. Unde AUGUSTINUS in libro De praedestinatione gratiae : *In sacrarum voluminibus litterarum lector inconcussa fide tenere debet nusquam deesse veritatem,* et *si pro magnitudine non facile quaerenti intellectus occurrit.* Idem De videndo Deo : *Neque fieri ullo modo potest, ut haec* sacrarum *litterarum auctoritas ex aliqua parte mentiatur.* Nunc autem inquinari non posset nisi mendacio, dicente AUGUSTINO in libro De mendacio, cap.º 26º : *Veritas doctrinae, religionis* et *pietatis non nisi mendacio violatur.*

Secundo sacra scriptura candor est lucis aeternae, quia continet veritates aeternas a regulis lucis aeternae transcriptas, secundum quod de eloquiis sacrae scripturae dicit AUGUSTINUS. 18º De civitate Dei : *Non haec ora humana, sed oracula divina fuderunt.* IDEM De Trinitate. XIVº. cap.º 12º(?), quaerens ubi *scriptae sunt regulae,* quibus homo *quid sit iustum et quid sit iniustum* | *agnoscit,* dicit 220 rb respondendo : *Ubi sunt scriptae, nisi in libro lucis* aeternae, *quae veritas dicitur, unde omnis lex iusta describitur?* Sed quae est lex iusta nisi lex haec sacrae scripturae? Dicitur enim in Psalmo : *iustitia tua iustitia in aeternum, et lex tua veritas* : id est veritas tuae legis, sive tua vera lex, est aeterna iustitia.

Est autem advertendum quod proprie dicitur « candor lucis ». Lux enim in se rubescit, sed incorporata nube candescit. Lux aeterna in se, nullo obumbrata, quasi rubescit, sed in sacra scriptura, quasi nube humani sermonis obumbrata, candescit. Unde potest exponi de hoc illud Ezechiel 32º : *Solem nube tegam.* Super illud Psalmi : *Tenebrosa aqua in nubibus aeris,* dicit Glossa : id est *obscura* scientia *in prophetis.* Nec tamen est tam obscura, quin contra omnem errorem clara est et manifesta.

Et ideo tertio sacra scriptura est speculum sine macula, quia continet

---

61 Deo] Deum A

---

58 AUGUST. (Pseudo-), *De praedestinatione et gratia,* c. 1, n. 1 (PL 45, 1665).
60-61 AUGUST., *De videndo Deo,* c. 5, n. 14 (CSEL 44, 286; PL 33, 602).
63-64 ID., *De mendacio,* c. 19, n. 40 (CSEL 41, 461; PL 40, 514).
68 ID., *De civ. Dei,* XVIII, c. 41, n. 3 (CSEL 40^2, 334; CC lat. 48, 637; PL 41, 602).
69-70 ID., *De Trin.,* XIV, c. 15, n. 2 (CC lat. 50, 451; PL 42, 1052).
74 *Ps.* CXVII, 142.
81 *Ezech.,* XXXII, 7.
81 *Ps.* XVII, 12.
82 *Glossa interl.,* (III, 545 A).

veritates claras, statum vitae suae cuilibet demonstrantes. Unde Gregorius 2º Moralium : *Sacra scriptura mentis nostrae oculis quasi quoddam speculum opponitur, ut interi*or *nostra facies in ipsa videatur. Ibi foeda, ibi pulchra nostra cognoscimus.* Augustinus in sermone de diligendo inimicos : Sacra scriptura sit tibi speculum. Hoc habet splendorem non mendacem, non adulantem. Formosus es ? Formosam rem ibi vides. Foedus es ? Foedum te ibi vides. Ex his convenit quod sacra scriptura sua irrefragabili veritate omnem aliam doctrinam et disciplinam diudicare habet et regere, dicente Augustino in libro De observatione sanctae viduitatis : *Sacra scriptura nostrae doctrinae regulam figit.* Et Contra Cresconium haereticum, libro 2º : *Salubri vigilantia canon ecclesiasticus constitutus est, ad quem certi prophetarum et apostolorum libri pertineant, quos omnino* diiudicare *non audeamus, et secundum quos de ceteris libris vel fidelium vel infidelium libere iudicemus.* Hinc etiam dicit in libro De doctrina christiana, comparando hanc scientiam ad alias : *Quidquid homo extra eam didicerit, si noxium est, ibi damnatur*; *si utile est, ibi invenitur.* Utile, inquam, et expediens ad salutem ibi invenitur. *Non* enim, ut ait Augustinus 14º De Trinitate. cap.º 1º, *quidquid sciri ab homine potest in rebus humanis, ubi plurimum supervacuae vanitatis et noxiae curiositatis est, huic scientiae tribuen*dum est, *sed illud tantummodo quo fides saluberrima, quae ad veram beatitudinem ducit, gignitur, nutritur, defenditur, roboratur.* Propter quod de ipsa dicitur, Sapientiae VIIIº : *Attingit a fine usque ad finem fortiter et disponit omnia suaviter. Attingit a fine* primorum principiorum *usque ad finem* ultimarum conclusionum in singulis scientiis *fortiter* : errata corrigendo ; et *disponit omnia suaviter* : bene dicta approbando.

---

89 in] fine *add. et del.* A 96 figit] fig[t] A 6 tribuendum] non *add.* A 10 ultimarum] -orum A

---

87 Gregor., *Moralia*, II, c. 1, n. 1 (PL 75, 553).
89-90 August., cf. *Enarrat, in Psalm.*, CIII, sermo 1, n. 4 (CC lat 40, 1476 ; PL 37, 1338).
95 Id., *De bono viduitatis*, c. 1, n. 2 (CSEL 41, 306 ; PL 40, 431).
96-97 Id., *Contra Cresconium*, II, c. 31, n. 39 (CSEL 42, 398-399 ; PL 43, 489-490).
00 Id., *De doctr. christ.*, II, c. 42, n. 63 (CSEL 80, 78 ; CC lat. 32, 76 ; PL 34, 65).
3-4 Id., *De Trin.*, XIV, c. 1, n. 3 (CC lat. 50, 424 ; PL 42, 1037).
8 *Sap.*, VIII, 1.

<*Eius usus fructuositas*>

Bene vero notatur usus eius fructuositas cum dicitur : *Qui tenent eam, pervenient ad vitam.* Propter quod Hieronymus dicit, exhortans ad studium sacrae scripturae : *Discamus in terris scientiam quae nobiscum perseverat in caelum.* Proverbiorum 3º : *Beatus homo qui invenit sapientiam.*

Et ideo ista scientia ceteris est pretiosior, dicente Augustino, 2º De doctrina christiana. *Quanto est minor auri argentique copia quam de Aegypto populus ille attulit, comparatione divitiarum quae postea Hierosolymae consecutus est, tanto* sic universalis *scientia utilis collecta de libris gentilium, si divinarum scripturarum scientiae comparetur.* Ideo dicitur Proverbiorum XIXº : *Ubi non est scientia animae, non est bonum.* Et Sapientiae XIIIº : *Vani sunt omnes homines, quibus non subest scientia Dei.* Unde et dicit beatus Hieronymus : *Litteras nescit, qui scripturas ignorat.*

<*Eius modi varietas*>

Bene autem notatur modi eius varietas, cum dicitur : *Convertere igitur, Iacob,* etc. Consistit autem varietas illa in hoc, quod frequenter aliud signat littera, aliud intendit sententia, dicente beato Gregorio libro Moralium : Sacra scriptura omnes scientias locutionis suae more transcendit, quia in uno eodemque sermone, dum narrat textum, prodit mysticum. Narrat, quoad sensum litteralem, propter quod dicitur : *Apprehende eam.* Prodit quoad sensum mysticum, propter quod dicitur : *ambula per viam ad splendorem eius* : sensus enim mysticus quasi fulgor ex nube splendet ex sensu litterali.

14-15 Qui ... vitam] *subl.* A   29-30 Convertere ... etc.] *subl.* A   35 Apprehende eam] *subl.* A   36 ambula ... eius] *subl.* A

---

15 Hieron., *Epist.*, 53, c. 10 (CSEL 54, 464; PL 22, 549).
17 *Prov.*, iii, 13.
19-20 August., *De doctr. christ.*, ii, c. 42 n. 63 (CSEL 80, 78; CC 32, 76-77; PL 34, 65).
24 *Prov.*, xix, 2.
25 *Sap.*, xiii, 1.
29-30 Cf. *supra*, p. 5, 4-5.
32 Gregor., *Moralia*, cf. xvi, c. 19, n. 24 (PL 75, 1132-1133).
35 Cf. *supra*, p. 5, 4.
36 Cf. *supra*, p. 5, 5.

De hac duplici expositione, historica scilicet et mystica sive spitiruali, dicitur Proverbiorum ultimo : *Non timebit domui suae a frigoribus nivis. Omnes enim domestici eius vestiti sunt duplicibus* : domestici Christi sunt tractatores sacrae scripturae, qui sunt vestiti duplicibus, duplici | expositione sacrae scripturae muniti. *Et ideo non timebunt* 220 va *domui suae* : id est ecclesiae suae, in qua veneratur et colitur. *A frigoribus nivis* : id est errore haereticae pravitatis : quandocumque enim nobis ab eis aliquid absurdum proponitur in littera, statim ad expositionem spiritualem revertendum est.

Sensus mysticus sive spiritualis triplex est : allegoricus, tropologicus, anagogicus. De quo Proverbiorum XXII° : *Appone cor ad doctrinam meam ut sit in* domo mea *fiducia.* Unde ostendi tibi eam et descripsi eam tibi tripliciter, ut ostenderem tibi firmitatem et eloquia veritatis, ibi *appone*ndo *cor* vel diligentiam ad intellectum sacrae scripturae. Habetur in ecclesia fiducia contra haereticos, et hoc ex eo quod nobis descripta est tripliciter secundum triplicem sensum spiritualem, in quo nobis ostenditur firmitas et veritas divinorum eloquiorum. Hic autem triplici sensu spirituali ambulandum est per viam mandatorum Dei ad splendorem sacrae scripturae. Propter quod dicit Psalmus : *Viam mandatorum tuorum cucurri, cum dilatasti cor meum.* Cor enim constrictum sub sensu litterali vix sufficit tardo passu ambulare : quod contigit in tempore veteris testamenti, Sed cum fuerit dilatatum triplici expositione sensus spiritualis, tunc potest currere : quod contingit in tempore novi testamenti.

Allegorico sensu ambulandum est per viam fidei in credendis. Tropologico ambulandum est per viam caritatis in agendis. Anagogico autem ambulandum est per viam spei in expectandis. Unde Augustinus de modo exponendi sacram scripturam hac triplici via, dicit in libro De catechizandis rudibus : *Quidquid narras, ita narra, ut ille cui loqueris, audiendo credat, credendo speret, sperando amet.* Item Super Genesim in principio ad litteram : *In omnibus sa*cris litter*is intueri oportet quae facta narrantur* : hoc quoad historiam et sensum litteralem ; *quae* credenda pro*nuntiantur* : et hoc quoad sensum

---

56 quod] quos A

---

39 *Prov.*, XXXI, 21.

48-49 *Ibid.*, XXII, 17-19.

57 *Ps.* CVIII, 32.

66 August., *De catech. rud.*, c. 4, n. 8 (PL 40, 316).

68 Id., *De Gen. ad litt.*, I, c. 1, n. 1 (CSEL 28, 3; PL 34, 247).

allegoricum; *quae agenda moneantur* : hoc quoad sensum tropologicum; *quae aeterna intimantur* : hoc quoad sensum anagogicum. Quae tria etiam insinuat Apostolus, IIª ad Timotheum, 3º: *Omnis scriptura divinitus inspirata utilis est ad docendum* (Glossa :) ignorantes : hoc quoad sensum litteralem; *ad arguendum* (Glossa :) *ad convincendum* ubi haereses mordent : hoc quoad allegoriam; *ad corripiendum* (Glossa :) *id est increpandum in malo persistentes* : hoc quoad tropologiam; *ad erudiendum* (Glossa :) *paenitentes* ad caelestem patriam tendentes : hoc per anagogiam.

De his quatuor sensibus ponit exemplum clarum Cassianus in hoc vocabulo *Hierosolyma*, dicens quod *secundum historiam* est *civitas Iudaeorum, secundum allegoriam* est *ecclesia Christi, secundum* tropologiam, *anima iusti*; *secundum anagogiam, patria caelestis.* Secundum Augustinum, XVIIº De civitate Dei, capº 3º, non ubique in sacra scriptura isti quatuor sensus sunt quaerendi, sed alicubi mysticus tantum, ut tripartita sit expositio.

Ex ista sensuum varietate contingit obscuritas et difficultas sacrae scripturae. Unde Augustinus, XIIº Confessionum. cap.º 13º : *Ecce eloquiorum ante nos superficies blandiens, sed mira profunditas, Deus meus. Horror est intendere* : id est intro-tendere, ubi plures sensus mysticos abscondit.

Unde et ex ista varietate contingit quod ista scientia facultatem humani intellectus excedit, dicente Augustino in Epistola ad Volusianum : *Tanta est christianarum litterarum profunditas, ut, si in eis quotidie proficerem, si eas solas ab ineunte pueritia usque ad decrepitam* aetatem, *maximo studio, summo otio, meliore ingenio, conarer addiscere, tam multis tamque multiplicibus mysteriorum umbra-*

---

76 mordent] mordentur A, *sed* mordent *praeferimus* : *cf.* August., *De Genesi contra Manichaeos*, I, c. 1, n. 2 (PL 34, 174) 84 3º] quod *add.* A 93 Augustino ...] Nota *add. in. m.* A

---

73 *II Tim.*, III, 16.
74 Cf. *Glossa interl.* « nescientes » (VI, 751).
75 *Glossa interl.*, (VI, 751-752).
76-77 *Glossa* (VI, 752, 751).
78 *Glossa, ibid.* (VI, 751).
80 Cassianus, *Collationes*, XIV, c. 8, n. 4 (CSEL 13, 405; PL 49, 964).
84 August., *De civ. Dei*, XVII, cf. c. 3, n. 1-2 (CC lat. 48, 552-554; PL 41, 525-526).
88 Id., *Conf.*, XII, c. 14 (PL 32, 832).
93-94 Id., *Epist.* 137, c. 1, n. 3 (PL 33, 516-517).

*culis opaca intelligenda proficientibus restat, ut annosissimis acutissimis*que *cupiditate discendi hoc contingat, quod eadem scriptura quodam loco* suo *habet*: « *Cum consummaverit homo, tunc incipiet* » (Eccl. ci XVIII°). Propter quod exclamavit APOSTOLUS dicens : *O altitudo divitiarum sapientiae et scientiae Dei! Quam incomprehensibilia*, etc., et Psalmus exclamat dicens : *Mirabilis facta est scientia tua ex me; confortata, et non potero ad eam.*

Neminem tamen terrere debet eius profunditas, desperando ne in ea proficiat, quia, ut dicit GREGORIUS in prologo Moralium : *Divinus sermo, sicut mysteriis prudentes exercet, sic plerumque superficie sim-|pli-* 220 vb
ces refovet. Habet in publico, unde parvulos nutriat; servat in secreto, unde mentes sublimium in admiratione suspendat. Quasi quidam quippe fluvius, ut ita dixerim, planus et altus, in quo et agnus ambulet, et elephas natet. Qui sic loquitur, ut ait AUGUSTINUS V° Super Genesim. cap.° 3°, *ut altitudine superbos irrideat, profunditate attentos terreat, veritate magnos pascat, affabilitate parvulos nutriat.*

<SACRAE SCRIPTURAE DIVISIO IN VETUS ET NOVUM TESTAMENTUM>

Sed quia plerumque per partes divisum facilius capiemus quod integrum deglutire non valemus, ut igitur difficultatem sacrae scripturae quantum possumus nobis temperemus, primo eam dividendo per partes aggrediamus.

Cum igitur, secundum AUGUSTINUM, 1° De doctrina christiana, *omnis doctrina vel rerum est, vel signorum*, et sacra scriptura sit doctrina quaedam, aut igitur est rerum vel signorum. Signorum est in veteri testamento, rerum vero in novo. Vetus enim testamentum principaliter erat de signis prognosticis futuram gratiam novi testamenti indicantibus. Novum vero testamentum est principaliter de rebus gratiam praesentem ostendentibus. Nam eadem doctrina penitus est utriusque

---

6 proficiat]-ant A   9 quasi] quod A

---

00 *Eccl.*, XVIII, 6.
1 *Rom.*, XI, 33.
2 Ps. CVIII, 6.
6 GREGOR., *Moralia*, epistola missoria, c. 4 (PL 75, 615).
11-12 AUGUST., *De Gen. ad litt.*, V, c. 3, n. 6 (CSEL 28[1], 141-142; PL 34, 323).
20 AUGUST., *De doctr. christ.*, I, c. 2, n. 2 (CSEL 80, 9; CC lat. 32, 7; PL 32, 19).

testamenti, ibi figurata, hic revelata, ibi prophetata, hic presentata, ut dicit AUGUSTINUS Contra Faustum. libro 16º, cap.º 19º.

Ex quo notandum quod divisio sacrae scripturae in veteri testamento et novo non est penes diversitatem rerum de quibus tractant, sed penes diversum modum tractandi unum et idem. Distinctio enim diversarum partium unius scientiae, sicut et distinctio diversarum scientiarum ab invicem, non solum est penes rerum, de quibus tractant, diversitatem, sicut distinguuntur arithmetica, quae est de numero, et geometria, quae est de magnitudine, sed etiam penes diversum modum tractandi eandem rem, sicut distinguuntur arithmetica, quae est de numero simpliciter, et musica, quae est de numero redacto in sonum.

Unum ergo et idem penitus considerant vetus testamentum et et novum, scilicet descriptionem legis divinae. Unde AUGUSTINUS, Contra Adimantum, cap.º 3º : *Nulla in evangelica disciplina reperiuntur, quae illis veteribus libris desunt.* Eccl.ci XIXº : *In omni sapientia descriptio legis. In omni sapientia* : id est *in tota sacra scriptura, quae proprie sapientia dicitur,* ut determinat AUGUSTINUS 14º De Trinitate, cap.º 1º.

Hanc autem divinam legem, scilicet naturalem legem determinatam per decem praecepta decalogi, diversimode tractant vetus testamentum et novum, et diversis observantiis determinant. Et secundum hoc diversae assignantur differentiae inter vetus testamentum et novum. Quarum prima est, quod differunt sicut verba et veritas, res et figura, et cetera huiusmodi : et sumitur ex parte modi tractandi praecepta moralia iuris naturalis hinc et inde, et est principalis inter ceteras, videlicet quod ibi tractantur sub signis figuralibus occultis, hic vero sub operibus realibus manifestis. Ibi dicitur : *Non arabis in bove et asino* (Deut. 22º); hic vero dicitur : *Nolite iugum ducere cum infidelibus* (II Cor. 6º) : et per illud quod dicitur ibi, significabatur hoc quod exponitur hic. Hanc differentiam tangit AUGUSTINUS Contra Adi-

---

50 tractandi] sciendi (?) *add. sup. lin. al. man.* A

---

28 AUGUST., cf. *Contra Faustum,* XVI, c. 19, 25 (CSEL 25^1, 461, 570; PL 42, 327-328, 333).

40 ID., *Contra Adimantum,* c. 3, n. 4 (CSEL 25^1, 122; PL 42, 134).

41 *Eccli.,* XIX, 18.

43-44 AUGUST., *De Trin.,* XIV, cf. c. 1 (CC lat. 50, 421-424; PL 42, 1035-1037).

54 *Deut.,* XXII, 10.

55 *II Cor.,* VI, 14.

56-57 AUGUST., *Contra Adimantum,* c. 2, n. 2 (CSEL 25^1, 118; PL 42, 132).

mantum, cap.º 2º, dicens : *Iudaei sequebantur umbram, cuius umbrae quasi corpus, id est veritas, nobis danda erat.* Et De civitate Dei XVIº, cap,º 25º : *Quid est quod dicitur testamentum vetus, nisi novi occultatio? Et quis est aliud, quod dicitur novum, nisi veteris revelatio?*

Secunda est, quod differunt sicut iudicium et misericordia, severitas et pietas, rigor et mansuetudo, labor et requies, onerosum et leve, et si qua alia sunt huiusmodi : et sumitur ex parte edictorum de observantia legis, quoniam observantiae veteris testamenti sunt iudicii, severitatis, rigoris, laboris et oneris, observantiae vero novi testamenti sunt misericordiae, pietatis, mansuetudinis, quietis et levitatis. Ibi enim dicitur : *Oculum pro oculo* (Levit. 24º); hic vero dicitur : *Si quis te percusserit in unam maxillam, praebe ei et alteram* (Matth. Vº). *In quibus duabus sententiis*, ut dicit Augustinus Contra Adimantum, cap.º 8º : *Differentia duorum|testamentorum demonstratur.* Hinc etiam 221 ra
dicit Christus in Evangelio Matthaei, XIº, vocans ab onere et labore legis veteris ad levitatem et quietem legis novae : *Venite ad me omnes qui laboratis et onerati estis, et ego reficiam vos. Tollite iugum meum super vos : iugum enim meum suave est et onus meum leve.* Unde et de illo onere veteris testamenti conquerens Petrus dicit in Actibus, cap.º XVº : Hoc enim onus *neque nos neque patres nostri portare potuimus.* De ista vero requie novi testamenti pronuntiando dicit Isaias XLº : *Qui sperant in Domino, mutabunt fortitudinem, assument pennas sicut aquilae, current et non laborabunt, ambulabunt et non deficient.*

Tertia differentia est, quod differunt sicut servitus et libertas : et sumitur penes observantium conditiones. Illi enim legem custodiebant serviliter, nos vero liberaliter. De hac differentia dicit Augustinus, Contra Adimantum, cap.º XVº : *Duorum testamentorum differentiam sic probamus, ut in illo sint onera servorum, in isto gloria liberorum.* Et ideo vetus testamentum missum erat per servum, novum vero

---

61 Secunda ...] d... *add. i. m.* 72-73 Venite ...] expositio (?) *add. i. m.* A

58-59 Id., *De civ. Dei*, xiv. c. 26 (CC lat., 48, 531; CSEL 40^{2}, 174; PL 41, 505).
67 *Levit.*, xxiv, 20.
68 *Matth.*, v, 39.
69-70 August., *Contra Adimantum*, c. 8 (CSEL 25^{1}, 130; PL 42, 139).
71 *Matth.*, xi, 28-30.
75-76 *Act.*, xv, 10.
78 *Is.*, xl, 31.
84 August., *Contra Adimantum*, cf. c. 16, n. 3 (CSEL 25^{1}, 163; PL 42, 157).

apportatum per Filium : Ioann. 1º : *Lex per Moysen data est,* misericord*ia et veritas per Iesum Christum facta est,* ubi dicit AUGUSTINUS, Super Ioannem, sermone 3º : *Ille dedit legem, qui dedit gratiam; sed legem per servum misit, cum gratia ipse descendit.*

Quarta differentia est, quod differunt sicut timor et amor : et sumitur penes motiva ad observandum legis praecepta. Timor enim poenae indictae movebat ad observantiam praeceptorum in veteri testamento. Amor vero praemii promissi debet movere ad observantiam praeceptorum in novo testamento. Unde AUGUSTINUS, Contra Adimantum, cap.º XVIº : *Haec est brevissima et apertissima differentia duorum testamentorum : timor et amor : illud ad vetus, hoc ad novum pertinet.* Unde et vetus testamentum principaliter fuit ut declinaret homines a malo, novum vero ut alliciat ad bonum. Unde AUGUSTINUS, De utilitate credendi : *Qui revocari a peccato ratione non poterant, tali lege erant coercendi, scilicet poenarum, a quibus cum Christus liberat, suae caritati, non timori, servire invitat.* Idem De moribus ecclesiae, cap.º XXVIIº. De primo dicitur secundo Paralipomenon, XIXº, ubicumque quaestio est de lege: *Ostendite eis ut non peccent in Dominum,* et Deuteronomii IXº : *Ut probaret vos, venit Dominus, et ut terror illius esset in vobis, et non peccaretis.* De secundo dicitur in Psalmo : *Ibunt de virtute in virtutem.*

Quinta differentia est, quod differunt sicut temporale et aeternum : et sumitur per ea, quae sunt in testamentis promissa. Vetus enim testamentum observatoribus suis promisit bona temporalia; novum vero promittit aeterna. AUGUSTINUS De ... : Sicut veteris hominis vetus canticum ad temporalia, sic novi hominis novum canticum ad aeterna. Propter quod dicit APOSTOLUS, Ad Hebraeos, 8º de Christo : *Melioris testamenti mediator est, quod in melioribus repro-*

---

11 ...] *conf.* A 14-15 repromissionibus] re *sup. lin.* A

---

87 *Ioann.*, I, 17.
89 AUGUST., *In Ioannis Ev.*, III, c. 1, n. 2 (CC lat. 36, 20-21; PL 35, 1397).
95-96 ID., *Contra Adimantum*, c. 17, n. 2 (CSEL 25[1], 166-167; PL 42, 159).
00 ID., *De utilitate credendi*, I, c. 3, n. 9 (CSEL 25, 12; PL 42, 71).
2-3 ID., *De moribus ecclesiae*, I, c. 28, n. 56 (PL 32, 1333).
3-4 *II Par.*, XIX, 10.
5 *Exod.*, XX, 20.
7 *Ps.* LXXXIII, 8.
11 AUGUST., cf. *Enarrationes in Psalmos*, XXXIX, n. 4 (CC lat. 38, 427; PL 36, 435), et LXVI, n. 6 (CC lat. 39, 862-864; PL 36, 307-308).
13-14 *Hebr.*, VIII, 6.

missionibus sancitum est. Et ab hac differentia illud vetus, istud novum nominatur; non solum quia illud prius datum erat, hoc posterius : Hebr. 8°, ubi comparantur haec mandata : *Dicendo novum, inveteravit prius*; sed quia illud temporalia promittebat, quae ad interitum vadunt et veterascunt, Hebr. 8° : *quod antiquatur, senescit prope interitum*: haec vero aeterna, quae semper in sua novitate perseverant.

Haec est igitur prima divisio legis divinae sive sacrae scripturae in generali, penes res et signa, in testamentum vetus et novum, de qua dicit Augustinus in principio Super Genesim : *Omnis divina scriptura bipartita est, secundum quod Dominus significavit dicens scribam eruditum in regno Dei similem esse patrifamilias proferenti de thesauro suo nova et vetera* : *quae etiam duo testamenta dicuntur.* Et est sufficientia in his duobus, nec erat facienda nisi haec duplex revelatio veritatis, quia non nisi duplex est modus cognoscendi : sensitivus et intellectualis. Cognitio divinorum quasi sensitiva et per signa sensibilia fit in veteri testamento; quasi vero intellectualis et per res intelligibiles in novo. Et quia per sensibilia devenimus in cognitionem intelligibilium, congruo ordine vetus testamentum praecedit novum : I° Cor., XV° : *Non prius quod spirituale, sed quod animale.* Unde haec duo testamenta signata sunt per|atrium et tabernaculum : Exod. XXVI°, quia sicut 221 rb per atrium ingressus fuit in tabernaculum et per sensibilia in intelligibilia, sic per instructionem veteris testamenti fit ingressus in novum. Et ideo dicit Apostolus, Gal. 3° : *Lex paedagogus noster fuit in Christo*, et LEO papa in sermone de beato Laurentio. Et*si facilis ad hortandum* sit ratio, etc.

<Ulterior divisio veteris et novi testamenti>

Sequitur in speciali divisio utriusque testamenti : et primo veteris, sicut naturaliter praecedit, ut dictum est; deinde novi.

---

15 sancitum] sanctitum A 39 etc.] ut supra. Et ideo quantum etc. *add.* A (cf. *infra*, p. 21, 80-82).

---

17 *Ibid.*, 13.
19 *Ibid.*
23 August., *De Gen. ad litt.*, I, c. 1, n. 1 (CSEL 28^1, 3; PL 34, 216-217).
33 *I Cor.*, XV, 46.
34 *Exod.*, cf. XXVI, 1 - XXVII, 19.
37 *Gal.*, III, 24.
38 Leo, *Sermo* 85, c. 1, n. 338 (PL 54, 435).

<*Veteris testamenti divisio*>

Vetus autem testamentum, testimonio Christi, Lucae ultimo : *Necesse est impleri omnia quae scripta sunt de me in lege et prophetis et psalmis*, dividitur in legem, prophetas et psalmos, et differunt haec tria quoniam in lege describitur quid agendum, in prophetis revelatur quid credendum, in psalmis vero innotescit quid sperandum. Unde respondent istae tres partes tribus sensibus expositionis mysticae : ut intelligamus sensu mystico principaliter exponendum vetus testamentum, sensu vero litterali novum. Est enim totum vetus testamentum quasi figurale respectu novi, quia *omnia contige*r*unt illis in figura*, ut dicit Apostolus, I Cor. Xº. Inter partes vero veteris testamenti intelligamus sensu tropologico principaliter esse exponendam legem, sensu vero allegorico prophetas, sensu vero anagogico psalmos.

Sed quia id quod sperandum est, nobis non innotescit in psalmis nisi in prophetica revelatione, ideo, si placet, luminosiori divisione vetus testamentum dividamus. Dicamus quod totum vetus testamentum prima divisione dividitur in legem et prophetas, ut psalmi contineantur sub prophetis. Et tunc differunt membra divisionis sic, quia in lege praecipitur quid agendum, in prophetis vero docetur quomodo id fructuose et salubriter sit agendum, quoniam si<mul> in fide credendorum et in spe aeternorum, quae ambo in prophetis revelantur.

Lex autem quae continet totum vetus testamentum praeter prophetas et psalmos, necessario duo debet in se continere : scilicet ipsum praeceptum determinans quid sit agendum, et directionem indicantem qualiter sit agendum. Frustra enim essent praecepta si non rite observarentur. Unde quia nos sumus pigri et ignari ad implendum nuda praecepta, propter hoc nobis ad praecepti impletionem necessaria est directio, ut sciamus qualiter rite agamus : quae fiunt et per verba exhortationis doctorum, et per exempla operis iustorum.

De necessitate autem directionis per verba ut prompte praecepta agamus, dicit Augustinus in libro De professione sacrae viduitatis, in principio : *In quaestione quae ad vitam moresque pertinet, non* so*lum doctrina, verum et exhortatio necessaria* est, *ut doctrina quid agen-*

46 psalmis]-os A   62 simul] si A

44 *Luc.*, xxiv, 44.
53 *I Cor.*, x, 11.
73-74 August., *De bono viduitatis*, c. 1, n. 2 (CSEL 41, 306; PL 40, 431).

dum sit, noverimus, exhortatione autem excitemur, ne pigeat agere quod agendum esse iam novimus. Quaestio ad vitam moresque pertinens est omnis quaestio legis. Doctrina qua novimus quid agendum, est illa quae agenda praecipit. De necessitate directionis per opera exemplorum dicit IDEM in libro De mendacio cap.º 21º : *Divinae scripturae non solum praecepta Dei continent, sed et vitam moresque iustorum, ut si forte occultum est, quemadmodum accipiendum sit quod praecipitur, in factis* sanct*orum intelligatur.* AMBROSIUS, Hexaemeron cap.º 15º : Advertimus ea quae nunc in specie historiae traduntur, vim statuisse legis in posterum. Hinc etiam dicit PHILOSOPHUS, quia facta seniorum, iunioribus leges sunt.

Propterea igitur lex generaliter accepta dividitur in praeceptivam et directivam : praeceptiva continetur in quinque libris Moysis; directiva continetur in ceteris libris veteris testamenti, exceptis prophetis et psalmis. Illa autem pars quae praeceptiva est, propriissime lex dicitur.

Unde notandum quod lex dicitur quinque modis : largissime, large, communiter, proprie, et propriissime. Largissime appellatur lex tota sacra scriptura : in Psalmo : *Lex Domini immaculata convertens animas*; Rom. XIIIº : *Plenitudo legis est dilectio.* Large vero dicitur lex solum vetus testamentum : Matth. Vº : *Non veni solvere legem, sed adimplere* : Rom. VIº : *Non enim sub lege estis, sed sub gratia.* Communiter appellatur lex totum vetus testamentum praeter prophetas proprie sumptos : Matth. XIº : *Lex et prophetae usque ad Ioannem.* Proprie appellatur lex totum vetus testamentum praeter prophetas proprie dictos et psalmos : Luc. ultimo : | *Oportet impleri omnia,* etc. ut 221 va
supra. Propriissime autem solum appellantur lex libri Moysis : Ioann. Iº : *Lex per Moysen data est,* et VIIº : *Nonne Moyses dedit vobis legem?*

80-81 Divinae ...] Nota *add. i. m.* A 85-86 facta ...] Nota *add. i. m.* A 89 exceptis] praeceptis *add. et del.* A

80 ID., *De mendacio*, c. 15, n. 26 (CSEL 41, 446; PL 40, 506).
83 AMBROS., *Hexaem.* cf. II, c. 2, n. 4 (CSEL 32[1], PL 15, 146 B-C).
85 ARISTOT., cf. *Politica*, VII, c. 13 (Z 1332 b 36-37).
93 *Ps.* XVII, 8.
94 *Rom.*, XIII, 10.
95 *Matth.*, XI, 13.
96 *Rom.*, VI, 14.
98 *Matth.*, XI, 13.
00 *Luc.*, XXIV, 44.
00 Cf. *supra*, p. 17, 45-46.
1-2 *Ioann.*, I, 17.
2 *Ibid.*, VII, 19.

Lex Moysis tripliciter solet dividi.

Primo modo in prooemium, tractatum et epilogum, ut dicamus secundum Hebraeos, quod illi quinque libri sunt unus liber, cuius prooemium sit Genesis, tractatus sint tres libri sequentes : Exodus, Leviticus et Numeri, epilogus sit Deuteronomium. Sed huic dicto non concordat series litterae. Prooemium enim debet continere causas operis et exsequenda in generali : quae non continet liber Genesis ; epilogus etiam in grosso debet recolligere praedeterminata : non explanare, quod facit Deuteronomium : secundum quod haec patent inspicienti Genesim et Deuteronomium.

Ideo secundo modo dividitur secundum alios, dicendo quod in Genesi procreatio et genealogia populi, cui danda erat lex, in aliis vero quatuor describitur ipsa lex, cui populus ille erat constringendus. Sed secundum istorum dictum liber Genesis non posset dici liber legis.

Ut igitur competenter omnes libros Moysis appellemus libros legis, dividendum est tertio modo : quod cum lex Moysis non sit nisi in adiutorium legis naturalis ut iam dicetur, dividitur in legem rememorativam et legem coartivam : dicendo quod in Genesi fit rememoratio legis naturae, quae per transgressiones a libro cordis quasi erat deleta et oblivioni tradita, in aliis vero quatuor libris instituuntur praecepta legis scriptae, per quam instituitur ad observantiam legis naturae coactio, secundum quod scribitur in Collationibus Patrum, collatione VIII[a] : Mandatum quod ab exordio mundi naturali institutione fuerat custoditum, *necessarium fuit per litteram* legis *postea* reparari, lege naturali *iam corrupta libertate usuque peccandi,* et *adiutrix mosaicae legis* apposita est.

Legis autem illius naturalis in Genesi fit rememoratio non tam verbo quam facto, ex recitatione historiae, in qua fit rememoratio qualiter in lege naturali homo conditus sit, et qualiter in iustis et patriarchis observata est et corrupta per peccatores et transgressores. Et haec est rememoratio efficacissima : dicit enim Leo papa : *Etsi facilis sit ad hortandum ratio, efficax* ad suadendum, validiora tamen sunt exempla quam verba, *et plenius est opere docere quam* sermone.

3 Moysis] Moysi A 18 Moysis] Moysi A 19 Moysis] Moysi A 34-35 Etsi facilis ...] *Nota add. i. m.* A

25-26 Cassianus, *Collationes*, viii, c. 23 (CSEL 13, 241; PL 49, 761 A-762 A).
34-36 Leo, *Sermo* 85, c. 1, n. 338 (PL 54, 435).

Ad observantiam autem praeceptorum legis naturalis, coactio traditur ex praeceptis legis scriptae : in aliis quatuor libris Moysis *severa distinctio*, ut dicitur in Collationibus Patrum post verbum praedictum, *ut vel metu poenae praesentis non penitus* littera legis *naturalis exstingueretur*. Lex ista coartiva in Exodo, Levitico et Numeris promulgatur; in Deuteronomio vero explanatur quoad quaedam obscure dicta de eis in aliis : hinc dicitur secunda lex : Deut. 1° : *Coepit Moyses legem explanare*, etc.

Promulgatio autem fit in tribus libris, secundum tria praeceptorum genera : moralium scilicet, sacramentalium et iudicialium. De moralibus principaliter in Exodo, quibus homo ordinatur in se ipso. De sacramentalibus in Levitico, quibus homo ordinatur ad Deum. De iudicialibus in Numeris, quibus homo ordinatur ad proximum. Exodus docet qualiter homo in se regatur. Leviticus, qualiter divinus cultus ampliatur. Numeri, qualiter res publica gubernatur.

Primus horum pertinet ad incipientes et boni inchoationem : unde describitur populo iam primo exeunti de Aegypto, properanti ad mare baptismi et ad montem divinae legis. Secundus pertinet ad proficientes et boni augmentum : unde describitur populo proficienti per desertum mundi huius ad terram promissionis. Tertius pertinet ad perfectos et boni consummationem : unde describitur populo iam praeparanti se ad ingressum terrae promissionis possidendae. Et respondent haec tria tribus partibus moralis philosophiae : monosticae, oeconomicae et politicae. Est enim quasi monostica disciplina in Exodo (dico : principaliter), ut homo per praecepta moralia in se ipso disponatur. Quasi oeconomica in Numeris, ut homo per praecepta iudicialia proximo conformetur. Quasi politica in Levitico. ut hominum communitas per praecep-|ta sacramentalia divinis 221 vb
obsequiis mancipetur. Unde praecedit Leviticus Numeros ordine traditionis, non doctrinae; traditus autem erat prius, ne populus pronus ad idololatriam a Deo declinaret si sacramenta divina ignoraret.

Sequitur lex directiva. Directio autem nobis fit ad praeceptorum observantiam, ut dictum est : aut per exempla iustorum, et hoc in

---

38 Moysis] Moysi A 41 coartiva] coarsiva A 70 aut] et A

---

39 Cassianus, *Collationes*, coll. VIII, c. 23 (CSEL 13, 241; PL 49, 762 A).

39 Cf. *supra*, p. 19, 26-29.

44 *Deut.*, I, 5.

libris historialibus; aut per exhortationes verborum, et hoc in libris Salomonis. Est autem hic advertendum, quod naturaliter directio illa, quae fit per facta, posterior est illa, quae fit per verba, ordine processus ab incompleto ad completum, quia id in quo deficiunt verba, supplent exempla. Plus enim movent et dirigunt facta quam verba : unde Augustinus, in libro De mendacio, cap.° 21° : *Plerumque in verbis intelligere non valentes, in factis sanctorum colligimus quemadmodum oportet accipi,* et *facile in aliam partem deduceremur, nisi exemplo revocaremur*; et Leo papa, in sermone de beato Laurentio : *Etsi facilis ad hortandum sit ratio,* etc., ut supra. Et ideo quantum ad instructionem praecedunt libri Salomonis, quamvis aliqui ex libris historialibus prius erant conscripti : sed in hoc non est vis.

Directio illa quae fit in libris historialibus per exempla iustorum, dividitur secundum tria genera exemplorum. Quaedam enim sunt exempla agendi bonum iustitiae; quaedam sustinendi malum poenae; alia perseverandi in utrisque. Exemplorum autem ad agendum bonum iustitiae quaedam sunt ut conservetur iustitia habita; alia vero ut reparetur iustitia deperdita. Ut autem conservetur iustitia habita, tria sunt genera exemplorum, et hoc in iustitia perfectorum : quia solum perfectorum est, opera sua ponere in exemplum, ut dicit Gregorius in Moralibus, 30°, cap.° 10°: *Nonnumquam nostra imperfecta cogitatio nondum roborata, dum citius hominibus ostenditur, cum conatur ante tempus videri quia sit, agit ut non sit.*

Exempla autem iustitiae perfectorum, quaedam pertinent ad iustitiae perfectae ingressum, quaedam ad progressum, quaedam ad consummationem.

In iustitiae perfectae ingressu vitia per iustitiam omnino supprimuntur, et iustus divino obsequio mancipatur. Huius iustitiae exempla proponuntur nobis in libro Iosue, ubi describitur, quomodo populus Israel intrat terram promissionis, debellando inimicos, se divino obsequio mancipando. Unde dicitur Iosue ultimo : *Dominus Deus*

---

79 et] ideo quantum ad instructionem *add. homoeceph.* (cf. 80-81 *et* va cat *sup. lin.* A

---

76 August., *De mendacio,* c. 15, n. 30 (CSEL 41, 449; PL 40, 508).

79-80 Leo, *Sermo* 85, c. 1, n. 338 (PL 54, 435).

80 Cf. *supra,* p. 19, 34-36.

91 Gregor., *Moralia,* xxx, c. 10 (PL 76, 547).

99 Cf. *Iosue,* iv-xii.

1 *Ibid.,* xxiv, 17-18.

noster ipse eduxit nos et patres nostres de terra Aegypti, et eiecit universas gentes terrae, quam intravimus. Serviemus igitur Domino.

In iustitiae vero perfectae progressu iustus contra peccatorum tentationes fortiter se defendit et praeliatur, quas ad virtutis profectum Dominus iustis advenire permittit. Huius iustitiae exempla habemus in libro Iudicum, ubi populus contra finitimos inimicos suos, tentantes terram eius invadere, se ulciscitur et defendit. De quibus dicitur, Iud. 3° : *Hae sunt gentes quas reliquit Dominus, ut in eis erudiret Israelem.* Huic libro annexus est liber Ruth, quia in ipso describuntur facta quaedam sub tempore unius iudicum (Ruth, 1°).

In iustitiae vero perfectae consummatione iustus cultum divinum augere contendit. Sed hoc dicitur vel in rebus et operibus vitae activae, aut contemplativae. De primo habemus exempla in libris Regum, ubi describitur populi regimen et de gubernatione per reges et principes. Exempla de secundo habemus in libro Paralipomenon, ubi describitur distinctio ministeriorum templi et populi regimen in spiritualibus.

Sequitur pars exemplorum de reparatione iustitiae deperditae, quae sunt duplicia : aut enim sunt ad reparandam iustitiam deperditam in regimine spiritualium vitae contemplativae, quae habentur in Esdra, qui templum reparavit et cultum divinum in eo, aut in regimine temporalium vitae activae, quae habentur in Nehemia, qui reparavit civitatem et regimen in ea.

Sequitur pars exemplorum de sustinendo malum poenae, quod duplex est : aut personale, aut commune. Et personale duplex : aut poenae damni, aut poenae sensus. Exemplum de primo habemus in Tobia, qui caecitate percussus, visum amisit. Exemplum de secundo habemus in Iob, qui percussus ulcere pessimo, cruciatum sustinuit.

Malum autem poenae commune aut infertur per apertam violentiam : cuius exemplum habemus in Iudith|de violentia persecutionis 222 ra
Holofernis; aut per occultam machinationem : cuius exemplum habemus in Esther de insidiis Naaman contra Iudaeos.

Exempla autem perseverandi tam in agendo bonum iustitiae quam in sustinendo malum poenae habemus in libris Machabaeorum, ubi describitur quomodo Machabaei hostes legis debellaverunt et tandem mortem pro ipsa sustinuerunt.

---

27 amisit] is *disparuit* A

---

9 *Iud.*, III, 1.
11-12 *Ruth*, I, 1.

Sequitur pars iustitiae directivae, quae fit per exhortationes verborum in libris Salomonis. Exhortatio autem omnis aut est in dissuadendo malum ne fiat, aut in suadendo bonum ut fiat. Malum autem dissuadendum aut est iniquitatis, et dissuadetur ut fugiatur : de quo habemus exhortationes in Proverbiis : ibi dicitur : *Fili mi, si te lactaverint peccatores, ne acquiescas eis* (Prov. 1º), et cetera huiusmodi. Aut est malum vanitatis, quod dissuadetur ne diligatur : et hoc in Ecclesiaste : ibi enim dicitur in principio : *Vanitas vanitatum, et omnia vanitas*, et cetera huiusmodi.

Bonum autem persuadendum aut est vitae contemplativae, ad quod fit invitatio in Cantico Canticorum : ibi enim IIº dicitur : *Surge, propera, amica mea*, et cetera huiusmodi; aut est vitae activae : tale autem aut est conservatio ipsa rei publicae : quod suadetur in libro Sapientiae : ibi enim dicitur in principio : *Diligite iustitiam qui iudicatis terram*, et cetera huiusmodi; aut est invocatio divinae misericordiae et hoc in Ecclesiastico : ibi enim 2º cap.º dicitur : *Metuentes Dominum sustinete misericordiam eius, et ne deflectatis ab illo ne cadatis*, et cetera huiusmodi. Hi duo libri ultimi adscribuntur Salomoni, non quia ipsos composuit, sed quia habent consimilem stilum et modum scribendi cum libris Salomonis. Librum enim Sapientiae composuit Philo, quidam legisperitus, Ecclesiastem vero quidam Iesus, filius Syrac, ut dicit Augustinus, De civitate Dei, 17º, cap.º 20º.

Sequitur doctrina prophetarum, quae dividitur penes illa quae in eis revelantur. Revelatio autem omnis prophetica aut est pertinentium ad fidem credendorum : quae habetur in prophetis communibus; aut est pertinentium ad fidem praemiorum : quae habetur in prophetia speciali Psalmorum eximii prophetae David, cuius prophetia in hoc differt a prophetia aliorum, sicut dicitur in principio Glossae super Psalterium, quoniam cum omnes prophetas spiritus sancti revelatione constet esse locutos, David, prophetarum eximius,

---

63 praemiorum] credendorum *sed exp. et* praemiorum *sup. lin.* A.

---

41 *Prov.*, I, 10.
44 *Eccl.*, I, 2.
47 *Cant.*, II, 10.
50 *Sap.*, I, 1.
52 *Eccl.*, II, 7.
58-59 Cf. August., *De civ. Dei*, XVII, c. 20 (CC lat. 48, 587; CSEL 40^2, 258; PL 41, 554).
65 *Glossa.* cf. (III, 427 B-C : Cassianus).

digniori et excellentiori modo quam alii prophetavit. Allii namque prophetae per quasdam rerum imagines atque verborum integumenta, scilicet per somnia et visiones, facta et dicta prophetaverunt : David autem solus instinctu Spiritus sancti sine omni exteriori adminiculo suam edidit prophetiam.

Doctrina autem prophetarum aliorum, cum sit revelatio credibilium, secundum credibilium distinctionem dividenda est. Credibile autem omne aut est de Christo capite, aut est de corpore eius mystico, quod est ecclesia.

De secundo sunt XII prophetae parvi in uno volumine coarctati. De primo sunt quatuor prophetae magni, distincti secundum quatuor eius, principaliter de Christo, revelata, quae sunt : nativitas et incarnatio, de quibus principaliter prophetavit Isaias : dixit enim : *Ecce virgo concipiet*, etc. (Is. VII°); mors et passio, de quibus principaliter prophetavit Ieremias : dixit enim, Threnorum 1° : *O vos omnes qui transitis per viam*, etc.; resurrectio et ascensio, de quibus principaliter prophetavit *Ezechiel* : dixit enim de generali resurrectione : *Aperiam tumulos vestros, et educam de speluncis vestris, popule meus* (Ezech., 37°); adventus ad iudicium, de quo principaliter prophetavit Daniel : dixit enim : *Aspiciebam in visione noctis, et ecce cum nubibus caeli quasi filius hominis veniebat* (Dan. VII°).

<*Novi testamenti divisio*>

Sequitur divisio novi testamenti. Cum enim, ut dictum est, eadem sit lex utriusque testamenti, quia vetus est in novo revelatum et novum in veteri praefiguratum, ad modum divisionis veteris testamenti, quam congrue fieri potest, dividendum est et novum. Novum igitur testamentum ad modum veteris dividitur in legem et prophetiam. In lege determinatur quid agendum ex caritate. In prophetia vero quomodo id fructuose est agendum : quoniam fide firma et spe certa, cum ecclesia in pressuris suis perseverando.

Et continetur prophetia haec evangelica in Apocalypsi, ubi

---

98 et continetur] *signum* ∴ *add. sup. lin. al.*(?) *man.* A

---

81 *Is.*, VII, 14.
82 *Ier.*, *Threni*, I, 12.
86 *Ezech.*, XXXVII, 12.
87 *Dan.*, VII, 13.

describitur revelatio de consummatione et persecutionibus finalis ecclesiae, ubi etiam monentur fideles ad firmiter persistendum cum ipsa : dicitur enim ibi : *Id quod habetis, tenete donec veniam. Qui vicerit et custodierit usque in finem opera mea, dabo illi potestatem*, etc. (Apoc., 2°).

Lex nova ad modum veteris dividitur in praecep|tivam et directivam. 222 rb
Praeceptiva continetur in doctrina evangelica, quam condidit ipse Christus per se. Directiva autem continetur in doctrina apostolica, quam condidit Christus per apostolos et discipulos suos.

Et nota quod in evangeliis non est quaerenda distinctio aliqua penes praeceptorum diversitatem ad modum divisionis veteris testamenti, quia paucioribus praeceptis contenta est lex nova quam vetus, quia ut dicit Isaias, X°, praenuntiando novum testamentum : *Consummatio abbreviata inundabit iustitiam. Consummationem enim et abbreviationem Dominus Deus exercituum faciet in medio omnis terrae.* Unde quantum est ex parte praeceptorum novae legis, quatuor Evangelia sunt unum Evangelium, ut dicit AUGUSTINUS de verbis Domini. Nec distinguuntur penes diversitatem praeceptorum : penitus enim eadem praecepta continent singula, sed distinguuntur penes diversa reperta in Christo, cuius actus describunt.

De Christo enim quoad eius divinitatem, et actus qui competunt ei principaliter ratione divinitatis, determinatur in evangelio Ioannis; de ipso quoad eius humanitatem, et actus qui competunt ei principaliter ratione humanitatis, determinatur principaliter in aliis tribus Evangeliis : quia de eius ingressu in mundum et pertinentibus ad eius generationem humanam et nativitatem determinat principaliter Matthaeus; de eius progressu in mundo et pertinentibus ad eius praedicationem, principaliter determinat Marcus; de eius autem egressu e mundo et pertinentibus ad eius passionem, principaliter determinat Lucas. Unde secundum AUGUSTINUM, De concordia Evangeliorum, Ioannes gerit figuram aquilae volantis, quia describit Christum de caelo super humanam naturam descendentem; Matthaeus vero leonis, quia describit Christum ut regem, de regibus natum; Marcus vero hominis, quia describit Christum ut hominem hominibus praedicantem; Lucas vero vituli, quia describit Christum ut victimam immolatum.

---

2 *Apoc.*, II, 25-26.

10 *Is.*, X, 22-23.

14 AUGUST., *Sermo* ... : cf. *De consensu Evangelistarum*, I, c. 1, n. 2 (CSEL 43, 2-3; PL 34, 1043).

27 ID., cf. *ibid.*, I, c. 6, n. 9 (CSEL 43, 9-10; PL 34, 1046-1047).

Lex vero apostolica directiva ad modum directivae veteris legis dividitur in illam quae est directiva per exempla iustorum : quae traditur in Actibus Apostolorum : et in illam quae est directiva per instructionem verborum : quae traditur in epistolis apostolorum. Quae dividuntur, quoniam directio in praeceptis agendorum aut est ad informandum fideles in tempore prosperitatis, ne prosperis dissolvantur : quod fit in epistolis Pauli ; vel ad consolandum afflictos in tempore adversitatis, ne adversis frangantur : quod fit in epistolis canonicis. Unde Paulus semper scribit in epistolis suis : *Gratia vobis et pax*; in principio autem canonicarum epistolarum scribitur, Iacobi 1° : *Omne gaudium existimate, fratres, cum in varias tentationes incideritis*, etc.

* * *

Specialius autem singula dividenda sunt in suis locis et temporibus; sufficiat autem ad praesens generalis iam habita divisio.

<Conclusio : modus noster tractandi sacram scripturam>

Sic igitur patet perfectio sacrae scripturae veteris ac novi testamenti, incipiens a principio creationis rerum in Genesi, et terminans in finalem omnium consummationem in Apocalypsi, docens per hoc omnia a Deo auctore in esse produci tamquam a principio primo, et omnia ad ipsum reduci tamquam in finem ultimum : propter quod dicit in Apocalypsis ultimo : *Ego sum alpha et omega, principium et finis*.

Sed quia, ut dicit Augustinus, Super Ioannem, sermone secundo, *bonum est, ut textum divinarum scripturarum, nullum locum praetermittendo, pertractemus ut possumus, et pro nostra capacitate pascamur, et ministremus vobis unde et nos pascimur*, idcirco a capite utriusque testamenti lecturam nostram ordinariam incipiemus : in veteri testamento a mundi creatione, Genesis 1° : *In principio*

---

53 auctore] *sup. lin.* A

43-44 *Iac.*, I, 2.
55 *Apoc.*, XXII, 13.
56-57 August., *In Ioannis Ev.*, II, n. 1 (CC lat. 36, 11; PL 35, 1388-1389).
61 *Gen.*, I, 1.

creavit Deus caelum et terram, etc.; in novo testamento, a creatoris mundi in mundo temporali generatione, Matth. 1° : *Liber generationis Iesu Christi Filii Dei*, etc.

Revera, ut dicit AUGUSTINUS, 1° De doctrina christiana, *opus magnum et arduum, et si ad sustinendum difficile, vereor ne ad suscipiendum temerarium. Ita sane si de nobismet* ipsis *praesumeremus*; *nunc* autem *cum in illo* nobis *sit spes* in *hoc opere* progrediendi, etsi forte non *peragendi, a quo nobis* est fiducia inchoandi, *non est* nobis *metuendum, ne dare desinat cetera, cum ea quae data sunt*, gratanter *coeperimus impendere*. Ipse enim ait : *Habenti dabitur. Dabit ergo habentibus, id est cum benignitate, utentibus eo quod acceperunt, adimplebit atque accumulabit quod dedit. Sic ergo ea quae ad opus hoc aggrediendum Dominus praebuit, cum dispensari coeperint ipso suggerente*, confidimus quod *multiplicabuntur* eo ipso nobis cooperante, *ut in hoc ministerio nostro non solum nullam inopiam patiamur, sed et de mirabili a-|bundan-* 222 va
tia gaudeamus, ipso praestante qui vivit in saecula saeculorum. Amen.

---

64 Dei] dd' A   74 Dominus] tribuit *add. sed del.* A

---

63 *Matth.*, I, 1.
65 AUGUST., *De doctr. christ.*, I, c. 1, n. 1 (CSEL 80, 8; CC lat. 32, 6; PL 34, 19).
71 *Matth.*, XXV, 29.

INTRODUCTIO GENERALIS
AD GENESIM

<Duplex utilitas libri Genesis>

Creavit Deus *omnia ut essent* (Sap. 1º).

Licet, dicente Apostolo, Rom. XVº, *quaecumque scripta sunt, ad nostram doctrinam scripta sunt,* inter cetera tamen scripta maxime ad nostram doctrinam scripta sunt illa quae in canone sacrae scripturae scripta sunt, dicente eodem specialiter de illis, 2ae <ad> Tim. 3º : *Ab infantia* didici*sti sacras litteras, quae possunt te instruere ad salutem,* etsi etiam hoc convenit sacrae scripturae pro qualibet parte eius, dicente Apostolo ibidem, 2ae <ad> Tim. 3º : *Omnis* enim *scriptura divinitus inspirata utilis est ad docendum.*

Inter cetera tamen scripta sacrae scripturae hoc quoad aliqua maxime convenit libro *Genesis* : tum quia per ipsam errores perniciosissimos cavemus; tum quia per ipsam occultissimam veritatem cognoscimus : quae per nullam partem sacrae scripturae quam per istam tam dilucide haberemus.

Perniciosissimos quidem errores per istam doctrinam cavemus, quibus doctrina omnium philosophorum et doctorum gentium corrupta erat, qui scilicet erant de mundi aeternitate dicentes, quia mundus a Deo non est de novo factus ex nihilo, sed coaeternus ei, et cetero errori isti cohaerentes. In quibus veritatem contrariam ex hoc libro cognoscimus, quae omnibus illis occulta fuit. Hinc dicit Ambrosius in principio Hexaemeron : *Moyses ille, eruditus omni sapientia Aegyptiorum, quem de flumine collectum filia Pharaonis ut filium dilexit, ut subsidiis regalibus fultum, omnibus saecularibus prudentiae disciplinis informari atque institui desideraverit, et cum esset in aula educatus regia, maluit tamen pro amore iustitiae subire exilium voluntarium, quam in tyrannidis fastigio peccati perfunctionem exquirere. Regiae <domus>* igitur *declinans tumultus, in secretum Aethiopiae se contulit, ibique a ceteris negotiis remotus, totum divinae cognitioni animum*

---

20 ex] de *sed exp. et* ex *sup. lin.* A   29 ibique] ubique A

---

2 *Sap.*, I, 14.
3 *Rom.*, XV, 4.
6 *II Tim.*, III, 15.
9 *Ibid.*, 16.
22 Ambros., *Hexaem.*, I, c. 2, n. 6-7 (CSEL 32[1], 5-7; PL 14, 124-125).

intendit. Denique non in persuasione humanae sapientiae, nec in philosophiae simulatoriis disputationibus, sed in ostensione spiritus et veritatis tamquam testis divini operis ausus est dicere : « In principio creavit Deus caelum et terram ». Advertit enim vir plenus prudentiae, quod causas rerum mens sola divina contineat. Dedit ergo principium mundo, ne increatum et divinae substantiae crederemus. Deus ergo, qui est sine initio, initium mundo *dedit, ut qui non erant, esse inciperent, non, ut philosophi disputant, ut minuta et insubstantiva principium caelo ac terris darent et telas araneas texerent.* Ante ergo Moysen et descriptionem libri *Genesis*, magnum seminarium erroris talis doctrina philosophorum, maxime quia hi in eis, quae legis naturae erant, summi doctores gentium erant, et quod amplius est, gubernatores, unde, ut narrant historiae, quod Persarum rex aliquis esset, nulli nisi prius philosophiam professo concessum erat. Ex istis, ut ait Ambrosius, *operantem nemo vidit, sed agnovit operatum.* Quid ergo mirum si hi qui sensibilia mundi secuti sunt et ex his putant divinae naturae perfecte comprehendere potentiam, dispositionis versutia infatuati sunt, dicente Ieremia propheta, Xº : *Fecit terram in fortitudine sua, praeparat orbem in sapientia sua.* Sequitur infra : Et *stultus factus est omnis homo a* sap*ientia* sua. Rom. 1º de philosophis dicitur : *Evanuerunt in cogitationibus suis et obscuratum est cor insipiens eorum.* Dicentes enim se esse sapientes, stulti facti sunt, 1ª Cor. 1º : *Perdam sapientiam sapientium, et prudentiam prudentium reprobabo.* Et sequitur : *Nonne stultam fecit Deus sapientiam huius mundi?* Revera vanam sapientiam stultam fecit sua sapientia vera. Et licet in pluribus stultam eam fecerit, maxime tamen in articulo illo de rerum origine. Cavere ergo nos primo docet doctrina ista Genesis errorem perniciosissimum. *Sequamur ergo,* ut concludit Ambrosius, *eum qui auctorem novit, nec vanis abutamur erroribus.*

Secundo haec doctrina Genesis docet nos viam cognoscendi

32-33 In ... terram] *subl.* A   41 unde] et *add. sed exp.* A

32-33 *Gen.*, I, 1.
43 Ambros., *Hexaem.*, I, c. 3, n. 8 (CSEL 32^1, 7; PL 14, 126).
47 *Ier.*, X, 12.
48 *Ibid.*, X, 14.
49 *Rom.*, I, 21, 22.
51 *I Cor.*, I, 19.
52 *Ibid.*
57 Ambros., *Hexaem.*, I, c. 2, n. 7 (CSEL 32^1, 7; PL 14, 125).

veritatem occultissimam, quia cum nobis dat certum creaturarum initium, proponit nobis ad cognoscendum certissimum gradum, | di- 222 vb
cente Apostolo, Rom. 1° : *Invisibilia* Dei *per ea quae facta sunt, intellecta conspiciuntur.* Unde Ambrosius 1° Hexaemeron 5° : *Rerum visibilium summa caelum et terra est, quae non solum ad mundi huius spectare videntur ornatum, sed etiam ad indicium rerum invisibilium et quoddam argumentum eorum, quae non videntur. Auctorem enim angelorum et dominantium et potestatum facile intelligimus eum, qui momento imperii sui hanc pulchritudinem mundi ex nihilo fecit esse, quae non erat. Est* ergo *hic mundus divinae operationis insigne, ut per ipsum* divina *sapientia manifestetur.* Unde philosophi, quia hoc perfecte non viderunt, multa indigna de Deo senserunt : ut quod mundum de necessitate fecerit; quod omnino nihil novum facere poterit, cuius materia non praecessit; et cetera huiusmodi.

Doctrina igitur Genesis inter alia utriusque testamenti scripta maxime ad nostram doctrinam est scripta. Est enim radix et principium ceterarum, dicente Hieronymo in principio Hebraicarum quaestionum Geneseos : *Caput librorum omnium est.* Et ideo oportet tendentes ad sacrae scripturae notitiam, huic scripturae primo intendere diligenter, et expositorem pluriori uti sermone, quia dicit Avicenna super 3^{m} De anima : Sicut dicit Plato, maior sermo debet esse in principio : minimus enim error in principio est causa maximi erroris in fine; sicut dixit Aristoteles 1° Caeli et mundi : Maximum enim principium omnium : quare et difficillimum. Et si hoc verum est in omnibus, quod principia rerum requirenda sunt prius, ut earum notitia planior possit haberi, quia demum poterit facilius esse ratio declarari si eius origo discatur, ut dicit ... in principio epistolarum Pauli, maxime tamen hoc faciendum est in principiis universi. Aristoteles : Quid est? Quia diversitas quae cadit in principiis mundi et in toto mundo, et facit etiam cadere diversitatem in comprehendendo illam primam veritatem, diversitas ergo et error in istis

---

86-87 ...] G. <-lossa? -regorius?> A   87 principiis] pi *sup. lin.* A

---

62 *Rom.* I, 20.
63 Ambros., *Hexaem.*, I, c. 4, n. 16 (CSEL 32^1, 14; PL 14, 130).
76-77 Hieron., *Hebr. quaest. in Gen.*, c. 1, v. 1 (CC lat. 72, 3; PL 23, 938).
80 Avicenna, *De anima : non inveni.*
82 Aristot., *De caelo*, cf. I, c. 5 (A 271 a 12-13).
86-87 Cf. *Glossa*, (I, 9 A)?
88 Aristot., cf. *De caelo*, I, c. 5 (A 271 a 1-13).

est causa omnis erroris et diversitatis : et illorum qui diversificati sunt in narratione naturae totius in eo quod praeteritum est, et illorum qui diversificabuntur in illo in futuro. Et causa illius est quia initium est multum aut potentia aut actu. Et ideo dicit AMBROSIUS in Hexaemeron : *Quam bonus ordo, ut illud primum assereret* Moyses, *quod negare consueverunt philosophi, et cognoscerent* homines *principium esse mundi, ne sine principio mundum esse arbitrarentur.*

<QUATUOR CAUSAE LIBRI GENESIS>

Et quia in omni tractatu fieri decet, ut intra initia consideretur de quo agitur, quis agit, quomodo, et ad quid, secundum quatuor causas cuiuslibet operis, idcirco verbum illud Sap. 1° : *Creavit* Deus *omnia ut essent*, assumptum est, quia in ipso evidentissime quatuor causae huius operis exprimuntur : quae eaedem sunt cum quatuor causis primae productionis rerum. In quibus sapiens tractatum istum ex quatuor considerat : primo ex dignitate, propter operis qualitatem, cum dicitur *creavit* : quod pertinet ad causam formalem; secundo ex auctoritate, propter agentis potestatem, cum dicit : Deus : quod pertinet ad causam efficientem; tertio ex principalitate, propter subiecti latitudinem, cum dicit omnia : quod pertinet ad causam materialem; quarto ex pretiositate, propter finis bonitatem, cum dicit *ut essent* : quod pertinet ad causam finalem.

Causa formalis huius tractatus est modus descriptionis primarum causarum secundum modum et ordinem quo eas creator vel mediate vel immediate ab initio produxit. Propter quod dicit Moyses, 2° cap.^{o} huius : *Istae sunt generationes caeli et terrae, quando creatae sunt* : quasi dicat : sic sunt descriptae, sicut tempore suo fuerunt productae. Quod bene congruit huic scientiae : quia prima creata historialiter intendit describere : proprium autem est descriptoris historiae ordinem rei gestae servare : II^{1} Macch. 2° : *Colligere et ordinare sermonem, et*

---

93 in[2]] *exp.?* A 93 causa] ca$^{m(?)}$ A 1 Creavit] *subl.* A 1-2 omnia ... essent] *subl.* A 6 creavit] *subl.* A 9 omnia] *subl.* A 11 causam] finalem *add. sed exp.* A 11 ut essent] *subl.* A

94-95 AMBROS., *Hexaem.*, I, c. 3, n. 8 (CSEL 32^{1}, 7; PL 14, 126).
1 *Sap.*, I, 14.
14-15 *Gen.*, II, 4.
19 *Mach.*, II, 31.

curiosius partes singulas inquirere, historiae convenit auctori. Aliter enim perfectam notitiam gestorum non traderet. Super illud Psalmi : *Viam iustificationum tuarum instrue me,* Glossa : *peccat qui praepostere agit. Nam scire quid facias et nescire ordinem faciendi, non est perfectae cognitionis.* Ordinis namque ignorantia conturbat negotiorum naturam formamque multorum(?). Propter quod illud Iob VIII° : *Interroga generationem pristinam et|diligenter investiga patrum memoriam* 223 ra potest intelligi quasi dictum specialiter descriptori huius historiae. Si enim memoria quorumque patrum diligenter est investiganda, diligentissime est investiganda memoria priorum patrum, quae in hoc tractatu describitur. Quidquid enim a Deo primitus factum est, a Moyse hic descriptum est. Ex hoc ergo quod Moyses hic in tractando sequitur Dominum in operando, quantum ad causam formalem et modum procedendi tractatus iste est summae dignitatis : Eccl.ci XXIII° : *Magna gloria est sequi Dominum.* In omnibus enim actionibus divinis circa creaturas actio creationis est summae nobilitatis sive dignitatis, secundum AVICENNAM dicentem V° Metaph. : *Convenit autem ut omne quod non est ex materia praeiacente, vocemus non generatum sed creatum, et ut ex omnibus creatis id vocemus nobilius, quod est ex sua causa* prima, *nullo mediante, sive illud sit materiale, sive activum.* Et paulo supra dicit : *Si vero fuerit esse post non esse absolute, tunc adventus eius erit creatio, et hic est dignior omnibus modis dandi esse.*

Causa vero efficiens huius tractatus sicut et rerum de quibus tractat, Deus est, qui dictavit quod Moyses in eo scripsit, secundum quod dixit eidem, antequam scriberet inciperet, Exod. 4° : *Ego ero in ore tuo, doceboque te quod loquaris.* Et ex hoc tractatus iste summae est auctoritatis, quia tractat illa quae solus Deus immediate et potentiae suae infinitate producere potuit, et ideo nemo debet esse, qui audeat ipsi contradicere : Is. XLV° : *Vae qui contradicit fictori suo,* et sequitur : *Super opera manuum mearum mandate mihi. Ego feci terram et hominem*

---

25 multorum(?)] meritorum(?) A 48 fictori] fa- A

---

21 *Ps.* CXVIII, 27.
22 *Glossa,* (III, 1355 C-1356 A).
25 *Iob,* VIII, 8.
33-34 *Eccli.,* XXIII, 38.
36 AVICENNA, *Metaph.,* VI, c. 1 (D. f. 92rb).
36 *Ibid.,* VI, c. 1 (D. f. 92ra).
44 *Exod.,* IV, 12.
48 *Is.,* XLV, 9.
48 *Ibid.,* 11-12.

super eam creavi. Propter quod dicitur Iob VIIº : *Non contradicam sermonibus sancti*.

Causa autem materialis huius tractatus est universitas rerum creatarum : Amos 3º dicitur : *Non facit Deus verbum nisi revelaverit secretum suum ad servos suos prophetas*. Et si ad prophetas ceteros, tunc maxime ad istum magnum prophetam, de quo dicitur Deut. ultimo : *Non surrexit propheta ultra in Israel sicut Moyses, quem nosceret Dominus facie ad faciem*. Et ex hoc ista scientia quodammodo est principalis super ceteras. Continet enim propter subiecti sui latitudinem sub se quodammodo subiecta omnium scientiarum, et ideo convenit ei maxime scire tamquam habenti universalem scientiam, secundum quod dicit Philosophus de prima philosophia 1º Metaphysicae, quia subiectum suum continet subiecta *omnium* aliarum scientiarum.

Causa finalis huius scientiae est duplex, secundum quod est eius duplex finis : scilicet intra et finis extra. Finis intra cognitio historiae, quae hic describitur. Finis vero extra est, ut ex ipsa fiat nobis rememoratio praeceptorum et observantiae legis naturae, ut dictum est supra, et ex hoc tractatus iste habet pretiositatem. Pretiositas enim rei a bonitate finis est. Esse autem est quod melius est in entibus naturalibus, et maxime desideratum : *omnia enim illud* sicut bonum suum *appetunt* et *illius causa agunt quaeque agunt secundum na*turam, ut dicit Philosophus IIº De anima.

<Nomen libri genesis>

Supponitur autem tractatus iste divinae scientiae : tractat enim de rebus creatis ut supernaturaliter a Deo exeuntibus in esse, et ita de cognoscibilibus ut supernaturaliter divina revelatione cognitis. Et est pars una quasi nobilissima huius scientiae : quia de primis cognoscibilibus circa creata. Titulus talis est : *Incipit liber Geneseos* vel *Genesis*, quod est idem quod *generationis* : quia de caeli et terrae generatione hic in principio agitur. Et hoc more Iudaeorum, qui a principio et ab illo, de quo libri tractant in principio, libros nominare solent.

74 ita] ut *add.* A

50 *Iob*, VI, 10.
53 *Amos*, III, 7.
55 *Deut.*, XXXIV, 10.
61 Aristot., *Metaph.*, I, c. 2 (A 982 b 5-6).
71 Id., *De anima*, III, c. 4 (B 415 b 1-3).

<Divisio libri genesis>

His habitis, supponendo quod tractatus ille, quamvis tractat materialiter de universalitate rerum creatarum et hominum prima procreatione et propagatione, principaliter tamen, ut est liber legis, intendit legis naturalis rememorationem, quae per transgressionem quasi deleta fuit de libro cordis, ut dictum est supra, quia tamen non exprimit legis huius rememorationem nisi in serie tractandi dictam rerum productionem et propagationem, ideo secundum modum et ordinem propagationis et productionis rerum quae tractantur hic, divisio huius libri sumenda est.

Sciendum igitur quod tractatus iste cum principaliter prosequitur rerum productionem et hominum primam propagationem, primo et principaliter dividitur in partes duas, quia Moyses primo describit ea quae pertinent ad rerum productionem, quam solus Deus per se et immediate operatus est, | secundo describit ea quae pertinent ad rerum 223 rb
productionem secundam, quam ipse operatur mediantibus rebus primo productis. Prima productio pertinet ad rerum primarum productionem ex nihilo, virtute divina infinita; secunda pertinet ad rerum secundarum propagationem ex materia iam creata in rebus praeiacentibus, quarum generationem et conservationem Deus administrat in rebus inferioribus sensibilibus, generabilibus et corruptibilibus, mediantibus rebus primo creatis quae sunt caelum et terra, quia, ut dicit Ambrosius I° Hexaemeron 6° : *In principio caelum fecit, unde praerogativa generationis* (scilicet caelum) *est causa, et terram fecit in qua esset generationis substantia*. Cetera enim omnia, puta plantae et animalia et cetera huiusmodi, ab his genita sunt. Prima pars est de productione creaturarum universaliter, secunda est de propagatione hominum specialiter. Primam productionem philosophi plures non viderunt, immo potius negaverunt, secundam viderunt et pertractaverunt. Secunda pars : cap.° 4° a : *Adam cognovit uxorem*, etc.

Item prima pars dividitur in duas, quia primo Moyses describit primam rerum productionem in summa et in generali. Secundo revertitur quaedam descripta recapitulando, ut quaedam prius omissa

---

4 scilicet caelum] *sup. lin.* A 10 Adam ... uxorem] *subl.* A

2-3 Ambros., *Hexaem.*, I, c. 6, n. 20 (CSEL 32[1], 17; PL 14, 132).
10 *Gen.*, IV, 1.

addat et quaedam obscure dicta exponat in speciali, cap.º 2º b : *Istae sunt generationes*, etc.

Item prima in duas, quia primo describit ea quae pertinent ad Dei actionem in illa prima rerum productione per dies sex; secundo describit ea quae pertinent ad eius requiem et cessationem in die septima : ibi *Igitur perfecti sunt*, cap.º 2º in principio. Prima habet tres. In prima describit rerum productionem; secundo beneplacitum Dei in productis ibi : *Vidit Deus cuncta quae fecerat*; tertio productionis consummationem ibi : *et factum est vespere* ... Item primo describit ea quae pertinent ad illam primam rerum productionem confusam et indistinctam; secundo describit ea quae pertinent ad earum productionem determinatam et distinctam per partes ibi : *Dixitque Deus : « Fiat lux »* ... In parte prima tria facit : primo describit ea quae pertinent ad illam primam rerum productionem; secundo describit sic productorum imperfectionem ibi : *Terra autem erat* ... Tertio describit Dei voluntatem de perficiendo in productione distincta, quod imperfectum relictum est in productione confusa, ibi : *et spiritus Dei ferebatur* ... In prima tangit quatuor : producendi ordinem : *in principio*; productionis modum : *creavit*; productionis potentiam : *Deus*; productorum substantias : *caelum et terram.*

Est notandum quod Moyses, quia dictum suum proponere intendit contra philosophos et haereticos tam praecedentes quam subsequentes tempora sua, errantes circa rerum primariam productionem, singula verba ad excludendum aliquem vel aliquos errores proponit.

Sic ergo procedemus, ut ponendo catholicas expositiones, errores excludamus.

---

15 Istae ... generationes] *subl.* A 19 Igitur ... sunt] *subl.* A 21 Vidit ... fecerat] *subl.* A 22 et ... vespere] *subl.* A 25-26 Dixitque ... lux] *subl.* A 28 Terra ... erat] *subl.* A 30-31 et ... ferebatur] *subl.* A 32 creavit] *subl.* A Deus] *subl.* A 33 caelum et terram] *subl.* A

---

14 *Ibid.*, II, 4.
19 *Ibid.*, II, 1.

EXPOSITIO TRIUM
PRIMORUM CAPITULORUM GENESIS

<1um CAPITULUM>

<DE OPERE 1^{ae} DIEI>

<*Actus creationis*>

<Ordo producendi : « in principio »>

Ad intellectum igitur eius quod dicit : *in principio*, in quo tangit ordinem producendi, notandum quod principium dicitur multis modis, pro quibus hic exponi potest, et secundum hoc diversi errores excluduntur. *Primum* enim *et principium idem* sunt | secundum PHILOSOPHUM. Ubicumque ergo potest inveniri ratio ordinis primi, et ratio principii.

Notandum igitur quod primum semper dicit ordinem, et ille potest esse duplex secundum duplicem respectum : unum negativum ad praecedens, quia primum est ante quod nihil; et alium affirmativum ad posterius, quia primum est post quod aliud. Secundum hos igitur duos modos est duplicem sumere rationem principii.

Primo modo est prima expositio vera talis : *In principio* ... : id est primo, ita quod nihil prius. Ista expositione excluditur error aliquorum haereticorum ponentium mundum non semper fuisse, sed aliquando incepisse, et ponentium cum hoc tempus mundum praecessisse, et in aliquo ipsius mundum incepisse, et in toto residuo non esse mundi fuisse; et istud tempus ponebant cum hoc aliquam creaturam et coaequaevam primo. Contra quos dicit AMBROSIUS, 1° Hexaemeron, cap.° 6° : *In principio temporis caelum et terram fecit Deus. Tempus enim ab hoc mundo* est, *non ante mundum.* Unde et contra hunc errorem disputat AVICENNA, IX° Metaph., cap.° 1° in fine, vocans istos haereticos qui abstulerunt Deo suam libertatem, scilicet ponendo quod ante mundum potuit aliam creaturam creasse et non mundum.

Si autem primum dicatur id quod post aliud, et ita similiter princi-

---

15 In principio] *subl.* A 24 Avicenna] Augustinus *sed exp. et* Avicenna *sup. lin.* A 25 Deo] potentiam *add. sed exp.* A

8-9 ARISTOT., *Anal. post.*, I, c. 2 (A 27 a 6-7); cf. *Metaph.*, IV, c. 1 (Δ 1012 b 34-35).
21-22 AMBROS., *Hexaem.*, I, c. 6, n. 20 (CSEL 32^1, 16; PL 14, 132).
24 AVICENNA, *Metaph.*, IX, c. 1 (A, f. 102rb).

pium, tunc sicut dicitur aliquid respectu alterius prius ordine fundationis, durationis, originis et dignitatis, sic et principium potest sumi pro eo quod est prius fundatione, duratione, origine et dignitate.

Principium fundatione | appellatur *illud ex quo fit* res *primo et manet* 223 va
in ipsa : ARISTOTELES, 5° Metaph. : *verbi gratia fundamentum* : *navis, et domus, et sicut* est *cor in animali.* Secundum hunc modum principii est secunda expositio vera : *In principio* ... : id est in fundamento totius creaturae, secundum illud Psalmi : In principio, *Domine, terram fundasti, et opera manuum tuarum sunt caeli.* Unde AMBROSIUS, I^1 Hexaemeron 9°, super illud : *Terra autem erat inanis et vacua,* continuando dicit : Deus *artifex prius fundamentum posuit. Postea, fundamento posito, aedificationis membra distinguit, et adiungit ornatum. Posito igitur fundamento terra et confirmata caeli substantia* (*duo enim ista sunt velut cardines rerum*), *subiunxit* : *Terra erat* ...

Si vero sumatur principium pro principio durationis, cum duratio duplex est : aeternitas et tempus, potest dici aliquid principium duratione quae est aeternitas, vel duratione quae est tempus.

Si autem principium hic intelligatur sumi pro duratione quae est aeternitas, sic est una falsa expositio haeretica talis : *In principio* : id est in aeternitate vel ab aeterno. Et sic exponerent philosophi concedendo mundum factum sive creatum a Deo ab aeterno, dicente PHILOSOPHO XI° Metaph. : *Principium et primum entium non movetur nec essentialiter nec accidentaliter, et movet et facit primum motum aeternum*; et in libro Meteorologicorum : *Mundus factus est, et* tunc *necessarium est ut mare sit factum,* concedendo etiam quod mundus esse suum non haberet a se, sed a creante, sed tamen non post non esse posteritate temporis sed naturae, quod ipsi appellant : posteritate essentiae, et quod sic omne creatum inciperet esse, nomen inceptionis extendendo, quia res ipsa quae recipit esse, prius est per essentiam

---

34 secunda] 2° *add. i. m.* A 34 In principio] *subl.* A 37-38 Terra ... vacua] *subl.* A 41-42 Terra erat] *subl.* A 45-45 duratione] -nis *sed in* -ne *corr.* A 47 In principio] *subl.* A

---

32 ARISTOT., *Metaph.*, IV, c. 1 (Δ 1013 a 4-6).

35 *Ps.* CI, 26.

37 AMBROS., *Hexaem.*, I, c. 7, n. 25 (CSEL 32^1, 23; PL 14, 135).

49-50 ARISTOT., *Metaph.*, XI, c. 8, (Λ 1073 a 23-25); cf. *ibidem.* c. 5 (Λ 1071b 3-1072a 25).

52 ID., *Meteor.*, II c. 3 (B 356b 6-8).

apud intellectum eo esse quod est ei ex alio. Et hoc est quod plane dicit AVICENNA, VI° Metaph., cap.° 2° in fine : *Haec est intentio quae apud sapientes* dicitur *creatio* : *quod est dare rei esse post non esse absolute. Causatum enim quantum est in se, est ut sit non* : *quantum vero ad causam suam* : *est ei ut sit. Quod autem est rei ex seipsa, apud intellectum prius est per essentiam, non tempore, ei quod est ei ex alio a se. Igitur* esse *causatum est ens post non ens posteritate essentiae.* Ista expositio est contra intentum Moysis, et contraria sacrae scripturae, cuius fundamenta Moyses hic proicit, dicente AMBROSIO in principio Hexaemeron : *Quid tam inconveniens* <*quam*> *ut aeternitatem operis cum Dei omnipotentis coniungerent aeternitate? Unde divino spiritu praevidens sanctus Moyses hos hominum errores fore et iam coepisse* fieri, *in exordio sermonis sui ait* : *« In principio Deus fecit caelum et terram »*.

Si vero hic principium accipiatur pro principio durationis quae est tempus, sic duplex potest intelligi comparatio : prima ut principium referatur ad tempus solum; secunda ut cum hoc referatur ad producenda in tempore.

Primo modo est principium dupliciter : vel respectu temporis simpliciter, vel respectu temporis legalium observantiarum. Primo modo est tertia expositio : expositio catholica talis : *In principio* ... : id est in primo instanti temporis a quo fluxum sumpsit omne tempus in posterum : hoc est : in exordio mundi, dicente AMBROSIO I° Hexaemeron, 4° : *Principium ad tempus refertur, si velis dicere, in quo tempore Deus fecit caelum et terram* : *id est in exordio mundi, quando fieri coepit.* Iuxta hunc modum principii tangit AMBROSIUS cap.° 5° aliam expositionem. quae est cum hac eadem in re, dicens : *Possumus etiam sic intelligere «In principio»* : *id est ante tempus, sicut initium viae nondum via, initium domus nondum domus.* Et sic dicit li *in* circumstantiam continentiae mensurati sub mensura, quia illud instans primum esse rei mensuravit, quod in creatione accepit. Et secundum hanc expositionem creator creaturam tempore non praecessit, sed sua stabili aeternitate. Per hanc expositionem excluditur error omnium

---

59 dicitur] fa'(?) *add. sed exp.* A 65 Moysis] Moysi A 70 In ... terram] *subl.* A 77 tertia] 3ª *add. i. m.* A 77 In principio] *subl.* A 78 id est] *etiam sublin.* A 84 In principio] *subl.* A 85 li] le *sed in* li *corr.* A

---

59 AVICENNA, *Metaph.*, VI, c. 1 (C. f. 92ra).

66 AMBROS., *Hexaem.*, I, c. 1-2, n. 2-5 (CSEL 32¹, 3-4; PL 14, 123-124).

79-80 ID., *Hexaem.*, I, c. 4, n. 12 (CSEL 32¹, 10; PL 14, 127-128).

82 *Ibid.*, I, c. 4, n. 16 (CSEL 32¹, 13; PL 14, 130).

philosophorum ponentium mundum non incepisse cum initio temporis, sed solum incepisse a suo auctore.

Secundo modo, scilicet respectu temporis legalium observantiarum, est expositio catholica et 4ta talis : *In principio* : id est in principio temporis quo legalia incipiunt observari, quod erat tempus veris (tunc enim mundus erat creatus), VIIIº kalendas aprilis, luna XIVª mensis lunationis aprilis. De quo dicitur in lege : *Mensis* hic initium *mensium* erit *vobis. Primus erit in mensibus anni.* Unde dicit AMBROSIUS Iº Hexaemeron, 4º : | *In hoc ergo principio mensium caelum et terram* 223 vb *fecit, quia inde capi mundi oportebat exordium, ubi erat opportuna omnibus verna temperies. Neque enim possent tenera rerum exordia aut asperioris laborem tolerare frigoris, aut torrentis aestus iniuriam* tolerare.

Si vero principium referatur ad tempus et cum hoc ad ea quae facta sunt in tempore, iste est modus in quo AMBROSIUS dicit principium referri ad numerum, scilicet fiendorum in tempore. Et est catholica expositio, de qua dicit AMBROSIUS, Iº Hexaemeron, 4º : *Ad numerum autem si referas, ita convenit ut accipias : « In principio fecit Deus caelum et terram » : deinde colles, regiones, fines inhabitabiles*; *vel sic : ante reliquas visibiles creaturas : ligna fructifera, animantium genera diversa.* Ista expositio excludit opinionem ponentem omnia simul creari in formis perfectis. Excludit etiam omnes errores praenotatos sicut patet inspicienti.

Si autem sumatur principium pro eo quod est primum origine et causalitate, hic sciendum quod principium tale potest sumi in divinis essentialiter vel notionaliter vel personaliter. Primo modo convenit toti trinitati, quae est origo una creaturae. Secundo modo patri et filio ut sunt unum principium spirandi spiritum sanctum. Tertio modo distinguitur, quia principium personaliter sumptum aut est principium sine principio : sic convenit soli patri; aut est principium de principio : sic convenit soli filio.

Si autem sumatur principium essentialiter, sic est sexta expositio vera talis : Deus creavit *in principio* : id est in sua divina potestate, qua omnis creaturae est principium, dicente AMBROSIO Iº Hexaemeron, 4º : *Est virtus divina, quae hac exprimitur appellatione.* Et

---

93 4ta] 4ª *add. in marg.* 93 In principio] *subl.* A 94 quo] ad *add. sed exp.* A 6-7 In ... terram] *subl.* A 21 in principio] *subl.* A

---

96 *Exod.*, XII, 2.

97-98 AMBROS., *Hexaem.*, I, c. 4, n. 13 (CSEL 32^1, 11; PL 14, 128-129).

5 *Ibid.*, I, c. 4, n. 12 (CSEL 32^1, 10; PL 14, 128).

22-23 *Ibid.*, I, c. 4, n. 12 (CSEL 32^1, 10; PL 14, 128).

excluditur per hoc ratio philosophorum ponentium mundum non incepisse de novo, qua dicebant : si Deus tunc mundum fecit et prius non, sed cessavit a faciendo, hoc non erat nisi quia exspectavit dispositionem aliquam qua de de non agente fieret agens, secundum quod istam rationem pertractat Avicenna, 9º Metaph., cap.º 1º, per totum. Dicit ergo Moyses ad istum errorem excludendum, quod Deus creavit caelum et terram *in principio* : id est in sua propria potestate divina, non in virtute alicuius dispositionis sibi adveniente, quam exspectavit usque ad mundi creationem.

Notionaliter non potest hic sumi, quia actionem notionalem non habent <personae> communem, nisi respectu productionis spiritus sancti.

Si autem li principium sumatur personaliter pro principio quod non est ab alio, ut pro patre, sic est VIIª expositio vera, et talis : Deus trinitas creavit *in principio* : id est in virtute principii, quod non est a principio, quia quidquid habent et agunt filius et spiritus sanctus, hoc habent a patre. Unde Augustinus IVº De Trinitate, 21º : *Totius divinitatis pater est principium.* Hic eliditur error eorum, qui non omnia ab uno dicunt provenire principio originali, nec omnia ad unum reduci, ut Plato et quicumque alii non omnia immediate dicunt a Deo creari, sive ponant mundum aeternum, sive non. Plato enim in fine Timaei posuit *tria* principia coaeterna, et haec *mundi sensibilis* : agens, exemplar et materiam. Unde contra talium errores dicit Ambrosius, Iº Hexaemeron, 5º : *Pulchritudinem mundi ex nihilo fecit esse, quae non erat, et non de exstantibus aut rebus aut causis donavit habere substantiam.*

Si vero principium sumatur personaliter pro filio, sic est 8ª expositio et vera, talis : *in principio* : id est in verbo sive filio, qui est ars et sapientia formalis omnium productorum. Unde Ambrosius, Iº Hexaemeron, 5º : *In hoc principio,* hoc *est in Christo, fecit caelum et terram*; et in Psalmo : *Omnia in sapientia fecisti.* Haec fuit expositio cui Antiqui maxime haerebant. Unde Hieronymus in principio Hebraicarum quaestionum : *Plerique aestimant in hebraeo haberi* : « *In*

28 istam] responsionem *add. sed del.* A 30 in principio] *subl.* A 37 in principio] *subl.* A 50 in principio] *subl.* A

28 Avicenna, *Metaph.*, ix, c. 1 (A, f. 101va-102rb).
39 August., *De Trin.*, iv, c. 20, n. 29 (CC lat. 50, 200; PL 42. 908).
44 Plato. *Tim*, cf. 52d ? (p. 51)
46-47 Ambros., *Hexaem.*, i, c. 4, n. 16 (CSEL 32^1, 14; PL 14, 130).
51-52 *Ibid.*, i, c. 4, n. 15 (CSEL 32^1, 13; PL 14, 130).
53 Ps., ciii, 24.
54-55 Hieron., *Hebr. quaest. in Gen.*, c. 1, v. 1 (CC lat. 72, 3; PL 23, 937-938).

filio fecit Deus caelum et terram », *quod falsum est. Magis itaque secundum sensum quam secundum verba translatio de Christo accipi potest.* Unde ORIGENES, homilia 1ª Super Genesim : *Quod est omnium principium, nisi dominus noster Iesus Christus? In hoc ergo principio, hoc est in verbo suo Deus caelum et terram fecit, sicut evangelista IOANNES ait :* « *Omnia per ipsum facta sunt* ». *Non ergo hic temporale aliquod principium dicit, sed* per *salvatorem esse dicit caelum et terram et omnia quae facta sunt.* Item ISIDORUS, libro 1º Expositionis historicae in principio|: « *In principio fecit Deus caelum et terram* » : *principium* 224 ra
Christus est, sicut ipse in evangelio ait : « *Ego* sum *principium, qui et loquor vobis.* »

Et eliditur error duplex.

Primus illorum qui posuerunt Deum per necessitatem naturae et essentiae suae mundum producere, ita quod non posset non existere ipso existente : quod sentiebat AVICENNA, quando dixit, VIº Metaph., cap.º 2º : *Cum aliqua* causa *per essentiam suam causa erit esse alterius rei, profecto semper erit ei causa, quamdiu hab*eat *illa esse. Res igitur huiusmodi omnibus* creatis *dignior est in causalitate, eo quod absolute prohibet rem non esse. Haec igitur est causa quae dat rei esse perfectum, et haec est intentio quae apud sapientes vocatur creatio.*

Secundus illorum, qui dixerunt mundum factum a casu : quem tangit ARISTOTELES 2º Physicorum, dicens : *Sunt quidam qui caeli huius et mundanorum omnium causantem* <*dicunt*> *esse casum. A casu enim fieri in hunc ordinem omnem.*

Sed non est ita : immo ponimus mundum productum ex proposito per voluntatem et artem, ita quod eadem voluntate qua produxit, potuerit non produxisse et qua continet in esse, posset permitti omnia creata in non esse redigi. Quod et PLATO sentiebat dicens in primo Timaei : *Voluntatem Dei originem rerum certissimam si quis ponat, recte eum putare consentiam.* Et infra sic dicit de dissolubilitate : *Praeclaram istam machinam visibilem fabricatus est, quo immortalis indissolubilis*que *esset, excepta fabricatoris sui voluntate.* Illorum

59 in] filio *add. sed del.* A 64 In principio] *subl.* A

58 ORIGENES, *Homiliae in Genesim*, I, n. 1 (p. 1; PG 12, 145).
60 *Ioann.*, I, 2.
63-64 ISIDORUS, *Quaest. in Gen.*, c. 1, n. 2 (PL 83, 209).
70-71 AVICENNA, *Metaph.*, VI, c. 2 (C, f. 92ra).
77 ARISTOT., *Phys.*, II, c. 4 (B 196 a 24-28).
83-84 PLATO, *Tim.*, 30 (p. 22).
85 *Ibid.*, 32c (p. 25).

errorem tangit Ambrosius I° Hexaemeron, 5°, dicens sic : *Gentiles plerique mundum coaeternum volunt esse quasi obumbrationem virtutis divinae, et quamvis causam eius Deum esse fateantur, causam tamen non ex voluntate et dispositione sua, sed ita ut causa umbrae corpus est, et fulgori lumen.* Adhaeret enim umbra corpori et fulgor lumini, naturali magis societate quam voluntate. Aliud exemplum ponit Augustinus in Epistola ad Nebridium, ubi dicit : *Sensibilis mundus intelligibilis imago esse dicitur.* Et potest pertractari simile ex eo quod dicit De verbis Domini, sermone XXXVIII° : *Ponamus virgultum natum super aquam. Nonne cum imagine sua nascitur ? Mox ut incipit existere, incipit cum illo* simul *imago* sua *existere. Non praecessit nascendo imaginem suam, sed nascitur cum imagine sua. Et tamen ab illo imago, non illud ab imagine. Ergo coaequaeva sunt : si semper virgultum, semper et imago de virgulto.* Applicemus ergo pro philosophis ad propositum : cum ergo hic mundus imago est creatoris, secundum quod dixit Plato 1° Timaei : *Hic* mundus, *generatorum omnium speciosissimus, imago est, opinor, alterius,* ab aeterno necesse est ipsum simul esse cum creatore, quamvis factus sit ab ipso.

Contra quorum errorem arguit Ambrosius ex textu scripturae dicens: *Pulchre ergo ait Moyses quia « fecit caelum et terram ». Non dicit : « quia causam mundo ut esset, praebuit », sed : « fecit ».* Et statim reprobat exempla dicens : *Quomodo autem quasi umbra esse poterit ubi corpus non erat ? Quomodo etiam incorporei luminis splendor possit esse corporeus ? Sed si quaeris splendorem Dei, filius est imago Dei invisibilis,* unde et haec est imago de qua Augustinus pertractat simile de virgulto. *Ex ipso* ergo, ut concludit Ambrosius, est *principium et origo universorum substantiae* : *id est* ex *voluntate eius et potestate. Omnia enim ex* <eius> *voluntate coeperunt,* et *quamdiu vult, omnia eius virtute manent atque consistunt, et finis eorum in Dei voluntate recurrit, et eius arbitrio resolvuntur. Omnia enim quaecumque voluit Deus, fecit in caelo et in terra,* ut dicitur in Psalmo.

---

88 Ambros., *Hexaem.*, I, c. 5, n. 18 (CSEL 32^1, 15; PL 14, 131).
94 August., *Epist.* 3, n. 3 (CSEL 34^1, 105; PL 33, 65).
96 Id., *Sermo* 117, c. 9, n. 12 (PL 38, 668).
3 Plato, *Tim.*, 29a-b (p. 21).
6 Ambros., *Hexaem.*, I, c. 5, n. 18-19 (CSEL 32^1, 15; PL 14, 131).
12 Cf. *supra*, 96-1.
13 Ambros., *Hexaem.*, I, c. 5, n. 19 (CSEL 32^1, 16; PL 14, 131).
18 *Ps.* CXIII, 3.

Praeter dictas expositiones est expositio ultima litteralis et IX^a, talis : *In principio* : id est in capite, quasi id quod est principale mundi, *fecit Deus caelum et terram.* Unde AMBROSIUS I^o Hexaemeron, 5° : *Sunt et qui principium accipiunt cephaleon vel caput : ut dicamus latine : quasi summam operis, quia rerum visibilium summa caelum et terra est.* Unde, ut dicit HIERONYMUS in principio Hebraicarum quaestionum: *Aquila interpretatus* est « *in capitulo* », et hoc idem est quod « in capite ». *Unde* nostra translatio habet in Psalmo: « *In capite libri scriptum est de me* »; alia translatio habet : « In capitulo libri scriptum est de me » : *id est in principio Geneseos*, ut dicit HIERONYMUS. Et sumitur in hac expositione principium pro eo quod est primum dignitate.
Cum igitur omnes sensus isti litterales sunt et | veri, *in tanta multi-* 224 rb
tudine verorum intellectuum, qui de paucis verbis eruuntur, quid sentiendum est, cui magis adhaerendum? Huic interrogationi respondet AUGUSTINUS I^o Super Genesim, in fine, dicens quod *id potissimum eligamus, quod certum apparuerit eum sensisse quem legimus. Si autem hoc latet : id certe, quod circumstantia scripturae non impedit, et cum sana fide concordat. Aliud enim est, quid scriptor senserit, non dignoscere, aliud autem a regula pietatis errare. Si utrumque vitetur, perfecte se habet fructus legentis. Si vero utrumque vitari non potest, etiam si voluntas scriptoris incerta sit, sanae fidei congruam non inutile est eruisse sententiam.* Hinc dicit AMBROSIUS I^o Hexaemeron, XI° : *Simpliciter lege, o homo : non tibi ipse foveam, pravus interpres, effodias. Simplex sermo est quia « fecit Deus caelum et terram » : fecit quod non erat, non quod erat.* Sic ergo dicendo *in principio*, ordo rerum producendarum exprimitur. Negative, una expositio vera.

---

19 IX^a] 9^a *add. i. m.* A   20 In principio] *subl.* A   43 in principio] *subl.* A

---

21 AMBROS., *Hexaem.*, I, c. 4, n. 16 (CSEL 32^1, 14; PL 14, 130).
24-25 HIERON., *Hebr. quaest. in Gen.*, c. 1, v. 1 (CC lat. 72, 3; PL 23, 938).
26 *Ps.* XL, 8.
27-28 HIERON. *Hebr. quaest. in Gen.* c. 1 n. 1 (CC lat. 72, 3; PL 23, 938).
33 AUGUST., *De Gen. ad litt.*, I, c. 21, n. 41 (CSEL 28^1, 31; PL 34, 262).
40 AMBROS., *Hexaem.*, I, c. 8, n. 30 (CSEL 32^1, 30; PL 14, 139 D).

- **Positive**
  - Fundationis : 2ª expositio vera.
  - Durationis
    - aeternitatis : expositio falsa.
    - temporis, et hic referendo principium
      - vel ad tempus solum
        - simpliciter : 3ª expositio vera.
        - observationis legalium : 4ª expositio vera.
      - vel cum hoc ad producenda in tempore : 5ª expositio vera.
  - Originis in divinis personis
    - essentialiter : 6ª expositio vera.
    - personaliter
      - pro patre solo : 7ª expositio vera.
      - pro filio solo : 8ª expositio vera.
    - notionaliter sumptum : non habet locum hic, quia non respicit sic creaturas.
  - Dignitatis : 9ª expositio vera.

45-54 Positive ... vera] *add. i. m. post* Exprimitur A 48 observationis] -ne A

<Modus producendi : « creavit »>

Sequitur productionis modus, cum dicitur *creavit* : id est ex puro nihilo fecit. *Convenit enim*, sicut dicit Avicenna, VI° Metaph., cap.° 2°, *ut omne quod non est ex materia praecedente, vocemus non generatum, sed creatum. Et haec est intentio quae apud sapientes vocatur creatio : quod est dare esse post non esse absolute.* Dicit autem *absolute* propter generationem, quae est dare esse post non esse non absolute, sed per accidens, dicente Aristotele 1° Physicorum : *Dicimus fieri nihil ex eo quod non est simpliciter, sed* tantum *fieri ex eo, quod non est secundum accidens*, et est subiectum cui accidit, ut in eo sit privatio rei quae generatur. *Album* enim *fit ex non albo, et hoc non ex omni, sed ex nigro aut medio.* Est autem advertendum, ut dictum est, quod quamvis philosophi nobis concedunt quod *in principio creavit Deus caelum et terram*, aliter tamen hoc ipsi ponunt quam nos. Ipsi enim dicunt mundum creatum in esse post non esse absolute, sed hoc ab aeterno, posteritate essentiae sive naturae tantum. Nos autem dicimus mundum creatum in esse post non esse ab aliquo initio temporis, posteritate durationis, quamvis non sit haec posteritas in tempore, sed quod duratio eius incepit alia duratione aeternaliter praecedente.

Hanc differentiam bene vidit Avicenna, quando dixit, VI° Metaph., cap.° 2° : Esse *causatum est ens post non ens, posteritate essentiae. Si autem laxaverit quis nomen inceptionis circa omne esse quod habet esse post non esse, quamvis non sit haec posteritas tempore, tunc omne causatum erit incipiens.* In prima parte dicti huius consensit ipse cum philosophis; in secunda parte consentimus nos cum catholicis. Revera enim omne causatum est incipiens, et tale est omne id quod est productum a Deo extra suam essentiam, quia ab aeterno nihil est ab eo productum nisi existens intra in deitatis essentia, ut a patre filius, et a patre et filio spiritus sanctus.

Dicamus ergo quia Deus *creavit* : id est produxit *caelum et terram* ex nihilo : id est post non esse absolute, non tamen posteritate naturae sive essentiae, sed durationis, non quo tempus sit prius, sed quo tempus incipiat esse, aeternitate praexistente duratione infinita.

---

56 creavit] *subl.* A 84 creavit] *subl.* A 84 caelum et terram] *subl.* A

---

57 Avicenna, *Metaph.*, vi, c. 2 (D, 92ra-b).

62 Aristot., *Phys.*, i, c. 8 (A 191 b 13-15), et c. 5 (A 188a 37-188b 1).

67-68 *Gen.*, i, 1.

74-75 Avicenna, *Metaph.*, vi, c. 1 (C, 92ra).

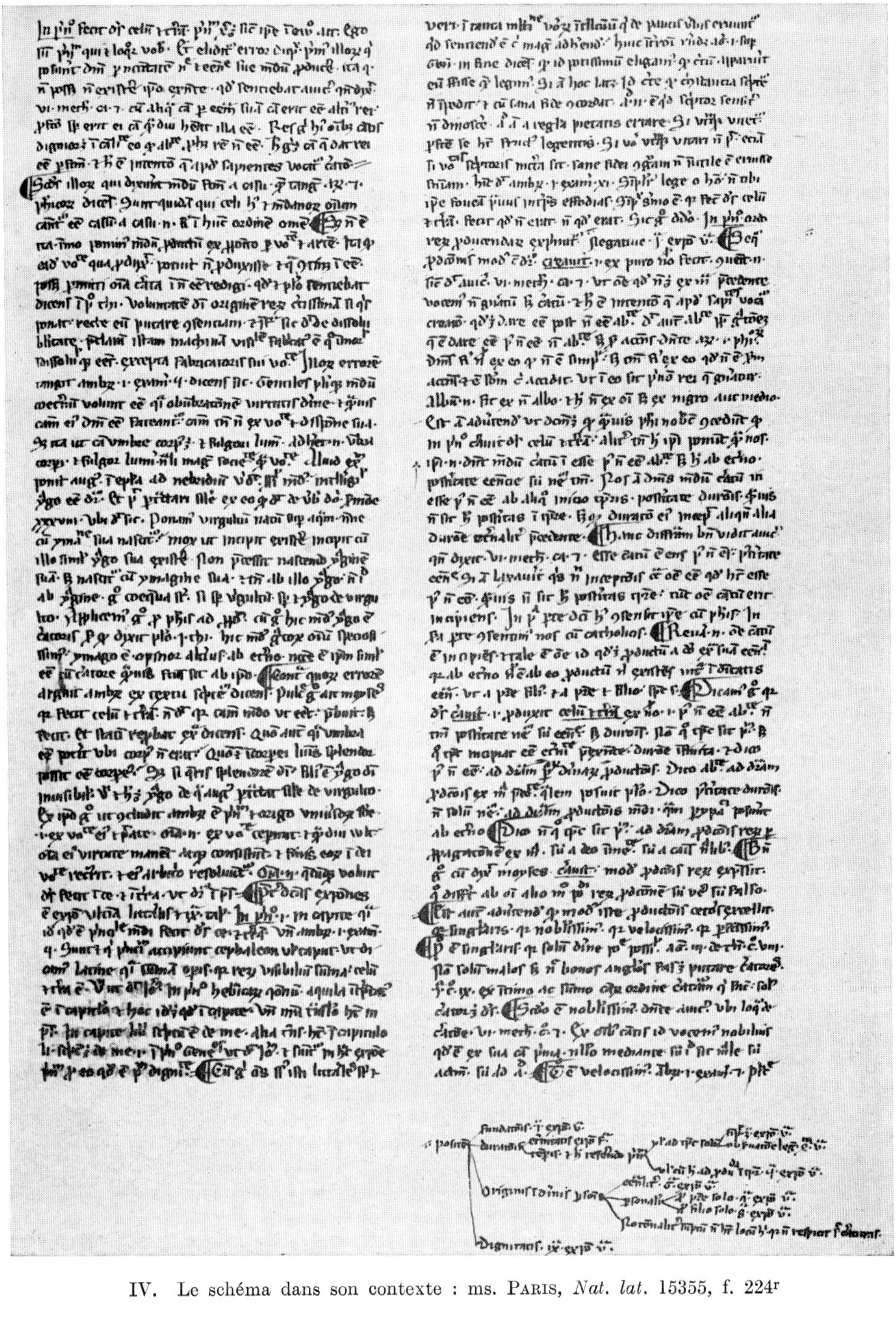

IV. Le schéma dans son contexte : ms. PARIS, *Nat. lat.* 15355, f. 224r

Et dico « post non esse » : ad differentiam productionis personarum divinarum. Dico « absolute » : ad differentiam productionis ex materia praecedente, qualem posuit PLATO. Dico « posteritate durationis », non solum naturae : ad differentiam productionis mundi, quam PERIPATETICI posuerunt ab aeterno. Dico « non quo tempus sit prius » : ad differentiam productionis rerum per propagationem ex materia, sive a Deo immediate, sive a causis naturalibus.

Bene ergo cum dixit Moyses : *creavit*, modum productionis rerum expressit, quo differt ab omni alio modo ponendi rerum productionem, sive vero, sive falso.

Est autem advertendum quod modus iste productionis ceteros excellit, quia singularis, quia nobilissimus, quia velocissimus, quia perfectissimus.

Primo est singularis, quia solum divinae potentiae possibilis. AUGUSTINUS, IIIº De Trinitate, capº VIIIº : *Non solum malos sed nec bonos angelos fas est putare creatores*; infra, cap.º IXº : *Ex intimo ac summo causarum ordine creaturam qui facit, solus creator est Deus.*

Secundo est nobilissimus, dicente AVICENNA, ubi loquitur de creatione, VIº Metaph., cap.º 2º : *Ex omnibus causatis id vocemus nobilius quod est ex sua causa prima, nullo mediante, sive illud sit materiale sive activum, sive aliquid aliud.*

Tertio est velocissimus. AMBROSIUS Iº Hexaemeron, 2º : *Pulchre*|ait : « *In principio fecit* » : ut incomprehensibilem celeritatem 224 va operis exprimeret, cum effectum prius operationis expleret quam indicium coeptae explicaret, et ita *ut vel sic intelligerent homines, quam incomparabilis operator esset, qui tantum opus brevi exiguoque monito suae operationis absolveret, ut voluntatis effectus sensum temporis praeveniret. Ubi* ergo *mora ? Cum legas* : « *Ipse dixit et facta sunt, ipse mandavit et creata sunt* », in Psalmo.

Quarto est perfectissimus, quia dat rei esse in se, et in suis principiis.

Sic ergo dicendo : *creavit*, exprimitur modus productionis rerum.

---

95 creavit] *subl.* A 10 In principio] *subl.* A 12 vel] *aut* videlicet ? A 18 creavit] *subl.* A

---

90 Cf. *infra*, p. 58, 14-26.
92 Cf. *supra*, p. 50, 68-70.
2 AUGUST., *De Trin.*, III, c. 8, n. 13 (CC lat. 50, 141; PL 42, 876).
3 *Ibid.*, I, c. 9, n. 16 (CC lat. 50, 143; PL 42, 877).
6 AVICENNA, *Metaph*, VI, c. 2 (92ra).
9 AMBROS., *Hexaem.*, I, c. 3, n. 8 (CSEL 32[1], 7; PL 14, 126).
16 *Ps.* XXXII, 9.

<Potentia producentis : « Deus »>

Sequitur potentia producentis cum dicitur : *Deus*. Sicut enim in Deo esse *est determinativum* substantiae ipsius, sic esse Deum *determinativum* est eius *operationis*, ut ait DAMASCENUS, libro 1º, cap.º XIIº. Operationem autem non determinat nisi potentia, et talem operationem, cuius<modi> est creatio, non nisi potentia infinita sive omnipotentia quae solius Dei est. Et ideo exprimendo potentiam creantis, apte dicit : *Deus*. Iob ultimo : *Scio* quia omnia potest; I^{ae} <ad> Tim. 6º : *Solus potens rex regum et Dominus dominantium.*

Ad opus autem creationis sicut ad quodlibet aliud opus rationabiliter factum tria requiruntur : posse, scire et velle. Licet enim posset et sciret, si non vellet operari, non inciperet. Similiter, licet posset et vellet, si non sciret, non decenter ageret. Similiter si sciret et vellet, si non posset, numquam aliquid faceret. Posse applicatur patri, scire filio, velle spiritui sancto.

In filii enim sapientia Deus omnia novit : Sap. IXº : *Scit enim illa omnia et intelligit* : in qua operanda disposuit.

In spiritus sancti voluntate opus ei complacuit : in Psalmo : *Omnia quaecumque voluit fecit* : in qua facienda proposuit.

In patris potestate opus exsecutus fuit : Eccl.^{ci} XLIIIº : *Ipse enim omnipotens super omnia opera sua.*

Haec tria quae in Deo opus respiciunt, significantur in hoc nomine « Deus » secundum triplicem eius derivationem, quia secundum IOANNEM DAMASCENUM, libro 1º, cap.º XIIº, *Theos* (*id est Deus*) *dicitur* vel *ab ethim quod est* crescere : hoc quoad potentiam operativam patris; *vel ab ethim* quod *est ardere* : hoc quoad voluntatem spiritus sancti; *vel a theaste quod est considerare* : hoc quoad sapientiam filii. Et propter ista tria dicit APOSTOLUS Ad Romanos : *Ex ipso et per ipsum et in ipso sunt omnia.* Unde AMBROSIUS Iº Hexaemeron :

---

20 Deus] *subl.* A 26 Deus] *subl.* A

---

22 DAMASC., *De fide orthodoxa*, c. 9, n. 4 [I, c. 9] (p. 50; PG 94, 838).
26 *Iob*, XLII, 2.
26-27 *I Tim.*, VI, 16.
34 *Sap.*, IX, 11.
36 *Ps.* CXIII, 3.
38 *Eccli.*, XLIII, 30.
42 DAMASC., *De fide orthodoxa*, c. 9, n. 3 [I, c. 9] (p. 49; PG 94, 835, 839).
46 *Rom.*, XI, 36.
47 AMBROS., *Hexaem.*, I, c. 5, n. 19, 18 (CSEL 32^{1} : 16, 15; PL 14 : 131 D, B).

Quia ex ipso origo : hoc quoad patrem; *per ipsum continuatio* : hoc quoad filium; *finis in ipso* : hoc quoad spiritum sanctum. Fecit quasi bonus, quod foret utile; quasi sapiens, quod optimum iudicabat; quasi omnipotens, quod amplissimum praevidebat.

Deus ergo in proposito non nisi essentialiter accipi potest communiter pro tota trinitate, quia in omni opere respectu creaturae inseparabiliter tres personae operantur. Sic ergo dicendo : *Deus*, exponitur potentia producentis.

<*Substantia productorum* : « *caelum et terram* »>

Sequitur substantia productorum : *caelum et terram.*

<Duo modi sollemnes interpretandi sex dies creationis : eligimus modum litteralem>

Ante expositionem huius particulae oportet hic exponere opus sex dierum : quomodo sex dies deducti sunt in rerum productione, secundum quod prosequitur littera. Et tangit Augustinus, Super Genesim ad litteram, circa principium, duos modos sollemnes.

Primus videlicet quod omnia sunt simul facta in esse perfecto et distincto, iuxta illud Eccl.ci XVIIIo : *Qui vivit in aeternum, creavit omnia simul*, ut Moyses in principio nomine *caeli et terrae* comprehendat et describat quod Deus fecit, et deinde singulis diebus per partes exsequitur quomodo fecit, cum per singula dicitur : *Dixit Deus* : id est per verbum suum fecit. Secundus videlicet quod primo fiebat informis materia sive spiritualis sive corporalis, iuxta illud : *qui fecit* omnia ex *materia informi*, quod aliqui codices habent *ex materia invisa*, ut dicit Augustinus; deinde singulis diebus inducitur perfectio et distinctio per formas inductas. Et tanguntur modi isti in Glossa illa : « *In principio fecit Deus caelum et terram* » : *non dicit* : « *In principio dixit Deus* : « *Fiat caelum et terra* » », etc.

Primo modo exponendi quod omnia sunt facta simul in formis per-

---

54 Deus] *subl.* A 57 caelum et terram] *subl.* A

62-63 August., *De Gen. ad litt.*, i, cf. c. 15, n. 29 (CSEL 28^1, 21-22; PL 34, 257).
65 *Eccli.*, xviii, 1.
72 August., *De Gen. contra Manich.*, i, c. 5, n. 9 (PL 34, 178).
73 *Glossa* (i, 5).

fecta, obviant duo in littera. Primum, quod dicit statim : *terra erat inanis* etc. Quod enim perfectum creatum est, nullam habuit umquam inanitatem vel vacuitatem, aut ullas passum est tenebras. Secundum, quod | in exsecutione factorum per partes singulos dies dicit factos 224 vb fuisse : quod verum non fuisset si omnia simul facta fuissent. Ista ergo inconvenientia secundum illum modum dicendi evadere non possumus nisi ponendo aliquam informitatem relictam, propter quam *terra erat inanis et vacua et tenebrae super faciem abyssi*, et quod illa informitas completa est decursu sex dierum, quae describitur describendo quomodo res distinctae erant productae.

Sic dicendo incidimus in secundum modum ponendi, qui idcirco multo videtur conformior litterae. AUGUSTINUS tamen, ut salvet primum modum dicendi et evadat secundum inconveniens, nititur exponere decursum dierum illorum non pro diebus corporalibus sed spiritualibus appellando « diem angelicae notitiae » informationem de rebus creatis. Quae licet simul factae et simul ut factae sunt ab angelica mente intellectae, penes ordinem tamen et connexionem causarum distinguuntur gradus rerum productarum et ordo productionis earum et cognitionis. Et illum ordinem productionis secundum ordinem causarum distinguit Moyses senaria productione, et secundum eum distinguit senarium diem cognitionis rerum in mente angelica, quemlibet diem distinguendo in mane et vesperam secundum geminam notitiam quam habet de creaturis, in verbo scilicet et in propria illarum natura, propter cognitionem in verbo diem illum appellando mane, propter notitiam rerum in propria illarum natura diem eundem appellando vesperam, secundum quod plane AUGUSTINUS pertractat hanc sententiam Super Genesim, libro 4º, a XXVIº cap.º et deinceps, et exprimit eam plane, libro Vº, cap.º VIIIº, ita dicens : *Cum primam conditionem creaturarum cogitamus*, et *a quibus*dam *operibus suis Deus in die septimo requievit, nec illos dies sicut istos solares, nec ipsam operationem ita cogitare debemus, quemadmodum Deus nunc aliquid operatur in tempore, sed quemadmodum operatus est, unde inciperet tempora. Quemadmodum operatus est omnia simul, praestans eis ordinem : non intervallis temporum sed connexione causarum, ut ea quae simul*

---

9 praestans] praeftans A

---

88 Cf. *infra*, 3, 4.

3 AUGUST., *De Gen. ad litt.*, IV, c. 26, n. 43 (CSEL 28^1, 125-126; PL 34, 314).

4 *Ibid.*, v, c. 8, n. 12-13 (CSEL 28^1, 145-146; PL 34, 325-326).

facta sunt, senario quoque illius diei numero presentato perficerentur. Non itaque temporali sed causali ordine prius facta est informis formabilisque materies, et spiritualis et corporalis, de qua fieret quod faciendum esset, cum et ipsa priusquam instituta esset non fuisset, nec instituta est nisi ab illo utique summo Deo et vero ex quo sunt omnia.

Et licet talis expositio non sit mystica *secundum enigmata figurarum*, sed litteralis *secundum* rerum *factarum conditarumque naturam*, ut dicit Augustinus 1º Super Genesim. cap.º XXIIº, tamen respectu eius quod sonat et praetendit littera, magis est expositio spiritualis quam litteralis, nec ut videtur illi rudi populo talis sensus litteralis et tam occultus et tam remotus a figura litterae, erat proponendus. Unde et Augustinus invite devenit ad pertractandum illum modum proponendi. Movit enim quaestionem super eum, libro 1º, cap.º 23º, et cum non posset congrue investigare, ut ei videbatur, quomodo lux illa primo creata, circueundo materialiter, distingueret diversos dies et noctes in prima rerum creatione, ideo ad illam quaestionem post longum intervallum reversus fuit, libro 4º, cap.º 26º. Et quod hoc fuit sibi occasio pertractandi illum modum manifeste patet ibi, libro 4º, cap.º 26º, in principio.

Ut ergo salvemus faciem litterae et ita eam exponamus ne incongruum aliquid in rerum naturis inducamus, nec nimium a sensu in notitia rerum sensibilium intellectum nostrum revocemus, modum secundum praetactum in expositione operum sex dierum prosequemur. Et quod litteralis expositio hic et in omnibus est quaerenda secundum quod sonat, patet manifeste per Ambrosium, contra illos qui hic mysticam expositionem in omnibus quaerunt : qui sic dicit in operatione sextae diei : *Ordo servandus est quem scriptura contexuit. Ego autem simplices naturas uniuscuiusque generis accipio. Erubescemus | simplices* 225 ra
intelligere creaturas quae simplicibus et suis declarantur vocabulis? « Caelum » legimus : « caelum » accipiamus ; « terram » legimus : « terram » fructiferam intelligamus. Inhaereamus ergo propheticis dictis, nec spiritus sancti quasi vilia despectui habeamus alloquia. Quid argumenta mora*lia, ubi evidenter creaturarum terrestrium natura formatur? Currit enim in constitutione mundi per omnem creaturam Dei verbum, ut subito quae statuit, omnia procreantur. Sed vis ad usum hominis derivare quae genita*

18 *Ibid.*, I, c. 17, n. 34 (CSEL 28^{1}, 25; PL 34, 259).

23 *Ibid.*, I, cf. c. 19, n. 38 (CSEL 28^{1}, 27-28; PL 34, 260-261).

27 *Ibid.*, IV, c. 21, n. 38 (CSEL 28^{1}, 120; PL 34, 311).

28 *Ibid.*

34 Ambros., *Hexaem.*, VI, c. 2, n. 3-10 (CSEL 32^{1}, 205-210; PL 14, 243-245).

sunt? Noli veritatem unicuique generi naturae propriae derogare, et multo magis ea ad gratiam aptabis humanam. Cui concordat AUGUSTINUS, qui de expositione operis sex dierum dicit in libro secundo De Genesi contra Manichaeos sic: *Hic totus sermo primo secundum historiam discutiendus est, deinde secundum prophetiam. Sane quisque voluerit omnia quae dicta sunt, secundum litteram accipere, id est non aliter intelligere quam littera sonat, et potuerit evitare blasphemias et omnia congruentia fidei catholicae praedicare, non solum ei non est invidendum, sed praecipuus multumque laudabilis intellector habendus est. Si autem nullus exitus datur ut pie et digne Deo quae scripta sunt intelligantur nisi figurative et in enigmate proposita credamus, modum* igitur *quem intendimus teneamus, non praeiudicantes meliori diligentiori<que> tractatui, sive per nos, sive per alios quibus Dominus revelare dignatur.*

<Explicatio textus>

Dicamus igitur ad propositum descendendo, quod nomine *caeli et terrae* quos fecit Deus *in principio*, informis materia et spiritualium et corporalium intelligitur, cuius perfectio per formas singulis diebus postmodum completa inducitur.

Haec videtur esse mens et sententia AMBROSII, ... <= I> Hexaemeron, cap.º Xº, ubi philosophis quibusdam impugnantibus veritatem textus huius, opponentibus contra eum et quaerentibus, *cur Deus sicut dixit et facta sunt, non simul ornatus congruos* rebus ac *elementis donavit, quasi non potuit caelum insignitum stellis subito ut creatum est, refulgere, ac floribus et fructibus terra vestiri*, respondet sic: *Potuit utique, sed ideo primo facta sunt, postea composita declarantur, ne vere increata et sine principio crederentur, si species rerum velut ingeneratae ab initio, non postea additae viderentur. Incomposita terra legitur, et <i>isdem a philosophis aeternitatis quibus Deus privilegiis honoratur: quid dicerent si ab initio eius pulchritudo vernasset? Demersa aquis describitur velut cuidam principiorum suorum addi<c>ta*

46 Augustinus] *iter. i. m.* A 60 singulis] simul A 62 ...] *lac.* A 65 Deus] qui *add.* A 68 Potuit ...] ratio 1ª *add. i. m.* A

47-48 AUGUST., *De Gen. contra Manich.*, II, c. 2, n. 3 (PL 34, 197).
62-63 AMBROS., *Hexaem.*, I, c. 7, n. 27 (CSEL 32^1, 25-26; PL 14, 137 A-C).
65 *Ps.*, XXX, 9.

naufragio et adhuc a nonnullis facta non creditur: *quid si decorem primogenitum vindicaret? Accedit illud quod imitatores nos esse sui* Deus voluit, ut primo faciamus aliqua, postea venustemus, ne dum simul utrumque *ordinamur, ne<u>trum possimus implere, Fides nostra quodam* progressu *crescit. Ideo prius fecit Deus, postea venustavit, ut eundem credamus ornasse qui fecit, et fecisse qui ornavit,* non *alterum ornasse, alterum creavisse, ut alterum ex altero crederetur.*

Plato enim credidit deum primum et summum creasse deos secundos, et caelestia corpora et elementa, et deos secundos cetera ad mandatum dei primi produxisse, secundum quod Plato in secundo Timaei inducit deum primum loquentem diis secundis et iniungentem eis mundani operis perfectionem et ornatum extra ea quae ipse produxerat, sanctione : *O dii deorum quorum opifex* etc. usque ibi, *Haec dixit et demum.* Deinde cum dicit : *quibus in istum modum digestis* etc., inducit Plato qualiter dii secundi opus sibi iniunctum aggressi sunt : primo coniungendo animam rationalem cum corpore, deinde formando omnia corporalia generabilia et corruptibilia, quae ad mundi pertinent ornatum, usque ibi : *Nunc quoniam cuncta* : ubi incipit tractare de hyle, primordiali materia.

Secundum hunc modum etiam credidit Avicenna, ut determinat in sua Metaphysica, et Algazel, et plures alii credendo Deum non nisi unicam creaturam simplicissimam primo creasse, et per illam aliam, et sic ul-|terius procedendo, usque ad ultimo creata. 225 rb

Huic sententiae etiam concordat hic beatus Gregorius, in quadam Glossa magna sumpta de XXII° Moralium, dicens sic : *Quaerendum est quomodo Deus cuncta condidit*, etc. Concordat etiam Beda in

75 Accedit etc.] 2ª *add. i. m.* A 77 Fides nostra etc.] 3ª *add. i. m.* A 86 O … etc.] *subl.* A 87 Haec … demum] *subl.* A 87 quibus … digestis] *subl.* A 91 Nunc … cuncta[*subl.* A

83-84 Plato, *Tim.*, 41a-41d (p. 35-36).

88 *Ibid.*, 41d (p. 38).

91 *Ibid.*, 47e (p. 45).

93 Avicenna, *Metaph.*, cf. I, c. 8 (73va-74ra); IX, *passim.*

94 Error circa Algazel : cf. Averroes : *Destructio destructionum,* In metaph., disp. 8 (f. 99 I-100 A); D. Salman, *Algazel* …, 1936, p. 103-127; B. Smalley, *A Commentary* …, 1953, p. 83[92].

98 *Glossa,* (I, *Prothemata glossae ordinariae in Genesim,* E) = Gregor., *Moralia,* XXXII, c. 12 (PL 76, 644-645).

illa Glossa : *Moyses in hoc libro*, et in alia : *Proinde duas res fecit Deus*, etc. Et etiam ipse AUGUSTINUS in illa parva Glossa : Scriptura ait, etc. Unde AMBROSIUS ex dictis suis praetactis concludit dicens : *Fecit ergo primum caelum et terram, ea tamen non quasi perpetua, sed quasi corruptibilis naturae consummationi voluit subiacere. Unde in Isaiae libro ait* : « *Caelum ut fumus* solidatum est. »

Sed iuxta hoc dictum BEDAE in illa Glossa : *Moyse* <*s*> *in hoc libro*, intelligendum est quod informis materia dupliciter potest intelligi : uno modo ipsa substantia materiae nuda et pura carens omni forma et substantiali et accidentali; alio modo ipsa substantia, sive spiritualis sive corporalis, perfecta forma substantiali in esse primo, carens tamen dispositionibus quibus informari habet per formas accidentales et perfici in bene esse.

De materia, primo modo eam describendo, dicit PLATO in secundo Timaei : *Si quis vere iuxta meram fidem mundi institutionem insinuaturus erit, huic oportet causae speciem* praemonstrare. *Quam igitur eius vim quamve eius esse naturam putandam est? Opinor, omnium quae gignuntur, receptaculum est. Et cum velut intra gremium eius formantur, ipsa informis manet, estque usus eius similis molli cedentique materiae in quam imprimuntur varia signacula, moveturque et conformatur omnimode ab introeuntibus, ipsa nec formam nec motum habens, ex sua natura omni forma carens. Ideoque neque terram neque aquam neque quidquam aliud ex his* causatum est *appellandum, sed invisibilem potius speciem quandam et informem capacitatem mira quadam et incomprehensibili ratione inter nullam et aliquam substantiam, nec plane intelligibilem, nec plane sensibilem positam, sed quae ex his quae in ea commutantur intelligi posse videatur nec tamen nihil.*

Hanc igitur et talem materiam nudam quidam dicunt primo creatam, quidam vero non, sed sub forma confusionis tamen.

Et eorum de primo modo illi qui dicunt esse materiam omnium et

---

27 nudam] primo *add. sed del.* A

---

00 *Glossa*, I. *Prothemata glossae ordinariae in Genesim*, E : *Glossa anonyma.*

00-1 *Glossa* (I, 4).

2-3 *Glossa* (*non inveni*).

2 AMBROS., *Hexaem.*, I, c. 8, n. 28 (CSEL 32^{1}, 26-27; PL 14, 137D-138A).

5 Cf. *ibid.* : *Is.*, LI, 6 *in versione qua usus est Ambrosius.*

6-7 *Glossa*, I, *Prothemata glossae ordinariae in Genesim*, E : *Glossa anonyma*).

13-14 PLATO, *Tim.*, 48a-51b (p. 45-46, 48-49, 51.)

spiritualium et corporalium, sive eandem materiam dicant horum et illorum, sive aliam et aliam, dicunt eam Moysen expressisse nomine « caeli et terrae » : nomine « caeli » intelligendo materiam caelestium spirituum et corporum, nomine « terrae » materiam generabilium et corruptibilium. Vel nomine « caeli » materiam spirituum, nomine « terrae » materiam corporum, tam caelestium quam terrestrium. Isti sunt imitatores illius AVICEBRON, qui in libro Fontis vitae dicit omnium esse materiam : tam spiritualium quam corporalium.

Qui vero negant materiam esse in spiritibus, sed dicunt esse materiam corporalium solum, sed communiter caelestium et elementarium, sive eandem materiam dicant horum et illorum ut quidam NATURALES sive aliam et aliam ut ARISTOTELES, dicunt Moysen de spiritualibus hic rudi populo nullam fecisse mentionem, sed nomine « caeli » materiam caelestium corporum expressisse, nomine vero « terrae », elementarium.

Hanc opinionem et quasi suam videtur ponere AUGUSTINUS I° Super Genesim, cap.° 7°, contra Manichaeos dicens : *Informis illa materia quam de nihilo Deus fecit, appellata est primo « caelum et terra », et dictum est : « In principio fecit Deus caelum et terram », non quia iam hoc erat, sed quia hoc esse poterat* : *nam et caelum postea* scribitur factum. *Quemadmodum semen arboris considerantes dicamus ibi esse radices et ramos et fructus* et *folia, non quia iam sunt, sed quia inde futura sunt, sic dictum* est : « *In principio fecit Deus caelum et terram* » : *quasi semen caeli et terrae.* Et addit dicens in cap.° VIII° : *Haec ergo omnia nomina sive « caelum »* sive « *terra* », sive « *abyssus* », *sive « aqua »* : *nomina sunt informis materiae, ut res ignota notis vocabulis insinuaretur imperitioribus, et non uno vocabulo, sed multis, ne si unum esset, hoc esse putaretur quod consueverunt homines in illo vocabulo intelligere.*

Dictum istorum, quod nuda materia primo a Deo creata sit, duratione praecedens|cetera, negarent aliqui, dicendo quod materiam fieri in se 225 va
nudam, non sub forma aliqua, esset impossibile, quia nec esse habere, nec intelligi habere esse posset nisi sub forma, ut dicit AVICENNA, V°

---

38 esse] *sup. lin.* A 46 appellata] -tum(?) A

---

36 AVICEBRON, *Fons vitae*, I c. 5 (BGPTM I, 6-8).
40 cf. ARISTOT., *Phys.*, I, c. 4 (A 187a 12-15); *De caelo* IV c. 3 (Δ 309b 31-32).
41 cf. ID., *Physica*, IV, c. 9 (Δ 217a 24-25); *De caelo*, I (A 268a-281a).
44-45 AUGUST., *De Gen. contra Manich.*, I, c. 7, n. 11 (PL 34, 178).
52 *Ibid.*, c. 7, n. 12 (PL 34, 179).
61-62 AVICENNA, *Metaph.*, V, c. 5 (B, f. 89va).

Metaph., c. 5 : *Materia est quoddam quod non habet esse per se ullo modo, nec est in effectu nisi per formam.* De eodem, libro 2°, cap.° 2° et cap.° 3° per totum.

De potentia Dei de hoc non oportet modo disputare. Sed videtur magis congruum dicere quod Deus nudam materiam non creavit, sed sub forma aliqua, quia decens est ponere ut a perfecto non procedat nisi perfectum, prout rerum productioni congruit.

Mihi igitur videtur sentiendum quod primo fiebat informis materia sive corporalis sive spiritualis, quia sub forma confusionis; deinde diebus singulis per temporum successionem perfectio secundum formas et distinctio et ornatus partium universi a Deo immediate producta sunt. Et haec est ad litteram sententia AUGUSTINI, De Genesi, 1° contra Manichaeos. Ibi enim non appellat materiam informem quam Deus de nihilo primo fecit : « materiam omni forma nudatam », sed : « materiam sub forma confusionis ». Unde praemittit ibidem ante praeassumptam auctoritatem cap.° 7° : *Primo materia est confusa facta et informis unde omnia fierent quae distincta atque formata sunt : quod credo a graecis « chaos » appellari.* Et quod dicit AUGUSTINUS, quod ibi erant *caelum et terra quemadmodum semen arboris*, non est simile in toto, sed solum quoad hoc quod omnia secundum formas suas ibi occultabantur, ita quod *nulla specie cerni aut tractari poterant, etsi esset homo qui videret* aut *tractaret*, ut dicit cap.° VIII°. Unde quasi dictum suum exponendo, dicit in fine VII cap.ⁱ : « *In principio fecit Deus caelum et terram* », *quasi semen caeli et terrae cum in confuso adhuc esset caeli et terrae materia.* Et non contrariatur sibi ipsi AUGUSTINUS in illo quod dicit Super Genesim ad litteram, quia quidquid ibi tractat, quasi opinando et inquirendo tractat, hic autem magis determinando De Genesi contra Manichaeos.

Unde non intelligimus hic materiam informem confusam, quasi habentem aliquam unam formam communem omnibus, quam formam confusionis appellem. Immo intelligo angelos, caelum et terram, et cetera elementa, in suis formis substantialibus fuisse producta, et perfecta in esse primo, sed non in bene esse et in ornatu : immo in angelis ex prima creatione erat informitas spiritualis ante suam conversionem

63-64 *Ibid.*, II, c. 2-3 (f. 75ra-77ra).
73-74 Cf. *infra*, 79.
76 AUGUST., *De Gen. contra Manich.*, I, c. 5, n. 9 (PL 34, 178).
77 Cf. *supra*, p. 59, 45-57.
83 AUGUST., *De Gen. contra Manich.*, I, c. 7, n. 12 (PL 34, 179).
84 *Ibid.*, I, c. 7, n. 11 (PL 34, 178).

et in caelis erat aliqua materialis informitas et defectus ornatus ut dicetur post, et elementa erant confusione admixta quasi in vaporosa et nebulosa substantia simul suspensa. Et secundum hoc nomine caeli comprehenditur substantia corporum caelestium sine suo ornatu, et spiritualis vita angelica sicut potest esse in se, non conversa ad creatorem : tali enim conversione formatur atque perficitur; si autem non convertatur, informis manet. Et continentur nomine « caeli », quia ut dicit hic STRABUS in Glossa illa : *Caelum non visibile firmamentum, caelum illud empyreum cum factum est, statim sanctis angelis repletum est*. Nomine vero « terrae » comprehendit corpora quatuor elementorum ante suum ornatum. Vel, ut dictum est prius, rudi populo loquens de substantiis spiritualibus nullam fecit mentionem.

Et hanc sententiam plane intellexit PLATO praeter hoc quod substantiam materiae nudam posuit non a Deo creatam, sed ab aeterno fuisse cum eo, non factam. Posuit enim in principio mundi mundum sensibilem ex materia factum a Deo, sed in esse confuso, non solum sub illo esse confuso comprehendens corporalia, sed etiam spiritualia creata, secundum quod dicit in secundo Timaei : *Mixta siquidem mundi sensibilis ex necessitatis intelligentiaeque coetu constitit generatio*. Coetum necessitatis appellat elementa et caelestia corpora in illo confusa, ex materia a deo producta, et hoc ante mundi distinctionem et exornationem : coetum intelligentiae appellat omnem intellectualem substantiam. Et ex hac confusione posuit postmodum produci a Deo omnia, secundum quod dicit PLATO, 1° Timaei : *Volens siquidem deus bona cuncta provenire, nullius porro mali, prout eorum quae nascuntur natura <fert>, relinqui propaginem, ex inordinata iactatione* | *redegit* 225 vb *in ordinem*. Unde et de eodem in fine primi : *Sententiae meae mens est, generationis nutriculam humectam modo, modo ignitam, terraeque item et aeris formam suscipientem, ceterasque pedissequas passiones perpetientem, omniformem visu videri : gravia quidem et solida seorsum, tenera vero et levia in aliam partem. Sic illa quatuor velut in euripo fluctuante iactari, propterea sedibus fuisse diversa : ante mundi scilicet exornationem*. Ecce qualis erat confusio et quod tamen gravia declina-

00 spiritualis vita angelica] spiritualem vitam angelicam A 21 <fert>] cf. *infra*, p. 69, 68 A 27 scilicet] *vel* id est(?) A

3 *Glossa* (I, 4D : *Glossa anonyma*).

13 PLATO, *Tim.*, 48a (p. 45).

19 *Ibid.*, 30a (p. 22-23).

22 *Ibid.*, 52d-e (p. 51).

bant aliquantulum deorsum, levia elevabantur sursum. Et sequitur de elementorum distinctione : At cum *quid erat huius rationis expers, rerum confusio inordinata, ubi cuncta redigi ad modum placuit, ignem primo terramque et aera atque aquam continuavit opifex deus : non talia ut nunc sunt, sed quae praeferrent elementorum vestigia in eo squalore ac deformitate, qui apparet in his quibus divina deest prospicientia.* Per hunc ergo modum primo posuit mundum sensibilem componi ex quatuor elementis, ponens caelum naturae igneae. Posuit etiam simul animam mundi creati in ipso. Et hoc pertinet ad rerum primam distinctionem. De ornatu vero quoad stellarum productionem et temporis, similiter dicit in 2º Timaei : *Factae a se machinae* Deus *sociavit eam imaginem aevi, quae tempus dicitur. Dies enim et noctes et menses et* annos *qui ante caelestem exornationem non erant, tunc nascente mundo iussit existere, quae omnes partes sunt temporis.* Infra : *Hac igitur Dei ratione consilioque eiusmodi genituram temporis volentis creari, sol, luna, et aliae quinque stellae quae vocantur errativae, factae sunt : quo* tam *partes temporis notarentur certa dimensione quam reditus anfractusque temporei sub numeri comprehensione venirent.* Cum istis autem posuit angelos procreari et omnia genera animalium, ut patet ibidem. Hucusque procedit tractatus PLATONIS in duobus libris quos habemus translatos, qui solum continent rerum primariam productionem quam Moyses determinat in hoc 1º capitulo. De singulorum vero elementorum ordinatione et generatione ex ipsis, promittit tractatum, dicens in fine Timaei : *Nunc iam ordinationem genituramque eorum sigillatim demonstrari convenit.* Et illud pertinet ad rerum productionem secundam, quae est propagationis, quam intendit describere in opere nondum nobis translato. Et hoc principaliter propter hominum propagationem : cuius propagationem ab homine primitus facto a Deo intendit describere usque ad illos qui Athenas condiderunt, ut ostendat ex primis legibus Atheniensium quibus civitas illa regebatur, qualibus legibus civitas bene disposita regi debeat. Unde qualis hic processus Moysis, talis ibi processus PLATONIS, et ad consimilem finem. Unde creditur eorum quae scribit formam ex libris Moysis accepisse et eam quam ibi invenit scientiam scribendo fecisse suam.

---

29 *Ibid.*, 53b (p. 51).
39 *Ibid.*, 37d-e (p. 30).
42 *Ibid.*, 38c (p. 30).
47 *Ibid.*, 39e-44b (p. 30, 32-40).
50 *Gen.*, I.
52 PLATO, *Tim.*, 53b (p. 52).

Sic ergo patet rerum primarum productarum substantia cum dicitur : *caelum et terra.* Hoc igitur diffuse prosecuti sumus ut ostendamus nihil esse absurdum in dictis sacrae scripturae et divinis factis, maxime cum in eis concordat praecipuus philosophorum PLATO, quia ut ait AUGUSTINUS in fine 1^{i} Super Genesim : *Plerumque accidit ut aliquid de terra, de caelo, de ceteris mundi huius elementis atque huiusmodi ceteris, etiam non christianus ita noverit, ut certissima ratione vel experimento teneat. Turpe autem est nimis et perniciosum atque maxime cavendum ut christianum de his rebus quasi secundum christianas litteras loquentem ita delirare audiat, ut quemadmodum dicitur, toto caelo errasse conspiciens, risum tenere vix possit. Et non tam molestum est, quod errans homo deridetur, sed quod auctores nostri ab eis qui foris sunt, talia sensisse creduntur, et cum magno eorum exitio, de quorum salute satagimus, tamquam indocti reprehenduntur atque respuuntur.*

Et terminatur in hoc pars pertinens ad primam rerum productionem.

<*Rerum primo productarum imperfectio*>

<« Terra autem erat inanis et vacua, et tenebrae erant super faciem abyssi. »>

Sequitur pars illa : *Terra autem erat inanis et vacua*, etc., in qua describit rerum primo productarum imperfectionem, | primo sub nomine 226 ra
terrae, secundo sub nomine caeli, ibi : *et tenebrae.*

Hic secundum AMBROSIUM, 1° Hexaemeron, cavendus est in principio error circa hoc verbum : *erat*, quod ponitur in illis tribus clausulis, *ne forte* eo quod li « *erat* » praeteriti temporis est, *dicant* aliqui, quasi supponant pro tempore aliquo ante mundi creationem : *ecce quia materia, id est hyle sicut dicunt philosophi, etiam secundum divinam scripturam non habuit initium.* Unde ait AMBROSIUS : *Hoc dicentibus respondebis : Scriptum est : « Erat autem Cain operarius terrae »*, et tamen non putatur fuisse sine initio. Dicas ergo quod *Moyses*

---

64 caelum et terra] *subl.* A 72 audiat] audeat *sed in* audiat *corr.* A 81 Terra ... vacua] *subl.* A 83 et tenebrae] *subl.* A 85 erat] *subl.* A 86 erat] *subl.* A

---

67 AUGUST., *De Gen. ad litt.*, I, c. 19, n. 39 (CSEL 28^1, 29-30; PL 34, 261).
84 AMBROS., *Hexaem.*, I, c. 7, n. 25 (CSEL 32^1, 23: PL 14, 135D-136A).
89 *Ibid.*, I, c. 7, n. 25 (CSEL 32^1, 23; PL 14, 136 B).
90-91 *Gen.*, IV, 2.

praemisit quia « fecit Deus caelum et terram » : « erat » ergo ex quo facta est, et non prius, vel est ista expositio referendo *erat* ad praecedens.

Quod autem exponit referendo ad sequens sic : *erat*, antequam Deus diceret : *Fiat lux*, secundum quod sermonis ordo declarat.

Ad intellectum autem illarum trium clausularum, notandum quod triplex imperfectio quae in eis notatur : inanitas, vacuitas, et tenebrositas, potest intelligi referri sub nomine « terrae et abyssi » ad idem vel ad diversa.

Si vero intelligantur referri ad idem non adhaerendo dictae dictioni, ut idem intelligamus nobis significari nomine « terrae et abyssi », tunc illis tribus intelligitur hic triplex imperfectio opposita ternario perfectionis cuiuslibet rei, quae secundum AUGUSTINUM est modus, species et ordo : ut imperfectio in modo notetur cum dicitur *inanis*; in ordine cum dicitur *vacua*; in specie cum dicitur : *et tenebrae.* Ut primo dicatur *terra inanis* : id est immodificata, quia certis terminis et limitibus non contenta; dicatur secundo *vacua* : id est carens fructu et utilitate quoad finem suum, ad quem debet esse ordinata; dicatur autem tertio *tenebrosa* : id est obscura, quia specie sua unde visibilis et cognoscibilis fieri debeat, nondum perfecte illustrata. Haec autem dico non quia nullo modo tria illa terrae huiusmodi inerant, sed quia non modo perfecto : ne sit contra illud Sapientiae X°: *Omnia in numero*, etc. Et sumuntur hic secundum hanc expositionem terra et abyssus pro materia confusa universorum. Et potius exprimitur hic nomine terrae quam alterius elementi, quia terra de se magis informis est et materialis quam aliud elementum. Et propter eandem rationem exprimitur nomine « abyssi », in quantum « abyssus » dicitur ab « a » quod est sine, et « bysso » quod est candor : quasi carens candore, hoc est pulchritudine quae a forma et specie nata est esse, dicente AMBROSIO : *Pulcherrima est rerum species.* Haec ergo est prima expositio vera, et sumitur terra communiter pro tota primordiali materia.

Secunda expositio est sumendo « terram » proprie pro elemento

93 erat] *subl. et* antequam Deus diceret *add. homoeoceph. et exp. et* va cat *sup. lin.* A 94 erat] *subl.* A 96 clausularum] elementarium(?) *sed exp. et* clausularum *i. m.* A 4 inanis] *subl.* A 5 vacua] *subl.* A 5 et tenebrae] *subl.* A 6 terra inanis] *subl.* A 7 vacua] *subl.* A 9 tenebrosa] *subl.* A 10 nondum] nundum A 15 informis] informes(?) A

94 Cf. AMBROS., *Hexaem.*, I, c. 7, (CSEL 32^1, 23-26; PL 14, 135 D-137D).

3 AUGUST., cf. *De natura boni*, c. 3 (CSEL 25^2, 856; PL 42, 553).

12 *Sap.*, XI, 21.

20 AMBROS., *Hexaem.*, I, c. 8, n. 28 (CSEL 32^1, 27; PL 14, 138B).

infimo et similiter « abyssum », ut in praedictis tribus notetur eius triplex imperfectio : ab intra, ab extra, partim ab utroque. Propter imperfectionem ab intra dicitur *inanis*; propter imperfectionem ab extra dicitur *tenebrosa*; propter imperfectionem ab utroque dicitur *vacua*. Ut dicatur *inanis* ab interiori, quia germine producendi fructum infecunda : quod datum fuit ei cum dictum fuit ei a Domino, infra eodem : *germinet terra*, etc.; dicatur vero *tenebrosa* ab exteriori, quia lucis corporalis beneficio destituta : quod datum fuit ei cum dictum est a Deo, infra eodem : *fiat lux*, et ibi : *fiant luminaria*; dicatur autem *vacua* respectu utriusque, quia ab omni ornatu terraenascentium et animalium nuda, quia non solum caruit interius potentia generandi ad virtutem, sed exterius generationis fructu ad ornatum : quod datum est ei infra eodem : *Protulit terra herbam virentem*, et ibi : *producat terra animam viventem*.

Sed oritur hic quaestio, quare de terrae informitate loquatur, non caeli.

Dicendum secundum quosdam, quod caelum informitatem pati non potuit propter suam simplicitatem et incorruptibilitatem, sicut terra propter suam grossitiem et corruptibilitatem.

Sed non est ita credendum. Contra enim philosophos hoc dicentes disputat Ambrosius, I° Hexaemeron, cap.° 8°, dicens sic : *Aliqui considerantes stabilia esse non posse corpus caeli atque stellarum*, si elementaris vel aethereae poneretur esse naturae, *quintam quandam naturam corporis* inducebant, *quo diuturnam caeli putarent esse substantiam. Sed*, ut dicit, *ista opinio non potuit prophetae obviare sententiae, qua* dictum est : « *Principio terram tu fundasti, Domine, et opera manuum tuarum sunt caeli.* | *Ipsi peribunt, tu autem permanes, et omnia sicut* 226 rb *vestimentum veterascent, et tamquam amictum mutabis eos et mutabuntur.* » Vere ergo substantia caeli respectu divinae potentiae mutabilitati subiecta est, et ideo informitati in sua prima creatione potuit subiacere, et fluxibilitati ad modum fumi, qui postmodum in substantiam caeli

23 abyssum] abyssus A 26 tenebrosa] *subl.* A 26 vacua] *subl.* A 27 inanis] *subl.* A 29 germinet terra] *subl.* A 31 fiat lux] *subl.* A 31 fiant luminaria] *subl.* A 32 vacua] *subl.* A 35 Protulit ... virentem] *subl.* A 35-36 producat ... viventem] *subl.* A 37 Sed ...] <quaesti> o(?) *add. i. m.*A 39 Dicendum ...] <Opini> o(?) *add. i. m.* A 42 Sed ...] <Re>probatio *add. i. m.* A 53 fumi] -us A

43 *Ibid.*, I, c. 6, n. 24 (CSEL 31^{1}, 22; PL 14, 255).
48-51 *Ps.* ci, 26-28.

solidatus est, sicut dicit AMBROSIUS. Unde et ipsum caelum in forma quam modo habet, informe potest dici respectu informationis quam recipiet in fine saeculi. De qua dicitur in Apocalypsi : Ecce creo *novum caelum et terram novam.* Ideo aliter dicendum secundum BEDAM hic in Glossa illa : *Terra autem erat inanis et vacua* : *quod vel quale,* etc. : *Hoc de terra subdit quod de caelo intelligi voluit* : ut scilicet et caeli informitas intelligatur ex informitate terrae, quamvis non sit eadem informitas huius et illius. Et consimili ratione quod de terra dicit, de ceteris elementis quae non nominat, dat intelligere. Potius tamen describit informitatem sub nomine terrae quam alterius elementi ex causa praedicta. Et haec « terra » proprie dicta hic appellatur « abyssus » alia ratione quam prius : ab « a », quod est « sine », et « basis » : fundamentum : quia stat voluntate divina in medio librata absque omni fundamento : Iob, 26° : Qui fundasti *terram super nihilum.*

Si autem imperfectio inanitatis, vacuitatis et tenebrositatis in rebus primo creatis intelligantur referri ad diversa sub nomine terrae et abyssi secundum dictam divisionem, tunc sequuntur aliae expositiones quatuor, quarum :

Prima est dicendo quod « terra » stet pro materia elementorum, et dicitur *inanis*, aut quia non est suis limitata terminis, aut quia est situ instabilis; *vacua*, quia per formarum distinctionem est omnium horum receptiva; « abyssus » vero stet pro materia informi corporum caelestium, ut dicatur « abyssus » : quasi « sine basi », quia caelum nullo eget sustinente, contra illos qui dixerunt, 2° cap.° et 3°, quod caelum indiget re sustinente ipsum ut conservet ipsum et non permittat inclinari neque cadere super faciem, id est superficiem huius abyssi. Ab initio suae creationis « erant tenebrae », id est luminis materialis carentia. Et dicit « super faciem », quia lux in superficie illuminanti maxime solet se manifestare.

Secunda est, ut « terra » stet specialiter pro elemento infimo, et « abyssus » pro elemento secundo, aquae scilicet, et sub istis duobus alia duo elementa comprehendantur; et nominantur ista duo elementa

---

57 Ideo] Solutio *i. m.* A 58-59 Terra ... etc.] *subl.* A 72 Prima] 1ª *add. i. m.* A 73 inanis] *subl.* A 74 vacua] *subl.* A

---

54 AMBROS., cf. *Hexaem.*, I, c. 6, n. 21 (CSEL 23[1], 17; PL 14, 132).

56 *Apoc.*, XXI, 1.

58 *Glossa* (I, 5).

67 *Iob.*, XXVI, 7.

77 Cf. AUGUST., *De Gen. ad litt.*, II, c. 10, n. 125 (CSEL 28[1], 48; PL 34, 272).

solum, quia ex his duobus omnia generabilia maxime nascuntur : et exponantur sicut proximo immediate. Haec est sententia quam tangit BEDA in illa Glossa : *Non sunt audiendi*, etc., et IOANNIS DAMASCENI dicentis libro 2°, quod *abyssus nihil aliud est quam aqua multa, cuius finis est incomprehensibilis*. Et AMBROSIUS 1° Hexaemeron, 12°, ait « *abyssum* » *multitudinem et profundum aquarum dici*.

Tertia est, ut nomine « terrae » intelligatur inferior pars illius confusionis elementorum, opaca, gravior, magis deorsum inclinata, nomine vero « abyssi » pars superior, levior, magis perspicua, sursum elevata. Et exponantur sensus ut prius.

Quarta est expositio, ut nomine « abyssi » intelligatur aer caliginosus : quae est habitatio daemonum, et est expositio ORIGENIS dicentis hic in Homilia 1ª : *Quae est « abyssus » ? Illa nimirum in qua erat diabolus et angeli eius*. Denique hoc manifeste in Evangelio designatur, cum dicitur de salvatore : *Et rogabant eum* daemonia quae eiciebat, *ne iuberet* ea *ire in abyssum*. Et tunc etiam tenebrae possunt hic dici daemones mali obtenebrati. Sed hoc non videtur posse stare nisi secundum illos qui ponunt quod Lucifer cum suis cecidit in instanti in quo creatus fuit, quia totum quod hic recitatur in primo instanti mundi simul factum fuit, licet simul recitari non potuit.

Quinta est, ut « terra » stet pro materia corporalium, quae dicitur inanis et vacua ut prius; « abyssus » vero stet pro substantia informi spiritualium, quae in tenebris erant spiritualibus ante conversionem eorum ad lumen divinum. Hanc expositionem tangit AUGUSTINUS in fine illius Glossae : « *Et tenebrae erant super faciem abyssi* » : *quia scilicet non erat lux*, etc. Quomodocumque | tenebra hic exponatur, 226 va
semper cavendus est error Manichaeorum ponentium tenebras esse non privationem luminis corporalis vel spiritualis, sed aliquas substantias a natura sua malas, quas dicunt factas a malo deo, qui malus est per essentiam, principio omnis mali, a quo dicunt omnia materialia

88 Non ... audiendi] *subl.* A 88 audiendi] -da A 91 profundum] -i A 92 Tertia] 3ª *add. i. m.* A 96 Quarta] 3ª *add. i. m.* A 12 cavendus] -um *corr. in* -us A 13 spiritualis] licet *add. sed eras.* A

88 *Glossa* (I, 6).
88-89 DAMASC., *De fide orthodoxa*, c. 23 (p. 98; PG 94, II c. 9 : col. 94).
90 AMBROS., *Hexaem.*, I, c. 12, n. 28 (CSEL 32¹, 34; PL 14, 141).
97-98 ORIGENES, *Homiliae in Genesim*, I, n. 1 (p. 2; PG 12; 146C).
99 *Luc*, VIII, 71.
10 *Glossa* (I, 6).

esse facta, et insultando contra vetus testamentum, dicunt illas factas ante lucem, per quam intelligunt bonas substantias factas a deo bono. Et cum hoc dicunt tenebras factas ab aeterno ante mundi creationem, sed creato mundo paruisse in ipso, et ab illo deo tenebrarum dicunt vetus testamentum esse conscriptum, novum vero a deo bono, ut plane determinat Augustinus, Contra epistolam fundamenti. Contra istos inducitur hic illa Glossa Bedae : *Non sunt audiendi*, etc. Et ut ait Ambrosius : *Non malas hic intelligendum potestates, quod Dominus malitiam eorum creaverit, cum non substantialis sed accidentalis sit malitia.* Est autem hic advertendum, quod ubi littera nostra habet *inanis et vacua,* alia translatio quam exponit Ambrosius, habet *invisibilis et incomposita,* unde « inane » idem sit quod « invisibile », « vacuum » vero idem quod « incompositum », quia inanitas qua caret corpus terminatione, facit corpus invisibile; incompositio autem et formarum indistinctio facit ipsum apparere sine omni ornatu et formali dispositione.

Secundum istam litteram cavendum est primo secundum Ambrosium, quia dicit scriptura : « terra erat invisibilis », ne forte credat quis eam esse invisibilem per substantiam suam. Immo potius credenda est ideo dici invisibilis, quia aquis cooperta visibilis esse non potuit, quemadmodum pleraque in profundo aquarum sita, visum oculorum aciemque praetereunt. Et est prima expositio eius quod est « invisibilis », ut dicatur terra « invisibilis » propter cooperiens et visum impediens. *Nondum enim,* ut ait Ambrosius, *erant maria suo fine distincta, et ideo vago fluctu profundo gurgite terra inundabatur,* et ideo terra elementum infimum invisibile erat, corporeis dico oculis, non divinis : Deo nihil invisibile est.

Nisi forte, ut ait Ambrosius, *sic accipiamus invisibilem terram,* eo quod nondum verbo Dei et protectione visitabatur, quia hominem non habebat propter quem *respiceret* eam. Et est secunda expositio Ambrosii.

---

26 inanis et vacua] *subl.* A 30 indistinctio] in *sup. lin.* A 37 prima] 1ª *add. i. m.* A 45 secunda] 2ª *add. i. m.* A

---

21 Cf. August., *Contra epistolam fundamenti,* c. 39, (PL 42, 204)?

22 *Glossa* (I, 6).

23 Ambros., *Hexaem.,* I, c. 8, n. 28 (CSEL 32¹, 27-28; PL 14, 138).

26 *Ibid.,* I, c. 7, n. 25 (CSEL 32¹, 23; PL 14, 135D).

32 *Ibid.,* I, c. 7, n. 26 (CSEL 32¹, 24-25; PL 14, 136 C-137A).

39 *Ibid.,* I, c. 8, n. 28 (CSEL 32¹, 27; PL 138A).

43 *Ibid.,* I, c., 7, n. 26 (CSEL 32¹, 25; PL 136D-137A).

Adhuc etiam tertia expositione secundum Ambrosium « *invisibilis* » potest dici *terra, quia nondum* erat *lux quae mundum illuminabat* ut videri posset. Et tunc supponit « terra » pro tota materia corporali.

Quarto modo supponit pro eodem. Et secundum Ambrosium dicitur « *invisibilis* », quia *incomposita, eo* quod *figuram et speciem congruentem non* habebat, et sic secunda clausula exponit primam

Et in hoc apparet secundum Ambrosium prima expositio eius, quod dicit « incomposita ».

Secundo modo, ut ait Ambrosius, terra *erat* « *incomposita* » *utpote inarata, quia adhuc cultor deerat,* ut dicitur in secundo capitulo : « *Homo non erat qui operaretur terram* ». Et dicit Ambrosius, quia *ostendere* per hoc *Deus voluit, quia nec mundus ipse haberet gratiam, nisi eum vario cultu operantium ornasset*, et supponit hic « terra » pro elemento infimo.

Tertio modo secundum Ambrosium, terra *erat* « *incomposita* », *quia nuda nec herbosa nec opaca nemoribus,* et *merito* « *incomposita* » *quia ornatibus indigebat* et supponit « terra » ut prius solum pro infimo elemento. Et excluditur error Philosophi dicentis in libro De plantis : *Terra numquam cessavit* neque cessabit *generare animalia, et plantas et cunctas suas species,* Sic ergo dicendo : *Terra erat inanis,* etc., exprimit Moyses rerum primo productarum imperfectionem. *Sed quia,* ut ait Plato, *optimus erat* creator, *volens bona cuncta* provenire, *nullius porro mali prout eorum quae nascuntur natura fert, relinqui propaginem, omne corporeum, motu importuno fluctuans neque umquam quiescens ex inordinata iactatione, redegit in ordinem, sciens ordinatorum fortunam confusis* | *inordinatisque praestare,* et haec non nisi 226 vb
praeveniente *divinae providentiae* ac propositi *sanctione.* Idcirco Moyses antequam prosequitur describendo rerum ornatum atque distinctionem, praemittit super hoc, quale erat divinum propositum

47 tertia] 3ª *add. i. m.* A 50 Quarto] 4ª *add. i. m.* A 65 Terra ... inanis] *subl.* A

47 *Ibid.*, I, c. 7, n. 26 (CSEL 32^1, 25; PL 14, 136D).
50 *Ibid.*, I, c. 7, n. 26 (CSEL 32^1, 25; PL 137A).
55 *Ibid.*, I, c. 8, n. 28 (CSEL 32^1, 27; PL 14, 138A).
56 *Gen.*, II, 5.
57 Ambros., *Hexaem.*, I, c. 8, n. 28 (CSEL 32^1, 27; PL 14, 138B).
60 *Ibid.*, I, c. 8, n. 28 (CSEL 32^1, 28; PL 27, 138A-B).
63 Aristot., *De plantis*, I, c. 7 (A 817b 38-40).
67 Plato, *Tim.*, 29e-30b (p. 22-23).

de perficiendo quod primo factum erat imperfectum, cum dicit : *et spiritus Dei*, etc. Ubi continuando dicit AMBROSIUS : *Erat* haec mundi incomposita species et forma. Et *spiritus*, inquit, *Dei ferebatur super aquas. Merito ergo praemissus est spiritus Dei, ubi divina incipere habebat operatio* : « *Fiat* », *inquit*, « *lux* », etc.

<« Et spiritus Domini ferebatur super aquas »>

Sequitur ergo : *Et spiritus Domini ferebatur super aquas*, ubi, producta materia divini operis : *In principio creavit Deus caelum et terram*, etc., et descripta operandi necessitate propter eius imperfectionem : *Terra autem erat inanis et vacua*, hic describit Dei propositum et voluntatem de operando et perficiendo imperfectum. Et quia operativae voluntati rationali tria necessaria sunt : potestas sive virtus ad operandum, dispositio de modo operandi, liberalitas quoad operis finem inducendum, primum notatur cum dicitur : *Spiritus Domini*, secundum cum additur : *ferebatur*, tertium cum subiungitur : *super aquas*.

Virtus ergo ad operandum sive perficiendum imperfectum notatur cum dicitur : *Et spiritus Domini*. Si enim Domini spiritus, ergo potestativus ad operandum, quia *quaecumque voluit Dominus, fecit in caelo* et in terra. Et ideo dicitur alibi in Psalmo : *Verbo Domini caeli firmati sunt, et spiritu oris eius omnis virtus eorum*. Unde et de hoc potest exponi illud Eccl.^{ci} 1° : *Unus est altissimus* (Glossa : *pater*) *creator omnium omnipotens*. Et sequitur : *ipse creavit illam* (hoc est mundanam machinam) spiritu sancto suo, *vidit et dinumeravit et mensus est* : et tangit hic tria, in quibus perficitur omnis creatura, quae sunt : pondus, numerus, et mensura. Iob, 26° : *In fortitudine illius repente maria congregata sunt. Spiritus eius ornavit caelos*. Intelligamus ergo, ut dicit HIERONYMUS in principio Hebraicarum quaestionum,

75-76 et ... Dei] *subl.* A 81 Et ... aquas] *subl.* A 82 In ... etc.] *subl.* A 83-84 Terra ... vacua] *subl.* A 88 Spiritus Domini] *subl.* A 89 ferebatur] *subl.* A 89 super aquas] *subl.* A 91 Et ... Domini] *subl.* A 96 omnium] op *add. sed del.* A

76 AMBROS., *Hexaem.*, I, c. 8, n. 32-c. 9,n. 33 (CSEL 32^1, 34-35; PL 14, 141CD).
92 *Ps.*, CXIII, 6.
93 *Ps.*, XXXII, 6.
95 *Eccli.*, I, 8.
95 *Glossa* (III, 1980A).
99 *Iob*, XXVI, 12-13.
1 HIERON., *Hebr. quaest. in Gen.*, c. 1, v. 2 (CC 72, 3; PL 23, 939).

hoc *non de spiritu mundi dici ut nonnulli arbitrantur, sed de spiritu sancto, qui* est creator *Deus.* In Psalmo : *Emitte spiritum tuum et creabuntur.*

Et secundum hoc hic in principio productionis rerum notatur trinitas : potestas patris, cum dicitur : *Deus*; sapientia Filii, cum dicitur : *In principio*; bonitas Spiritus Sancti, cum dicitur : *Et Spiritus Dei.*

Sed tunc quaeritur quare persona spiritus sancti non est supra nominata cum aliis in prima rerum productione. Responsio est quia bonitas per se non respicit nisi finem et complementum, potestas vero et sapientia, principium sicut et finem. Ideo persona patris et filii quibus appropria<n>tur potestas et sapientia, nominantur in principio productionis rerum sub esse imperfecto, spiritus autem sanctus non, nisi cum potentia erat extendenda ad perficiendum imperfectum, et ideo dicit Plato : *Nec vero fas erat bonitati praestanti, quidquam facere nisi pulchrum.* Est autem intelligendum circa dictum Hieronymi de spiritu mundi, quod duplex est de quo nonnulli arbitrantur hic loqui scripturam.

Primus videlicet : aer iste : quod Plato credebat hic Moysen intellexisse, de quo Exodi IV° : *Flavit spiritus tuus et operuit eos mare.* Et sic dixit Plato Moysen hic quatuor elementa tetigisse : ignem nomine caeli, quod putavit igneae naturae esse; terram et aquam propriis nominibus; aerem vero nomine spiritus.

Secundus autem : spiritus angelicus, ut ille quem posuit Plato *animam,* et ceteri consimiles. *De* tali etiam spiritu *Plato intellexit dictum hoc,* ut dicit Magister in Historiis quia Per tales spiritus intellexit Plato, facta prima rerum creatione in mente a deo, ex ipsis cetera perfici, secundum quod inducit deum ipsis sic loquentem : *Ut universa res non indigeat perfectione, sed sit tota atque universa vere, iubeo : aggredimini* per *naturam mortalium generum institutionem.*

---

6 Deus] *subl.* A   6-7 In principio] *subl.* A

---

3 *Ps.* ciii, 30.
15 Plato, *Tim.*, 30a (p. 23).
17 Cf. *supra,* 2-3.
20 *Exod.*, xv, 10.
21 Plato, *Tim.*, cf. 42e (p. 36).
24 *Ibid.*, 34a (p. 26).
26 Petrus Comestor, *Hist.-Gen.*, c. 2 (PL 198, 1057A).
28-33 Plato, *Tim.*, 41c (p. 36).

Imitantes ergo meam iuxta effectum vestrum sollertiam, ita instituite et extricate mortalia, ut quibus consortium divinitatis competit, divina praeditum firmitate fingatis, ubi tangit hominis formationem. Et sequitur : *Huius ergo universi generis sementem faciam vobisque tradam. Vos cetera exsequi par est.* Et infra : *Quibus in istum modum* | 227 ra *digestis cum in proposito rerum creator maneret, intelligentes iniunctionem patris, filii, iuxta mandatam informationem ex mundi materiis : igni, terra, aqua, cum spiritu, faenus elementorum mutuati, ea quae acceperunt, conglutinabant.*

Non sic, non sic, immo secundum catholicam fidem Deus, usque ad propagationem eorum mediantibus causis secundariis, primam rerum procreationem per se et immediate ad perfectionem produxit sine aliqua administratione media facta per angelos sicut posuit PLATO, quamquam alias omnes administratorii spiritus sunt, ut dicitur Hebr. 1º. Haec ergo duplex falsa expositio respuenda est.

Cavenda nihilominus est tertia expositio falsa de spiritu Dei malo, qui revera spiritus Domini potest dici, secundum quod dicitur 1º Regum, XVIº quia *spiritus Dei malus agitabat Saul*, et hoc quia sunt ei in omnibus subiecti. De tali aliqui hic exponerent appellando spiritum Domini spiritum nequam, concordando expositioni ORIGENIS praedictae de abysso, dicendo quod tenebrae erant super faciem abyssi aeris caliginosi, *in quo erat* spiritus Dei malus, et in ipso ferebatur super aquas in vaporibus suspensas, sicut ibi modo suspenduntur nubes. Et quamquam illud verum esse possit, nihil tamen ad propositum.

Ideo solummodo exponendum est de spiritu sancto, ut dictum est, qui revera est spiritus Domini patris et filii, quia ab ipsis procedens, et ideo virtutem operativam et perfectivam operis ab utroque habens, et ideo *omnia operatur, dividens singulis prout vult* (1ª Cor., XIIº).

Sic ergo notatur virtus divina ad operandum et perficiendum imperfectum.

---

40 Non sic ...] Reprobatio *add. i. m.* A 41 secundariis] Deus *add.* A 50 expositioni Origenis] *signum* X *add. i. m.* A

34-35 *Ibid.*, 41d (p. 36).
35-39 *Ibid.*, 42e-43a (p. 38).
44 *Hebr.*, cf. I, 10-11.
47-48 *I Reg.*, XVI, 14.
50 ORIGENES, *Homiliae in Genesim*, I, n. 1 (p. 2; PG 12, 146 : cf. nota 55).
59 *I Cor.*, XII, 11.

Sequitur dispositio de modo operandi et perficiendi : *ferebatur non localiter sed potentialiter*, ut dicit AUGUSTINUS Ad Orosium. Unde MAGISTER in Historiis : « *Spiritus sanctus Domini* », *vel Domini voluntas*, « *ferebatur super aquas* ». *Sicut voluntas artificis habentis prae oculis omnem materiam domus faciendae, super illam fertur, dum quid de quo facturus est, disponit.* Unde HIERONYMUS dicit in principio Hebraicarum quaestionum : *Hebraeus habet pro eo quod est* « *ferebatur* », *quod nos possumus appellare* « *incubabat* » *sive* « *confovebat* », in similitudine volucris ova calore animantis.

Sequitur tertio liberalitas operantis : *super aquas*.

Per hoc enim innuit sacra scriptura quod spiritus sanctus disposuit mundanam machinam perficere, non propter aliquam propriam indigentiam et utilitatem, sed ipsarum rerum. Aliter enim non ferretur super aquas, sed sub aquis, vel in aquis. Unde AUGUSTINUS, Ad Orosium : *Non ex indigentia Deus fecit opera sua, sed ex beneficentia. Indigens quippe atque egenus amor subiacet rebus quas diligit. Ideoque dictum est* « *creaturae superferri* » *spiritum sanctum, quia non ex indigentia operatus est ipsam creaturam*, sed ex liberalitate et beneficentia. Unde PLATO : *Optimus erat. Ab optimo porro longe invidia relegata est. Itaque consequenter cuncta sui similia prout natura cuiuscumque capax esse poterat, effici voluit.*

Nomine autem « aquae » primordialem materiam omnium intellexit, ut dictum est supra. Et exprimitur materia hic ante rerum distinctionem potius nomine aquae, quam alterius elementi, quia magis ad operandum ductilis est et facilis ad suscipiendum impressionem. Et cum hoc etiam quia principium generationis omnium humidorum est, et omnia ex humido nutriuntur. Aqua autem principium est humidorum. Unde et THALES, philosophantium princeps, aquam dixit omnium esse principium, ut dicitur 1° Metaphysicorum.

***

---

62 ferebatur] *subl.* A 71 super aquas] *subl.* A

---

63 PS.-AUGUST., *Dialogus questionum LXV*, q. 22 (PL 40, 740).
64 PETRUS COMESTOR, *Hist.-Gen.*, c. 2 (PL 198, 1057A).
67-68 HIERON., *Hebr. quaest. in Gen.*, c. 1, v. 2 (CC lat. 72, 3; PL 23, 939).
75 PS.-AUGUST., *Dialogus quaestionum LXV*, q. 22 (PL 40, 740).
80 PLATO, *Tim.*, 29d (p. 22).
90 ARIST., *Metaph.*, cf. I, c. 3 (A 983b 30-31, 984a 2-3).

Sic ergo patet productio rerum confusa et indeterminata in quo Deus quasi fundamenta mundanae machinae posuit.

<*Prima operatio in productione rerum distincta et determinata : ornatus generalis mundanae machinae*>

Sequitur productio earum distincta et determinata, in qua Deus membra mundanae machinae distinguit sive ordinat, et adiungit ornatum : *Dixit Deus* : « *Fiat lux* », etc. Unde AMBROSIUS, 2º Hexaemeron, cap.º 5º, hic expositionem operis creationisque diffundit, ut ibi quasi summa operis comprehendenda sit, hic operationis qualitas per ipsas concurrentium rerum digesta sit species.

Secundum diversas expositiones diversimode pars ista dividi habet, sed secundum sensum, quem magis credimus intellexisse scriptorem, et nunc et alias dividamus. Dividetur ergo in tres : quia primo describit | 227 rb Moyses ornatum communem totius mundanae machinae, licet specialius corporum caelestium; secundo describit principalium partium mundi distinctionem : *Dixitque Deus* : *Fiat firmamentum*; tertio describit illarum partium principalium ornatum : *Germinet terra herbam virentem.*

Ornatus generalis totius mundanae machinae, licet specialius corporum caelestium, lux est secundum quod dicit beatus AMBROSIUS, 1º Hexaemeron, cap.º 13º : *Unde vox Dei in scriptura divina debuit inchoare nisi a lumine? Unde mundi ornatus nisi a lumine exordium sumeret?*

Et dividitur haec pars prima in tres : quia primo describit lucis productionem in mundi ornatum; secundo describit eius a suo contrario distinctionem : *et divisit*; tertio describit utriusque operis consummationem : *factumque est vespere.*

In prima adhuc tria facit : primo describit sapientiam in disponendo productionem; secundo potentiam in producendo : *et facta est lux*; tertio beneplacitum in iam producto : *et vidit.* Unde AMBROSIUS, 2º Hexaemeron, ante finem : *Ideo legis et « dixit Deus », et « fecit Deus »,*

---

97 Dixit ... etc.] *subl.* A 6 Dixitque ... firmamentum] *subl.* A 7-8 Germinet ... virentem] *subl.* A 17 factumque est vespere] *subl.* A 19 et ... lux] *subl.* A 20 et vidit] *subl.* A

97-98 AMBROS., *Hexaem.*, II, c. 5, n. 18-21 (CSEL 32^{1}, 15-18; PL 14, 154-156).
10-11 AMBROS., *Hexaem.*, I, c. 9, n. 33 (CSEL 32^{1}, 34; PL 14, 141).
20-21 *Ibid.*, II, c. 5, n. 18 (CSEL 32^{1}, 57; 14, 154).

et « *vidit Deus quia bonum* est ». « *Dixit* » : *tamquam omnia quae filius faceret, scientia tenens et* « *efficiens* » *operatione consorti*; « *vidit quia bonum est* » : *non utique quia cognovit quod nesciebat, sed probavit quod placebat.*

Circa primum duo facit.

Primo describit quomodo Deus disposuit cum *dixit* : *Fiat lux.*

Ad intellectum eius quod dicit : *dixit Deus*, sciendum quod non dixit temporaliter et mutabiliter vocem corporalem formando per se vel per subiectam creaturam, ut ostendit AUGUSTINUS in illa Glossa : « *Dixitque Deus* », *non temporaliter*, etc. sed dixit aeternaliter et immutabiliter *verbum* producendo in quo disposuit omnia sicut pro tempore suo *fierent*. Unde AUGUSTINUS, Ad Orosium : *Dictio Dei, verbum Dei est. Sed divina scriptura parvulis congruens et quodammodo eos lactans voluit per omnem creaturarum formationem dictionem Dei nuncupare. Ut si requiramus* : « *Quomodo facta est lux ?* », *audiat*<ur> : « In verbo Dei erat ut fieret. » *Hoc enim est* : « *Dixit Deus* : *fiat lux* ». *Neque quoties dixit, toties verba formavit. Unum enim Verbum genuit, in quo omnia ineffabiliter dixit.*

Vel « dixit », secundum AMBROSIUM, voluntatis suae dispositionem opere producendo, ut dicatur « vox » secundum AUGUSTINUM, *quod sono vocis intelligitur*. Quia secundum AMBROSIUM, *plena vox luminis apparatum significat, operationis resplendet effectu. Naturae opifex lucem locutus est et creavit. Sermo Dei voluntas est.* Et *ideo dixit ut sequeretur operatio, sed dictio absolvit negotium* : proprie enim *dixit et facta sunt*, in Psalmo.

Primo modo « dicere » tenetur personaliter, et li « Deus » pro patre; secundo modo essentialiter, et li « Deus » pro tota trinitate. Et secundum hunc modum exponitur hoc in sequentibus.

Sequitur quid dixit : *Fiat lux.* Ubi primo tangit divini sermonis imperium, secundo creaturae mox consecutae ministerium : *et facta est lux*. Dicit ergo : *Fiat*, inquam : non per successionem et materiae

---

27 Fiat lux] *subl.* A 28 dixit Deus] *subl.* A 50 Fiat lux] *subl.* A 51-52 et ... lux] *subl.* A 52 Fiat] *subl.* A

---

30 *Glossa*, (I, 8 D-E).

33 PS.-AUGUST., *Dialogus quaestionum LXV*, q. 23 (PL 40, 740).

40 Cf. *infra*, 42.

41 *Glossa*, (I, 8 E).

42 AMBROS., *Hexaem.*, I, c. 9, n. 33 (CSEL 32[1], 35; PL 14, 142).

46 *Ps.* XXXII, 9.

successivam transmutationem, sed subito, quia nihil est, quod in materia eius potentiae possit resistere.

Et ideo statim sequitur : *et facta est lux.* Unde Ambrosius : *Sicut lux cito terram, maria illuminat et momento temporis nostro se circumfundit aspectui, ita ortus eius cito debuit explicari.*

Quod sit haec lux primo facta, nos corporalem eam intelligimus, quamvis pro spirituali congrue possit exponi, ut videbitur. Unde Ambrosius : *Eam lucem fieri voluit quae oculis corporalibus comprehenderetur,* quia *qui aedificium exstruere desiderat, unde lucem ei infundat explorat, et ea prima est gratia, Quae si desit, tota domus deformior* est, sed *in cultu lux est quae reliquos domus commendat ornatus.* Ioannes Damascenus, libro 2°, cap.^{o} 7° : *Deus prima die fecit lucem, pulchritudinem et ornatum omnis visibilis creaturae. Aufer lumen, et omnia in tenebris ignota manebunt, proprium cum non possint monstrare decorem.*

Sed quae fuit ista lux ? Ioannes Damascenus dicit quia erat elementum ignis : *Ignis,* inquit, *unum quatuor elementorum est* | , *levis,* 227 va *et sursum ferri habilior reliquis. Prima die a conditore creatur.* Sed ipse totum caelum igneae ponit naturae, et dicit talem fieri, non quoad substantiam, sed quoad eius lucem. Unde dicit exponendo se : *Non aliud enim est ignis nisi lumen.*

Alii vero dicunt quia corpus solis adhuc imperfectum. Sed hoc non videtur conveniens, quia in rerum distinctione nihil imperfectum debet relinqui. Unde Augustinus, in principio Super Genesim, quaerit, quare *dictum est : « In principio fecit Deus caelum et terram », et non est dictum : « In principio dixit Deus : « Fiat caelum et terra », sicut de luce narratur.* Et respondet dicens quod non erat ibi dicendum : « dixit Deus », sicut hic, quia formam verbi non imitatur imperfectio.

Beda dicit quod erat nubecula lucida in superioribus partibus mundi, de qua postmodum factum est corpus solis, vel ei coniuncta, vel in

---

69 quatuor] est *add. sed exp.* A 75 rerum] rum *exp. et rescr. sup. lin.* A 76 Augustinus] Quaestio Augustini *add. i. m.* A 79 Et respondet ...] Solutio *add. i. m.* A

---

55 Ambros., *Hexaem.*, I, c. 9, n. 33 (CSEL 32^{1}, 35; PL 14, 142 B).

60 *Ibid.*, I, c. 9, n. 33 (CSEL 32^{1}, 34-35 : PL 14, 142).

64 Damasc., *De fide orthodoxa*, c. 21 [II, c. 7] (84; PG 94, 887 A).

68 *Ibid.*, c. 21 [II, c. 7] (84; PG 34, 886 C-887 A).

76 August., *De Gen. ad litt.*, I, c. 3, n. 8 (CSEL 28^{1}, 7; PL 34, 249).

81 Beda : *non inveni.*

primam materiam resoluta. Hic apparet magna absurditas. Non enim est putandum quod umquam mixtio fuit corporis elementaris et caelestis, ut ibi fuerit in superiori parte caeli ulla nubecula. Vel si dicatur : aliqua pars substantiae caeli : tunc potius debet dici corpus solis imperfectum, ut dicit praecedens opinio. Sed si fuit ulla nubecula, illa fuit in corpore elementari et in loco elementari.

Ideo 4° modo dicendum, ponendo lucem illam fuisse corporalem, quod erat lux illa quae nunc est diffusa per corpus caeli undique, et forte hoc est quod DAMASCENUS appellat ignem, ut dictum est supra. Nec est credendum tantam lucem fuisse ante creationem solis et stellarum, quanta erat post. Unde infra eodem, super illud : « *ut lucerent super terram* », Glossa : *Si quaeratur quale potuit esse lumen diurnum ante creationem siderum, respondemus : quale videmus* quotidie *solis ortu proximante, necdum apparente, quando lucet obtusis radiis stellarum dies, sed minime sol ortus refulget.*

Si autem intelligatur lux spiritualis primo facta, tunc lux intelligitur illuminatio angelicae naturae conversae ad Deum, quae ut dicit hic AUGUSTINUS, in Glossa illa : *Lux primo facta* est, etc. : *Informiter fluctuabat nisi ad* Deum *conversa.* Similiter in Glossa illa : *Ea conditione.* AUGUSTINUS Ad Orosium : *Prima creatura lux.* Non ista quae quarto die facta est, sed *spiritualis*, id est angelica natura, secundum AUGUSTINUM, secundo Super Genesim. Et est in magna Glossa super illud : « *Fiant luminaria* » : *Species* factae rei, dies est appellata; *privatio* formae, *nox* : *ut materia nondum per speciem formata, sit nox dicta. Vel potius* in *ipsa re facta mutabilitas, id est deficiendi possibilitas, nox dicitur.* « *Vespere* » *autem* « *et mane* » *intelligantur non per temporis praeteritionem et adventum, sed per terminum quo intelligitur usquequo sit naturae modus, et unde exordium.*

Sequitur beneplacitum Dei in luce iam facta : *Et vidit*, etc.

AUGUSTINUS : id est : Quae *placuit* in praescientia *ut fieret*, *placuit* in

---

11 Et vidit] *subl.* A

---

91 Cf. *supra*, p. 76, 69-73.

94 *Glossa* (I, 22).

00 *Glossa* (I, 7-8).

1 *Glossa* (I, 8).

2 Ps.-AUGUST., *Dialogus quaestionum*, LXV, q. 23 (PL 40, 740).

4 AUGUST., *De Gen. ad litt.*, II, cf. c. 8, n. 16-17 (CSEL 28[1], 43-44; PL 34, 269-270).

4 *Glossa* (I, 17-18).

12 Cf. *Glossa* (I, 8 E); AUGUST., *De Gen. ad litt.* II, c. 8, n. 16-19 (CSEL 28[1], 45; PL 34, 270).

praesentia *ut maneret*. AMBROSIUS, 1º Hexaemeron, cap.º 14º : *Nec quod ignorabat, vidit, nec id quod nesciebat antea aut non viderat, approbavit, sed bonorum operum proprium est ut externo commendatore non egeant, sed gratiam cum videntur, ipsa testentur. Plus est quod probatur aspectu, quam sermone laudatur. Suo enim utitur testimonio, non alieno suffragio.* Est ergo sensus : *vidit*, id est videndo probavit quasi experimentando, quia lux esset bona. *Lucis enim natura*, ut IDEM ait, *huiusmodi est ut omnis eius in aspectu gratia sit.* Propriis itaque sermonibus naturam lucis expressit, quae videndo complacet, quia ipsa videndi officium subministrat. Dixit ergo quia *vidit* : ut per hoc ostenderet quod non plus requiritur ad hoc ut bonitas lucis comprobetur, quam ut videatur.

Unde secundum hoc potest esse alia expositio talis : *vidit*, id est sic visibilem fecit ut solo visu, si esset qui videret eam, bonam esse ostenderet : *vidit* ergo, id est videre fecit, sicut infra, XXIIº : *Nunc cognovi* : id est cognoscere feci. Per hoc patet quare ita scriptum est : *Vidit Deus quod esset bonum*, et non ita « Dixit Deus quia esset bonum » : quoniam scilicet ex creatione sua quaelibet res habet quod sit bona, nec ad hoc eget alio dictu quam quo habet esse, et esse bonum, et | nihil restat 227 vb
nisi ut a visu advertatur, et tunc cognoscitur *bonum*, scilicet utile non fugibile. Unde ORIGENES : id est *utilitatem vidit.*

Sequitur distinctio lucis a suo contrario : primo re : *et divisit lucem a tenebris* ; secundo nomine : *appellavitque.*

Et hoc apponit ad exprimendum perfectam bonitatem lucis tamquam puram et omnino suo contrario impermixtam. Unde AMBROSIUS : « *Vidit quia bona est* », *non ex parte, sed generale iudicium est, unde et discretio fit intra lucem et tenebras, ut separata lucis natura atque tenebrarum nihil videatur intra se habere confusum.* Unde in prima rerum creatione non dixit scriptura de aliquo, quia « vidit Deus quod esset bonum », ne confusum et imperfectum laudare videretur. *Divisit autem lucem a tenebris*, non aliter quam faciendo lucem, quae praesentia

---

13 Ambrosius ...] 1ª expositio *add. i. m.* A 14 vidit] *subl.* A 18 vidit] *subl.* A 25 Unde ...] 2ª *add. i. m.* A 25 vidit] *subl.* A 27 vidit] *subl.* A 32 bonum] *subl.* A 34-35 et ... tenebris] *subl.* A 42 Divisit] *subl.* A

---

13 AMBROS., *Hexaem.*, I, c. 9, n. 34 (CSEL 32¹, 36; PL 14, 142).

20 *Ibid.*

27 *Gen.*, XXII, 12.

33 ORIGENES, cf. *Homiliae in Genesim*, I, n. 10 (p. 12; PG 12, 154).

37 AMBROS., *Hexaem.*, I, c. 9, n. 34 (CSEL 32¹, 34; PL 14, 143 A).

sua fugaret tenebras et distinctam se esse ostenderet a tenebris sicubi appareret, non solum qualitate sed et locorum distinctione et essentia, ut semper e diverso appareret distincta eorum qualitas, vel quod lucis praesentia ubi esset, tenebras omnino evacuaret, 2º Cor., VIº : *Quae societas lucis ad tenebras?*

Ponendo autem quod lux ista fuit lux solis imperfecta vel *nubecula* lucida, tunc « *divisit lucem a tenebris ut numquam simul sed semper vicissim e regione diversa sibi vindicarent hemisphaeria,* sicut dicit MAGISTER in Historiis.

Ponendo autem quod lux illa fuit ignis, secundum DAMASCENUM, per totum corpus caeli diffusa, tunc *divisit lucem a tenebris*, illuminando corpora caelestia rara et perspicua, manentibus adhuc in sua confusione obscuris corporibus densis elementaribus, ad quorum illuminationem opus fuit sole, luna et stellis.

Si vero ponatur lux ista fuisse spiritualis, tunc divisionem faciendo lucis a tenebris, loco et qualitate separavit angelos bonos stantes a cadentibus, ut dicit AUGUSTINUS in quaestionibus Ad Orosium : Illorum enim casus et istorum confirmatio facti sunt prima die saeculi et suae creationis. AUGUSTINUS tamen legit divisionem istam factam fuisse in praescientia, sed hoc non est conveniens, cum hic tractatur distinctio facta in rerum natura.

Sequitur distinctio lucis a tenebris nomine : *appellavit*, etc. : id est appellandam instituit vel potius vidit, sicut *vidit quia esset bona.* Dies enim dicitur a « dyan » quod est clarum, et lux a luendo : id est purgando a tenebris, quod non fit nisi obscurum clarificando. Nox etiam per contrarium dicitur a « noetyn », quod est « vigilia », quia, ut dicit AMBROSIUS in fine I[i] Hexaemeron : *Noctem ad quietem corporis datam esse cognoscimus, non ad muneris alicuius et operis perfunctionem,* quae somnio et oblivione transcurritur; « tenebras » autem dicitur a tenendo, quia hominem tenet, ne procedere aut aliquid agere possit.

Si vero de spirituali luce et tenebris exponitur, merito « dies » possunt

---

65 appellavit, etc.] *subl.* A

---

47 *II Cor.*, VI, 14.
52 PETRUS COMESTOR, *Hist.-Gen.*, c. 3 (PL 198, 1057 C).
53 Cf. *supra*, p. 76, 69-73.
60 PS.-AUGUST., *Dialogus quaestionum LXV*, cf. q. 23, 25 (PL 40, 740, 741).
62 Cf. *ibid.*, q. 24 (PL 40, 741).
70 AMBROS., *Hexaem.*, I, c. 10, n. 37 (CSEL 32[1], 40; PL 14, 144).

dici angeli boni, quia semper in claritate bonitatis vacant divinis laudibus, et « nox », mali, quia semper in tenebris malitiae suae torpescunt, cessantes ab omni opere bono.

Sequitur utriusque consummatio : *Factumque est*, etc. : tam productionis lucis quam distinctionis eius a tenebris. Et hoc quoad temporis descriptionem in quo hoc totum erat consummatum, quod describit quoad partes quibus integratur, cum dicitur : *vespere et mane*, et quoad totalitatem qua mensuratur : *dies unus*.

Est autem hic primo advertendum circa seriem litterae, quia subdistinctio debet fieri inter primam clausulam et secundam sub pausa, ut non coniungatur secunda clausula cum aliquo praecedenti, sed quasi absolute ponitur, ut narrata lucis creatione et distinctione a tenebris, describat tempus quod expensum est illa faciendo, et dicat : *factum est vespere et mane* : id est decursus temporis ab ortu primo lucis usque in vesperam et a vespera usque in mane est pertransitus in illa facienda ; et tunc demum inferat et describat quae sit quantitas et mensura totius illius temporis sic deducti ab ortu usque in vesperam et a vespere usque in mane, et dicat : *dies unus* : est scilicet totum illud tempus.

Notandum autem quod in prima clausula *vespere et mane* adverbia sunt, sed stant nominaliter et in neutro genere. Et li *factum est* debet geminari et legi cum | utroque sic : « factumque est mane », et supple : 228 ra
« factum est vespere ». Unde ORIGENES habet in fine operis secundae diei : « *Et facta est vespera, et factum est mane.* »

Est autem advertendum quod vespere et mane hic sunt termini distinguentes diem artificialem et noctem : spatium scilicet XXIV horarum. Unde AMBROSIUS : *Principium diei vox est Dei* : « *Fiat lux, et facta est lux* ». *Finis diei vespere est. Iam sequens dies ex noctis fine succedit et sequitur. Sed XXIV horae diurnae atque nocturnae diei tantum nomine definiantur.*

Solent hic quaeri quaestiones laterales.

Prima : quare « vespere » hic praeoritur « mane », cum « mane » sit principium diei, et « vespere » noctis, dies autem artificialis praecedit noctem.

---

79 Factumque ... etc.] *subl.* A 83 dies unus] *subl.* A 88-89 factum ... mane] *subl.* A 93 dies unus] *subl.* A 95 vespere et mane] *subl.* A 96 factum est] *subl.* A 6 Solent] Quaestio(?) *add. i. m.* A

---

98 ORIGENES, *Homiliae in Genesim*, I, n. 2 (p. 3 ; PG 12, 147).

2 AMBROS., *Hexaem.*, I, c. 10, n. 36-37 (CSEL 32^{1}, 38-39 ; PL 14, 144).

Et est triplex responsio ex dicto iam AMBROSII.

Prima : quod dies primus artificialis proprium « mane » non habuit sed solum divinam vocem, qua dixit *Deus* : « *Fiat lux* ». « Mane » enim non dicitur nisi respectu noctis praecedentis, et primum diem nulla nox praecessit. Habuit autem proprium « vespere », post quod sequitur mane diei sequentis.

Alia responsio est etiam secundum AMBROSIUM, dicendo *quod « vespere » finis diei sit et « mane » finis noctis. Ergo ut praerogativam diei daret, prius finem diei significavit, postquam secutura nox esset, deinde finem noctis adiunxit.*

Tertia responsio est, quia intentio Moysis est hic distinguere partes temporis consumpti in primo Dei opere circa mundi primum ornatum, et quia supposito certo initio, quale hic supponitur fuisse vox Dei in primo die naturali, non possunt melius partes distingui quam penes terminos. Terminus autem partis primae, scilicet diei artificialis, est vespera, initium noctis sequentis. Ideo aliter dicere non potuit.

Secunda quaestio est quomodo posset ante solem, lunam et stellas esse tempus et distinctio diei ac noctis, cum illa non sunt creata nisi quarto die, ubi dicitur de ipsis : *Dividant diem ac noctem et sint in signa et tempora, et dies, et annos.*

Dicendum quod si lux illa, quae causat diem, dicatur nubecula vel sol sub esse incompleto secundum BEDAM in Glossa, *occidente paulatim* illa *luce fit vespere,* et *factum est mane,* eadem super primum hemisphaerium redeunte. Et *fuit nox in illo triduo omnino tenebrosa,* et dies minus obscura, quam *post creata sidera.* Unde quoad illam perfectam claritatem dicuntur dividere diem ac noctem et esse in tempora et annos. Unde AMBROSIUS · *Lucis ortus antequam solis, diem videtur aperire. Diem sol clarificat.*

Si autem ponamus illam lucem diffusam per corpus caeleste, tunc est duplex responsio.

11 Prima] 1ª solutio *add. i. m.* A 16 Alia responsio ...] 2ª solutio *add. i. m.* A 20 Tertia responsio ...] 3ª solutio *add. i. m.* A 26 Secunda quaestio] Quaestio *add. i. m.* A 30 Dicendum quod ...] Solutio *add. i. m.* A 31 Glossa] quod *add.* A

16 *Ibid.*, I, c. 10, n. 36 (CSEL 32[1], 38; PL 14, 143 C).

31 Cf. *supra*, p. 76,81 - 77,83.

31-34 *Glossa*, (I, 10 E : AUGUST.).

36 AMBROS., *Hexaem.*, I, c. 9, n. 35 (CSEL 32[1], 37; PL 14, 143 B).

Una dicendo secundum Ambrosium, quod sicut *frequenter caelum nubibus texitur, ut sol tegatur ne ullus radius eius appareat, lux tamen diem* de*monstrat*, sic lux illa, et continuavit horas XXIV in opere Dei circa lucis creationem et distinctionem, et totidem in firmamenti stabilitionem, et totidem in terrae et aquae separationem. Et sic consumptum spatium trium dierum, ante solis ortum in quibus semper in XXIV horis natum esset fieri « vespere et mane ». Et quoad hoc quodlibet spatium XXIV horarum dictum est dies, habens vespere et mane. Et hoc maxime, si caelum primo creatum ponatur motum, quia ex motu eius diurno etiam sine stellarum luce bene causaretur unum tempus et dies naturalis, continens XXIV horas respondentes diei artificiali et nocti.

Alia est responsio, dicendo quod lux illa divino nutu per XII horas radios emisit et fecit diem artificialem usque vesperam, et deinde per alias XII horas radios retraxit et fecit noctem usque mane, quo iterum radios emisit, et sic per totum triduum.

Si autem intelligatur lux illa fuisse spiritualis, tunc distinguit Augustinus omnes istos sex dies non in temporum successione sed in angelica cognitione, ut quando convertitur ad Deum cognoscendo creationem lucis in verbo, fit mane primae diei cognitionis suae, et cum inclinatur ad cognoscendum idem in propria natura rei cognitae, sit vespere eiusdem diei, quia haec cognitio obscura est respectu illius; et sic de secunda die in cognitione firmamenti in medio aquarum; | et 228 rb
sic de cognitione aliorum operum Dei in ceteris diebus : secundum quod dicit plane Augustinus Ad Orosium, quaestione 26ª sic : *Ipsa creaturae cognitio in semetipsa vespera* est, *in Deo erat mane, quia plus videtur ipsa creatura in Deo in arte qua facta est, quam in seipsa quae facta est.* Et sequitur : *Sic ergo in cognitione lucis primus dies*; *in cognitione firmamenti, secundus*; *in cognitione terrae et aquae tertius*; *in cognitione solis, lunae et stellarum quartus*; *in cognitione reptilium et volatilium quintus*; *in cognitione ferarum* et ipsius *hominis sextus.* Sunt ergo *dies sex* : *spiritualium creaturarum, id est angelicarum, sexies facta cognitio. Sexies fit propter senarii perfectionem.* Cuius perfectionem huius occasione consequenter ostendit, sed nihil ad propositum. Et tunc

52 Alia est ...] 3ª solutio *add. i. m.* A

40 *Ibid.*, I, c. 9, n. 35 (CSEL 32^1, 38; PL 14, 143 B).

57 Cf. *infra*, 65-72.

64 Ps.-August., *Dialogus quaestionum* LXV, q. 26 (PL 40, 741).

67 *Ibid.*

73 *Ibid.* (PL 40, 741-742).

dicitur Deus <requievisse> die septimo, quia creaturae angelicae post discursum cognitionis creaturarum dat requiem et stabilitatem in cognitione sua, ut Augustinus exponit infra in Glossa.

Tertia quaestio est, quare non dicit in ultima clausula : « dies prima », sicut in aliis dicit « dies secunda », « dies tertia », etc., sed dicit : « dies unus ».

Origenes respondet dicens quod *non dicit « dies prima », sed « dies una » : quia tempus nondum erat antequam esset mundus*; *tempus autem esse incipit*, ut dicit, *ex consequentibus diebus. Secunda namque dies et tertia et quarta, et reliqui omnes tempus incipiunt designare.* Quare autem hoc dixit, non video, nisi quia forte et multum bene atque subtiliter intendat quia caelum quod suo motu tempus debet causare, non movebatur nisi cum perfectum erat et distinctum die tertia, quando dixit Deus : *Fiat firmamentum*, quia *mo*tus localis non est nisi *perfectorum* secundum Philosophum, et ita quod tunc suo motu incepit causare veros dies, et quod dies ille primus non fuit verus dies, sed aequivoce dictus. Sol enim non modo causat diem per se quia lucet super terram, sed quia fertur suo motu diurno super terram : unde non dicit Philosophus quia dies est lucere solis super terram, sed quia *dies est latio solis super terram.* Cui videtur concordare Augustinus dicens quia *non* omnes tenebrae nox, *ut in speluncis sub terra, sed illae quae in ea parte succedunt*, unde revertitur dies : sicut *nec omnis lux dies* appellatur, ut lunae, lucernae, et huiusmodi, sed solum illa quae est ex praesentia solis, super terram delatae scilicet. Unde et si esset praesens et lucens sed stans, non esset tempus, sicut erit post extremum iudicium, quando lux lunae erit sicut lux solis, et lux solis septempliciter, quando *non erit tempus amplius.* Et e converso si caelum esset non lucens et motum, motu suo verum tempus causaret, quia haberet prius et posterius in motu, licet nobis lateret, quia non distingueremus in motu suo prius et posterius, ut plane determinat Philosophus 4º Physicorum.

75 dat] ei *add.* A 77 Tertia quaestio ...] Quaestio *add. i. m.* A 80 Origenes] Solutio Origenis *add. i. m.* A 83 autem] aut A 89 fuit] verus *add. sed del.* A

76 *Glossa* (cf. I, 56).
80 Origenes, *Homiliae in Gen.*, I, n. 1 (p. 2; PG 12, 147 A).
82 *Ibid.*
88 Cf. Aristot., *De anima*, II, c. 5 (417a 17-18).
91-92 Aristot., *Topica*, VI, c. 4 (142b 3-4).
93 August., *cf. De Gen. ad litt. imperf. liber*, c. 6, n. 26 (CSEL 28^1, 476-477; PL 34, 230).
3 Aristot., *Phys.*, IV, c. 10 (218a 31-b 5).

Alia est responsio Ambrosii ad dictam quaestionem. Dicit enim sic : *Praeclare « unum », non « primum » diem dixit, nam secuturo secundo et tertio die et deinceps reliquis, « primum » potuit dicere, et hoc ordinis videbatur, sed legem statuens ut XXIV horae diurnae atque nocturnae diei tantum nomine definiantur,* ac *si diceret : XXIV horarum mensura unius diei tempus est, ita* ut *dies numerentur et noctes aestimentur adiunctae,* ut et diei et noctis tempus diei appellatione concluserit. *Sicut ergo circuitus unus, ita et dies unus.* Et intendit Ambrosius, quod littera dicit « dies unus », et non « primus », quia non intendit dicere ordinem diei huius ad alium, licet possit, sed mensuram et quantitatem eius, quot horarum scilicet debet esse quilibet dies unus sive primus sive secundus sive quantuscumque. Unde quod hic intendit scriptura dicere de isto primo die, dicendo «dies unus», intelligit per hoc idem dicendum de quolibet alio in quantum est dies unus. Et ideo in hoc die specialiter dicit : *Et factum est vespere et mane, dies unus* : non « primus », licet in aliis non dicat : « dies unus », sed «secundus» vel «tertius» et deinceps. Et in illo dicit : *Et factum est mane et vespere, dies unus* vel secundus aut tertius, neque : « Et factum est mane et vespere diei unius » vel secundi vel tertii et huiusmodi, quia tunc non essent clausulae distinctae nec exprimeretur aliud quam distinctio partium diei, non autem indicaretur mensura et quantitas horarum cuiusque. Secundum hunc ergo modum ponderanda sunt verba sacrae scripturae etiam | in 228 va
sensu litterali.

Sed advertendum quia secundum dictum istud Origenis *tempus* non potest poni coaequaevum *mundo*, immo mundus ante diem firmamenti non tempore sed aevo mensuratus fuisset. Et si sic, cum aevum sit mensura stans indivisibilis, in eodem nunc aevi primordialis materia creata est et lux formata, ut simul cum *fecit Deus caelum et terram, dixit quia lux fieret, et facta est lux* : et ita ante omnem diem et omne tempus, totum erit factum sine omni successione, et ita primus dies in rei veritate erit ille, in quo factum est firmamentum. Et haec fuit positio Platonis : dicebat enim quod cum mundi ornatu et distinctione tempus incepit, ut visum est supra.

---

4 Alia est ...] Solutio Ambrosii *add. i. m.* A 18 factum] -tus A 29 mensuratus] -tum A

---

4 Ambros., *Hexaem.*, I, c. 10, n. 37 (CSEL 32[1], 39; PL 14, 144).
27 Origenes, *Homiliae in Gen.*, I, n. 1 (PG 12, 147 A).
35 Cf. *supra*, p. 62, 39-42.

Qui vult ponere quod non potest esse tempus sine motu caeli, aut negaret tempus omnino fuisse ante firmamentum et ita <poneret> nullam successionem praecessisse, sed totum simul factum fuisse, aut ponet caelum, licet imperfectum, factum ab initio et tunc incepisse moveri et negabit ORIGENEM.

Primum non videtur omnino dicendum, quia tempus non incepit cum mundo quia est contra omnia dicta sanctorum et secundum illud nullo modo posset poni distinctio secundum successionem *vespere et mane* in primo die. Potius ergo negare debemus PLATONEM et ORIGENEM, dicendo tempus cum mundo incepisse in prima rerum creatione et tunc motum caeli incepisse.

Sed nulla est necessitas ipsos negandi quoniam et ante motum caeli si contingeret ponere alium motum, necesse esset ponere tempus cum illo mensurans tempus, secundum quod dicit AUGUSTINUS : Si stante caelo figulus volveret rotam, sequitur rempus mensura illius motus. Cui concordat illud dictum PHILOSOPHI, 4° Physicorum : *Simul motum sentimus et tempus, et namque si sint tenebrae, et nihil per corpus patiamur, motus quidem est in anima, simul videtur quoddam fieri et tempus.* Quamvis enim consequenter omnem motum reducendo ad motum caeli, bene ponat tempus per se sequi motum caeli, alios per accidens, si tamen per impossibile ponatur alius motus sine motu caeli, necesse est propter prius et posterius simul cum ipso ponere et tempus. Dici ergo potest quod ante motum caeli fuit motus confusus elementorum in chaos confuso, sicut etiam posuit PLATO ante mundi distinctionem, et illum necessario secutum est tempus confusum irregulare, quod regulato motu prius confuso per motum regularem caeli factum est regulare et sequitur motum caeli; et in illo tempore prius confuso potuit esse vera successio et ita distinctio *vespere et mane* secundum numerum horarum, ut dictum est.

Sed accidit una difficultas, quocumque modo ponatur tempus incipi cum mundo : an in primo instanti creationis mundi, lux fuit facta, an in alio. Si in eodem, ergo simul facta sunt mundi creatio et per lucem distinctio sive ornatus, et ita primus dies a creatione mundi, non solummodo lucis. Cui videtur concordare AMBROSIUS in principio secundi Hexaemeron, ubi dicit de isto uno die : ***Excipiendus***

71 Excipiendus] est *add.* A

50 Cf. AUGUST., *De civ. Dei*, XII, c. 16, n. 2 (CSEL 40^1, 593-594; PL 41, 364).

52 ARISTOT., *Phys.*, IV, c. 11 (219a 3-6).

60 Cf. *supra*, p. 61, 19-23.

70-71 AMBROS., *Hexaem.*, II, c. 1, n.2 (CSEL 32^1, 42; PL 14, 145).

inquit, *a ceteris tamquam dies primus est, quo fundamenta rerum omnium posita et causae esse coeperunt, quibus mundi huius atque universae creaturae fulta substantia est.*

Sed hoc non concordat praedeterminatis, ubi concessum est quod prius mundus in materia informi creatus est, deinde distinctus et ornatus, non solum ordine causarum, sed durationis.

Si vero mundus in alio instanti est primo creatus, et lux facta <deinde>, cum inter quaelibet duo instantia temporis est tempus medium, quievit ergo Deus ab opere in illo tempore. Potest dici quod intervallum temporis fuit ibi et tamen Deus non credendus est quievisse, quia non cessavit a dispositione et proposito distinguendi et ornandi creata : unde dictum erat : *Et spiritus Domini ferebatur super aquas.* Quid autem sit sentiendum de Dei quiete et cessatione eius ab opere, videbitur infra. Et ita illa morula ante creationem lucis ante omnem diem fuit et de nullo die reputatur.

Potest etiam dici secundo modo, quod in illo instanti primo temporis, quo materia mundi informis facta est, | *dixit Deus* faciendo illam : *Fiat* 228 vb
lux, et facta est lux, ut tunc prima dies incipiat secundum illud AMBROSII : *Principium diei vox Dei*, et cum hoc dicendum quod lux illa in illo primo instanti ita tenuis facta est et obscura, quod lucere vix potuit, sed continuo per totum diem illum augmentata est, ut sufficeret ad ornatum mundi et distinctionem diei et noctis. Tunc augmentata, non primo creata, et sic ornatus sequitur mundi creationem. Et sic omnia opera Dei in diebus sequentibus ponenda sunt fieri in primo instanti illius diei, et per totam successionem temporis illius perfecta, non in instanti illo.

* * *

In hoc ergo patet historialis expositio operis primae diei.

DE OPERE 2^{ae} DIEI

Sequitur pars de opere secundae diei, in qua incipit Moyses describere distinctionem partium mundi principalium : *Dixit quoque Deus : « Fiat firmamentum »*. Et dividitur haec pars in duas : quia primo

---

00 Sequitur...] De opere secundae diei *add. i. m., atramento leviori vel graphide* A

---

85 Cf. *infra*, p. 173,2 - 179,6.

89 AMBROS., *Hexaem.*, I, c. 10, n. 36 (CSEL 32^1, 38; PL 14, 144).

Moyses describit distinctionem corporum caelestium inter se et ab elementaribus; secundo describit distinctionem corporum elementarium inter se : *Dixit vero Deus* : « *Congregentur aquae* ».

In prima parte facit tria : quia primo describit firmamenti productionem, et per ipsum factam huius distinctionem; secundo impositam ei nominationem : *Vocavitque Deus*; tertio describit productionis consummationem : *Et factum est vespere.*

<*Firmamenti productio et distinctio*>

Circa primum duo facit : quia primo describit Dei sapientiam in disponendo productionem et distinctionem faciendam; secundo describit eius potentiam in producendo et distinguendo, et quoad fieri utriusque : *Et fecit Deus*, et quoad factum esse : *et factum est ita.*

Circa primum duo facit : primo describit quomodo disposuit cum dicit : *Dixit quoque Deus* : quia dicendo disposuit; secundo quid disposuit : *Fiat firmamentum*, et ubi fiendum disposuit : *in medio aquarum*, et ad quid fiendum ibi disposuit : *et dividat aquas.* Quia dixit : *Dixit quoque Deus*, et similiter quod dicit: *Fiat*: expone ut supra.

Circa hoc quod dicit : *Fiat*, dicit Ambrosius : *Audi verba Dei* : « *Fiat* » *dicit. Iubentis est, non aestimantis. Imperat naturae, non possibilitati*(?) *obtemperat. Non mensuram colligit, non pondus aestimat. Voluntas eius mensura rerum est. Sermo eius finis est operis.*

Firmamentum. Ambrosius : *Satis pulchre praemisit* : « *Fiat firmamentum* », *antequam subiceret* : « *inter mediam aquam* », *ut tu prius crederes firmamentum ex praecepto Dei factum, quam de aquarum proflua qualitate dubitares. Si naturam elementorum consideres, quomodo inter aquas solidatum est firmamentum? Illae profluunt, illud constringitur.* Quomodo iubet quod *secundum elementorum rationem scit esse contrarium? Sed sermo eius ortus naturae fit, qui originem dedit.* Unde quia Ambrosius vidit quia fere omnia quae hic dicuntur, contraria sunt philosophiae, in principio contra philosophos munit auditores, dicens sic : *Vos quaeso, aestimate quae dicimus probabiliter ac simplici mente, et*

21-22 possibilitati(?)] pl'iti A 24 Firmamentum] *subl.* A 29 scit] sit A

---

20 *Ibid.*, II, c. 2, n. 4 (CSEL 32^1, 43; PL 14, 146 B).
24 *Ibid.*, II, c. 2, n. 4 (CSEL 32^1, 43-44; PL 14, 146 C).
30-31 *Ibid.*, II, c. 1, n. 3 (CSEL 32^1, 42; PL 14, 145).

*sedulo ingenio pensare dignemini, non secundum philosophiae traditiones et inanem seductionem, sed secundum regulam veritatis, quae oraculis divini sermonis exponitur. Non secundum elementorum naturas, sed secundum Christum qui « omnia, quae*cumque *voluit, fecit* ». Consimilia verba dixit Plato Socrati auditori suo, cum de mundi constitutione loqui inciperet, dicens in primo Timaei : *Praedico nunc iam, Socrate, si dum de natura universae rei disputatur, minime inconcussas inexpugnabilesque rationes afferre valuerimus, ne miremini, quin potius illud intuere, si consentaneas assertiones afferam. Memento enim tam me qui loquor, quam vos qui iudicatis, homines fore, atque in rebus ita sublimibus mediocrem explanationem magni cuiusdam onus esse laboris.*

Prius ergo videndum, quid hic appellatur « firmamentum ». Quaedam Glossa Gregorii, illa scilicet : « *Angelicae* ... », dicit quod angeli boni primo subtiles creati sunt, sed die secundo in bono confirmati. Sed ista Glossa est allegorica. Secundum historiam enim creati sunt cum mundi principio et prima die conversi boni et confirmati, malis cadentibus, licet quidam dicunt hoc factum secundo die, allegantes | 229 ra
consuetudinem quarundam ecclesiarum feria secunda cantantes de angelis, in honore bonorum angelorum qui tunc perstiterunt. Aliae duae Glossae Augustini, II° Super Genesim, dicunt quod aer, sed Glossa « *Quaeritur utrum* » dicit quod aeris pars illa, quae dividit inter aquas vapore elevatas, et illas quae in terris sunt. Et est illa pars aeris inferioris, quae dicitur caelum : in Psalmo : *volucres caeli*. Illa vero Glossa « *Notandum quod firmamentum* » dicit, quod est pars aeris superior, quae *excedit spatia* nebularum, quae dividit aquas grossas per pluvias decidentes ab illis subtilioribus ad aethera in ignem convertendis ascendentibus, et dicitur his modis « firmamentum », non propter stationem, sed propter terminum intransgressibilem.

Istud non habet vigorem, quia etsi aer ille sit inter aquas illas et illas, ipse tamen non est separationis intransgressibilis causa, quia per ipsum fit transitus aquarum inferiorum ad superiores. Ideo verius

61 convertendis ascendentibus] -das, -tes A 63 Istud ...] Reprobatio *add. i. m.* A

37 *Ps.*, CXIII, 11.
39 Plato, *Tim.*, 29c-d (p. 22).
47 *Glossa* (I, 11 A-B).
57 *Ps.* VIII, 9.
58 *Glossa* (I, 11 B-12 A).

dicitur, quod « firmamentum » hic appellatur aliquod corpus caeleste.

Et dicit hic Glossa, scilicet « *Caeli in quo fixa* », *quod* est *caelum sidereum*, quod dicitur caelum quasi caelatum, id est depictum stellis. Alia Glossa, illa « *Super aerem* », dicit quod « firmamentum » appella<n>tur spherae planetarum.

Credo quod istud verum est : quod hoc caelum vel illud hic dicitur « firmamentum ». Et verius credo, quod hoc et illud simul, quod philosophi appellabant « quintam essentiam », quod caelum dicitur a celando, quia omnia superiora celat, quia nihil existens superius sensui se manifestat ; vel dicitur caelum a caelatura, quia stellis depictum est. Et dicitur « firmamentum », et « firmius caelum », quia forte est compactioris et sane(?) forte densioris substantiae, quam(?) caeli superiores : crystallinum, empyreum, et si qui sunt alii, cuius signum est luminis aggregatio maior, quod non fit nisi propter densitatem maiorem. Stella enim secundum philosophos non est nisi densior pars sui orbis, et est istud « firmamentum » una pars corporis caelestis, quod fuit primo die creatum, sed hic in firmamentum et alios caelos superiores formatur. Unde dicitur « firmamentum » caeli, quia est pars corporis caelestis in quo maior firmitas est. Sed forte propter motum suum eget illa firmitate maiori. Haec est vera sententia AMBROSII, II° Hexaemeron, cap.° 8°, ubi dicit : *Videtur mihi nomen caelorum commune esse, quia plurimos caelos scripturae testificantur, nomen autem esse speciale « firmamentum », siquidem et hic ita habet : « Et vocavit Deus caelum « firmamentum », ut* prius *generaliter videatur dixisse « in principio caelum factum », ut omnem caelestis creaturae fabricam comprehenderet, hic autem specialem firmamenti huius exterioris soliditatem quod dicitur « caeli firmamentum », sicut legimus in hymno prophetico : « Benedictus es in firmamento caeli ».* Et huic concordat illud quod dicitur in opere quartae diei : *Fecit luminaria in firmamento caeli*, et ibidem : *Fecit duo luminaria magna et stellas et posuit eas in firmamento caeli.*

De isto ergo caelo dicitur hic, quia *fecit Deus firmamentum.*

Sed quaeritur quare hoc non dixit supra in opere primae diei : « et

---

77 sane(?)] sñ A 77 quam] quod A 97 Sed quaeritur ...] Quaestio *add. i. m.* A

---

67 *Glossa*, (I, 12 D).

69 *Glossa* (I, 13 A-B).

85 AMBROS., *Hexaem.*, II, c. 4, n. 15 (CSEL 32^1, 54; PL 14, 152).

92 *Dan.*, III, 56.

fecit lucem », sed solummodo : *Dixit* : « *Fiat lux* », *et facta est lux* : non dixit scriptura : « et fecit lucem. »

Et responsio est, quia lux accidentalis forma est. Accidens autem non habet materiam ex qua de sua substantia, quia est forma simplex. Et ideo lucem fecit et creavit de nihilo, sed in materia caelesti. Firmamentum autem corpus substantiale est ex materia caelesti informi primo creata productum. Nunc autem facere est aliquid producere ex materia praeiacenti. Quia igitur lux non de praeiacenti materia facta est, sed firmamentum de luce, non dixit : « Et fecit lucem », sed dixit hoc de firmamento. Nec est hic intelligendum, quod a materia formam substantialem dedit ei, quae non est facta in prima creatione, quia, ut dictum est, materia non fuit nude creata, sed dedit ei quandam firmitatem et compactionem in sua substantia, quam tunc non accepit, et similiter aliis caelis secundum naturae suae proportionem. Et hoc est distinguere hic caelestia corpora et perficere quod prius imperfectum factum erat, quia in prima creatione magis erant subiecta corruptibilitati, quam modo, ut | dictum erat secundum AMBROSIUM. 229 rb

Alia responsio dictae quaestioni ponitur in illa Glossa « *Quaeritur quare* », sed est mystica. Dicta autem est litteralis, et nos hic principaliter quaerimus expositionem litteralem.

De aquis quae super caelos sunt, similiter sunt opiniones. Ponendo etiam caelum aliquam partem aeris superiorem vel inferiorem, tunc patet ex dictis, quia aquae et superiores et inferiores proprie dictae sunt aquae scilicet elementares.

Verius dicendo firmamentum corpus caeleste stellatum, tunc, ut tangunt Glossae, quorundam opinio erat, quod ibi supra erant aquae elementares verae. Et rationes assignant, dicendo aquas frigidas elementares ibi esse, ut recitat AMBROSIUS, *ut ferventis axis* caelestis continue motae *incendia temperarent, ne fervor stellarum et* motus caelos *exureret.* Unde dicunt caelestia ab interiori attrahere aquas vaporabiliter, ad temperandum calorem suum inferius, sed per aquas superiores temperari superius. Quomodo autem ponant eas ibi esse, non oportet circa hoc nos esse sollicitos; quod enim ibi *aquae* sint, non dubito quia scriptura haec dicit, cuius *maior* est *auctoritas, quam omnis*

---

00 Et responsio ...] Solutio *add. i. m.* A 30 sollicitos] -um A

---

14 Cf. *supra*, p. 89, 85-95.

15-16 *Glossa* (I, 12-13).

23 *Glossa* (cf. I, 14 D-E).

25 AMBROS., *Hexaem.*, II, c. 3, n. 12 (CSEL 32^1, 50; PL 14, 150 B-C).

humani ingenii perspicacitas, ut dicit AUGUSTINUS, et quod ibi stent divina virtute et ad usum creaturae et ad perfectionem universi, non dubito. Sed quae sint aquae, nihil certi scriptura exprimit, et ideo nihil certi credere cogit. Quod ergo dicitur, quod sunt verae aquae elementares super caelos, ad hoc ponendum auctoritas non cogit, quia nulla hic expresse dicit, nec ratio cogit. Frivolum enim videtur omnino quod caelestia tabescant, ut temperie indigeant ne comburantur. Sunt enim omnino alienata ab elementarium contrarietate, et si ita esset ut dicunt, iam diu essent combusta, quia nullum temperamentum potest combustibile perpetuo conservare incombustum, si semper adest comburens. Immo ratio quae videtur vera, contradicit illi positioni : quia, ut videtur, non est ordinis universi quod aliquid perpetuo permanendum situatur, ubi non habet nisi esse violenter et extra suum locum naturalem. Violentum enim extra naturam est, et quod est extra naturam, non videtur pertinere ad perfectionem et ordinem universi. Credo tamen, quidquid rationi meae videatur, quod si ibi sint, rationabiliter ibi a Deo statutae et ordinatae sunt, etsi nobis ratio lateat. Unde an ibi sint, non pertinaciter contradico : contrarium tamen magis sentio.

Quae sunt ergo illae aquae quae sunt super caelos ? Credo quod hic dicendo : *et dividat aquas ab aquis*, aqua sumitur sicut accipiebatur supra, ubi dictum est : *Et ferebatur spiritus Domini super aquas*, scilicet pro materia fluida elementorum et caelestium corporum, ut « *aquae inferiores* » appelletur tota substantia elementaris, « *aquae* » vero « *superiores* » appelletur tota substantia caelestis supra firmamentum. Et dicitur haec substantia et illa etiam ad perfectionem suam naturalem deducta respectu firmamenti. Aqua quidem, quantum est de natura sua, non est in tanta firmitate et compactione solidata, sed quasi mollis et fluida quia hoc natura eius non requirit. Et ideo hoc firmamentum est totius machinae corporalis solidamentum et sustentamentum, et ideo aptum ut dividat aquas ab aquis.

<*Imposita firmamento nominatio* : « *Vocavitque Deus* »>

Vocavitque firmamentum « caelum », et hic nomen commune sibi appropriando. *Vocavit autem* : tale faciendo, ut visu tale posset iudicari, quia « caelatum », id est sculptum et multiforme stellarum pulchritu-

36 non] nos *sed in* non *corr.* A
44 situatur] cf J.F. NIERMEYER, *Mediae latinitatis* ..., p. 974

32 AUGUST., cf. *De Gen. ad litt.*, II, c. 5, n. 9 (CSEL 28^{1}, 39; PL 34, 267).

dine, vel quia se manifestando omnia superiora « celat », vel secundum nominis interpretationem, quia « casa solis », quia sol in ipso movetur. Cetera expone ut supra.

<*Productionis consummatio* : « *Et factum est vespere* »>

Sed est hic quaestio, quare opus huius diei Deus non approbat dicendo : « Et vidit Deus quia esset bonum », sicut dixit supra de luce.

Una ratio assignatur secundum illam Glossam : vel ideo quia hoc non erat dicendum nisi in operis perfectione. Perfectio autem distinctionis partium mundi non est in hac die, sed in die sequenti, ubi dicitur illud. Sed saltem est perfecta distinctio corporum caelestium pro quorum perfectione potuit dici.

Ideo secundo modo dicitur secundum illam Glossam : « *Notandum* est » quod hoc non dicitur hic propter mysterium, quia dualitas quando re*cedit* ab unitate | *significat* amissionem caritatis, quae est radix 229 va
omnis boni. Sed hoc mysticum est, non litterale quale nos quaerimus.

Ideo dicendum tertio, quod bonitas creaturae est ex fine ad quem est. Finis autem corporum caelestium est regimen corporum mundanorum. Non sunt enim facta nisi ad generationem, ut dicitur primo Caeli et Mundi, et ut dicit Ambrosius, Hexaemeron 2°: *De caelo* omnis *causa fertilitatis, eo quod moderatione caelesti terrarum fecunditas nutriatur.* Non regunt autem mundum nisi per stellas quas continent : principio Metereologicorum ; nec sunt *causa* generationis

---

70 sed ...] Quaestio *add. i. m.* A

72 Una ratio ...] Solutio *add. i. m.* A 79 |] *in marg. inferiori* f. 229rb *habetur sequens nota, al. manu* (*Godefridi de Fontibus?*) : Secundum aliquos tota materia caelestium corporum aqua dicebatur, secundo autem die facto firmamento divisae sunt aquae ab aquis : id est caeli superiores et perennes(?), scilicet crystallinum et empyreum, a caelis inferioribus, scilicet planetarum, qui dicebantur aquae ratione suae permeabilitatis(?) praecipue, cum adhuc non essent planetae producti et sic quandam uniformitatem habebant per totum, quia etiam non sunt tam compactae substantiae. Et secundum hoc aquae superiores et inferiores sunt eiusdem naturae eo modo, quo plures caeli eiusdem naturae dicuntur. Et haec videtur opinio alicuius in quodam libro A. 75 saltem(?)] saltim A

---

72 Cf. *Glossa* (I, 9 C).

77 *Ibid.*

84 Aristot., *De caelo*, I, cf. c. 12 (281a 28-283b 22).

84 Ambros., *Hexaem.*, II, c. 4, n. 15 (CSEL 32[1], 55; PL 14, 153 B).

87 Aristot., cf. *Metereologica*, I, c. 2 (339a 30-32)?

nisi per ipsas : 2º De Generatione: Allatio facit generationem continue, quia adducit generans. Non ergo corpora caelestia bonum suum aut finem possunt attingere nisi stellis ornata, quare, cum non approbantur nisi ex bonitate, ante quartum diem non debuit dici de firmamento : « Vidit Deus quia esset bonum », sed hoc dicit in opere quartae diei, firmamento iam stellis ornato.

Sed quid hic laboramus? Littera enim ORIGENIS habet : *et vidit Deus quia bonum est,* ante illud : *et factum est vespere,* et illam exponit AMBROSIUS dicens : « *Vidit Deus quia bonum est* », quia quae *facit filius, vult pater. Laudat pater quod facit filius.* Vidit igitur *non oculis carnalibus, sed,* ut *mihi eius iudicium cognoscere* dare*tur.* Vidit mihi, probavit mihi.

De numero, ordine et motu caelorum et ceterorum huiusmodi, *quae,* ut ait AMBROSIUS, IIº Hexaemeron, cap.º 4º, *aliena sunt a studio nostro et a divinae lectionis serie, his qui foris sunt relinquamus.* Quid Deus facere potuerit, quid fecerit, quod aperte scripturarum auctoritate non didici, quasi secretum praetereo. *Nos inhaereamus scripturarum caelestium magisterio. Nos scripturarum seriem atque ordinem sequamur et opus Dei desinamus humanae operationis et nostrae contemplationis possibilitate metiri. Opus contemplatione aestimemus auctoris : quid dictum sit, et quis dixit, et cui dixerit.* Consideremus scripturae verba, quae librata sunt. Trituremus examine.

IDEM de opere sextae diei : *Quid mihi quaerere quae sit mensura circuitus* terrae, *quam geometrae 180.000 aestimarent stadiorum? Libenter fateor me nescire quod scire nihil proderit. Melius est* enim *genera terrarum scire quam spatia. Certe Moyses eruditus erat in omni scientia Aegyptiorum, sed spiritum Dei accepit*: *quasi minister Dei, immanem illam et usurpatoriam philosophiae doctrinam veritatis ratio*ne *posthabuit et ea descripsit quae nostrae spei accomoda iudicavit : quod terram fecerit Deus, virgulta de terris et omnem animam viventem.* An *non ille putavit dicendum quantum de spatio aeris occupet umbra terrae cum sol recedit a nobis, quemadmodum lunae globus incidens eclipsim faciat, quoniam quae nihil ad nos, quasi nihil profutura praeteriit? Vidit enim in sancto spiritu non illius iam marcescentis sapientiae vanitates sequendas,*

---

88 ID., *De generatione animalium,* cf. II, c. 1 (731b 31-32).

94 ORIGENES, *Homiliae in Gen.*, I, n. 2 (p 3, PG 12, 147 B).

96 AMBROS., *Hexaem.*, II, c. 5, n. 18 (CSEL 32^1, 57; PL 14, 154).

1 *Ibid.*, II, c. 2, n. 7 et 10 (CSEL 32^1, 46, 48; PL 14, 148 A, 149 A).

10 *Ibid.*, VI, c. 2, n. 7 - c. 3, n. 9 (CSEL 32^1, 208-209; PL 14, 244-245).

quae rebus inexplicabilibus mentem nostram occupant. Viditque *ea* opera *potius describenda quae ad* veritatis *spectarent profectum. Inhaereamus ergo propheticis dictis, nec spiritus sancti quasi vilia despectui habeamus eloquia.*

DE OPERE 3^{ae} DIEI.

<*Distinctio corporum elementarium ad generationem et propagationem principalium*>

Sequitur distinctio corporum elementarium ad generationem et propagationem principalium, ad quorum distinctionem naturaliter aliorum duorum, scilicet aeris et ignis, concomitatur distinctio : *Dixitque Deus* : *congregentur aquae.* Et habet pars ista tres partes, quia primo describit Moyses Dei sapientiam, distinctionem terrae et aquae disponendo : et quoad modum dispositionis : *Dixitque*, et quoad id quod disposuit : *Congregentur*; secundo eius potentiam in ipsam distinctionem causando : *Factumque est ita*; tertio eius bonitatem : et in distincta nominando sive digna nomine approbando : *Et vocavit Deus*, et in distinctionem ipsam commendando : *Et vidit Deus quod esset bonum.*

Dixit vero Deus : expone ut prius. Aquae proprie dictae sunt quae prius erant rarae et nebulosae suspensae usque firmamentum, aeri et igni mixtae, propter quod dicit : *quae sub caelo sunt* : supple : undique sparsae congregentur descendendo per condensationem aggravatae *in locum unum*, in cuius alveo sit contenta ne superfluat. Unde AMBROSIUS : *Itaque dictum* | *accipe* : « *Congregetur aqua* », *et congregata* <*est*>. 229 vb *Dicendo autem* « *congregetur* », *non solum movit eam, sed etiam statuit eam in loco ut non praeterflueret, sed maneret. Circumscripta* igitur *maria clauduntur ne superfusa terris mundent omnia, et destructo cultu munus terrenae fecunditatis impediant. Ait enim Dominus ad Iob de mari* : « *Posui ei fines. Dixi* : *Hucusque venies* nec transgredieris, sed in te ipso conterentur fluctus tui, quia posui arenam fines maris. »

---

26 De ... diei] *i. m.* A 31-32 Dixitque ... aquae] *subl.* A 34 Dixitque] *subl.* A 35 Congregentur] *subl.* A 36 Factumque est ita] *subl.* A 37 Et ... Deus] *subl.* A 38 Et ... bonum] *subl.* A 39 Dixit ... Deus] *subl.* A 41 quae ... sunt] *subl.* A 43 in locum unum] *subl.* A 48 impediant] -diat A

43-44 AMBROS., *Hexaem.*, III, c. 2, n. 9-10 (CSEL 32^1, 66-67; PL 14, 160).
49-50 *Iob*, XXXVIII, 10-11.

Per hoc solvitur duplex quaestio, quam movet AMBROSIUS. Prima : *si* aquarum *congregationes in superioribus erant, quomodo non defluebant ad eum locum, ad quem post*ea per *Domini imperium derivata*e sunt. *Natura enim aquarum sponte in inferiora* di*labitur*. Et patet sermo vel responsio naturalis praehabita : quia ibi erant aquae in specie aquae et forma, sed subtiles, vaporosae, et ita leves accidentaliter et superius suspensae, sed cum divino imperio sunt condensatae et inspissatae, descenderunt. Et ita primum in qualitate aquae imperfectae, et demum perfectae.

AMBROSIUS respondet aliter, et theologice, magis innitendo potentiae divini imperii, quasi concedendo quod ibi superius erant aquae in qualitate propria et dicens : Quod aquae fluunt deorsum, hoc non habent nisi ex *imperio* Dei. *Naturam huiusmodi vox Dei fecit.* Sequitur natura praeceptum et usum fecit ex lege prima constitutionis. Lex formam in posterum reliquit. Iussa est aqua currere : ex illo currit. Sed huic obviat quod statim supponitur in secunda quaestione.

Secunda quaestio est : si dubitari non poterit, illa superfusione vertices montium latuisse, quae receptacula eam absorbere potuerint ? Et patet ex dictis, quia aqua condensata multo minorem locum occupat in qualitate propria, quam prius rara in qualitate nebulosa. Quod ergo totum spatium super terram prius occupavit, inter receptacula terrae concludi potuit.

Tertia quaestio est hic, quare non dixit : « Fiat congregatio aquarum », sicut prius « Fiat lux », et « Fiat firmamentum ». Et est responsio, quod congregationis motus aquae a natura fuit quam dedit ei Deus, et consequens eam naturaliter sive condensatio sive natura gravitatis. Sed fieri lucis immediate erat a Deo, et similiter consolidationis firmamenti, nec erant naturaliter consequentia ad aliquid primum a Deo datum vel factum. Nunc autem « Fiat » hoc vel hoc non dicitur nisi de illo, quod non nisi immediate est divinum opus. Ibi ergo dixit : « Fiat lux », « Fiat firmamentum ». Hic non dixit : « Fiat congregatio », sed tantum data qualitate ad quam sequitur congregatio, imperat congregationem fieri.

Quarta quaestio est, quare non dicit : « Et congregavit Deus aquas », sicut prius dixit : « Et fecit Deus firmamentum ». Et patet responsio ex praedicta ratione, quia Deus immediate fecit firmamentum, non autem illam congregationem; immo aquae graves factae descendentes statim

---

51 AMBROS., *Hexaem.*, III c. 2, n. 9 (CSEL 32^1, 63; PL 14, 158).

60 *Ibid.*, III, cf. 2, n. 8 (CSEL 32^1, 64 : PL 14, 158-159).

invenerunt terram inferius aridam omnino, et ideo non continuam, sed totam quasi in pulverem redactam. Terra enim sine humido decidit, ut dicit<ur> 2º De generatione; et in fine quarti Metereologicorum dicitur : Terra pura continuationem non facit, sed comminutionem : vincens enim in ea siccitas non permittit eam conglutinari. Et ideo aquis undique patuit ingressus in visceribus terrae, quae ingressae fluctibus suis alveum sibi fecerunt, et in lateribus terras conglutinabant et infra locum sibi fecerunt in quo congregabantur.

Quinta quaestione quaerit AMBROSIUS, quomodo *dixit* Deus : « Congregen*tur in* locu*m unum,* » cum videmus eas *diffusas per lacus, paludes, stagna, fon*tes, *flum*ina, et per *diversa maria.* Et respondet dicens, quod *una est* et *iugis aquarum et continua congregatio, sed diversi sinus* sunt. *Una generalis collectio, quae mare dicitur, et multae collectiones quae* per regiones diversas « *maria* » appell*antur.* Sed omnia *includit extrem*o *circumfus*a *orbe terrarum ocean*us. Unde ubi nostra translatio habet : *in locum unum,* alia translatio quam legunt AMBROSIUS et ORIGENES, habet « *in congregationem unam* » : et illa est oceanus, aquarum omnium principium et finis. Ad locum enim unde exeunt, revertuntur, et locus unde exeunt, est oceanus, dicente | PHILOSOPHO, 230 ra
libro Metereologicorum: Origo omnium aquarum et earum principium est ex mari, quod vocatur oceanus, et ex eo est principium aquarum currentium et non currentium. Et est quies earum, quod est quia dividitur in reliqua maria et ad medium ipsius impelluntur, quoniam omnes aquae ad loca sua redeunt propria, quae sunt principium separationis earum.

Sequitur : *et appareat arida.* Quod non diceret, ut ait AMBROSIUS, nisi prius tectum omnibus locis vellet demonstrare. Dicit ergo : *appareat,* ut videri scilicet possit corporeis oculis, quae primum aquis tecta invisibilis latebat, vel quae primum mixta fuit vaporaliter humido, ut propriam qualitatem ostendere non posset : et ita prima congregatio

---

3 in ... unum] *subl.* A 13 et ... arida] *subl.* A 14 appareat] *subl.* A

---

90 ARISTOT., *De generatione animalium,* cf. II, c. 2 (735 b 6-7).
90-91 ID., *Metereologica,* IV, cf. c. 9 (385 b 21-26).
96 AMBROS., *Hexaem.,* III, c. 3, n. 12-13 (CSEL 32^1, 67-68; PL 14, 161).
3 Cf. *supra,* 99.
4 ORIGENES, *Homiliae in Gen.,* I, n. 2 (PG 12, 148 B).
7 ARIST., *Metereologica,* cf. I, c. 13 (351 a 11-16).
13 AMBROS., *Hexaem.,* III, cf. c. 4, n. 17 (CSEL 32^1, 70-71; PL 14, 163-164).

erat informatio et aquae et terrae, et perfectio in propriam speciem, qualem ex prima creatione non habebant.

Hic movet Ambrosius quaestionem, quare dicit « arida » et non « terra ». Et respondet, egregie dicens, quod « terra » est nomen commune : et ad terram puram, et ad terram humido mixtam. « Arida » vero est nomen terrae proprium, ut pura consistit in sua natura. Propria enim qualitas terrae ariditas sive siccitas est, sicut frigiditas aquae, humiditas aeris, caliditas ignis : *quod principale* ergo erat *eius, scriptura* dixit, et propriam qualitatem terrae nominavit, ut secundum *praerogativam* qualitatis eius naturam informaretur congregatio. *Cum enim terra sit frigida et sicca, sicci magis est quam frigidi*, ut dicit Philosophus, 2º De generatione. Dicit etiam Ambrosius, quod in hoc *simul prospectum est, ne videatur sole magis quam Dei praecepto terra esse siccata, quia arida facta est, antequam sol crearetur. Factumque ita* : expone ut prius. *Et vocavit Deus aridam* iam factam per aquarum segregationem, *terram*, nomen commune appropriando ei. *Vocavit*, inquam, aridam « terram » : talem scilicet eam per commixtionem humidi aquosi faciendo, ut vere terra posset aspicientibus apparere et apta agriculturae. Terra enim dicitur aratro trita, secundum illud : « Terram terit usus aratri ». Et tali usui non esset apta arida nisi commixtione humoris partes eius continuarentur, et sic facta esset terra. Unde Ambrosius, Iº Hexaemeron, 10º, de terra ait sic : *Non est patiens vomeris*, nisi *infusus humor terram exundat*. Nec etiam esset arida apta ut reciperet vim germinativam, nisi sic facta esset terra. Unde Origenes : *Vocavit aridam « terram »*, quia *ultra non mansit arida*, sed iam «terra» nominatur *ex eo quod fructum iam ferre poterit, pro eo quod ei facultatem ferendorum fructuum largiretur. Congregationesque*, etc. *appellavit maria* : in tanta scilicet abundantia aquas adunando ut vere aspicientibus maria esse apparerent. Est enim mare aqua plurima adunata. *Appellavit* enim *eas maria*, non propter aliquam

20 Hic ...] Quaestio *add. i. m.* A 21 Et respondet ...] Solutio *add. i. m.* A 31-32 Factumque est ita] *subl.* A 32 Et ... aridam] *subl.* A 33 terram] *subl.* A 33 Vocavit] *subl.* A 44-45 Congregationesque] *subl.* A 45 appellavit] -que(?) *add.* A 45 appellavit maria] *subl.* A

20 *Ibid.*
29 Aristot., *De generatione animalium*, II, cf. c. 1 (B 733 a 11-12).
29 Ambros., *Hexaem.*, III, c. 4, n. 17 (CSEL 32^1, 71 ; PL 14, 163).
39 Ambros., *Hexaem.*, I, c. 8, n. 28 (CSEL 32^1, 27 ; PL 14, 138 A).
42 Origenes, *Homiliae in Gen.*, I, n. 2 (p. 5 ; PG 12, 148-149).

salsedinem, sed multitudinem. Omnis enim aqua naturaliter et ab initio dulcis est, secundum quod dicit Aristoteles, libro De plantis. Radix omnium aquarum est dulcis, et non accidit ei salsedo, nisi ex adustione vaporis sicci virtute solis aquis eius commixti, ut determinat Philosophus, libro Metereologicorum. Nunc autem mare, de quo hic loquitur, ante solis et stellarum productionem erat. Unde Hieronymus De hebraicis quaestionibus : *Notandum quod omnis congregatio aquarum, sive salsa sive dulcis sit,* iuxta idioma linguae hebraicae « mare » *nuncupatur.*

Sed hic est quaestio, quare dicit in plurali : *congregationes* et *maria.* Et patet responsio : quod hoc dicit propter plures sinus et reflexiones. Et quod prius dixit : *Congregentur in locum unum* : hoc est propter continuationem(?) omnium ad radicem unum.

Et vidit Deus quod esset bonum : expone ut supra in opere primae diei. Erat autem aquarum congregatio bonum ex parte terrae propter herbarum et arborum generationem, animalium et hominum conversationem. Ex parte autem maris, multa bona enumerat Ambrosius, dicens : *Bonum* igitur *mare primum quia terras suffulsit humore*; *bonum mare tamquam hospitium fluviorum, fons imbrium, delibatio alluvionum in* medio *commeantium, quo sibi distantes populi copulantur,* et cetera huiusmodi.

Hic est quaestio una : quare non facit hic Moyses mentionem distinctionis aeris et ignis. Et est responsio : quia illa duo elementa non per se, sed per aquam et terram, quae solum | sunt vaporabilia, patiuntur 230 rb mixtionis confusionem, et ideo facta et tacta distinctione terrae et aquae, intelligitur simul facta distinctio aliorum, quia illis remotis, ignis si esset deorsum, naturaliter ascenderet ad locum suum sursum, et aer ad locum medium moveretur, ascendendo si esset deorsum in loco terrae vel aquae, descendendo si esset sursum in loco ignis.

---

51 sicci] ex *add. sed exp.* A 57 Sed ...] Quaestio *add. i. m.* A 58 Et patet ...] Solutio *add. i. m.* A 61 Et ... bonum] *subl.* A

---

49 Ps.-Aristot., *De plantis,* II, c. 3 (824 a 33-37).

52 Aristot., *Metereologica,* II, c. 3 (358b 34-359a 3).

54 Hieron., *Hebr. quaest. in Gen.,* I, v. 10 (CC 72, 3; PL 23, 939).

64 Ambros., *Hexaem.,* III, c. 5, n. 22 (CSEL 32[1], 73-74; PL 23, 165).

<*Ornatus partibus mundi principalibus affixus*>

Et ait : *Germinet terra.* Hic post distinctionem partium principalium mundi determinat earum ornatum. Et primo describit Moyses ornatum partibus mundi principalibus affixum et coniunctum. Secundo describit ornatum distinctum et separatum : *Dixitque Deus* : « *Producant aquae* ». Et nota quod ornatus iste, qui consistit in affixis terrae et caelo, non tam pertinet ad ornatum quam ad distinctionem et perfectionem partium, quarum sunt ornatus, secundum quod distinctio et perfectio est penes potentiam et virtutem. Perficitur enim virtus terrae in eo quod datur ei, cum dicitur : *Germinet terra* : id est vis productiva terraenascentia. Perficitur vero virtus caeli in eo quod fundantur in ipso stellae et luminaria.

Item primo describit ornatum terrae affixum, secundo affixum firmamento : *Dixit autem Deus* : « *Fiant luminaria* ». Ornatus terrae, terrae affixus, terraenascentia sunt. Unde AMBROSIUS : *Species autem terrae est germinatio et viriditas agri.* Et habet haec pars duas : quia primo describit modum productionis; secundo tempus consummationis : *Et factum est vespere.* Circa primum tria facit : primo describit Dei sapientiam in disponendo : *Et ait*; secundo eius potentiam in producendo : *Et factum est ita*; tertio bonitatem in approbando : *Et vidit Deus.* Circa primum considerandum quomodo disposuit, cum dicitur : *Et ait* : dicendo enim disposuit; secundo, quid disposuit : *Germinet.* Expone *Et ait* sicut supra : *Dixit quoque.* Hic dicit AMBROSIUS : *Prima vox illa Dei singulis creaturis impertita gignendis lex naturae est, quae terris in omne aevum remansit, futurae successionis praescriptum, quemadmodum vel generandi vel fructificandi in reliquum usus adolesceret.* IDEM : *Naturam vox Dei fecit. Secuta est creatura praeceptum et usum fecit ex lege. Prima enim constitutionis lex formam in posteris dereliquit.* Item BASILIUS : *Vox illa velut quaedam lex naturae fuit, fructificandi terrae praebens in posterum facultatem.* Item AMBROSIUS infra super il-

78 Germinet terra] *subl.* A 81 Producant aquae] *subl.* A 86 Germinet terra] *subl.* A 90 Fiant luminaria] *subl.* A 94 Et ... vespere] *subl.* A 96 Et ... ita] *subl.* A 96-97 Et ... Deus] *subl.* A 98 Et ait] *subl.* A 98 Germinet] *subl.* A 99 Et ait] *subl.* A 99 Dixit quoque] *subl.* A

91 *Ibid.*, III, c. 6, n. 25 (CSEL 32^1, 76; PL 23, 166).

99 *Ibid.*, III, c. 6, n. 26 (CSEL 32^1, 76; PL 23, 166).

3 *Ibid.*, III, c. 2, n. 8 (CSEL 32^1, 64; PL 23, 159).

5 BASILIUS, *Homiliae in Hexaemeron*, IV, n. 1 § (PG 29, 95 A).

6-7 AMBROS., *Hexaem.*, III, c. 11, n. 48 (CSEL 32^1, 90-91; PL 23, 175 C).

lud : « *Et lignum pomiferum* » : *Hoc in singulis privilegium natura tenuit in reliquum, quod subiectum mundi surgentis accepit, et inde manet sua* cuilibet *praerogativa. Mos cypressis ut nulli venti eas crinis sui honore dispolient*; et sic de ceteris, secundum quod ibi inducit.

Sequitur : *Germinet*: ubi describit sapientiae Dei dispositionem quoad vim germinativam conferendam terrae, ubi primo proposuit, quod illam terrae conferre disposuit; secundo ad quid illam terrae conferre disposuit. *Herbam* : ubi primo ostendit quomodo eam proposuit conferre terrae ad producendum herbas cum semine. Secundo ad producendum arbores cum fructu et semine : *et lignum.* Ait ergo Deus : *Terra,* succo humoris imbuta et ita generationi apta, postquam Deus aridam appellavit «terram», quae primum fuit arida et sterilis velut sabulum vel arena; *germinet,* id est potestatem germinandi accipiat : Glossa interlinearis : *potens sit germinare* : quod *non de opere germinandi intelligendum est,* ut dicit Magister in Historiis, immo quod hic dicit, intelligitur *de* vi et *potentia germina*ndi. Quod vero dicit infra : *Et protulit terra,* intelligitur de actu sive opere germinandi.

Solvitur ergo quaestio, qua quaeritur, quare non dicitur hic : « Fiat herba virens », sicut superius : « Fiat lux » : et est ratio quia non sic Deus intendit herbas producere, quin vim et potentiam productivam immediatam det terris. Non sic autem dedit caelo vim productivam lucis, sed solus eam immediate produxit, et tunc et postea.

Est autem hic advertendum, quod duplex est potentia, sicut determinat Philosophus Vº et IXº Metaphysicae : activa et passiva. Activa : quae est principium transmutandi in aliud, secundum quod est aliud; potentia vero passiva, quae est principium transmutandi ab alio, secundum quod est aliud. Et utraque duplex est : propinqua et remota. Nunc autem ita est de istis potentiis, quod in potentiis passivis non dicitur aliquid proprie in potentia ut fiat aliud, | nisi solum indigeat 230 va
ad hoc quod exeat in actum unico motore, producendo id quod est in potentia in actum, verbi gratia, ut dicit Avicenna supra IXm Metaphysicae, quoniam terra non est in potentia idolum sed cuprum,

---

11 Germinet] *subl.* A 16 et lignum] *subl.* A 16 Terra] *subl.* A 19 germinet] *subl.* A 31 transmutandi] ab alio *add.* (*homoeoceph.*) *sed exp.* A

19-20 *Glossa interl.* (I, 15 A).

21 Petrus Comestor, *Hist.-Gen.*, c. 5 (PL 198, 1059 C).

30 Aristot., *Metaph.*, V, cf. c. 2 (E 1026b 1-2); cf. IV, c. 12 (Δ 1019a, 15-35).

30 *Ibid.*, IX, cf. c. 4 (Θ 1055a 33-35); VIII, c. 2 (*H* 1046a 10-25).

37 Avicenna, *Metaph.*, cf. IV, c. 2 (84va-85ra).

quoniam cum transmutatur a corpore caelesti, erit cuprum, et cuprum est in potentia idolum, quia est illud quod ab uno motore fit idolum; in potentiis autem activis similiter non proprie dicitur aliquid in potentia ut agat aliud, nisi sit tale quod non egeat motore extrinseco essentialiter separato secundum quod movens, ut agat et producat, quod agere natum est et producere. Cum igitur secundum AMBROSIUM istis vocibus divini praecepti : « Germinet terra herbam », « Producant aquae reptile », « Producat terra animam viventem », lex naturae et principium naturalis generationis rebus impertiuntur, quae sunt principium activum et passivum in ipsa re, cui impertiuntur (*Quae enim natura* fiunt, ut dicitur secundo Physicorum, *omnia videntur habere in se ipsis principium motus*: *natura* enim *est principium et causa movendi in quo est*) oportet quod hac divina voce ipsi terrae conferatur a Deo potentia generandi propinqua, passiva et activa, ut non sit in dispositione aliqua diminuta, sed in dispositione per quam est generativum in actu. Aliter enim non sequitur statim effectus, sicut hic describitur secutus cum dicitur : *Et protulit terra*, etc. Est ergo sensus : *Germinet terra* : id est potens sit generare, recipiendo scilicet potentiam passivam, qua fit in dispositione proxima, quae est necessitas ut unica transmutatione facta ab agente, de ipsa fit aliud, ut herba, lignum, et huiusmodi; recipiendo etiam potentiam activam in se completam, qua fit generativa in actu, qualem natum est habere semen in actu completo existens per quem sit generativum et germinativum alterius ex se ipso. Et sic patet, ut hic dicit illa Glossa BEDAE : « *Patet in his* », quod prima rerum productio non est ex semine cui naturaliter nata sunt inesse principia generationis propinqua : activum scilicet et passivum, sed ex terra cui quantum est ex se non insunt nisi a remotis : eget enim multa transmutatione ut fiat semen. Sed in hac prima rerum productione recepit principia illa in dispositione propinqua et habuit vim seminis in summo dispositi ad generationem, unde et produxit plantas et animalia sine omni agente extrinseco, sine coadiutorio caloris caelestis et virtutis solis et stellarum. Unde dicit hic AMBROSIUS : « *Germinet terra herbam* virentem et lignum pomiferum » : *haec ipsa per se germinet terra* :

---

52 generandi] -a A 55 Et ... etc.] *subl.* A 55 Germinet terra] *subl.* A

---

44 Cf. *supra*, p. 99-100, 99-4 et 6-10.
49 ARISTOT., *Phys.*, II, c. 1 (192b 13-14, 20-22).
62 *Glossa* (I, 16).
70 AMBROS., *Hexaem.*, III, c. 6, n. 26-27 (CSEL 32^1, 76-77; PL 14, 166 C-167 A).

nullum alterius quaerit auxilium; non cuiuspiam indiget ministerio. Solent enim plerique dicere : nisi sol clementia tabefecerit terras et quodammodo radiis suis foverit, non potest germinare terra. Et propterea gentes divinum honorem deputant soli, quod virtute caloris sui terrarum penetret sinus, sparsaque foveat semina. Audi ergo Dominum *velut hanc vocem emittentem : « Conticescat ineptus sermo hominum qui futurus est. Facessat vana opinio. Antequam sol fiat luminare, herba nascitur. Antiquior sit eius praerogativa quam solis. Nec error hominum convalescat : germinet prius terra, quam fotum solis accipiat. Sciant* homines *auctorem non esse* solem *nascentium. Dei clementia terram relaxat. Dei indulgentia prorumpere facit fructus.* IDEM in opere quartae diei : *Cum vides solem, attende terram, quae ante fundata est, attende herbam faeni, quae praestat originis privilegium, attende ligna quae priora caeli luminibus esse coeperunt. Numquid merita faeni maiora quam solis? Aut numquid potior ligni praerogativa? Absit. Quid ergo praevidit altitudo sapientiae et scientiae Dei ut prius inciperent ligna esse quam illa duo mundi luminaria et quidam caelestis oculi firmamenti, nisi ut cognoscerent omnes divinae testimonio locutionis terram sine sole posse esse fundatam? Nam quae potuit sine sole prima rerum semina germinare, potest utique semina accepta nutrire et proprio fetu sine calore solis partus edere. Hac igitur voce | quadam suorum munerum clamat natura : « Bonus* 230 vb *quidem sol, non imperio, sed ministerio bonus, meae adiutor fecunditatis, sed non creator, bonus meorum altor fructuum, sed non auctor. »*

Per hoc patet vera responsio ad quaestionem quae hic solet quaeri : cum priora sint corpora caelestia istis dignitate et nobilitate naturae et potentia, et prius Moyses descripsit distinctionem corporum caelestium quam elementorum, quare prius describit ornatum terrae corporalis, scilicet elementaris, per herbas et arbores, quam caelestis corporis per stellas? Et etiam ad quandam aliam : quare non continue determinat de eis quae pertinent ad terrae ornatum ut cum plantis et arboribus, de animalibus et eorum productione, immo interponit pro opere quartae diei productionem stellarum ad ornatum caeli.

Et est responsio quod Deus ideo prius produxit videlicet terraenascentia ad ornatum terrae, quam stellas ad ornatum caeli, ne si prius stellas produxisset, putarentur fuisse absolutae causae omnium productorum

---

74 germinare] terminare A 88 oculi] -lus A 99 per] quam A 3 ad] ab A

---

82 *Ibid.*, IV, c. 1, n. 3-4 (CSEL 32[1], 112-113; PL 14, 189 A-B).

postmodum in elementis. Ut ergo a posteris occasionem hoc putandi praescinderet, prius terraenascentia quam stellas produxit.

Sed tunc diceretur ex secunda quaestione, quod eadem ratione prius debuisset produxisse bestias et reptilia.

Dicendum simul ad obiectum et ad secundam quaestionem, quod illud non oportuit, quia actio omnis erroris sufficienter excluditur ex hoc quod terraenascentia prius sunt producta. Si enim constet quia in istis stellae non sunt causa productionis primordialis, multo fortius constat quia non in illis. Et ideo in producendo animalia post stellas Deus secutus est naturalem ordinem secundum dignitatem et causalitatem productorum, et quia ordo descriptionis sequi debet ordinem naturae, ideo Moyses in describendo hunc ordinem tenuit et non alium. Unde homines qui vel doctrinam istam non viderunt, vel si viderunt ei non crediderunt, omnium inferiorum generabilium et corruptibilium causas primas ponebant esse corpora caelestia, ita etiam quod voluntas divina antiqua nihil posset facere novum in his inferioribus, nisi mediantibus illis generationem, ut nunc, et semper praestitisse. Unde dixit PHILOPHUS, quod *terra est mater plantarum, sol vero pater*, et in secundo Physicorum, quod *sol et homo generant hominem.* Unde et manifeste veritatem huius doctrinae negavit, loquens contra ABRUCALEM qui eam confessus est, in libro De plantis dicens sic : *Dixitque ABRUCALIS quod planta habuerit generationem, mundo tamen diminuto et non perfecto in complemento suo, et eo complemento generabatur animal. Sed hic sermo est inconveniens, quia mundus totalis est perpetuus, sempiternus, nec cessabit* nec cessat *umquam generare animalia et plantas et omnes suas species.* Et hoc contingit eis, quia proximas causas propagationis rerum viderunt, non primam, et licet viderint primam, non tamen viderunt causam operantem, nisi mediantibus causis proximis. Ipsa tamen veritate coacti necesse habebant ipsam somniare, et hanc primam rerum productionem ab ipsa, unde PHILOSOPHUS IX° Metaphysicae, reprehendens illos qui dixerunt quod principia rerum non sunt bonum aut nobile, quia sunt imperfecta ut rerum semina, sed bonum et nobile est in eis quae sunt ex eis, quia sunt entia perfecta ut

---

26 Abrucalem] Abrucallum A 27-28 Abrucalis] Abrucallus A

23-24 PS.-ARISTOT., *De plantis*, I, c. 6 (817a 27-28).
24-25 ARISTOT., *Phys.*, II, c. 2 (B 194b 13).
27 PS.-ARISTOT., *De plantis*, I, c. 7 (817b 35-38).
36-37 ID., cf. *Metaph.*, XII, c. 7 (*Λ* 1072b 30-1073a 2).

sunt plantae et animalia, dicit contra istos, quod non est verum quod aestimant, quia imperfecta, ut semina, non sunt absolute principia perfectorum, sed e converso : semina enim ex quibus fiunt entia perfecta, sunt ex aliis praecedentibus perfectis.

Primum autem, ut dicit, non est *semen* factum, *sed aliquid perfectum, verbi gratia quod hominem* oportet *esse ante sperma, non illud quod fit ex hoc, sed aliud ex quo fit semen.* Et intendit quod oportet hominem esse ante semen hominis, non illum qui fit ex semine illo, sed alium ex quo fit semen illud, et quamquam non posuit iste Philosophus primum hominem antequam nullus, sed hominem semper ex homine solvit, tamen quod simpliciter et naturaliter homo prius est factus semine. Secundum ipsum etiam caelestia non possunt esse causae hominis | vel 231 ra animalis aut plantae, nisi mediante semine. Est ergo secundum ipsum necessario aliqua causa hominis et omnium perfectorum, non mediante caelesti corpore sed immediate, ad quam omnes alias causas oportet reduci, et ad eius causatum immediatum omnia alia causata, et ibi esse statum. Quamquam enim in actum ordinatis processus potest ire in infinitum, ponendo revolutiones caelestes sese praecedere in infinitum, in essentialiter tamen ordinatis, ut ipse probat II° Metaphysicae, necesse est ponere statum. Nunc autem essentialis est ordo, quod homo simpliciter praecedat semen simpliciter, licet hoc semen praecedat hunc hominem. Ergo productionem hominis cuiusquam ex semine necesse est reducere ad productionem hominis, non ex semine, sed immediate ex sua causa. Constat autem quod homo productus non ex semine, non est homo universalis, quia universale non habet esse nisi materia particulari. Est ergo necessario aliquis homo particularis, et eadem ratione de omnibus aliis natis produci ex semine. Velit ergo nolit, Philosophus necesse habet ponere primum hominem aliquem particularem a Deo factum antequam nullus etiam secundum principia et regulas suae artis, et sic de aliis speciebus rerum naturalium, secundum quod hic Moyses describit. Unde veritas huius doctrinae excedit omnem philosophicam veritatem de causis et principiis rerum, et rectificat et corrigit errores, et est verissima philosophia naturalis.

Aliter tamen respondet Augustinus, Super Genesim, ad dictam quaestionem, dicendo quod terraenascentia *terrae affixa* sunt, et ideo

---

74 quod] quid *sed in* quod *corr.*(?) A

---

44 *Ibid.* (Λ 1072b 35-1073a 3).

48 Id., *De plantis*, I, c. 7 (A 817 b 38-40).

58-59 Id., *Metaph.*, cf. II, α c. 1 (α 994a 1-2).

73 August., *De Gen. ad litt. imperf. liber*, c. 11 (CSEL 28^{1}, 485; PL 34, 234).

debuerunt ad opus eiusdem diei continuum pertinere. Sed obicitur quod etiam stellae affixae sunt caelo, ergo ad eundem diem, scilicet secundum, debent pertinere cum caelo. Et dicitur quod ratio AUGUSTINI non est ex sola fixione terraenascentium terrae, sed quia ita fixa sunt ei, quod ab ea generationem recipiant et nutritionem ex fixione, non sic autem est de stellis in caelo. Est ergo sensus : *Germinet terra*, et potens sit germinare recipiendo perfectam vim et potentiam germinandi. Ecce in isto verbo «*Germinet terra*» mira profunditas, in qua agnus ambulat, quia non est ita simplex, quin sensum verum aliqualiter percipiat, in qua tamen elephas natat, quia non est ita subtilis, qui profundum eius valeat investigare. Ecce qualiter terra a Deo accepit ut germinare posset, dicendo : *Germinet*.

Sequitur *herbam virentem*, etc. Hic notandum quia in hoc conveniunt herba et arbor, quod planta est genus ipsorum, differant autem in hoc, quod sunt diversae species plantae. Dividitur autem planta in arborem et herbam et medium. Quia *arbor* dicitur proprie, *quae ex sua radice habet stipitem unum et nascuntur ex eo multi rami, ut olivae* <et> *fici*. Est autem stipes arboris stativa, qua erigitur a terra. Herba autem dicitur proprie quae ex radice sola habet folia. Mediorum autem quaedam magis accedunt ad naturam arboris, quaedam magis ad naturam herbae, et secundum hoc omnis planta reducitur ad arborem vel ad herbam : quaedam enim habent stipitem et ex illo folia, ut feniculus, lilium et huiusmodi; quaedam ex radice una habent multos ramos sine stipite, ut omne genus fruticis ut ..., rosa et huiusmodi; quaedam vero *ex una radice multos* stipites et ex illis multos *ramos, ut olera, ruta, et caulis, et huiusmodi*. Primus modus et tertius magis accedunt ad herbam proprie dictam, secundus vero ad arborem, secundum quod omnia haec patent in libro De plantis.

Sumitur ergo hic herba pro herba proprie dicta, et pro eo quod ad eam reducitur; et similiter de arbore. Unde ubi nostra translatio habet *herbam virentem et facientem semen*, alia translatio quam | 231 rb
exponunt AMBROSIUS et ORIGENES, habet : *herbam faeni, semen*

75 pertinere] continere A 78 terraenascentium] -tia *sed in* -tium *corr.* A 80 Germinet terra] *subl.* A 81 sit] sic A 82 Germinet terra] *subl.* A 83 quin] quia A 86 Germinet] *subl.* A 87 herbam virentem] *subl.* A 98 ...] rāmus A 3 eo] ea A 5 herbam ... semen] *subl.* A 6-7 herbam ... seminantis] *subl.* A

00 PS.-ARISTOT., *De plantis*, c. 12 (819b 3-5, 8-10); cf. I, c. 9 (818a 3-16).

6 AMBROS., *Hexaem.*, III, c. 9, n. 41 (CSEL 31[1], 87; PL 14, 173).

6 ORIGENES, *Homiliae in Gen.*, I, n. 4 (PG 12, 149 C).

seminantis. Faenum autem est herba proprie dicta. Ita etiam secundo, ubi dicta haec recapitulat, dicit: *omne virgultum agri*, ubi virgultum ponit loco arboris, et tamen non est arbor proprie dicta, sed magis frutex. Circa productionem herbarum duo tangit : primo enim tangit productionem specierum in suis primis individuis.

Secundo seminis in illis ad individuorum propagationem, multiplicationem, et specierum in ipsis conservationem, quatenus ipso semper *divino esse participent secundum quod possunt, propter id quod nihil contingit corruptibilium idem et unum numero permanere*, ut dicitur in secundo De anima. *Et facientem semen.* Dicit ergo : *Germinet* ad productionem specierum in primis individuis suis; *terra*, quia secundum PHILOSOPHUM, secundo De plantis, planta est *de genere terrae*; *herbam* : genus plantae minutae; et hoc non in quocumque statu, sed iam *virentem et facientem semen virentem* exterius, ut dicit PHILOSOPHUS secundo De plantis, quia *interius est albedo*, et est viriditas plantae, ut dicit converissima res : eo enim, quod *humor aquosus exterius fluit, et parum digeritur, viriditas est exterius*; *interius vero, quia amplius digeritur, vergit ad albedinem*; *facientem* iam in actu perfecto; *semen*, ut possint species continuari secundum esse in succedentibus sibi individuis.

De diversitate specierum intellectarum naturae herbae dicit AMBROSIUS : *Subito terrarum germina pullulaverunt et diversae rerum species refulserunt. Hinc pratorum virens gratia abundantiam pabuli ministravit, inde camporum spica flavescens imaginem pelagi fluctuantis commotione segetis uberioris expressit. Sponte omnes fructus terra suggessit.* Ex hoc quod dicit : « virentem », notatur mundus factus in vere. Sed quomodo tunc tulit fructum, cum fructus non profertur inc<r>escentibus, sed magis arescentibus herbis? Unde ex eo quod dicit : *ferentem semen*, notant alii mundum factum in autumno. Sed concedendum, quod in vere fuit factus, ut dicit Glossa BEDAE illa : « *Patet in his* », et quod per efficaciam divinae virtutis terrae collatam simul cum viriditate maturitas fructuum producta est, et non posset

---

8 omne ... agri] *subl.* A 16 Et ... semen] *subl.* A 16 Germinet] *subl.* A 17 terra] *subl.* A 18 planta] *subl.* A 18 herbam] *subl.* A 20 virentem ... virentem] *subl.* A 24 facientem] *subl.* A 24 semen] *subl.* A 26-27 Ambrosius] *iter. i. m.* A 28 abundantiam] hũam A 28 pabuli] paludi A

---

16 ARISTOT., *De anima*, II, c. 4 (B 415a 29-b 1, b 4-5).

18 Ps. - ARISTOT., *De plantis*, II, c. 1 (822a 12-13).

26-27 AMBROS., *Hexaem.*, III, c. 10, n. 45 (CSEL 32^{1}, 89; PL 14, 174).

35-36 *Glossa* (I, 16).

esse opus naturae : unde hic G l o s s a BEDAE. « *Omnia creata* » etc. Unde BASILIUS : Brevissimo *temporis momento a germinatione* deitus incipiens *ut legem* crea*toris* impler*et*, *per omnes cr*escendi gradus mox ad maturitatem, quae nascebantur, evexit.

Sequitur : *et lignum*, ubi tria facit : primo tangit arborum productionem in suis primis individuis; secundo productionem fructuum cum ipsis ad esum et omnium brutorum et hominum creandorum : *pomiferum*. Tertio productionem seminis in ipsis ad individuorum multiplicationem et speciei conservationem : *cuius semen*.

Circa primum nota quod lignum, quod nomine suo solidam substantiam grossam et erectam dicit, stipitem arboris figurat hic, et per hoc totam arborem nomine ligni hic dat intelligere, quia stipes supportat totum pondus arboris, et, quod verius est, quia ex stipite magis arbor ab herba distinguitur, quam per aliam partem. Unde est consuetudo sacrae scripturae nomine ligni arborem intelligere : L e v i t i c i XXIII° : *Sumetis fructus arboris pulcherrimae spatulasque palmarum et ramos ligni densarum frondium* : et in P s a l m o : *Et erunt tamquam lignum quod plantatum est | secus decursus aquarum.* Unde AMBROSIUS : *Diximus* 231 va
*de herba. Nunc dicamus de ligno. Ut supra flor*ent*ibus herbarum viriditatibus, ita hic nemoribus terra vestita est. Concurrerunt arbores, consurrexerunt silvae. Hinc pinus, cypressus, in alta se extulerunt*, etc., secundum quod in pluribus generibus arborum inducit.

Quaeritur, quare non dicit : « lignum virens », sicut superius dixit : « herbam virentem ».

Dicendum quod non dixit, quia non est talis, quia herba virens est causa praedicta, lignum non, quia siccioris et terrestris naturae, et ideo humor in eo est magis digestus, vergens plus ad medium inter album et nigrum, quam ad viriditatem, nisi in foliis et novellis ramusculis, quae quasi herbae sunt.

Sequitur productio fructus. Ubi primo tangit fructus substantiam :

---

39 Basilius] *iter. i. m.* A 40 legem] lecem A 42 et lignum] *subl.* A 43 fructuum] *iter.* A 44-45 pomiferum] *subl.* A 46 cuius semen] *subl.* A 49 totam] totum A 53 ramos] lamos A. 55 Ambrosius] *iter i. m.* A 60 Quaeritur] Quaestio *add. i. m.* A 62 Dicendum] Solutio *add. i. m.* A

---

38 *Glossa* (I, 16).
39 BASILIUS, *Homiliae in Gen.*, II, n. 5 (PG 29, 103 C).
52 *Levit.*, XXIII, 40.
54 *Ps.* I, 3.
55 AMBROS., *Hexaem.*, III, c. 11, n. 47 (CSEL 32[1], 90; PL 14, 175 B).

pomiferum, ubi *alia translatio* quam exponunt AMBROSIUS et ORIGENES, habet : *fructiferum* : est enim « pomum novum » fructus generale, licet ex quadam consuetudine uni generi fructuum approprietur. Secundo tangit fructus qualitatem : *faciens* : id est producens; *fructum* : ad usum alium, maxime autem ad esum. Unde AMBROSIUS : *Hic est sobrietatis cibus, reliqui deliciarum atque luxuriae. Hic communis omnibus animalibus. Exemplum* igitur, *frugalitatis magisterium est, herbae simplicis victu olerisque vilis aut pomi contentos esse omnes oportere, quem natura detulit, quem liberalitas Dei primo donavit.* Unde BOETHIUS secundo De consolatione : *Felix nimium prior aetas, contenta felicibus arvis, nec inerti perdita luxu, facili quae sera solebat ieiunia solvere glande.* Et sumit ibi glandem pro generali nomine pomi.

Sed quomodo potest hoc stare cum sint quaedam arbores infructuosae, ut spinae, tribuli, etc. ?

Et respondet hic Glossa illa AUGUSTINI « *Quaeritur etiam* », quod fructus sumitur hic large pro quolibet usu seu utilitate. Nunc autem nulla est arbor quae non habet usum et utilitatem aliquam.

Unde AMBROSIUS : Properant arbores victum hominibus, pecoribus pabulum ministrare. Fructus communis est omnibus usus quoque datus, et omnibus simul utrumque arbores germinaverunt. *Singula* enim *eorum quae generantur ex terris, specialem quandam rationem habent qua pro vili portione complent universam* pulchri*tudinem creaturae. Alia ergo esui, alia usui. Nihil vacat, nihil inane « germinet terra ».*

Iterum quaeritur quomodo tunc contingit, quod aliqua sunt omnino usui contraria, ut plantae venenosae.

Et respondet AMBROSIUS, quod illud quod non valet usui unius, valet usui alterius, vel quod eidem non valet ad unum, valet ad alium,

---

68 pomiferum] *subl.* A 68 Ambrosius] *iter. i. m.* A 71 faciens] *subl.* A 71 fructum] *subl.* A 76-77 Boethius] *iter. i. m.* A 80 Sed ...] Quaestio *add. i. m.* A 82 Et respondet ...] Solutio *add. i. m.* A 85 Ambrosius] *iter. i. m.* A 89 qua] quae A 90 vacat] *vel* vacet A 91 Iterum ...] Quaestio *add. i. m.* A 93 Et respondet Ambrosius] Ambrosii solutio *add. i. m.* A

---

68 *Ibid.*, III, c. 6, n. 25 (CSEL 32[1], 76; PL 14, 166).

68 ORIGENES, *Homiliae in Gen.*, I, n. 3 (p. 5; PG 12, 149 B).

72 AMBROS., *Hexaem.*, III, c. 7, n. 28 (CSEL 32[1], 77; PL 14, 167 B).

76-77 BOETHIUS, *De consolatione philosophiae*, II, metrum 5, n. 138-139 (CC 94, 28; CSEL 67, 34; PL 63, 696 A-697 A).

82 *Glossa* (I, 16).

85 AMBROS., *Hexaem.*, III, c. 9, n. 38 (CSEL 32[1], 84-85; PL 14, 171-172).

93 *Ibid.*, III, c. 8, n. 39 (CSEL 32[1], 85; PL 14, 172).

dicens : *Quod tibi putas inutile, aliis utile est, immo* et *frequenter alio usu utile* est. *Quod escam non adiuvat, medicinam suggerit.* Omnia genera arborum utilia sunt, alia ad fructum nata, alia ad usum data. Nam et quibus non est fructus uberior, tamen est usus pretiosior, *et saepe quae tibi noxia sunt, aut avibus aut feris innoxium ministrant pabulum.*

Sed dicet aliquis : Cum omnia sint propter hominem, quae sunt homini nociva, non debent creari.

Respondet AMBROSIUS, dicens quod non est dignum in his quae utilia sunt, divinam gratiam confiteri, et propter aliqua noxia divinae gratiae derogare, nam *id quod periculi est, providentia declinatur,* et *quod salutis* est, *per industriam non amittitur.* Nec oportet dicere quod noxia post peccatum hominis ei creata sunt in poenam, ut tangit Glossa.

Quaeritur hic, quare circa herbas tantum tangit semen, non fructum.

Responsio est, quia non habent alium fructum quam semen, sicut arbores quarum species est perfectior et ideo plurimum productiva.

Sequitur : *iuxta* | *genus suum* : ut scilicet fructus respondeat ligno, et 231 vb
ligna diversa genere faciant fructus diversos genere, et eadem eundem, ut similia ex similibus procreantur et dissimilia ex dissimilibus.

Sequitur productio seminis : *cuius semen* : Glossa interlinearis : *de quo similia propagentur.*

In semetipso sit : ut non de alio quam de semine quod ex ipso est, possit simile sibi produci.

Sed videtur quod hoc non sit verum, quoniam non omnia ligna semina producunt, sed simile eis fit non ex semine, ut patet in salice.

AMBROSIUS respondet dicens quod *inest* nascentibus singulis *aut semen aut alia virtus seminaria, quia nequaquam fieri potest, ut non aut seminibus utantur universa gignentia, aut habeant aliqua <quae videantur> cum virtute seminum convenire. Nihil vi<de>ntur seminis habere salices, habent tamen in foliis granum quoddam, quod habeat virtutem seminis, ut eo commisso terris, tamquam de semine se exsuscitet. Sed et*

---

95 utile] inutile A 00 Sed ...] Quaestio *add. i. m.* A 2 Respondet ...] Solutio *add. i. m.* A 9 quarum] quorum A 10 iuxta ... suum] *subl.* A 13 cuius semen] *subl.* A 15 In ... sit] *subl.* A 19 aut] autem A

---

2 *Ibid.*, III, c. 9, n. 40 (CSEL 32[1], 86; PL 14, 172).

6 *Glossa* (cf. I, 16).

13 *Glossa interl.* (I, 16).

19 AMBROS., *Hexaem.*, III, c. 16, n. 33 et 66 (CSEL 32[1] : 81, 106; PL 14, 169 D, 184 D-158 A, 169 D).

reliquorum ad similitudinem huiusmodi generis arborum silvae habet et radicis generatio virtutem seminis. Sunt enim *nascentia quae de radice germinant, ut arbores quae non sunt satae, ex aliarum arborum radice nascuntur* : *est ergo in radice* eius *quaedam seminarii vis insita.* Aliis vero diverso munere series successionis acquiritur, quia, ut dicit PHILOSOPHUS in <De> plantis : Ubi est radix, et gramen. De surculo vel ramusculo enim deciso in pluribus arboribus fit arbor similis, vel per transplantationem vel per insertum. Item arguunt aliqui adhuc, quod dictum illud non sit verum, quoniam planta potest produci ex se sine omni semine, dicente PHILOSOPHO in De plantis : *Quaedam arbores nascuntur plantatae, quaedam vero ex semine, quaedam vero per se.*

Et est dicendum quod non est inconveniens aliquas species plantarum viles ex sola elementorum commixtione vel ex putrefactione nasci, sicut nascuntur aliquae species animalium. Sed illae non ponuntur a Deo productae actualiter in prima rerum productione, sed reservantur potentiae materiae et corporum caelestium. De illis autem quae primo creata sunt, non est ponendum simile fieri sine semine. Unde dicit ..., quod mus generatus ex terra non est eiusdem speciei cum illo qui generatur ex semine, quamvis AUGUSTINUS videtur sentire contrarium in quadam epistola. Sed de hoc nihil ad praesens. Est ergo sensus : *cuius semen* : hoc est genus seminantium, *in semetipso* sit, sicut effectus in propria causa est et dependet ab ipsa ; vel *cuius semen* : id est vis alia seminaria, *in semetipso sit* : in aliqua portione eius insita sit, licet granum extra non proferat. *Super terram* : non solum latens in terra : hoc addit distinguendo productionem secundam propagationis a productione prima, quoniam in prima productione plantarum de terra tota vis seminalis erat in terra, sed in hac vis seminalis est in ipsa arbore vel in eius grano super terram, et manet solum in terra vis, forma et nutritura seminis iacentis in terra, in qua generatione etiam sol et corpora caelestia cooperantur, licet nihil cooperata sunt in prima, dicente PHILOSOPHO, libro De plantis : *Sol est pater plantarum, terra*

---

41 ...] an̄ (Avicenna ?) A 45 cuius semen] *subl.* A 45 in semetipso] *subl.* A 46 cuius semen] *subl.* A 47 in ... sit] *subl.* A 48 Super terram] *subl.* A 53 nutritura] -tiva ? A

---

29 Ps. - ARISTOT., *De plantis*, I, cf. c. 16 (820b 40).

33 *Ibid.*, I, c. 16 (820b 29-30).

41 *Non inveni.*

43-44 Cf. Ps. - AUGUST., *De mirabilibus sacrae scripturae*, I, c. 7 (PL 35, 2158).

55 Ps. - ARISTOT., *De plantis*, I, c. 6 (817a 27-28).

vero mater. Unde has duas generationes distinguit Moyses, quando dicit 2º huius : *Istae sunt generationes caeli et terrae, in die quo fecit Dominus caelum et terram et omne virgultum agri, antequam oriretur in terra, omnemque herbam regionis priusquam germinaret. Fecit ergo Deus virgultum et herbam* : de terra fecit generatione, de qua hic dicitur : statim | producit *terra*, priusquam germinaret secunda generatione, quae 232 ra pluviam de caelo et agriculturam saepe requirit.

Quaeritur quare hanc regulam non apposuit supra circa semen herbarum.

Dicendum, quod hoc est quia arbores etiam habent rationes seminales in se ipsis praeterquam in semine, unde procreantur. Arbores enim per insertum et transplantationem ramorum fiunt. Non sic herbae, quae si habent rationes seminales in se, hoc non est nisi in radice sub terra, ut praecisae iterum crescant. Sequitur: *et factum est,* ubi describit Dei potentiam in producendo quae circa generationem disposuit : primo in producendo *causaliter*, secundo *actualiter : et protulit* : dicit ergo, et factum est : ita exponunt supra Glossae interlineares : « *Dicit* », et hic, quoniam ex eo quod dixit Deus : *Germinet terra,* vim creativam germinationis terra accepit, de cuius actu statim subdit : *et protulit,* ubi primo describit eum in herbis, secundo in arboribus et semine earum : *lignumque.* Dicit ergo : *et terra* : recepta vi germinandi perfecta, quando dictum est ei statim supra : *Germinet,* terra *protulit* : Glossa interlinearis : *actualiter*, non ex semine, sed ex virtute terrae a Deo collatae. Unde Basilius : *In* illa *prima* product*ione* non ex *iactis seminibus,* sed omnia producta sunt et perfecta voluntate Dei.

Protulit ergo terra actualiter, potentia scilicet germinativa terrae collata omnino indistante ab actu, ut subito prorumpat in actum, non per temporis successionem, ut fit in omni germinatione propagationis sequenti. Ubi enim in germinatione est successio, in prima germinatione, ut ait Ambrosius, ex *grano primo radix* c<*o*>*alescit*, ex *radice* demum

63 Quaeritur ...] Quaestio *add. i. m.* A 65 Dicendum ...] Solutio *add. i. m.* A 69 Et ... est] *subl.* A 71 Et protulit] *subl.* A 72 exponunt] -nent A 72 Glossae] -sa A 72 interlineares] -ris A 74 et protulit] *subl.* A 76 lignumque] *subl.* A 76 et terra] *subl.* A 77 Germinet] *subl.* A 77 protulit] *subl.* A

57 *Gen.*, II, 4-5.
72 *Glossa interl.* (I, 16, 17).
77-78 *Glossa interl.* (I, 17 A).
79 Basilius, *Homiliae in Hexaem.*, cf. V, n. 2 (PG 29, 98 B); V, c. 5 (PG 29, 103 C).
85 Ambros., *Hexaem.*, III, c. 16, n. 66 (CSEL 311, 106; PL 14, 185 A).

erumpit surculus. *Surculi enim*, ut dicit PHILOSOPHUS in De plantis, sunt qui a radice *arboris*. Demum in herbis cum erumpit, fit gramen. Gramen fit herba. Herba autem, cum paululum adoleverit, fit faenum. In arboribus autem arbor de surculo tamquam ex semine se excuscitat : inde fit fructus. Non sic processum est hic, sed totum simul factum est, quia, ut ait AMBROSIUS, « *Germinet* », *inquit*, « *terra* ». *Et continuo parturiens terra novos se effudit in partus. Induit se amictu viriditatis diversis graminibus, proprios suscepit ornatus, subito terrarum germina pullularunt.* « *Dixit, et facta sunt* ». *Et subito ut florentibus herbarum viridibus, ita nemoribus terra vestita est. Herbam virentem et afferentem semen* : expone ut prius. Sequitur quod ibi non erat additum : *Iuxta genus suum* : expone ut supra : Glossa interlinearis : *de tritico triticum, de legumine legumen.* AMBROSIUS : *Inest enim singulis aut semen, aut virtus aliqua seminaria, et ea secundum genus ut quod nascatur ex ea simile eorum, quae sata sunt, vel quorum de radice sit, germinet* : *<de tritico> triticum, de milio milium, de pyro pyrus, castanea quoque surgit de radice castaneae,* ut numquam arborum gratia vacaret. ORIGENES, 1° : *Ut semper ex his seminibus quos in se habet, fructus possit afferre.*

Et est hic quaestio, quare hoc appositum est de herba et de arbore, non statim supra.

Ratio est, quia assimilatio a specie est ut est in actu, et non ut in potentia. Supra autem ex eo quod dictum est : *Germinet*, tangitur potentia germinandi terrae collata, hic vero actus, cum dicitur : *protulit.* Ideo potius ponitur hic : *afferentem semen iuxta genus suum,* quod pertinet ad productionem similis in specie, quam ibi.

Et hic advertendum, quod dixit Moyses : *Produxit terra*, et non : « Protulit Dominus de terra ». Hoc enim dixit significando, quod non solum virtute sua de terra produxit herbas et arbores, immo etiam ipsi terrae contulit vim productivam activam et passivam ad modum seminis dispositi ultima dispositione, quae est necessitas, qua ipsa

---

91 Ambrosius] *iter. i. m.* A 95 Herbam ... semen] *subl.* A 96 Iuxta ... suum] *subl.* A 4 Et est ...] Quaestio *add. i. m.* A 6 Ratio ...] Solutio *add. i. m.* A 9 protulit] *subl.* A 9 afferentem ... suum] *subl.* A 9 genus] gm̄ *sed in* genus *corr.* A 11 Produxit terra] *subl.* A

---

86 PS. - ARISTOT., *De plantis*, I, c. 10 (819a 24-25).

91 AMBROS., *Hexaem.*, III, c. 8, n. 34 (CSEL 31^{1}, 81 ; PL 14, 169).

97 *Glossa interl.* (I, 18 D).

98 AMBROS., *Hexaem.*, III, c. 8, n. 33 (CSEL 31^{1}, 81 ; PL 14, 169).

2 ORIGENES, *Homiliae in Gen.*, I, n. 4 (PG 12, 149 D).

produxit illa sine omni alia actione agentis creati. Quia tamen hanc virtutem terra habuit a Deo, aperte fuisset dictum : *Et protulit Deus de terra*, secundum quod | dicitur infra secundo : *Produxitque Dominus* 232 rb
Deus de terra omne lignum pulchrum visu.

Sed, ut ait AMBROSIUS, *fortasse quis dicat: Quomodo secundum genus terra profert semina, cum plura* semina *iacta degenerent, et cum bonum triticum fuerit seminatum, decolor eius species et inferior forma reddatur?*

Et respondet dicens : *Hoc, si quando* accidit, non *ad translationem generis, sed ad aegritudinem quandam et inaequalitatem seminis videtur esse referendum. Non enim desinit esse triticum, si aut frigore aduratur aut imbre madidetur, sed colore et corruptione mutatum* est.

Denique madidata frumenta in sui generis speciem revertuntur, si aut sole aut ignibus torreantur, itaque reparatur in sobole, quod degeneraverat in parente. Et quod omnis talis diversitas accidentalis sit, patet ex PHILOSOPHO, qui dicit in De plantis: *Non omnis planta producit semen simile semini, a quo orta est. Quaedam enim melius faciunt et a quibusdam malis seminibus bonae arbores proveniunt. Et non proveniunt de facili ex semine malo planta bona, nec ex bono semine arbor mala.* Unde et secundum eandem diversitatem accidentalem debet intelligi quod subdit de mutatione specierum in plantis, dicens : *Plantarum quaedam transmutantur in aliam ut nux cum inveterata fuerit. Dicunt quoque quod calamentum mutatur in mentam, et triticum mutatur in* nigellam.

Sequitur : *lignum* : quare non apponit « pomiferum »? Quia sufficit quod supra positum est, maxime cum statim sequitur : *faciens fructum.* Alia translatio, quam exponit ORIGENES, illud habet dicens sic : *et lignum fructiferum. Faciens fructum* expone ut prius *sementem* : id est semen, quia, ut dicit STRABO in illa Glossa : *Sementis, sementum* est *cuiuscumque rei exordium*, ubi dat differentiam inter semen et sementum et seminium. Alia tamen differentia assignatur, quia *sementis* dicitur,

---

20 Ambrosius] *iter. i. m.* A 25 aut] autem A 31 semini] simili A
38 lignum] *subl.* A 39 Faciens fructum] *subl.* A

---

18 *Gen.*, II, 9.
20 AMBROS., *Hexaem.*, III, c. 10, n. 43 (CSEL 32^1, 87; PL 14, 173).
23 *Ibid.*
30 Ps. - ARISTOT., *De plantis*, I, c. 16 (A 821a 2-5, 7-9).
35 *Ibid.*, I, c. 17 (821a 27-32).
40 ORIGENES, *Homiliae in Gen.*, I, n. 4 (p. 6; PG 12, 149 C).
42 *Glossa*, (I, 17).

dum est in horreo, antequam seminatur; *semen, dum seritur*; *seminium, quando iactum iam latet in terra.*

Quaestio est, quare hic dicit : *secundum speciem*, et supra de fructu arboris dixit *secundum genus*, et de semine herbae similiter.

Potest dici quod idem est re, quia genus ibi ponitur pro manerie rei, unde alia translatio hic habet : *secundum genus.*

Respondeo : causa diversitatis potest esse ex parte fructus, quia fructus minus tenet speciem quam semen, cum ex semine species habet produci, non ex fructu. Ex parte autem seminis herbae ratio est, quia distinctio specifica minus evidens est in herbis quam in arboribus, sicut universaliter minus evidens est in plantis quam in animalibus.

Item quaeritur quare hic non addit « super terram », sicut supra.

Potest dici : quia sufficit semel apposuisse, unde et potuit hic apponi, secundum quod apponit alia translatio.

Vel potest dici quod in generatione facta in actu, apparet in generato quia semen fuit separatum super terram : non sic apparuit generatione existente in potentia. Unde cum hic loquitur de generatione ut iam est in actu, ibi ut fuit in potentia, ibi debuit illud apponi, ut dictum est, et non hic. *Et vidit Deus* : expone ut supra. *Quod esset bonum* : quia valens ad usum hominum et animalium et terrae ornatum ; cetera expone ut supra.

Et in hoc terminatur de ornatu terrae affixo ei.

DE OPERE 4^{ae} DIEI.

Sequitur pars de ornatu caeli sibi affixo : *Dixit autem Deus* : « *Fiant luminaria* », etc. : ubi dicit AMBROSIUS : *Caelum velut quibusdam floribus coronatum, ita ignitis luminaribus nitet.* Dividitur autem haec pars in duo : quia primo describit productionem ornatus corporum caelestium : solem, lunam et stellas, et per consequens totius mundi ;

47 Quaestio est ...] Quaestio *add. i. m.* A 49 Potest dici ...] Solutio *add. i. m.* A 51 Respondeo ...] Solutio *add. i. m.* A 56 Item quaeritur ...] Quaestio *add. i. m.* A 57 Potest ...] Responsio *add. i. m.* A 65 supra] *Quod esset bonum* : quia valens ad usum hominum et animalium et terrae ornatum ; cetera expone ut supra. *add.* (*homoeoceph.*) *sed* va cat *sup. lin.* A 67 De ... diei] De opere quarti diei *in marg.* A 68-69 Dixit ... luminaria] *subl.* A 70 ignitis] cognitas A 72 solem] -le A 72 lunam] -na A

69 AMBROS., *Hexaem.*, IV, c. 2, n. 5 (CSEL 32^1, 114; PL 14, 190 A).

secundo describit illius productionis consummationem : *Et factum est vespere* : quod expones ut supra.

<*Productio ornatus corporum caelestium*>

Item in prima parte tria facit, quia primo describit opus sapientiae Dei in disponendo | huius ornatus productionem, secundo opus poten- 232 va
tiae in faciendo productionem instantem : *Et factum est ita*; tertio opus bonitatis eius in approbando iam producta : *Et vidit Deus*, quod expones ut supra.

<Opus sapientiae Dei in disponendo huius ornatus productionem>

Circa primum duo facit, quia primo describit quomodo Deus disposuit : *Dixit autem Deus* : expone ut supra; secundo describit, quid disposuit : primo quoad ipsa ornamenta, secundo quoad ornamentorum effectus : *et dividant*. De primo dixit : *Fiant* : expose ut supra.

Est hic quaestio, quare non dicit hic : « Producat caelum luminaria », sicut supra dixit : *Producat terra herbam virentem*. Et est ratio, quia vim et potentiam productivam herbarum dedit et commisit terrae, ut dictum est supra. Non sic caelo, sed solus immediate produxit luminaria. *Dixit* igitur : *Fiant*, et addit quid fiendum : *luminaria* : id est corpora quasi vasa, luminis in se susceptiva, aggregativa et contentiva. Luminare enim est ipsum corpus, in quo est lux fundata sicut accidens in substantia, et hic totum corpus cum suo lumine appellatur « stella ». Non enim stella solum est luminis aggregatio in parte orbis determinata, ut lux sola sit eius substantia; non solum est corpus luminare, scilicet lucis susceptivum, densior pars orbis; sed est totum aggregatum corpus ipsum aggregans lucem propter suam densitatem, cum in partibus vicinis transparet propter suam raritatem. Per hoc patet quare non dicit hic : « Fiant stellae », sicut : *Fiant luminaria*. Et est ratio, quia lux, quae est forma stellae, prius creata est prima die, hic autem creatur eius vehiculum, sicut lucerna in qua debet reponi, quae vocatur « luminare ». Unde BASILIUS in suo Hexaemeron : Prius *natura lucis est producta, nunc corpus solare* effectum est, quo superferetur illud

78 Et ... ita] *subl.* A 79 Et ... Deus] *subl.* A 83 Dixit ... Deus] *subl.* A 85 et dividant] *subl.* A 90 Fiant] Fiat *et subl.* A 90 luminaria] *subl.* A 94 Non enim ...] *signum* X *add. i. m.* A 2 Basilius] *iter. i. m.* A

2 BASILIUS, *Homiliae in Hexaem.*, VI, n. 2 (PG 29, 122 B).

primogenitum lumen. Et sicut *aliud est ignis, aliud lucerna*, sic et sincerissimae *illi luci* pro vehiculis quibusdam luminaria ista subiec*ta sunt.*

Est autem advertendum, quod non est intelligendum quia creat hic quarta die ipsum luminare quoad substantiam suam, quia est de substantia corporis caelestis in quo incedit, ut dicit PHILOSOPHUS, II° Caeli et mundi, illud autem quoad substantiam suam fuit creatum prima die, et distinctum secunda die, ut dictum est supra. Sed quod hic dicitur facere luminaria, hoc magis debet intelligi quoad illam dispositionem densitatis, qua sunt luminis aggregativa, quam quoad substantiam. Non enim quaecumque pars orbis luminare appellatur, sed illa quae sic disposita est, ut sit luminis aggregativa, etiam licet actu non aggreget ipsum in se, sicut patet in luna, quae luminare est etiam cum in eclipsi universali totaliter lumine privatur quod mutuat a sole, unde, quia naturalem conservat densitatem, etiam tunc aliquid luminis naturalis conservat, per quod eius rotunditas cognoscitur etiam in eclipsi. Unde quia sic fecit luminaria magis quoad dispositionem accidentalem in ipsis quam quoad substantiam, et accidentis esse est inesse, statim subiungit de subiecto in quo fecit:

In firmamento caeli : id est in firmamento, quod prius appellatum est « caelum ». Hoc etiam dicit ad differentiam aliorum caelorum in quibus nulla est stella, sive lucidi sint sive non. Fecit ergo non sicut partem in toto secundum substantiam, sed sicut dispositionem partis existentis in toto, qua facta statim lux aggregata fuit in illo luminari, ut posset lucere quae prius fuit transparens, et ideo producere luminare et producere stellam, quia unum alterum concomitatur. Propter quod scriptura inter haec nullam facit distinctionem, nec nos ergo distinguamus.

Sed forte dicet aliquis quod eadem ratione debuisset dixisse supra de luce : « Fiat lux in caelo ».

Dicendum quod in rei veritate lux prima tunc facta fuit in caelo, ut dictum erat ibi, sed hoc non dicit scriptura sicut hic, quia ibi nondum facta erat aliqua caelorum distinctio sicut hic, ante luminis creationem.

Quoad alia, expone *firmamento caeli* ut supra.

---

6 Est ...] Nota *add. i. m.* A 22 In ... caeli] *subl.* A 24 sint] sunt A 31 Sed ...] Obiectio *add. i. m.* 33 Dicendum ...] Solutio *add. i. m.* A 36 firmamento caeli] *subl.* A

8-9 ARISTOT., *De caelo*, II, cf. c. 11 (B 291b 11-23).

Sequitur dispositio sapientiae Dei quoad effectus luminarium, ubi describit effectus quatuor luminarium. Et cum duplex | sit effectus 232 vb sicut et actus ipsius formae : unus primus, alius secundus, actus lucis quae est forma stellae sive luminaris, primus est lucere sive illuminare, actus vero secundus est distinguere illuminando. Primo igitur tangit tres actus distinguendo, secundo tangit unum actum illuminandi ibi : *ut luceant*. Stella autem distinguitur tripliciter, quia in stella tria sunt sicut in qualibet alia re secundum PHILOSOPHUM : substantia, virtus et operatio. Substantia sua, id est luce, unde stella est, distinguit inter diem et noctem. Virtute distinguit inter duos effectus quorum signum et causa. Operatione sua, id(?) est motu, distinguit inter tempora.

Tangit ergo primam distinctionem ex primo actu lucis, qui est illuminare, cum dicit :*Et dividant* : Glossa interlinearis : *discernendo* inter *diem* quem causat ex sua praesentia, et *noctem*, quam causat ex sua absentia

Moveri hic potest quaestio, ut ait AMBROSIUS, *quia supra ubi lumen fecit, Deus separavit inter lucem et tenebras*, vocavitque lucem « diem » et tenebras « noctem », quomodo ergo hic dicit : *Et divida*<n>*t diem ac noctem.*

Dicendum quod diei ac noctis duplex est distinctio : una qualitativa et alia quantitativa. Qualitativa, qua distinguitur dies et nox sicut lux et tenebra, habitus et privatio, Quantitativa est illa, qua distinguitur dies et nox sicut morae quaedam et successiones.

Qualitativa autem duplex est : una quae consideratur penes differentiam lucis et tenebrae sine omni earum successione unius post aliud. Alia vero, qua concomitatur successio, licet penes ipsam non sumitur differentia.

Distinctionem qualitativam primo modo, qua lux distinguitur a tenebra, eam sumendo ut non maneat in lucis praesentia, fecit lux primae diei, noctem tenebrarum principium sumendo sed nullam successionem causando. Unde fecit lux illa, quantum in se erat, diem per totum triduum, et si habebant dies illae vespere et mane, hoc non erat ex natura lucis, sed ex spatio morae temporalis, licet illa per motum

---

37 Sequitur ...] Nota *add. i. m. sub col. a* A 49 Et dividant] *subl.* A 50 diem] *subl.* A 50 et noctem] *subl.* A 62 Alia] -us A

---

44 ARISTOT., cf. *De caelo*, II, c. 12 (292a 20-21, b 1-2).

45 *Glossa interl.*, (I, 19-20).

52 AMBROS., *Hexaem.*, IV, c, 3, n. 8 (CSEL 32^1, 115-116; PL 14, 191).

secundum nondum distinguebatur. Qualitativam vero distinctionem secundo modo lux solis et stellarum faciunt, et est illa quam tangit cum dicit : *et dividant.*

Quantitativa vero distinctio est illa quam tangit : *et dies et annos.* Unde AMBROSIUS : *Non solum unum signum sed etiam duo esse voluit diurnae discretionis atque nocturnae, ut et lux discretionem faciat, et solis exortus, et iterum lucis defectus et stellarum* exortus *inter occasum diei distinguat et noctis exordium. Nam ubi occidit sol, manet adhuc aliquid reliquiarum diei, donec tenebrae terram operiant et tunc luna oriatur et stellae. Et de nocte quidem aperte liquet, quia lunae et stellarum illuminatio noctis spatium testantur siquidem per diem fulgorem illum lunarem stellarumque omnium solis exortus abscondit. Oriente* ergo *diei lumine nox fugatur*; discedente *die nox infunditur. Hoc Dominus in* sua *prima operatione constituit* : *etenim quando lumen fecit, et discretionem fecit inter lucem et tenebras. Est enim ut peritiores probaverunt, nox umbra terrae. Fecit ergo solem, lunam et stellas, et praestitit illis mensuras temporum* : *soli diurnas, lunae stellis*que *nocturnas, ut iste augeat diei gratiam, illae noctis tenebras illuminent.*

Sequitur distinctio inter effectus, quos causant luminaria sua virtute, cum dicit : *Et sint in signa.* AMBROSIUS dicit hic : *Non possumus negare quin a sole et luna et stellis signa aliqua colligantur, nam et Dominus dicit* : « *Et erunt signa in sole et luna et stellis* ». *Sed conveniens debet curae nostrae mensura* conservari. *Denique nonnulli nativitatum tentaverunt exprimere qualitates, qualis futurus sit unusquisque qui natus sit, cum hoc non solum vanum, sed etiam inutile sit quaerentibus, impossibile pollicentibus.* Imprimis ergo hic cavenda est expositio erro-|nea 233 ra
ne credamus luminaria esse in signa qualiscumque quisque futurus sit.

Quod AMBROSIUS reprobat ducendo ad duo inconvenientia. Primo quia tunc *nemo deberet vitam moresque mutare et eniti* quod *melior fiat.* Secundo, quia tunc *neque probum potes laudare neque condemnare improbum, qui necessitati nativitatis suae respondere videantur* : et ita leges in vanum promulgatae sunt, quibus poena improbis discernitur et securitas defertur innoxiis.

---

72 et dividant] *subl.* A 73 et ... annos] *subl.* A 89 Et ... signa] *subl.* A 92 Denique ...] *add. i. m. verbum quod partim disparuit religando* A 97 Quod Ambrosius ...] Reprobatio *add. i. m.* A

---

74 *Ibid.*, IV, c. 3, n. 8 - c. 4, n. 14 (CSEL 32^1, 116-118; PL 191 C-193 A).

89 *Ibid.*, IV, c. 4, n. 12 (CSEL 32^1, 118; PL 14, 193).

97 *Ibid.*, IV, c. 4, n. 13 (CSEL 32^1, 119; PL 14, 193).

Demum apponenda est expositio catholica, secundum AUGUSTINUM in magna Glossa, dicendo quod sunt in *signa non vanitatis sed utilitatis, quae nautae observant vel quilibet homines, ad praevidendum aeris qualitates.* Quod exponit IOANNES DAMASCENUS dicens : *Ex ipsis sunt signa imbris et siccitatis, frigiditatis et caliditatis, et ventorum,* fluxus maris et refluxus, et huiusmodi; *actuum autem nostrorum nequaquam. Nos enim liberi a conditione* creat*i, nostrorum actuum domini* su*mus.*

Sequitur distinctio inter tempora : *et tempora et dies et annos.* Hic secundum AUGUSTINUM in magna Glossa, primo cavendus est error, ne hoc ita dictum videatur *quasi quarto die coepissent tempora, cum prius per triduum sine tempore non fuerit. Nam,* ut dicit, *secundum etiam quod dictum fuit prius, si aliquis motus corporalis vel spiritualis conditionem luminarium praecessit, ut aliquid a futura exspectatione per praesens in praeteritum transierit, sine tempore esse non* pot*erit.*

Demum apponenda est vera expositio, dicendo, secundum AUGUSTINUM in Glossa, quod *tempora quae fiunt,* non *spatia* h*orarum,* quae scilicet fuerunt prius, *sed vicissitudinem affectionum,* id est motuum, *caeli* aperte distinctorum penes ortum et occasum, quae prius non poterunt distingui, *debemus hic accipere.* Unde dicit hic IOSEPHUS : *Quarto die* orna*vit caelum sole et luna,* q*u*ibus horarum distinctiones manifeste design*arentur.* Unde ad hoc significandum BEDA in parva Glossa legit praecedentem clausulam cum ista quasi sint una, sic : *et sint in signa et tempora* : id est « in signa temporum ». Unde dicit BEDA : « *Et sint in signa,* » etc. « *Quia priusquam sidera fierent,* » etc.

De temporum distinctione dicit AMBROSIUS : *Tempora autem quae sunt, nisi mutationum vices : hiems, ver, aestas, atque autumnus* ? Et AUGUSTINUS in Glossa, quia : *Sol ab aequinoctiali circulo vernali ad*

4 in signa] *subl.* A 5 quae] quam A 6 Damascenus] *iter. i. m.* A 11 et ... annos] *subl.* A 14 prius] per *add.* A 22 debemus hic accipere] *post* designarentur (24) A 22 Iosephus] *iter. i. m.* A 26 et ... tempora] *subl.* A 27 Et ... etc.] *subl.* A 28 Ambrosius] *iter. i. m.* A

4 *Glossa* (I, 18 E).
6 DAMASC., *De fide orthod.*, c. 21 [II, c. 7] (90; PG 94, 983).
12 *Glossa* (I, 18 D).
19 *Glossa* (I, 18 D).
22 IOSEPHUS, *Antiq. iud.*, I, c. 1 (p. 4).
24-25 *Glossa* (I, 19).
28 AMBROSIUS, *Hexaem.*, IV, c. 5, n. 21 (CSEL 32[1], 127; PL 14, 198).
30 *Glossa* (I, 18 E).

solstitium brumale perveniens, et inde *ad aequinoctium vernale rediens, quatuor anni tempora determinat. Luna* vero *post aequinoctium vernale vespere plena procedens, paschalem terminum facit,* Et similiter stellae fixae ortu et occasu suo tempora significant, si sit inspiciens. *Sunt autem in dies,* secundum AMBROSIUM, *ut per totum <diem> designandi eius habeant potestatem cursus sui munere* : *circumferunt* enim *lumen.*

Nota quod duplex est dies : naturalis scilicet et artificialis. Dies artificialis est illa qua sol moratur in nostro hemisphaerio, quae dividitur ex opposito contra noctem plus qualitative quam quantitative, quarum duplex distinctio assignata est supra, ut dictum est; in cuius distinctionem sol, luna <et> stellae potestatem habent, ut dictum est. Dies naturalis est totum illud spatium, per quod sol ab ortu vergit in occasum, et iterum revertitur ad ortum distinctum per 24 horas. Quomodo diversi diversimode initium diei accipiunt : vel ab ortu solis vel a vespere vel a meridie vel a media nocte, de hoc impertinens est hic discutere. Dies iste continet sub se noctem. De huiusmodi distinctione quantitativa loquitur hic scriptura et non est diei contra noctem ut nox est, sed in suas partes quantitativas sive sicut diei artificialis sive noctis. In huiusmodi diei distinctionem solummodo sol habet potestatem, quia solummodo penes eius motum determinatur; aliae tamen stellae etiam significant horas eius motibus suis per distantiam quam habent ad solem.

In annos sunt sol, luna, et singuli planetae, quamvis *homines,* ut ait TULLIUS, primo De re publica, *populariter tantum annum solis metiuntur.* Ubi dicit MACROBIUS : | *Annus non is solus est, quem nunc* 233 rb
communis omnium usus appellat, sed singulorum sive *luminum* sive *stellarum, emenso omni caeli circuitu, certo loco in eundem locum reditus annus est.* Et appellatur annus cuicumque planetae mora motus sui, in qua peragat totum zodiacum, redeundo ad eundem punctum a quo processit. *Et* habent *annum* quidam *planetae breviorem,* quidam *prolixiorem,* ut dicit hic AUGUSTINUS in Glossa, et statim videbitur secundum

33 plena] plana A 35 <diem>] cf. *infra,* p. 125, 16 36 munere] cum *vel* con- *add. sed exp.* A 37 Nota ...] *iter. i. m.* A 40 quarum] quorum A 40 in] im *sed in* in *corr.* A 46 huiusmodi] huius A 53 singuli] -ae A 54 Tullius] *iter. i. m.* A 55 Macrobius] *iter. i. m.* A

35 AMBROS., *Hexaem.*, IV, c. 5, n. 24 (CSEL 32^1, 131; PL 14, 200 B).

54 CICERO, *De re publica,* VI, c. 22 (p. 134).

55 MACROBIUS, *Commentarii in somnium Scipionis,* II, c. 11, n. 6 (p. 128).

61 *Glossa* (I, 18).

Macrobium. Sed de hoc non oportet nos hic esse sollicitos, sed in distinctione anni solaris et lunaris, quia distinctiones temporum penes ipsorum cursum magis considerat ecclesia, magis immorandum est. Dicitur autem « annus » : ab « an », quod est circum, et « eo, is » : quia est spatium in quo circuitum suum planeta complet incipiendo a determinato puncto zodiaci sub quo currit, et redeundo ad ipsum. Et ideo annus antiquitus solebat describi in specie anguis vorantis caudam suam. Unde et secundum quosdam dicitur annus, quia ad modum anguis caudam suam vorantis se habet. Ut autem de quolibet aliquid tangamus, sciendum quod secundum Physicos annorum quidam est mundanus, quidam humanus. Annus mundanus, ut dicit Tullius iste De republica, est *cum ad idem unde semel profecta sunt, cuncta astra redierint eandemque totius caeli descriptionem quam prius, retulerint.* Super quo dicit Macrobius : *Annus qui mundanus vocatur, conversione plenae universitatis efficitur, cuius finis est cum stellae omnes omniaque sidera a certo loco ad eundem locum ita remeaverint, <ut> ne una quidem caeli stella in alio loco sit quam in quo fuit, cum omnes aliae ex eo loco motae sunt. Hoc autem, ut physici volunt, post annorum XV <millia> peracta contingit. Ille ergo verus annus est, quem non unius astri, sed stellarum omnium ad eundem locum reditus concludit, in quo* ut dicit Tullius, *quam multa hominum saecula teneantur.* Humanus vero annus est, quem homo in saeculo suo notare potuit, quem non stellarum omnium, sed plurium vel unius reditus concludit, secundum quem modum quilibet planeta habet suum annum, e quibus tres, ut dicit Plato in primo Timaei, *pari velocitate moventur,* et ita simul annum incipiunt et finiunt. Isti sunt *sol, Venus, et Mercurius. Sed notandum est hic, quod* Plato hic dicit quoniam non multum interest temporis, quin isti tres cursus suos simul terminent. Aliquid tamen interest, ut dicit Glossa super Platonem, quoniam Venus cursum suum in CCC diebus, Mercurius in CCCXXXVI, sol vero in CCCLXV et

62 sollicitos] -citatum A   67 currit] currunt A   71 physicos] Physici *add. i. m.* A   72 Tullius] *iter. i. m.* A   86 Plato] *iter. i. m.* A   91 CCC] tot *del. sed exp. et* CCC *sup. lin.* A

62 Cf. *infra*, 75 sqq.
71 Cf. *infra*, 79.
72-73 Cicero, *De re publica*, vi, c. 22 (p. 134).
75 Macrobius, *Commentarii in somnium Scipionis*, ii, c. 11, n. 8-12 (p. 128-129).
82 Cicero, *De re publica*, vi, c. 23 (p. 134).
86 Plato, *Tim.*, cf. 38 d (p. 31).
90 Chalcidius, *Commentarius in Platonis Timaeum* (cf. p. 117, 15).

quadrante unius diei. Venus enim signum unum in XXV, Mercurius in XXVIII, sol in XXX diebus perficit, quibus concurrentibus secundum XII signa patent dierum anni in singulis. Hanc diversitatem considerans MACROBIUS, dicit quia *cursus Veneris atque Mercurii paene par soli est*, et dicit de annis aliorum, quod *mensis, lunae annus est, in* <*tra*> *quem caeli ambitum lustrat. Nam et* <*a*> *luna dicitur mensis, quia graeco nomine luna « mene » vocatur*, de quo amplius videbitur infra.

Martis vero annus, ut dicitur, fere biennium tenet; Iovis autem stella<e> XII anni; Saturni autem XXX. Et hoc sumendo proportionem annorum secundum annos solares communes, quia, ut dicit TULLIUS, *homines* loquelariter, id est *populariter annum* solummodo *solis metiuntur*, quia, ut dicitur in Computo astronomo, *VII planeta*rum principales *sunt sol* et *luna*, et secundum eorum cursus computus ab antiquo traditus est, eorum annos in se et comparatis eis ad invicem inspiciendo.

De anno igitur solari absoluto intelligendum, quod annus solaris communis est, quo sol totum zodiacum peragat, ad eundem punctum redeundo unde recessit, | quod facit in CCCLXV diebus naturalibus 233 va et quadrante. In zodiaco autem XII sunt signa, unde « zodiacus » graece, latine signifer dicitur. Illa XII signa in XII partes aequales dividunt zodiacum et ita totum firmamentum, quia zodiacus est naturalis circulus in firmamento. Singulis autem signis certa indita sunt vocabula, id est aries, taurus, etc. Sol autem unumquodque signorum XII in XXX diebus et X horis et dimidia pertransit, et hic est mensis naturalis solaris. Duodecies autem XXX dies CCCLX fiunt; duodecies vero X horae CXX sunt, quae sunt quinquies XXIV horae, id est dies quinque; duodecies vero dimidia hora sex integrae horae sunt. Et sic colligitur in universo annus communis solaris et naturalis ex duodecim mensibus naturalibus, CCCLXV dierum et quadrantis : id est quartae partis dies. Ex quo patet, quod integros dies computando, sol non redit in anno ab eodem in idem in zodiaco, quia si computentur CCCLXV dies, restat spatium VI horarum. Si ergo velimus significare

---

95 Macrobius] *iter. i. m.* A 2 Tullius] *iter. i. m.* A 20 et] quantit *add. sed exp.* A

---

95 MACROBIUS, *Commentarii in somnium Scipionis*, II, c. 11, n. 7 (p. 128) et II, c. 11, n. 6 (p. 128).

98 Cf. *infra*, p. 123, 33 sqq.

2 CICERO, *De re publica*, VI, c. 22 (p. 134).

3 Cf. RABANUS MAURUS, *Liber de computo*, c. 37 (PL 107, 689); ANONYMUS, *Liber de computo*, c. 112-115 (PL 129, 1327-1329).

reditum solis ad idem punctum diebus integris, ut nihil restet, nihil abundet, cum hoc non potest fieri in isto anno naturali, oportet ulterius procedere et illas VI horas quae in anno communi sunt super CCCLXV dies per IV annos colligere, ut collectae sint XXIV horae, quae constituunt unum integrum diem, qui VI° kalendas martii aliis imponitur. Et dicitur annus ille bisextilis, eo quod VI° kalendas <martii> bis profertur, ut habeat ille annus IV^{us} CCCLXVI dies integros, alii tres praecedentes CCCLXV solum. Et sol istum IV^{um} annum per integros dies non finit ubi primum incepit.

De anno lunari sciendum, quod dicitur multis modis.

Primo enim modo annus lunaris in se sibi proprius est mora qua pertransit totum zodiacum, redeundo ad punctum a quo recessit, quod fit in XXVII diebus et VIII horis, quia cum in zodiaco sunt XII signa et in quolibet luna moratur per duos dies et VI horas et per bisextium, id est duas partes horae ; in toto ergo moratur XXIV diebus et duodecies sex horis (sexies duodecim horae et ter XXIV, quae sunt 3 dies) : et ita sunt XXVII dies, et XII bisextia, quae sunt VIII horae.

Secundo modo dicitur annus lunae mora in qua illuminata primo recedit a sole, et consequitur eam ut iterum ab eo illuminetur, quod fit in XXIX diebus et XII horis. Et dicitur iste annus proprie lunatio. Iste annus excedit primum, quia cum venit luna ad primum punctum, ubi prius erat accensa, solem ibi non invenit, quia aliquantulum proprio motu processit, unde ad eum consequendum consumit II dies et IV horas. Isti modi anni lunaris non sunt usitati.

Tertio modo dicitur annus lunaris mora XII lunationum, et est annus lunae communis habens CCCLIV dies, et exceditur ab anno solari in XI diebus. Constat ergo annum istum lunarem aut non terminari, aut non finiri in eodem puncto zodiaci cum anno solari, quare cum perfectus lunaris cursus esse non possit nisi solem consequatur in eodem puncto in quo ipsum reliquit, totum illud tempus notatum erat et dictum est annus cycli lunaris. Et est cyclus spatium plures annos continens et per hoc in se revertens. Et continet iste cyclus lunaris XIX annos solares, unde ubi semel est luna nova in parte aliqua zodiaci vel in aliqua littera dominicali calendarii, non erit nova ibidem ante XIX annos.

Alii sunt modi annorum ut cycli solaris XXVIII annorum communium solis, annus | embolismalis XIII lunationum, annus cycli 233 vb
decennovennalis X et IX annorum communium solis, annus magnus

34 Primo] 1us *add. i. m.* A 41 Secundo ...] 2us *add. i. m.* A 48 Tertio ...] 3us *add. i. m.* A

paschalis XXXII annorum, qui non sunt naturales, et ideo compotistis considerandos relinquamus.

Sunt ergo *in signa*, quia sunt indicativa effectuum, quos causant sua virtute, *et tempora et dies et annos*, quia sunt eorum distinctiva suo motu. Sequitur : *ut luceant*, ubi tangit duplicem effectum sive actum primum lucis, quorum unum tamen est ab alio : unus manens in se ipso, qui est lucere, transiens in alium, qui est illuminare. Differentia enim est inter lucere et illuminare, quia lux in corpore luminoso splendore suo quem habet, in se lucet, sed illud quod est extra se, lumine quod diffundit, illuminat. Dicit ergo : *ut luceant* : id est splendore sive claritate sua fulgeant et luce sua sese ubi sint, ostendant. Propter quod addit : *in firmamento caeli*, id est in loco firmamenti, ubi sita sunt. Et appellat hic « firmamentum » orbem, in quo sita est stella. Ceterum expone *firmamentum caeli* ut supra, et quia non solum sibi lucent, sed lucendo sibi diffundunt lumen, et aliis claritatem communicant, addit : *et illuminent terram.*

Sed quare hoc solummodo dicit de terra ? Respondeo : est quia ipsa est maxime opaca et elongata a corpore luminoso, unde si ipsam illuminant, multo fortius alia elementa rariora et corpora caelestia sibi propinquiora.

<Opus potentiae Dei in producendo luminaria ut iam produci disposita>

Sequitur, ubi describit opus divinae potentiae in producendo lumina ut iam sunt produci disposita. Et quia actio duo respicit : efficientem, ut a quo est, et effectum, ad quem est, ideo productionem ipsam describit dupliciter, quia primo describit ipsam quoad eius fieri, ut habet procedere causaliter ab efficiente, et hoc est : *Et factum est ita* : G l o s s a : *causaliter*, ceterum expone ut supra ; secundo describit eam quoad eius factum esse, ut esse recipit in manifestatione actualiter. Primo describit productionem luminarium quoad eorum substantiam et effectus proprios ; secundo quoad eorum situm et effectus communes : *et posuit.* Item primo describit productionem maiorem, secundo

---

63 in signa] *subl.* A 64 et ... annos] *subl.* A 65 ut luceant] *subl.* A 67 alium] aliud ? A 70 ut luceant] *subl.* A 72 in ... caeli] *subl.* A 76 et ... terram] *subl.* A 78-79 illuminant] -nat A 87 Et ... ita] *subl.* A 92 et posuit] *subl.* A

---

87 *Glossa interl.* (I, 20).

minorem : *et stellas*. Dicit ergo : *fecitque* : Glossa : *in manifesto* producendo, scilicet de natura firmamenti per partium congregagationem et inspissationem formando, *duo luminaria*, id est luminis vehicula : solem scilicet et lunam. Unde AMBROSIUS pulchre aliter exponit, *propheta* quid sit, quod ipse *ait* quia «*fecit* Deus *solem in potestatem diei, lunam in potestatem noctis*». Nec solum fecit, sed etiam *fecit ea magna*, quia secundum AMBROSIUM possumus accipere : non tantum *comparatione magna*, respectu scilicet aliarum stellarum et hoc magnitudine, quia maiora sunt ceteris, etiam quam tota terra, ut dicunt astronomi, sed et absolute, et hoc magnitudine virtutis. Nam, ut dicit AMBROSIUS, *magnus* est *sol, qui complet orbem terrarum suo calore*, etiam *luna suo lumine, nec solum terras sed et aerem hunc et mare, caelique faciem. Quae in quacumque parte fuerint caeli, illuminant omnia. Nisi magnus orbis esset, quomodo magnum posset orbem illuminare terrarum? Exemplum magnitudinis eorum* est *evidens, quod omnibus hominibus orbis lunae idem videtur* : *qualis mihi* videtur, *talis et omnibus. Neque te moveat quod tamquam cubitalis tibi videtur orbis solis, cum oritur, sed considera quantum sit spatii inter solem et terras. Mentitur noster aspectus* : *si de summis montium campum spectes atque armenta pascentia,* <*non*> *nisi formicarum similia corpora iudicabis.*

Sequitur : *luminare maius* : solem scilicet, qui multo maior luna perhibetur quantitate, quem etiam constat multo maiorem esse virtute, speciositate et luminositate, ut dicemus iam. *Ut praeesset diei* : AMBROSIUS : *ut ortum diei sol uberiori illuminet gratia, ut per totum diem designandi eius habeat potestatem cursus* | *sui munere*; luminare minus, 234 ra lunam scilicet, quae multo minor sole quantitate perhibetur nec non et virtute, speciositate et luminositate, ut iam dicetur : *ut praeesset nocti* principaliter. Unde ait : luminare maius in principatum diei, luminare minus in principatum noctis, ne nox indecora maneret et ut motu suo designandi noctis moras haberet potestatem.

De excellentia magna solis super lunam sufficienter loquuntur

---

93 et stellas] *subl.* A 93 fecitque] *subl.* A 95 duo luminaria] *subl.* A 13 luminare maius] *subl.* A 14 Ut ... diei] *subl.* A 19-20 ut ... nocti] *subl.* A

---

93 *Glossa interl.* (I, 21).

96 AMBROS., *Hexaem.*, IV, c. 5, n. 24 - c. 6, n. 25 (CSEL 32[1], 131-132; PL 14, 200).

3 *Ibid.*, IV, c. 6, n. 25-27 (CSEL 32[1], 132; PL 14, 200-201).

15-16 *Ibid.*, IV, c. 5, n. 24 (CSEL 32[1], 131; PL 14, 200 B).

20 *Ibid.*, cf. IV, c. 7, n. 29-30 (CSEL 32[1], 134-136; PL 14, 202 A-203 A).

PHYSICI. Quantum etiam virtute excedit, patet per AMBROSIUM, qui dicit de sole, quod *fovens omnia cogit in partus, ut terra germinet ac omnia reviviscant, arbores virescant, ad perpetuitatem quoque conservandi generis eorum vel quae sunt in terris vel quae* sunt in *aquis, gaudens annuis fetibus successio propagetur.*

De luna autem dicit quod *induit ministerium in id quo frater* suus sol habet principatum, *ut foveat semina, augeat fructus.*

Quantum vero speciositate excellit, bene exponit AMBROSIUS, cum dicit de sole quod *oculus est mundi, iucunditas diei, caeli pulchritudo, naturae gratia, <praestantia> creaturae, et ideo bene a plerisque ornamentum caeli est nuncupatum, eo quod sit stellarum monile praetonsum.*

Luminositate etiam apparet solem esse maiorem, quando, ut dicit AMBROSIUS, *per vices menstruas deponere videtur lumen suum ut* iterum *mutuetur a sole*, qui *ut ortus sui signa praemiserit, omnes stellarum ignes sub unius luminaris fulgore vanescunt.*

Sequitur productio luminarium minorum quo ad substantiam et quoad situm. Dicit ergo : *Et stellas* : supple : « similiter fecit Deus ».

Quare non tangit effectum, hoc est quia clarum est, quod non habent principatum nisi noctis et minus quam luna, quae est luminare maius ipsis, et quomodo hoc, dictum est prius.

Sequitur productio quoad situs et effectus. De situ dicit : *et posuit eas* : positione partium in toto, et quomodo hoc dictum est, quia non nova creatione, licet in illis partibus facta materiali condensatione *in firmamento caeli* : expone ut supra.

Sequitur productio quoad effectus communes. Et est duplex : unus pertinens ad actum primum, alter pertinens ad actum secundum. Quoad primum ergo dicit : *ut lucerent* : illuminando et lumen effundendo, unde sumitur nunc aliter lucere quam prius, quia ibi sumitur proprie, hic

---

31 Ambrosius] *iter. i. m.* A 33 gratia] *sequitur lac.* A 37 Ambrosius] *iter. i. m.* A 37 videtur] videatur ? A 37 ut] et A 41 Et stellas] *subl.* A 42 Quare ...] Solutio *add. i. m.* A 45-46 et ... eas] *subl.* A 47-48 in ... caeli] *subl.* A

---

24 *Ibid.*, IV, c. 5, n. 21 (CSEL 32^{1}, 128; PL 14, 198 B).

29 *Ibid.*, IV, c. 7, n. 29 (CSEL 32^{1}: 134; PL 14, 202).

31 *Ibid.*, IV, c. 1, n. 2 (CSEL 32^{1}, 111; PL 14, 188 B-C); IV, c. 2, n. 5 (CSEL 32^{1}, 114; PL 14, 190 B).

37 *Ibid.*, IV, c. 2, n. 7 (CSEL 32^{1}, 115; PL 14, 190 D).

38-39 *Ibid.*, IV, c. 6, n. 27 (CSEL 32^{1}, 133; PL 14, 201 D).

communiter pro illuminare; *super terram* : sol de die, luna et stellae de nocte.

Quare potius exponit *terram* quam alia elementa : dic ut prius. Bene dico : sol de die, etc... : unde sequitur : *et praeessent* : principaliter; *diei* : hoc ad solem; *et nocti* : hoc ad *lunam et stellas*, ut dicit Glossa.

Sequitur effectus communis quoad actum, scilicet *ut dividerent lucem a tenebris* : expone ut supra.

<Opus divinae bonitatis in approbando iam producta : Et vidit Deus>

Sequitur : *Et vidit Deus quod erat bonum* : expone ut supra.

<*Illius productionis consummatio* : « *Et factum est vespere* »>

Et sequitur : *Et factum est vespere et mane,* : expone ut supra.

* * *

Nota : cum isto quarto die facta sunt luminaria, *ut dividant diem ac noctem*, et *luminare maius ut praeesset diei, et minus ut praesset nocti*, ergo totus dies iste erat illustratus a sole, et tota nox a luna. Sol ergo factus fuit in oriente et luna in occidente ipsa existente, <hora> XIVª vel circiter. Augustinus tamen super hoc movet dubitationem in magna Glossa, et patet inspicienti.

Allegoricus secundum Isidorum in illa Glossa : « *Quarta die* », etc.

Item allegoricus secundum Hugonem : Conditio luminarium significat ignorantiae caecitatem sepositam veritatis inspectione. Sol significat cognitionem eorum quae pertinent ad divinam personam. Luna cognitionem eorum quae pertinent ad sanctam ecclesiam. Stellae cognitionem eorum quae pertinent ad unamquamque creaturam sive fidelem.

---

53 super terram] *subl.* A 56 et praeessent] *subl.* A 57 diei] *subl.* A 57 et nocti] *subl.* A 58-59 ut ... tenebris] *subl.* A 62 Et ... bonum] *subl.* A 64 Et ... mane] etc. *add. et subl. totum* A 65 Nota ...] Nota(?) *add. i. m.* A 74 cognitionem] conditionem A

---

57 *Glossa* (I, 22 D).
70 *Glossa* (I, 22).
71 *Glossa* (I, 23).
72 Cf. Hugo De Sancto Victore, *De sacramentis christianae fidei*, I, c. 12 (PL 176, 196 B-C).

Manet moraliter secundum ORIGENEM : *Sicut in firmamento isto, quod iam caelum fuit appellatum, iubet Deus fieri luminaria ut dividant inter medium diei ac noctis, ita in nobis fieri potest, si tamen studeamus et nos vocari et effici caelum, luminaria haben*<te>*s in nobis, quae illuminant nos, Christum et ecclesiam. Ipse enim est lux mundi. Illuminat ecclesiam suo lumine.* Sic *enim* luna de sole *percipere lumen dicitur,* ut per ipsam etiam nox posset illuminari. Ita et ecclesia suscepto *Christi lumine illuminat omnes qui in ignorantiae nocte versantur. Sicut luminaria ista quae* videmus, «*posita sunt in signa et tempora*», *hoc modo Christus etiam illuminans ecclesiam suam signa dat ut sciat quisque quo* «*fugiat a ventura ira*». *Sicut luminaria magna sunt* | *in nobis sol et luna : Christus* 234 rb
et ecclesia, sic *Moyses stella in nobis est, quae lucet et illuminat nos actibus suis, et Abraham et Isaac, et David, et Daniel, quibus scriptura testimonium dedit* et *placuerunt Deo. Sicut enim differt stella a stella in claritate, ita etiam sanctorum unusquisque.*

Sic terminat pars, in qua Moyses describit partium principalium mundi ornatum affixum et coniunctum.

DE OPERE 5^ae^ DIEI.

Sequitur pars operis quintae diei : *Dixit autem Deus* : « *Producant aquae* », in qua Moyses describit partium inferiorum mundi principalium ornatum et separatum et distinctum. Ubi primo describit talem ornatum aquae in reptibilibus et aeris in avibus simul; secundo terrae per se : *Dixit quoque Deus* : « *Producat terra* ». Ignis non tangit ornatum, quia nihil recipit praeter suam naturam, <quod> non in se convertat.

Et est ratio ordinis, quia ista elementa proximiora sunt caelo situ et dignitate. Ideo post dictum ornatum caeli continuat ornatum aquae et aeris et ultimo terrae.

Potest etiam huius esse ratio, quia homo pertinet ad terrae ornatum, de quo intendit prosequi : ut ergo continuet prosecutionem de homine, ultimo describit ornatum terrae. Simul autem describit ornatum aquae et aeris. Et primo aquae, quia aer non continet animalia neque fovet aut generat, nisi in parte sua inferiori, ubi ex vicinitate aquae

77 Sicut] Sic A 90 Deo. Sicut] *haec verba ex parte evanuerunt* A 91 unusquisque] *ex parte evanuit* A 95 Dixit ... Deus] *subl.* A

77 ORIGENES, *Homiliae in Gen.*, I, n. 5-7 (p. 7-10; PG 12, 150-151).

pinguescit, et quod ad naturam aquae vergit, ut dicit hic AUGUSTINUS in Glossa magna.

Prima habet duas, quia primo describit illius ornatus productionem, secundo productionis illius consummationem : *Et factum est vespere.*

<*Productio ornatus aquae in reptibilibus et aeris in avibus*>

Item in prima tria facit. Primo describit opus sapientiae Dei in productionem disponendo ; secundo potentiae in producendo : *Creavitque Deus* ; tertio bonitatis in approbando : *Et vidit Deus.*

<Opus sapientiae Dei in productionem disponendo>

Item primo describit, quomodo Deus disposuit : *Dixitque Deus* : expone ut supra ; secundo, quid disposuit.

De primo dicit AMBROSIUS, continuando hunc ornatum ad ornatus praecedentes : *Vestita diversis terra graminibus virebat. Geminis luminibus caelum stellarumque insignitum decore fulgebat. Supererat elementum tertium : vacabat aqua et a divinae operationis beneficio feriata videbatur. Sed ea quae spirantem animam non habebant, aqua iubetur producere*: « *Dixit* ergo *Deus* : « *Producant aquae* » » : id est de aqua producantur. Non enim dedit Deus aquae potentiam activam et passivam in producendo alia, sicut supra dedit terrae in germinando herbam, sed tantum vim passivam ut de ipsa fierent, et ideo non dicitur hic : *Et factum est ita*, sicut in operibus praecedentibus, potuit tamen bene dici propter potentiam saltem passivam, sicut dicitur infra in opere 6^{tae} diei, ubi non plus datum est terrae in productione gressibilium. Et ideo non sequitur statim : « Produxeruntque aquae cete grandia », sed : « Creavitque Deus », sicut superius dicitur : *Germinavit terra*, nec dicitur ibi : « Creavitque Deus omnem herbam ».

Sed tunc quaeritur, quare non dicit hic : « Fiant reptile et volatile », etc., sicut supra dixit : *Fiant luminaria.*

---

12 Et ... vespere] *subl.* A 15-16 Creavitque Deus] *subl.* A 16 Et ... Deus] *subl.* A 18 Dixitque Deus] *subl.* A 20 Ambrosius] *iter. i. m.* A 25 Producant aquae] *subl.* A 29 Et factum est ita] *subl.* A 35 Sed ...] Quaestio *add. i. m.* A

---

10 *Glossa* (I, 25).

20 AMBROS., *Hexaem.*, V, c. 1, n. 1 (CSEL 32^{1}, 140-141 ; PL 14, 205).

Et est ratio, quia hic producta sunt alterius formae et naturae quam ipsa aqua de qua producuntur : ideo est vera productio et generatio. Luminaria autem non sunt alterius naturae et formae quam ipsum firmamentum. Ideo proprie est ibi factio secundum accidentalem dispositionem, ut dictum est prius, non productio. *Aquae,* id est elementa aquosae et humidae naturae sive pinguescentis, ut nomine aquae intelligatur aqua proprie dicta, de qua sunt reptilia, et aer grossus pinguescens, de quo sunt volatilia. Dicit ergo : *Producant aquae* : id est accipiant potentiam producendi non distantem ab actu, sed actui coniunctam.

Hic dicit AMBROSIUS : *Venit mandatum, et subito aqua iussos fundebatur in partus. Generare fluvii, vivificare lacus, mare ipsum coepit diversa reptilium genera parturire. Non exigui gurgites, non caenosae paludes vacabant, quin omnia datam sibi creandi assumerent potestatem. Pisces exsiliebant de flumine, delphines praeludebant in fluctibus,* | *con-* 234 va
chae saxis, ostreae adhaerebant profundis. Sed neque quam multae sunt species, possumus nominare, *quae omnia in momento divinae praeceptionis animata sunt. Simul coibat forma corporis et* anima*batur. Brevis sermo, sed vehemens, lat*ens et *patens, communem minimis et maximis naturam infundit. Eodem modo producitur balaena, quo rana. Eiusdem vi operationis* in*nascuntur. Non laborat in maximis Deus, non fastidit in minimis. Alii ov<a gener>ant, alii vivos fetus edunt de suo corpore, et aquis fovenda committunt. Aqua igitur animat et* causat *et adhuc mandati illius primi tamquam legis perpetuae munus exsequitur, blanda quaedam mater animantium.*

Sequitur quid producetur primo ex aqua proprie dicta, demum quid ex aere.

Dicit ergo : *reptile* : id est quod corpus suum super aquas reptando natum est trahere. Unde AMBROSIUS : *Scimus reptilia dici genera serpentum, eo quod super terram repant, sed multo magis omne quod natat, reptandi habet speciem vel naturam. Nam etsi in profundo* se demerserint *et aquam videantur incidere, tamen cum innatant, repunt toto corpore, quo trahun*tur *super quaedam dorsa aquarum. Unde et* dicendum : « *Hoc mare magnum et spatiosum* manibus*; illic reptilia quorum non est*

41 Aquae] *subl.* A 47 Ambrosius] *iter. i. m.* A 50 vacabant] vocabant A 59 igitur] *vel* sibi ? A 64 reptile] *subl.* A 65 Ambrosius] *iter. i. m.* A

47 *Ibid.*, V, c. 1, n. 2 - c. 3, n. 7 (CSEL 32[1], 141-145; PL 14, 206-207).
65 *Ibid.*, V, c. 1, n. 4 (CSEL 32[1], 142-143; PL 14, 207).
69-71 *Ps.* CIII, 25.

numerus ». Quae *etiam cum pleraque pedes habeant et ambulandi usum*, et *quae vel in terris vel in aquis vivant, ut sunt phocae, crocodili, equi fluviales, tamen cum in alto aquarum sunt, non ambulant, sed natant, nec vestigio utuntur pedis ad incedendum, sed tamquam remo ad reptandum. Siquidem et navis acta remis labitur.*

Animae viventis : Glossa : *id est quae sunt in animabus vivis*, et *propter tarditatem* et imperfectionem *sensus* in ipsis *dictum*. Unde secundum PHILOSOPHUM quaedam in ipsis ut ostreae, *conchae* et huiusmodi, imperfecta dicuntur, eo quod non omnes <sensus> habent, sed gustum et tactum solum, quae necessaria conservationi vitae ipsorum et alimento, nec dicitur hoc quasi sit reptile aliquod animam non habens.

Sequitur de productione volatilium ex aere : *et* : supple : *producant aquae* : subtiliores vaporosae aereae ; *volatile* : id est animal quod volare in aere pingui et spisso natum est. Et hoc est quod sequitur : *super terram* : et hoc in quacumque distantia, sed longe *sub firmamento* caelesti, quia *in supremo* aeris, qui appropriatur aetheri, *aer* ita *tenuis est*, *ut nec* volatum *avium* in se *sustineat*, ut dicit Glossa magna AUGUSTINI, et Glossa interlinearis dicit : *Non usque ad firmamentum*. Alia translatio habet : *secundum firmamentum* (ORIGENIS littera). AMBROSIUS habet : *secus firmamentum*. Unde quidam hic exponunt *sub firmamento* non de caelesti, sed aereo inferiori, secundum illud Psalmi : *volucres caeli et pisces maris*; quidam vero pro superiori. Unde AMBROSIUS : *Non proprie hic firmamentum posuit, sed abusive, eo quod comparatione aetherei illius corporis etiam iste aer, quem possumus oculis comprehendere, quasi* grossior *et densior vicem habeat firmamenti*,

72 crocodili] cocodrilli A 76 Animae viventis] *subl.* A 82 habens] B(?) *add.* A 83 et] *subl.* A 83-84 producant aquae] *subl.* A 84 volatile] *subl.* A 86 super terram] *subl.* A 86 sub firmamento] *subl.* A 88 ut] unde A 90 secundum firmamentum] *subl.* A 91 Ambrosius] *iter. i. m.* A 91 secus firmamentum] *subl.* A

76 *Glossa* (I, 24-25).

78 Ps. - ARISTOT., *De plantis*, cf. I, c. 3 (A 816a 10-12).

88 *Glossa* (I, 24 E).

89 *Glossa interl.* (I, 25).

90 *Glossa* (I, 26).

90 ORIGENES, *Homiliae in Gen.*, I, n. 8 (p. 10; PG 11, 152 B).

91 AMBROS., *Hexaem.*, V, c. 12, n. 37 (CSEL 32^1, 171; PL 12, 223 B); c. 14, n. 45 (CSEL 32^1, 175; PL 12, 223 B); c. 14, n. 45 (CSEL 32^1, 193; PL 12, 236 B-C).

93 *Ps.* VIII, 9.

94 AMBROS., *Hexaem.*, V, c. 22, n. 73 (CSEL 32^1, 193-194; PL 14, 236).

quod semper manet inconcussum, ut est superior pars aeris, quae numquam nubibus obumbratur, neque ventis concutitur.

<Opus potentiae Dei in producendo>

Sequitur opus potentiae in producendo : primo aquatica, demum aerea.

Dicit ergo : *Creavitque Deus* : id est de materia, vi sua propria activa, cum potentia materiae passiva fecit, et sumitur ibi creare improprie. Creavit, inquam, de aqua primo, ut de materiali principio. *Cete* : neutri generis est, pluralis numeri, et indeclinabile; dicitur tamen hic « cetus, ceti » eadem significatione, unde alia translatio habet : *Et fecit Deus cetos magnos, grandia* : propter corporis sui magnitudinem. Quae raro nostrum mare invadunt, sed secreta maris immeabilis penetrant, unde AMBROSIUS : *Secreta et ultra terminos orbis terrarum* mare norunt, quod *nullae interpolant insulae, nec terra aliqua interiacet, vel ulterius ulla sit posita. Illic igitur ubi diffusum* est *lat*um *mare* <*et*> *omnem spectandi usum, utilitatis gratia navigandi, interdicat,* « *cete* » *illa, immensa genera | piscium, aequalia montibus corpora, ut tradiderunt* 234 vb *nobis qui videre potuerunt. Illic quietum aevum exigunt. Atlanticum mare* est. *Ingentia illic et infinitae magnitudinis cete, quae si quando* <*super-*> *natent fluctibus, ambulare insulas putes, montes altissimos summis ad caelum verticibus eminere. Quae non in litoribus sed in profundo feruntur videri.* Nec solum Deus creavit haec maiora, sed et minora, de quibus sequitur in communi : *et omnem,* scilicet cuiuscumque generis, *animam viventem* : id est omne *anima*l *aqua*ticum vivens, ut hic exponit illa Glossa BEDAE : « *Quia sunt* », etc. : pars pro toto ponitur. Potius tamen dicit sic ad significandum quod materiam prius fecerat, nunc autem formam producendo facit compositum. Alia

2 Creavitque Deus] *subl.* A 4 Cete] *subl.* A 6-7 Et ... grandia] *subl.* A 14 Illic] Illuc A 17 in] loco *add. sed exp.* A 19 et omnem] *subl.* A 20 animam viventem] *subl.* A

6 AUGUST., *De Gen. ad litt.*, III, c. 1, n. 1 (CSEL 28^1, 62; PL 34, 279); ID., *De Gen. ad litt. imperf. liber*, c. 15, n. 49 (CSEL 28^1, 493; PL 34, 239).

9 AMBROS., *Hexaem.*, v, c. 10, n. 28; c. 11, n. 32 (CSEL 32^1 : 162, 166; PL 12 : 218 B-C, 220 D-221 A).

21 *Glossa interl.* (I, 15 A-26 D).

23-24 Cf. AUGUST. : *Eiciant aquae reptilia animarum vivarum* : *De Gen. ad litt.*, III, c. 1, n. 1 (CSEL 28^1, 62; PL 34, 279); *De Gen. ad litt. imperf. liber* c. 15, n. 44 (CSEL 32^1, 493; PL 34, 237); ID. : *omnem animam animalium repentium : De Gen. ad litt. imperf. liber*, c. 15, n. 94 (CSEL 28^1, 493; PL 34, 238).

translatio habet : *omnem animam animalium viventium*, et redit in idem, quia anima est vita corporis, quae primo vivit in se et vita sua dat vivere corpus et totum compositum. Et quia duplex est actus vitae : sensus qui primus est, et motus qui secundus (motu enim et *sensu animatum ab inanimato maxime differre videtur*, ut dicit PHILOSOPHUS Iº De anima) quantum ad sensum dicit : *animam viventem*, quia spiritus est primus actus vitae, et subdit quoad motum : *atque motabilem* : id est natam ex se movere vel motu processivo natando, vel motu dilatationis et contractionis ut in imperfectis, quae motu locali carent, sed conchis vel cautibus adhaerent, ut ostrearum genera. Quidam vero legunt : *motabilem* : id est transmutabilem et mutabilem quantum est de natura sua, de esse in non esse, ut haec clausula ponatur *ad differentiam homin*um qui ad *perpetui*tatem conditi sunt. Sic legit BEDA in illa Glossa : « *Et omnem* ». Et tunc prima clausula *omnem animam vivam* ponitur ad differentiam terraenascentium; *quam produxerant aquae* materialiter : quia licet sint mixta ex quatuor elementis, plus tamen habent de aqua, quia secundum AUGUSTINUM, IIIº Super Genesim : *omnia omnibus in*sunt, *unumquodque* tamen *ex eo quod amplius habet, accipit vocabulum. In species suas* : id est specie distinctas : per hoc intendit omne genus piscis secundum speciem fuisse productum.

Sequitur opus potentiae Dei in producendo aerea. *Et* : supple : *Creavit Deus* de aere grosso(?) ; *omne*, secundum unumquodque genus ; *volatile*, aptum ad volandum : sive multum et faciliter, ut sunt volatilia habentia corpus parvum et pennas magnas; sive modicum et difficulter, ut habentia corpus magnum et parvas pennas. Et est in hoc secundum AMBROSIUM *cognatio avi*um *cum piscibus, eo quod volandi usus species sit natantis. Sicut enim* in *aqua natando piscis incedit, ita avis volatu* caeli aera *secat, atque utrique generi similiter caudae suppetit alarumque remigium. Unde, quoniam idem usus, ideo de aquis utriusque generis*

24 omnem ... viventium] *subl.* A 29 animam viventem] *subl.* A 30 subdit] praesubdit(?) A 30-31 atque motabilem] *subl.* A 31 natando] ut in imperfectis *add.* (*homoeoceph.* ?) A 37-38 omnem ... vivam] *subl.* A 38-39 quam produxerant aquae] *subl.* A 40 Augustinum] Augustinus *add. i. m.* A 42 In ... suas] *subl.* A 45-46 Creavit Deus] *subl.* A 46 omne] *subl.* A 46 volatile] *subl.* A 52 secat] seminat A

29 ARISTOT., *De anima*, I, c. 2 (403 b 25-27).
37 *Glossa* (I, 26 E : *Glossa anonyma*).
40-41 AUGUST., *De Gen. ad litt.*, III, c. 4, n. 6 (CSEL 28^1, 67; PL 34, 281).
50 AMBROS., *Hexaem.*, V, c. 14, n. 45 (CSEL 32^1, 175; PL 14, 225-226).

nativitas divina praeceptione processit, et entia sub unius diei opere constringuntur. Si autem aves pedes habent et gressibilia sunt, hoc eis accidit naturae necessitate, ut dicit AMBROSIUS : *Quia omnibus victus de terris est, ideo pedum munere fulciuntur*, quia huiusmodi ad escam quaerendam indigent ministerio. *Caeli* : aerei in quo volant. *Secundum genus suum*, scilicet distinctum a genere alterius.

Quaerunt hic aliqui, quare dicit de avibus : *secundum genus*, de piscibus : *in species*.

Dicunt quidam, quod hoc est, quia species piscium non mutantur in invicem sicut avium, sed magis suam tenent distinctionem : unde dicunt quod ex ovis papilionis generantur erucae, et ex erucis bruchus, et ex brucho papilio. Sed hoc non est nisi quia in istis solum accidentalis, non substantialis vel specifica, est differentia : species enim naturae numquam transmutantur.

Hic dicendum, quod hic genus sumitur pro manerie. Unde, ubi nostra translatio de piscibus habet : *in species suas*, alia translatio habet : *secundum genus suum*. Unde non restat | vel illud dicere. 235 ra

<Opus bonitatis Dei in approbando>

Sequitur opus bonitatis in approbando, ubi primo describit Dei beneplacitum in iam productis : *Et vidit* : expone ut supra ; secundo in producendis ex eis. Et quia primum respicit iam factum et collatum bonum, secundum conferendum, quia nomen differentiae subiungit, ideo competentius potest dividi pars ista dicendo, quia primo describit divinum beneplacitum in bonum iam collatum approbando, secundo in ipsum multiplicando, bonitatem scilicet sibi collatam aliis communicando, et est eadem expositio semper. Et consistit ista secunda approbatio in benedictione, quam Moyses primo tangit in generali : *Et benedixit eis* : virtutem propagativam ad productionem similis conferendo. *Dicens* : expone ut supra : *Dixit quoque Deus*. Unde subdit in speciali, in quo consistit ista benedictio : primo de piscibus, deinde de avibus :

---

55 et] gradiuntur *add. sed exp.* A 56 necessitate] quia *add.* A 58 Caeli] *subl.* A 59 Secundum ... suum] *subl.* A 60 Quaerunt ...] Quaestio *add. i. m.* A 62 Dicunt ...] Solutio *add. i. m.* A 69 in ... suas] *subl.* A 70 secundum ... suum] *subl.* A 72 approbando] proponendo A 73 Et vidit] *subl.* A 80-81 Et ... eis] *subl.* A 82 Dicens] *subl.* A 82 Dixit ... Deus] *subl.* A

---

56 *Ibid.*, v, c. 14, n. 46 (CSEL 32^{1}, 176; PL 46, 226 B).

dicit ergo : *Crescite* in vobismetipsis, ut perveniatis ad quantitatem debitam speciei vestrae, in qua possitis simile producere, quia hoc secundum PHILOSOPHUM non nisi perfectorum est in quantitate. Natura enim cuiuscumque prius est ipsum perficere sollicita, et tunc simile producere : est enim semen residuum nutrimenti et debiti augmenti. Alia expositio in opere sextae diei. *Et multiplicamini* : simile generando.

Sed quid est quod praemisit : *Crescite*? Numquid omnia in perfecta aetate erant creata, ut possent sine praecedenti cremento generare?

Dico quod sic, sed dictum illud non dirigitur nisi ad species praedictas, non pro illis individuis primo productis a Deo, a quibus alia erant propaganda, sed pro illis individuis propagandis, quae cremento indigerent, ut alia propagarent, quia in quantitate imperfecta omnia sunt propagata. Sed cum propagatio secundum genus futura erat in operibus diei <3ae>, quare illis data non fuit talis benedictio?

Respondeo : est quia, quamvis vegetabilia producunt semen ex quo simile habet propagari, semen tamen non fovetur usque ad productionem similis in specie, sed totum fomentum est in terra ut in matre, in sole ut in patre. Tale autem fomentum semini suo per se adhibent animalia. Ideo talis benedictio multiplicationi animalium datur, non vegetabilium, et ubi debent multiplicari. Sequitur : *et replete aquas maris* : repletione sufficiente ad ornatum, non occupante totum aquarum spatium. Et sumitur ibi mare ut supra, pro qualibet aquarum congregatione, etiam dulcium. Unde AMBROSIUS : *Venit mandatum, et subito aqua iussos fundebatur in partus*, etc. sicut scriptum est supra.

Sequitur benedictio avium : *Avesque multiplicentur super terram* : expone ex iam dictis. « Aves » dicuntur ab « a », quod est « sine », et « via ». Unde ISIDORUS XII° Etymologicorum : « *Aves* » *dictae* sunt, *eo*

---

84 Crescite] *subl.* A 89 Et multiplicamini] *subl.* A 91 Sed ...] Quaestio *add. i. m.* A 91 Crescite] *subl.* A 92 praecedenti] -te A 93 Dico ...] Solutio *add. i. m.* A 98 quare ...] Quaestio *add. i. m.* A 99 Respondeo ...] Solutio *add. i. m.* A 4-5 et ... maris] *subl.* A 9 avesque ... terram] *subl.* A

---

86 ARISTOT., cf. *De generatione animalium*, I, c. 18 (A 723b 10-11).
7 AMBROS., *Hexaem.*, V, c. 1, n. 2 (CSEL 32^1, 141; PL 14, 206 A).
8 Cf. *supra*, p. 130, 47 sqq.
11 ISIDORUS, *Etymologiae*, XII, c. 7, n. 3 (PL 82, 459).

quod terras vias non habent, sed per « a-via » quaeque discurrant. Super terram dicit, quia ad quietem et pastum et plura alia, terra indigent.

Quaestio est hic duplex : prima : quare de piscibus dicit : *Multiplicamini*, de avibus : *Multiplicentur*; secunda : quare de piscibus dixit : *Crescite*, non sic de avibus.

Ad primum dicitur, quod illud dixit de piscibus in secunda persona et de avibus in tertia, quasi maiorem curam adhibens multiplicationi piscium, quam avium, quoad hoc quod plura sunt genera piscium quam avium, secundum quod dicit Ambrosius : *Adverte, o homo, quam plura in mari sunt quam in terris. Numera, si potes, piscium genera vel minutorum vel etiam maximorum, secundum quod prolixe* illam numerationem prosequitur.

Ad secundum dicitur, quod hoc ideo dicit, quia magis determinata est magnitudo avium quam piscium, quoniam non tantae quantitatis inveniuntur aves, quantae pisces. Sed ex hoc nihil ad determinationem, quia tanta | est determinatio magnitudinis maiorum in specie sua, quan- 235 rb
ta minorum, quoniam secundum Philosophum *omnium natura constantium statuta est ratio, et terminus magnitudinis et augmenti.* Ideo melius dicendum quod sic loquitur scriptura, quoniam non ad tantam quantitatem nata est devenire magnitudo avium, ad quantam piscium, quasi magis sollicitus sit Deus circa maius quam circa minus, licet non sollicitudine affectionis : Sapientiae VI° : *Aequaliter est ei cura de omnibus*, sollicitudine tamen operis, quia maioribus plus operis sui exhibet quam minoribus. Unde quia plura operis sui beneficia tribuit <hominibus> quam brutis, dicit Apostolus 1^{a} <ad> Corinthios, IX°. *Numquid de bobus cura est Deo?*

<*Productionis illius consummatio*>

Sequitur operis diei quintae consummatio : *Et factum est vespere et mane, dies quintus* : expone ut supra de aliis.

***

12 discurrunt] -ant A 12-13 Super terram] *subl.* A 14 Quaestio ...] Duplex quaestio *add. i. m.* A 17 Ad primum ...] Solutio *add. i. m.* A 39-40 Et ... quintus] *subl.* A

20 *Ibid.*, v, c. 2, n. 5 (CSEL 32^1, 143; PL 14, 207 C).
28 Aristot., *De anima*, ii, c. 4 (416 a 16-17).
33 *Sap.* vi, 8.
36-37 *I Cor.*, ix, 9.

Allegoricus, secundum ISIDORUM : « *Quinta die facta sunt in aquis reptilia* » saeculi : *homines renati in vitam per baptismi* gratiam; *facta sunt* et *volatilia* : *id est* sanctae *animae ad superna volantes.*

Secundum HUGONEM *pisces* in aquis *sollicitudinem* bonae operationis designant, quae vitae labentis fluctibus agrum <laborat>; volucres caeli *quae* ad alta *volant*, significant *contemplati*onem caelestium.

Moraliter secundum ORIGENEM : *Arbitror si mens nostra fuerit illuminata a nostro sole Christo, iubetur postmodum ex his quae in ea sunt aquis, producere repentia et volantia* : *id est cogitationes bonas vel malas proferre in medium, ut discretio fiat bonarum a malis* : id est *ut ea quae terrenas sollicitudines gerunt, separemus a nobis, volatilia* : *quae meliora, sinamus volare* sursum. Si *videris mulierem ad concupiscendum eam, illud est in nobis reptile venenatum. Si vero fit in nobis sobrietas spiritus, etiam si domina Aegypti nos amaverit efficiamur avis, et evolemus. Similiter et de ceteris, vel peccatorum vel virtutum.*

Sed requiret aliquis, dicit ORIGENES, *quomodo* « *rep*tilia » *in malo accipiuntur, et* « *volatilia* » *in bono*, cum de omnibus simul dictum sit : *Et vidit Deus, quia bona sunt.*

Et respondet : quia sine dubio *sanctis bona sunt* etiam *quae illis adversantur, quia vincere possunt, et cum ea vicerint, maioris gloriae efficiuntur apud Deum.*

DE OPERE 6ae DIEI

<*Productio brutorum*>

Sequitur de animalibus gressibilibus ad ornatum terrae.

Dixit quoque Deus : « *Producat terra* ». Hic dicit AMBROSIUS : *Sextus est iste dies, quo mundanae creaturae origo concluditur. Ideo, etsi per quinque dies non mediocri labore sermo noster processit, tamen hodierno*

---

41 Allegoricus] *iter. i. m.* A 49 ea] eis A 57 Sed ...] Quaestio *add. i. m.* A 57 reptilia] -le A 63 De ... diei] *i. m.* A 66 Dixit ... terra] *subl.* A

---

41 *Glossa* (I, 28 : Mystice).

44 Cf. HUGO DE S. CARO, *In Vetus et Novum Testamentum* (I 3a); sed etiam *Glossa* (I, 28) = HUGO DE S. VICTORE, *De sacramentis christianae fidei*, c. 27 (PL 176, 203).

48 ORIGENES, *Homiliae in Gen.*, I, n. 8 (p. 10-11, PG 12, 152 B-153 A).

57 *Ibid.*, I, n. 10 (p. 11; PG 12, 153 C).

66 AMBROS., *Hexaem.*, VI, c. 1, n. 1 - c. 3, n. 3 (CSEL 32[1], 204-205; PL 14, 241-243).

die maiore accrescit faenore, quia in hoc et superiorum periculum est dierum et totius summa certaminis : bestiarum dicam et hominis generationem. Tria enim sunt genera animantium sensibilium : terrenum, volatile et aquatile. Cum igitur dictum sit de aquatili ad ornamentum aquae et de volatili ad ornamentum aeris, restat dicere de terrestri gressibili ad ornatum terrae, Et primo describit Moyses productionem animalis gressibilis irrationalis, secundo rationalis : id est hominis, ibi : *Et ait* : « *Faciamus hominem* ». In prima parte facit tria, quia primo describit opus sapientiae Dei in disponendo producenda, secundo potentiae in producendo : *Factumque est ita*, tertio bonitatis in approbando : *Et vidit Deus.*

<Opus sapientiae Dei in disponendo producenda>

Item primo describit quomodo disponit : *Dixit quoque Deus* : expone ut supra; secundo, quid disponit : primo in generali, secundo in speciali : *iumenta.*

Dixit ergo : « *Producat terra* » : expone ex praedictis; *producat* : dico iam actualiter. Inde Ambrosius : Cu*currit in constitutione mundi per omnem creaturam Dei verbum, ut subito de terris omnia quae statuit produ*cantur; *animam viventem* : id est animal vivens per animam, scilicet sensitivam : per synecdochen, sicut dictum est prius. | 235 va

Quaeritur quare hic dicitur *animam viventem*, cum supra dixit : *animae viventis.*

Ratio est, ut dictum est supra, propter illorum imperfectionem et istorum perfectionem. Unde Basilius : *Iussae sunt aquae reptilia* « *animarum vivarum* » *producere, te*llus « a*nimam viventem* », quia *natura natantium imperfect*am *quodammodo* putatur habere *vit*am, quia ... sunt *aquae, et* ideo in aquaticis tardior *auditus* et *hebe*tior *visus*, in bestiis autem quae vitam perfectiorem sortitae sunt, sensus vegetatior est.

69-70 faenore ... totius] R(?) *i. m.* A 76 Faciamus hominem] *subl.* A 78 Factumque est ita] *subl.* A 78 in] *sup. lin.* A 79 Et ... Deus] *subl.* A 81 Dixit ... Deus] *subl.* A 83 iumenta] *subl.* A 84 producat] *subl.* A 85 Ambrosius] *iter. i. m.* A 87 animam viventem] *subl.* A 88 synecdochen] -nodochem A 89 Quaeritur ...] Quaestio *add. i. m.* A 91 Ratio ...] Solutio *add. i. m.* A 92 Basilius] *iter. i. m.* A 93 ...] c̄stiōnes (constantiores ?) A

---

85 *Ibid.*, VI, c. 3, n. 5 (CSEL 32[1], 209; PL 14, 245).

92 Basilius, *Homiliae in Hexaemeron*, VIII, c. 1 (PG 29, 166 A-B).

In genere suo : expone ut supra : *secundum genus suum*. Et hoc est quod statim exsequitur in speciali, secundum illam Glossam, historice distinguendo genus per tria genera universorum reptilium et bestiarum. Dicit ergo : *iumenta*, quasi iuvamenta : per quae comprehendit omnia animalia gressibilia innocua, quae homini cedunt in usum, ut sunt vacca, ovis, equus, et cetera huiusmodi. *Reptilia* : per quae comprehendit omnia sine pedibus gradientia, sed toto ventre corpus suum super terram trahentia vi costarum, non vi pedum minutorum ut lacertae, nec vi oris, ut quidam vermes. Talia reptilia sunt : *coluber* omne*que* genus serpentis, cui, secundum AMBROSIUM, *ideo serpentis nomen inditum est, quia non possit ambulare, sed* r*epere* semper; et *dracones*, qui *sine pedibus plerique sunt*, ut dicit AMBROSIUS. Et secundum hoc aliud est reptile terrae, aliud vero reptile aquae. *Bestias* : quasi « vestias »(?), per quae intelligit omnia gressibilia homini nociva, quae *ore* vel *unguibus saeviunt*. Hic manifeste excluditur error Manichaeorum, qui propter animalia nociva homini inductus fuit ad probandum corporalia a deo bono non esse facta, arguendo sic, ut dicit AUGUSTINUS, 1° Super Ioannem : *Nescio quis taedium patiebatur a muscis. Invenit eum Manichaeus taedio affectum, et cum dixit se odisse illa, statim ille : « Quis fecit* eas *? » Ait ille : « Credo quia diabolus fecit ». Et ille statim : « Si muscam diabolus fecit, apem quis fecit ? » Non ausus ille dicere, quia apem fecit et muscam non fecit, quia proxima est* illi, *ab ape duxit ad locustam*; *a locusta ad lacertam: a lacerta ad avem*; *ab ave duxit ad pecus, inde ad* arborem, *inde ad elephantem, postremo ad hominem*; *et persuasit homini quia non a Deo factus est homo.*

Horum argumentationi et per hanc quaestionem, qua solet quaeri, si ista animalia nociva a Deo facta sunt, an propter peccatum facta sunt homini nociva, respondet AUGUSTINUS ibidem dicens : Sic *claudite aures* vestras ad*versus dolos inimici. Intelligite quia Deus fecit omnia et in suis gradibus collocavit. Quare autem patimur multa mala a creatura*

97 In ... suo] *subl.* A 98 Glossam] -ssa A 00 iumenta] *subl.* A 3 Reptilia] *subl.* A 6 Ambrosium] Ambrosius *add. i. m.* A 9 Bestias] *subl.* A 11 Hic manifeste ...] Nota *add. i. m.* A 16 Quis] s *sup. lin.* A 22 Horum ...] Solutio Augustini *add. i. m.* A

98 *Glossa* (I, 28 F).

6 AMBROS., *Hexaem.*, V, c. 14, n. 46 (CSEL 32^{1}, 175; PL 34, 226 B).

8 *Ibid.*

14 AUGUST., *In Ioannis Evangelium*, I, c. 14 (CC lat. 36, 8; PL 35, 1386).

24 *Ibid.*, I, c. 15 (CC lat. 36, 2-9; PL 35, 1386-1387).

quam fecit Deus? Quia offendimus Deum. Numquam haec angeli patiuntur. Fortasse et nos in ista vita illa non timeremus. De poena tua peccatum tuum accusa, non iudicem. Nam propter superbiam instituit Deus, ut *ista creatura minima et abiectissima ipsa nos torqueret, ut cum superbus fuerit homo et se iactaverit adversus Deum, pulicibus subdatur. Quid est quod te inflas, humana superbia? Pulicibus resiste, ut dormias.*

Sed ad hoc restat quaestio : bene verum est, quod hominem non laesissent, nisi prius peccasset, quia non potest poena praeire culpam. Sed quaero, an talia creata sunt ut laederent post peccatum, et Deus creavit ea talia quia scivit hominem peccaturum, an post hominis peccatum, ut eum laederent talem affectum induerunt. AUGUSTINUS ibidem videtur innuere, quod talia facta sunt. Dicit enim ibidem : *Noveritis, fratres : propter superbiam nostram domandam creata ista* sunt, *quae molesta* tibi *essent*. Re vera eadem est quaestio de herbis venenosis et nocivis homini.

Et est absolute dicendum, quod quidquid naturae est in herbis et bestiis, creatum est in eis ante hominis peccatum, et fuisset etiam si numquam homo peccasset | vel fuisset peccaturus, quia omnia faciunt 235 vb
ad hominis usum et universi perfectionem, secundum quod dicit AMBROSIUS de opere tertiae diei : *Nihil vacat, nihil inane. Singula pro vili portione complent universam plenitudinem creaturae.* Dico ergo, quod sicut id quo nociva est homini herba, natura est in ipsa, et in ipsa creata fuit et fuisset, si homo non peccasset, sic dico : animositas iracundiae et bestiarum feritas, quibus nociva sunt homini nunc, ... sunt ipsi et in ipsa creata sunt ab initio et fuissent, etiam si homo non peccasset, sicut et ungues et dentes, quibus nocent; non autem sunt creata ad nocendum, sed ad universi perfectionem secundum gradus et status singulorum, sed quod actu nocent, hoc accidit propter peccatum, quo homo depravatus in intellectu et affectu et viribus corporis, et omni sollertia nescit sibi providere contra omnia nociva sicut tunc praevidisset, nec habet artem et experientiam regendi omnes bestias ut sibi subditae sint, qualem habuisset tunc. Cum enim homo modo qualicumque industria regere potest leonem, ut sibi qualitercumque subdatur, inoperabiliter omnium bestiarum regimen habuisset,

---

33 Sed ...] Quaestio *add. i. m.* A 42 Et est ...] Solutio *add. i. m.* A 50 ...] n^r (natura ?) A

---

38 *Ibid.*, I, c. 15 (CC lat. 36, 9; PL 35, 1387).

46 AMBROS., *Hexaem.*, III, c. 9, n. 39 (CSEL 32^1, 85; PL 14, 171 D-172 A).

ut omnes sine sui nocumento sibi subditae fuissent. Unde Ambrosius : *Elephantis nihil creatura robustius habet. Nihil tam ferum quam leones* et *tigrides sunt. Et haec serviunt homini et naturam suam humana deponunt institutione, obliviscuntur quod nati sunt. Induuntur quod iubentur, docentur ut parvuli, serviunt ut infirmi, verberantur ut timidi, corriguntur ut subditi, in mores nostros transeunt, quoniam motus proprios perdiderunt. Nec hic quisquam reprehendat, quod creator serpentis creaturis suis talia vel animantium vel herbarum genera venenata miscuerit. Nata sunt enim ad correptionem nostram, non ad deformitatem nostram. Namque ignavis aut infirmis aut impiis plerumque offensioni atque terrori sunt, aliis usui. Ita sunt haec ut paedagogi : parvulis amari videntur, acerbi et molesti, formidabiles verbere. Libertatem lasciviendi negant, necessitatem disciplinae exigunt, ne luxu defluant. Terrore constringuntur, ideoque horum austeritate frugi evadunt. Sic serpentes flagella sunt eorum, qui<bus> infirma aetas et quaedam puerilis est virtus mentis. Ceterum fortioribus nocere non possunt.* Quod sentit Augustinus De Genesi contra Manichaeos, ubi respondet ad dictam quaestionem, dicens : *Multum errant, qui post peccatum considerant hominem cum amisit perfectionem illam qua ad imaginem Dei factus est : si damnatio eius tantum valet ut multis pecoribus imperet,* quamvis *propter corporis fragilitatem a multis possit occidi, quid de regno eius cogitandum est? Terrae* : quia terrena sunt grossa, de grossa substantia terrae facta, terram inhabitantia. *Secundum species suas* : expone ut supra : *in species suas.* Et quod prius dicit in genere singulis ante animantium distinctionem, modo post eorum distinctionem dicit « *secundum species suas* » pluraliter, quia unitas generis plurium specierum est contentiva.

<Opus potentiae Dei in producendo>

Sequitur opus potentiae Dei in producendo primo causaliter sive in fieri : *Factumque est ita* : expone ut prius; secundo causaliter sive in facto esse : dicit ergo : *Et fecit Deus* : iterum expone ut prius. Quod

61 Ambrosius] *iter. i. m.* A 68 venenata] mi s *add. sed del.* A 70 infirmis] influis(?) A 71 terrori] -rei *sed* e *exp.* A 71 parvulis] parvulus A 72 molesti] modesti A 76 Ceterum]-im A 82 Terrae] *subl.* A 83 Secundum ... suas] *subl.* A 90 Factumque est ita] *subl.* A 91 Et ... Deus] *subl.* A

61 *Ibid.*, vi, c. 6, n. 36-38 (CSEL 32^1, 228-229; PL 14, 255 B-256 A).

77 August., *De Gen. contra Manich.* i, c. 18, n. 29 (PL 34, 187).

aliter ordinat istas species quam prius, *non est curandum*, ut dicit Glossa interlinearis.

Sed quaeritur, quare de bestiis dicit : *secundum species*, de iumentis vero et reptilibus : *secundum genus*. Quamvis in talibus omnino non est vis facienda, forte potest tamen dici, quod hoc est quia bestiae magis distinguunt se in conversatione propter saevitiem, quam iumenta et reptilia, et ita non copulant suas species, neque commiscent sicut illa. Unde Ambrosius : | *Est diversitas copularum, quarum gratia* 236 ra
carent, quae intendunt rapinis. Nam propter aviditatem praedandi vel propter insidias explorandi nec ipsis inter se convenit, et ideo declinant sui copulam. Ubi adiungit bonum verbum morale : *Refugit enim avaritia consortium plurimorum.*

<Opus bonitatis Dei in approbando>

Sequitur : *Et vidit Deus*, etc. : expone ut supra. Sed quare non addit benedictionem ? Dicendum quod Dominus hoc fecit, licet Moyses non describit, sed manifestum reliquit, quia id de minus nobili fecit, scilicet natatili et volatili. De hoc tamen dicit Ambrosius : *Deus animantium genera, ut in futurum lege praescripta secundum genus sibi similitudinemque universa succedant, ut leo leonem generet, tigris tigridem, bos bovem, agnus agnum, aquila aquilam, semel praeceptum perpetuum inolevit naturae, et ideo ministerii sui obsequium praebere terra non desiit ut priscae animalium species reparabili generis successione in novas reparentur aetates.*

* * *

Allegoricus : secundum Isidorum in illa Glossa : « *Sexto die produxit* ».

Moralis : secundum Origenem : *Quae de aquis producta sunt*, diximus

94 Sed ...] Quaestio *add. i. m.* A 96 forte] Solutio *add. i. m.* A 99 Ambrosius] *iter. i. m.* A 3 consortium] -tio A 5 Et ... etc.] *subl.* A 7 id] h *add. sed exp.* A 8 Ambrosius] *iter. i. m.* A 15 Allegoricus(?)] *iter. i. m.* A 17 Origenes] Origenes *add. i. m.* A

93 *Glossa* (I, 30 : BEDA).

99 Ambros., *Hexaem.*, V, c. 14, n. 47 (CSEL 32[1], 176; PL 14, 226 C).

2 *Ibid.*

8 *Ibid.*, VI, c. 3, n. 9 (CSEL 32[1], 209; PL 14, 245).

15 *Glossa* (I, 30).

17 Cf. *Glossa* (I, 30 E, 37).

debere cogitationes mentis nostrae intelligi : nunc bona quae de terra producta sunt, carnales motus arbitror iudicari, secundum quod dictum est ab Apostolo : « Non habitat in carne mea bonum » : quae praecipit Apostolus mortificari.

<*Productio hominis*>

Descripta productione brutorum sequitur : *Et ait* : « *Faciamus hominem* », ubi describit productionem hominum. Et est congruus ordo, quia ut dicit Ambrosius : *Non possumus plenius nos cognoscere, nisi prius quae sit omnium natura animantium cognoverimus.* Et ut dicit Beda in Glossa, principio Genesis : *Quia homo praeponendus erat mundo visibili, primo regnum* prae*paratum describit, postea rectorem inducit cui serviat ple*bs *regni.* Nos enim sumus quodammodo, ut dicit Philosophus, finis omnium.

In parte ista Moyses primo describit opus sapientiae Dei in productionem hominis disponendo; secundo, potentiae in producendo : *Et creavit*; tertio, bonitatem in approbando : *Benedixit illis.*

<Opus sapientiae Dei in productionem hominis disponendo>

Item primo describit quomodo disponit : *Et ait* : expone ut supra; secundo, quid fieri disposuit : *Faciamus*, et quale disposuit fieri, et respectu creatoris : *ad imaginem*, et respectu aliarum creaturarum : *et praesit.*

Circa hoc quod scriptura dicit : *ait* : considerandum, quis ait, et ad quos fit hic sermo.

Et est hic primo cavendus error, quorundam Iudaeorum scilicet, et Arianorum, qui putaverunt, quod esset sermo Dei ad angelos, ut dicit Magister Sententiarum, dist.^{ne} XVI^{a}, cap.^{o} 1° : quod si sic esset, tota trinitas loqueretur nec potest stare illa opinio, quia angeli non erant Dei cooperatores in hominis productione.

23-24 Et ... hominem] *subl.* A 25 Ambrosius] *iter. i. m.* A 27 Beda] *iter. i. m.* A 30 Philosophus] <Philosophu ?> s *add. i. m.* A 32-33 Et creavit] *subl.* A 33 Benedixit illis] *subl.* A 35 Et ait] *subl.* A 36 Faciamus] *subl.* A 37 ad imaginem] *subl.* A 38 et praesit] *subl.* A 39 ait] *subl.* A

---

20 *Rom.*, vii, 18.

25 Ambros., *Hexaem.*, vi, c. 2, n. 3 (CSEL 32^{1}, 205; PL 14, 243 B).

27 *Glossa* (i, *Prothemata Glossae ordinariae in Genesim*, E : *Glossa anonyma*).

30 Aristot., cf. *Metaph.*, ix, c. 2 (Θ 1053 a 35-36).

43 Petrus Lombardus, *Sententiarum*, ii, dist. 16, c. 2 (i, 406; PL 192, 684).

Unde AMBROSIUS : « *Faciamus hominem* » : *quis hoc dixit ? Nonne Deus ? Non sibi utique ? Quia non dicit : « Faciam », sed : « Faciamus ». Non angelis, quia ministri sunt : servi autem cum Domino et opera cum auctore non possunt habere operis consortium.* Item non potest stare, quia angelis cum Deo non potest esse una imago communis. Unde AMBROSIUS : *Sed esto ut adminiculo suorum ad operandum* nos *Deus indiguisset, si operatio est communis angelis cum Deo, numquid Deo et angelis est imago communis ? Numquid angelis diceret : « Faciamus hominem ad imaginem et similitudinem nostram » ?* Quis ergo loquitur cum dicit : *Faciamus ?* Non ipsa divina essentia una tribus personis, ut sibi ipsi loquatur secundum quod dicit AMBROSIUS ? Cui dixit ? Non igitur quia non dixit : « Faciam », sed : *Faciamus*, loquitur ergo persona una vel plures, uni vel pluribus? AMBROSIUS vult quod unice loquatur hic scilicet filio, sive pater solus, sive communiter pater et spiritus sanctus loquantur. Dicit enim : *Quis dicit ? Nonne Deus ? Sed dicit filio etiamsi* Iudaei *nolunt, etiamsi Ariani* nolunt, *qui dum unum a consortio divinae operationis excludunt, plures inferunt, et praerogativam quam filio negant, servulis donant,* scilicet *angelis.* AUGUSTINUS in sermone de imagine, exponens illud : *Faciamus, etc.*, dicit quod homo sanctae trini-|tatis concilio conditus est, sed verbum illud concilii est 236 rb scilicet : *Faciamus.* Ergo secundum AUGUSTINUM tota trinitas, tres scilicet personae, loquitur sibi ipsi.

Sed hoc non oportet. Licet enim factus sit homo, cum filio trinitatem convocando, tamen ad concilium non oportet quod sit trinitatis. Potest dici 3° modo, ut pater dicit filio et spiritui sancto, ipsos ad concilium de homine creando convocando. Et hoc multum competenter quoniam prima auctoritas penes patrem residit.

Est hic quaestio, quare in productione hominis non est usus verbo imperantis sicut in productione omnium aliorum, sed verbo consulentis. Dicendum, quod hoc fit ad insinuandum dignitatem humanae

---

46 Ambrosius] *iter. i. m.* A 46 Faciamus hominem] *subl.* A 52 angelis] -lus A 53-54 Faciamus ... nostram] *subl.* A 61 Iudaei] videri(?) A 61 nolunt] noluit(?) A 64 Faciamus, etc.] *subl.* A 66 Faciamus] *subl.* A 67 sibi] similiter A 73 Est ...] quaestio *add. i. m.* A 75 Dicendum ...] Solutio *add. i. m.* A

---

46 AMBROS., *Hexaem.*, VI, c. 7, n. 40 (CSEL 32^1, 231 ; PL 14, 257 A-B).

51 *Ibid.*, VI, c. 7, n. 41 (CSEL 32^1, 232 ; PL 14, 257 C).

60 AMBROS., *Hexaem.*, VI, c. 7, n. 40 (CSEL 32^1, 231-232 ; PL 14, 257 A-B).

64 AUGUST., cf. *Sermo* LII, c. 7, n. 10-19 (PL 38, 362).

creaturae super omnes alias creaturas, quas fecit. Unde AUGUSTINUS in sermone de imagine : Tantae dignitatis humana conditio esse cognoscitur, ut non solum videntis sermone ut alia sex dierum opera, sed concilio sanctae trinitatis et operatione maiestatis dominicae creatus sit homo, ut ex primae conditionis honore intelligat, quanto creatori suo debeat, dum tantam in conditionem mox dignitatis privilegium praestitit ei conditor, ut tanto attentius amaret conditorem, quanto mirabilius se ab ipso conditum intelligeret : *Faciamus* inquit, *hominem ad imaginem et similitudinem nostram.*

Sequitur : *hominem.* Est autem hic animadvertendum, quod cum dicitur : *Faciamus hominem ad imaginem*, etc., li homo dupliciter considerari potest : uno modo, ut est terminus factionis, quae exprimitur cum dicitur : *Faciamus*; alio modo, ut est subiectum qualitatis sub qua factus est, quae significatur cum dicitur : *ad imaginem et similitudinem.*

Notandum igitur, cum secundum APOSTOLUM duplex in nobis sit homo : unus exterius secundum corpus, alter interior secundum spiritum, proprie loquendo homo dicitur compositum ex utroque, et secundum utrumque factus est a Deo : quoad corpus, secundum quod dicitur infra secundo : *Formavit Deus hominem de limo terrae*; quoad spiritum, quod statim subiungitur : *Et inspiravit in faciem eius spiraculum vitae.* Unde pro composito ex utroque supponit hic « homo », inquantum consideratur ut est terminus divinae operationis: inquatum vero consideratur secundo modo quo est productus, quia *ad imaginem et similitudinem*, maior est dubitatio pro quo supponit.

Quare tunc incidit quaestio, quam movet AUGUSTINUS, 83 quaestionum q.^{e} 51^{a}, utrum homo causatus sit *ad imaginem et similitudinem* quoad interiorem solum, an quoad utrumque.

Primam partem quaerere stultum est, secundum AUGUSTINUM ibidem, nam si unus illorum, non est dubium quin interior, *qui renovatur*

77 humana conditio] humanae conditionis A 81 tantam(?)] tm(?) A 81 conditionem(?)] -ne A 83-84 Faciamus ... nostram] subl. A 85 Sequitur : hominem] *subl.* A 85 Est ...] Nota *add. i. m.* A 86 Faciamus ... etc.] *subl.* A 88 Faciamus] *subl.* A 89-90 ad ... similitudinem] *subl.* A 91 Notandum ...] Nota *add. i. m.* A 1 Quare] Quaestio *add. i. m.* A

77 Cf. *ibid.*
91 Cf. *II Cor.*, IV, 16.
95 *Gen.*, II, 7.
1-2 AUGUST., *De div. quaest. 83*, q. 51, n. 1 (PL 40, 32).
5 *Ibid.*

de die in diem *secundum* imagin*em eius qui* fecit eum, etsi exterior noster homo corrumpatur, ut dicit APOSTOLUS, <Ad> Colossenses IV°.

Utrum autem ambo, et ita totus homo coniunctus, maior est quaestio, ut dicit, et tunc omnino cavendus est error hominum carnalium, qui non nisi hominem exteriorem factum in corpore sensibili vel principaliter ipsum attendant, ne etiam secundum corpus intelligamus hominem factum *ad imaginem et similitudinem* Dei. Cum enim secundum PHILOSOPHUM, VI° Physicorum, *imago est cuius generatio est per imitationem*, et secundum HUGONEM *imago* dicitur quasi imitago, quia *imitatur* imago rem, cuius est imago, et dicitur proprie in corporalibus, et in spiritualibus per quandam translationem, sicut in corporalibus non dicitur imago productum ad quamcumque imitationem alterius, sed ad expressam in lineamentis et partium dispositione, et similiter in spiritualibus imago Dei non dicitur, nisi id quod ad magnam et expressam Dei imaginem productum est. Cum igitur Deus spiritus est, ad quem corporalia expressam imitationem habere non possunt, quia imitatio expressa ad Deum est in magna simplicitate, cum ipse simplicissimus sit, et corpora habent summam compositionem, ideo in corporibus nullo modo est invenire Dei imaginem ex parte corporis. Et ideo neque homo ex parte corporis ullo modo intelligi debet factus ad imaginem Dei, et propter idem neque ad similitudinem | quae in 236 va
ipsa imaginatione consideratur, licet in ipso sit considerare <ali>quam similitudinem vestigii creatoris, quia secundum quod dicit AUGUSTINUS. IX° De Trinitate, cap.° V° : *Non sane omne quod in creaturis aliquo modo simile est Deo, etiam imago eius dicenda est*; super illud Col. IV° : *In agnitionem Dei* : Glossa : *Homo creatus est ad*

---

12 ne] hominem *add.* A 12 ne ... corpus] quod non per ?() corpus(?) *add. i. m. sed ultima pars disparuit religando* A 13-14 Philosophum] Aristoteles *add. i. m.* A 26 ullo] nullo A

7-8 *Col.*, III, 10.

13-14 ARISTOT., *Top.*, VI, c. 2 (Z 140a 14-15).

15 Cf. *Glossa* (I, 32 F : HUGO DE SANCTO VICTORE); ID., *Annotationes in Genesim*, c. 7 (PL 175, 37 D); H. DE PISA, *Magnae derivationes* (ms. OXFORD, *Bodl. e Mus.* 96 (3582), p. 216 : CIT. B. SMALLEY, *A Commentary* ..., p. 92[124]) : « ... et dicitur imago quia imitatur rem cuius est in corporalibus lineamentis et dispositione partium. Aliter non proprie dicitur imago ».

30 AUGUST., *De Trin.*, XI, c. 5, n. 8 (CC 50, 344; PL 42, 991).

32 *Col.*, III, 10.

32 *Glossa* (VI, 628 AUGUST.).

imaginem, non corporis lineamentis, sed forma quadam intellectus mentis; et super illud Iª <ad> Corinthios Xº : « *Vir non <debet velare caput, quoniam> imago* » : Nulli dubium est hominem factum ad imaginem, non secundum corpus neque secundum quamlibet animae potentiam, sed secundum mentem. Unde Origenes : *Non corporis figmentum imaginem continet, is* vero *qui* « *ad imaginem et similitudinem* » *Dei factus est, interior homo est, invisibilis, incorporalis. Si quis vero corporeum putet esse Deum* et humanae formae, hoc sentire impium est.

Et nota quod, licet similitudo Dei in qualibet creatura, secundum Augustinum, reperitur — dicit enim, quod *multis modis res dici possunt similes Deo* — aliae inquantum *sapiunt, aliae inquantum solum vivunt, aliae inquantum sunt. Et* illae *quae tantummodo sunt, exigue sunt ad similitudinem eius*; *quae vivunt et non sapiunt, paulo amplius*; *quae* vero sunt, vivunt et *sapiunt, illi similitudine proxima sunt,* et ideo solum « *ad imitationem et similitudinem* » proprie dicuntur. Et ideo li « hominem » pro solo homine exteriori supponere non potest.

Quare, cum ex testimonio scripturae hic et infra, Vº, et Sap. IIº : *Ad imaginem similitudinis suae fecit illum,* concedere oportet hominem factum *ad imaginem et similitudinem Dei,* et hoc nullo modo convenit ei secundum corpus, oportet concedere quod hoc conveniat ei secundum spiritum. Hic dicit Augustinus, 83 quaestionum q.ᵉ 51ª : *Cum homo possit particeps esse sapientiae secundum interiorem hominem, secundum ipsum ita est* « *ad imaginem* », *ut nulla interposita natura* formetur. Haec est enim praecisa causa, quare homo secundum interiorem hominem est ad Dei imaginem : quia scilicet per sapientiam secundum ipsum capax Dei est, secundum quod dicit IXº De Trinitate, cap.º VIIIº : *Eo* anima *imago* Dei *est, quo capax* Dei esse *eiusque particeps esse potest.* Et ideo dicit Ioannes Damascenus libro 1º,

---

34 Vir] virum A 40 corporeum] incorporeum A 42 Augustinum] Augustinus *add. i. m.* A 48 exteriori] exteriore A 53 Augustinus] *iter. i. m.* A 60 Damascenus] *iter. i. m.* A

---

34 *I Cor.*, XI, 7.
34-35 *Glossa* cf. (VI, 286 A, 287 B).
37 Origenes, *Homiliae in Gen.*, I, n. 13 (p. 15; PG 12, 155 D-156 A).
42 August., *De div. quaest. 83*, q. 51, n. 2-3 (PL 40, 32-33).
49 *Gen.*, V, 1.
49 *Sap.*, II, 23.
53 August., *De div. quaest. 83*, q. 51. n. 2 (PL 40, 33).
58-59 Id., *De Trin.*, XIV, c. 8, n. 11 (CC lat. 50, 436; PL 42, 1044).
60-61 Damasc., *De fide orthodoxa*, cf. c. 26 [II, c. 12] (p. 113; PG 94, 919 B).

cap.º XXVº : Quod dicitur « ad imaginem », intellectuale significat et arbitrio liberum.

Dicendum igitur, quod li *hominem* supponit per se pro homine interiori, sumendo totum pro parte, et hoc quia ille est nobilior pars hominis et quasi totus et verus homo, quia per ipsum homo verus in esse constituitur. Unde Ambrosius : *Aliud sumus nos, alia nostra, alia quae circa nos sunt. Nos sumus anima et mens. Nostra sunt corporis membra et sensus eius. Circa nos sunt pecunia, servi et vitae istius apparatus.* Et sequitur : *Anima igitur nostra « ad imaginem » Dei est. In hac totus es, homo, quia sine hac nihil es. Non exigua tui portio, sed totius humanae universitatis substantia est. Haec est per quam ceteris ferarum aviumque dominaris animantibus. Corpus tuum ad speciem bestiarum* est, *caro numquid ad imaginem Dei es<t?> Ergo in Deo terra est, quia caro terra est. Ergo corp<ore>us Deus est. Sed audi quia anima nomine hominis nuncupatur : scriptum est : « Filii Ioseph, qui* fact*i sunt ei, in Aegypto animae novem* ».

Et quia esse ad imaginem non solum attribuitur animae, sed toti homini per animam, inquantum est eius actus et perfectio, ideo homo totus quodammodo vere poterit dici « factus ad imaginem Dei ». Sicut tamen non vere potest dici « anima », sed « habens animam », sic non vere potest dici totus homo proprie imago, sed habens imaginem. Unde Augustinus loquens de partibus imaginis dicit, IXº De Trinitate : Homo *non est* illa *tria*, sed *hab*ens est. Iterum ibidem : Haec tria non sunt homo, sed hominis. Quia enim imago est forma quae ipsa est, per hoc quodammodo dicitur « imago », sicut tabula | dicitur imago 236 vb
propter imaginem depictam in ipsa, ut dicit ibidem Augustinus, et secundum hoc li *hominem* potest supponere pro homine composito. Unde et propter dispositiones quas sciunt ab anima nobiliores, corpus hominis <nobilius> quam quodlibet aliud : quodammodo homo quoad corpus potest dici factus « ad imaginem », quod tamen est valde

61 significat] figit(?) A 63 Dicendum ...] Solutio *add. i. m.* A 66 Ambrosius] *iter. i. m.* A 81 imago] imaginatio *sed in* imago *corr.* A 81 sed habens] *iter.* A 82 Augustinus] *iter. i. m.* A

66 Ambros., *Hexaem.*, vi, c. 7, n. 41 (CSEL 32 1,233; PL 14, 258 A).
69 *Ibid.*, vi, c. 7, n. 43 - c. 8, n. 46 (CSEL 31¹, 234-237; PL 14, 285 C-260 A).
75-76 *Gen.*, xlvi, 27.
82 August., *De Trin.*, ix, cf. c. 4, n. 4-5 (CC lat. 50, 297-299; PL 42, 963-964); xv, c. 23, n. 42-43 (CC lat. 50. 519; PL 42, 1090-1091).
86 Cf. *ibid.*

improprie, sumendo imaginem pro imagine similitudinis, quam habent alia. Unde AUGUSTINUS, 83 quaestionum q.e 51a : *Corpus hominis, quia solum inter animalium terrenorum corpora non pronum prostratum est, sed* in altum *ad intuendum caelum erectum* est, *quamquam non sua, sed animae praesentia vivere cognoscitur, tamen non modo quia est et in quantum est, utique bonum,* sed etiam *quia tale est, ut ad contemplandum caelum sit aptius, magis in hoc « ad imaginem et similitudinem Dei » quam cetera corpora animalium factum* in se *videri potest.* Quod expressius dicit AUGUSTINUS, 1° De Genesi contra Manichaeum : *Sic corpus nostrum fabricatum est, ut ind*e et *nos meliores esse* videamur *quam bestiae, et propterea Deo similes. Omnium enim animalium corpora inclinata sunt ad terram, et non sunt erecta* sic*ut corpus hominis. Quo significatur, et animum nostrum in superna, id est aeterna et spiritualia, erectum esse debere. Ita*que *intelligitur per animum maxime, attestante erecta corporis forma* : *homo factus est ad imaginem Dei.* Unde BERNARDUS SYLVESTER in suo metro :

Bruta patenter habent tardos animalia sensus;
cornua deiectis vultibus ora ferunt.
Sed maiestatem mentis testante figura tollit
homo suum solus ad astra caput.

Sequitur : *ad imaginem.* Hic est quaestio in principio, quare dicit scriptura : *Faciamus hominem ad imaginem et similitudinem nostram,* cum homo non sit solum « ad imaginem et similitudinem », sed etiam imago et similitudo, secundum quod dicit AUGUSTINUS, 1° Retractationum : Hominem *factum « ad imaginem et similitudinem » Dei accipimus. Quod non ita intelligendum est, quasi homo non dicitur imago Dei, cum dicit APOSTOLUS* : « *Vir quidem non debet velare caput,* cum sit imago et gloria Dei ». Hic oportet videre, quomodo homo sive mens *dicitur « imago »,* et quomodo « *ad imaginem* » ut videamus quomodo differenter dicitur sic vel sic, et ita quare scriptura potius sic loquitur quam aliter.

Et quod dicendum est de imaginatione, intelligendum est de simili-

---

4 erecta] causata A 6 metro] Bruta habuit(?) *add. Sed exp.* A 11 ad imaginem] *subl.* A 12 Faciamus ... nostram] *subl.* A

---

92 AUGUST., *De div. quaest. 83,* q. 51, n. 3 (PL 40, 33).
99 ID., *De Gen. contra Manichaeos,* I, c. 17, n. 28 (PL 34, 187).
5-6 BERNARDUS SYLVESTER, *De mundi universitate,* II, c. 10, lin. 27-30 (p. 55).
14-15 AUGUST., *Rectractationes,* I, c. 26 (CSEL 36, 122; PL 32, 626).
17 *I Cor.,* XI, 7.

tudine. Notandum igitur, cum imago dicit expressam convenientiam rei imitantis ad illam quam imitatur, illa imitatio potest fieri tripliciter : primo communicando eandem naturam penitus in numero ; vel communicando eandem naturam specie ; vel naturam eandem <non> communicando, sed eandem proportionem et analogiam rei in alia natura observando.

Primo modo solummodo est invenire imaginem in divinis, ubi in eadem substantia penitus simile producitur, sicut filius dicitur imago patris : Coloss. 1º : *Qui est imago invisibilis Dei, primogenitus omnis creaturae.* Et dicitur haec imago adaequationis perfectae, consequens totum illud quod habet id cuius est imago.

Secundo modo in propagatis ab invicem creaturis filius est imago patris, non tamen ita perfecta sicut prior, quia non consequitur quidquid habet pater nisi secundum speciem communem.

Tertio modo creatura rationalis imago dicitur Dei, quia quadam analogia <et> convenientia imitatur trinitatem divinarum personarum in unitate substantiae, secundum quod mens nominat unitatem substantiae cum tribus potentiis, quae totam substantiam mentis capiunt et sese ad invicem, sicut contingit in trinitate increata, ut determinatur primo Sententiarum. Quaelibet enim alia imitatio vestigii et est in omni creatura ; ista solum in rationali. Et quia ista ratio imaginis est solum secundum quandam analogiam, non secundum convenientiam in aliqua natura specifica, ideo minor est ratio imaginis in creatura rationali ad Deum, quam in filio hominis ad patrem suum, secundum quod dicit AUGUSTINUS, De|decem chordis : *Aliter est* 237 ra *imago imperatoris in nummo, aliter in filio.* Et constat quod verius est in filio. Nunc autem imago Dei in quacumque creatura non est nisi sicut imperatoris in nummo. Et propter idem ulterius : Multo minor est imaginis ratio in creatura genita respectu generantis, quam in Dei filio respectu patris. Et ideo respectu eius verius dicitur quodlibet aliud imitans Deum similitudo quaedam eius, quam imago. Et ideo dicit AUGUSTINUS, 83 quaestionum q.ᵉ 74ª : *Ubi* est *imago, continuo* et *similitudo. Ubi autem imago, non continuo aequalitas.* Et ideo dicit in sermone de imagine : Anima gerit quandam similitudinem trinitatis,

---

31 *Col.*, I, 15.

42 Cf. PETRUS LOMBARDUS, *Sententiarum*, I, d. 3, c. 2, n. 2 (I, 72).

47 AUGUST., *Sermo* IX, c. 8, n. 9 (CC lat. 41, 125-126; PL 38, 82).

50 Cf. *ibid.*

54 ID., *De div. quaest. 83*, q. 74 (PL 40, 84).

56 ID., cf. *Sermo* LII, c. 7, n. 19 (PL 38, 362).

secundum quam est imago omnipotentis Dei. Sic ergo respectu imaginis, quae filius Dei est respectu patris, deficit imago Dei in homine.

Si ergo proprie debet exprimi ratio imaginis in homine, debet exprimi cum alia determinatione diminuente de perfecta ratione imaginis, quae homini convenit, non filio Dei. Et illa exponitur dicendo hominem factum *ad imaginem*, ut per li *ad* intelligatur amotio perfectae imitationis, qualem solum habet Dei filius. Unde dicit AUGUSTINUS, 7° De Trinitate : Homo *ita* imago *dicitur*, quod « *ad imaginem* », quia *non aequatur parilitate, sed accedit similitudine*. Quamquam ergo homo sit « imago Dei », et etiam « ad imaginem », perfecte tamen est « ad imaginem », quia *non interposita substantia ab ipsa veritate formatur* secundum AUGUSTINUM, 83 quaestionibus : Non autem perfecte est imago, quia ei cui est imago, non aequatur. E converso autem filius proprie dicitur « imago », quia perfecte patri aequatur, non autem « ad imaginem », quia non ab ipso in deficiente imagine formatur. Unde AUGUSTINUS immediate post illud quod praedictum est, in primo Retractationum addit loquens de homine : *Sed dicitur etiam « ad imaginem » Dei, quod unigenitus non dicitur, qui tantummodo « imago » est, non « ad imaginem »*. Propter hoc ergo scriptura proprie loquens <potius dicit > « *ad imaginem* », quam « imago ».

Sed quomodo potest hoc stare ? Si enim homo factus est proprie « ad imaginem », ergo alia imago praecessit, ad quam facta est sicut ad exemplar; quod si sic est, non ergo per hoc ponitur quod homo sit « imago ». Nec ponitur a materia dignitas in homine super alia creata, quia « ad imaginem » in Deo existentem, quae est Dei verbum, sicut ad exemplar omnia creata sunt, ut dictum est.

Supra hoc quaerit difficultatem, an imago stet hic pro imagine creata vel increata, quam MAGISTER SENTENTIARUM tractat 2° libro, dist.^{e} XVI^{a}.

Et sicut ibi determinat, una opinio erat, quod potest stare pro imagine increata, quae est divina essentia, quae confirmatur auctoritate BEDAE, dicentis hic in Glossa : In eo quod dicit : « Faciamus », una operatio trium personarum ostenditur; *in hoc vero quod « ad imaginem*

---

60 non] nā A 64 Augustinus] *iter. i. m.* A 72 Augustinus] *iter. i. m.* A 74 imago] in alio A 75 ad imaginem] *subl.* A 86 una opinio ...] 1^{a} op<ini>o *i. m.* A

---

64 ID., *De Trin.*, VII, c. 6, n. 12 (CC lat. 50, 266; PL 42, 946).

68 AUGUST., *De div. quaest. 83*, q. 51, n. 4 (PL 40, 33).

72-73 AUGUST., *Retract.*, I, c. 26 (CSEL 36, 122; PL 32, 626).

84-85 PETRUS LOMBARDUS, *Sententiarum*, II, dist. 16, c. 3 (I, 407; PL 192, 684).

88 *Glossa* (I, 31).

et similitudinem nostram», *una et aequalis substantia trinitatis*. Istam opinionem sustinet magister W ...(?) CANTICUS (?) in *Summa* sua, ponendo quod divina essentia sit imago et similitudo divinarum personarum inter se, ut is sit sensus : *Faciamus hominem ad imaginem et similitudinem nostram* : id est « ad imaginem » qua imitamur nos invicem et « ad similitudinem » qua sumus invicem similes, ponendo etiam quod divina essentia sit imago et similitudo, quibus creatura rationalis imitatur divinam essentiam et assimilatur ei. Dicit enim, quod hoc nomen « imaginem » supponit divinam essentiam in habitudine ad naturalia hominis, hoc nomen «similitudinem» in habitudine ad gratuita, ut is sit sensus : *Faciamus hominem*, etc. : id est « ad similitudinem », qua creaturae assimilantur nobis et « ad imaginem » qua imitantur nos.

Quamquam dictum istud aliquo modo posset esse verum ex parte similitudinis, quia similitudo dicit simplicem convenientiam, quae bene potest fundari super essentiam in qua personae sibi invicem similes, et creaturae eis assimilantur, hoc | tamen nullo modo posset stare ex parte 237 rb
imaginis, quia imago nihil dicit nisi aliquid expressum ad alterius imitationem et ideo semper dicitur relative, quod non potest convenire essentiae, quia ipsa relative non dicitur, quia nec generat nec generatur, et ideo non se habet ut ab altero existens per expressionem. Propterea qualitercumque essentia diceretur imago personarum inter se, nullo modo tamen posset dici proprie « imago » respectu creaturae, quoniam, ut dicit MAGISTER in *Sententiis*, dist.^{e} XVI^{a}, cap.^{o} II° : *Imago proprie* dicta *relative dicitur ad* illud *cuius similitudinem gerit, et ad quod praesentandum facta est*; *improprie aut<em> dicitur imago* ad id, quod ad ipsam, et secundum hanc impropriam locutionem concedit MAGISTER, libro II°, dist.^{e} 29^{a}, cap.^{o} ultimo, quod essentia

---

93-94 Faciamus ... nostram] *subl.* A 00 Faciamus ... etc.] *subl.* A 2 Quamquam ...] Reprobatio *add. i. m.* A 6 alterius] ulterius A

---

91 W...(?) CANTICUS(?), *Summa* : cf. GULIELMUS ALTISSIODORENSIS, *Summa aurea*, (f. 59ra:) «Per ista vero duo imaginem et similitudinem unitas essentiae designatur. Unde per hoc nomen imaginem supponit divinam essentiam in habitudine ad naturalia hominis; et hoc nomen similitudinem similiter in habitudine ad hominis gratuita... Unde is est sensus : «faciamus hominem ad imaginem et similitudinem nostram», id est ad similitudinem qua sumus invicem similes. Eodem modo dicendum est de hac dictione imaginem; et est sensus « faciamus hominem ad imaginem nostram », id est ad imaginem, qua imitantur(!) nos ad invicem. (CIT. B. SMALLEY, *A Commentary* ..., 1953, p. 97).

12 PETRUS LOMBARDUS, *Sententiarum*, II, dist. 16, c. 3 (I, 407; PL 192, 684).

16 *Ibid.*, I, dist. 28, c. 7 (I, 182; PL 192, 600).

quoquo modo dicitur imago, sed tunc imago sumitur improprie pro exemplari.

Alia erat opinio, quod imago staret pro persona filii, quia non est alia persona imago in divinis, nisi filius, secundum quod dicit AUGUSTINUS, VI° De Trinitate, cap. VI° : *Sic verbum* dicitur *quomodo imago,* ac constat quod non dicitur relative et non convenit nisi filio. Et est advertendum, quod illa duo : « *ad imaginem et similitudinem* », nec referebat haec opinio ad idem, sed « *imaginem* » ad filium, « *similitudinem* » ad spiritum sanctum, ut etiam li *nostram* solum respondeat similitudini, ut intelligatur sic dicere pater ad filium : *Faciamus hominem ad similitudinem nostram* : id est ad conformitatem spiritus sancti, qui est similitudo nostra, et ad spiritum sanctum intelligatur dicere sic : *Faciamus hominem ad imaginem ... nostram,* quae scilicet est filius. Et dicit MAGISTER SENTENTIARUM, quod *haec* op*inio non videtur penitus reprobabilis, qu*amvis ex *sanctorum auctoritatibus non manet.*

Revera multum extorta est, et videtur improbabilis quoad hoc, quod loquendo ad spiritum sanctum, videtur excludere a factione hominis quoad imaginem, filium, et loquendo filio videtur excludere a factione hominis quoad similitudinem, spiritum sanctum, ut patet in expositionibus. Et ideo cum sine omni improprietate potest exponi, ut imago et similitudo supponat pro aliquo creato, *con*venie*ntius*, ut dicit MAGISTER SENTENTIARUM, *in ipso homine « imago et similitudo » quaerenda est.*

Dicendum igitur, secundum quod dicitur in Summa PHILIPPI CANCELLARII PARISIENSIS, quia in hoc dicto : *Faciamus hominem,* etc., est tria considerare, scilicet rem ipsam in qua est ipsa imago, qui est homo factus imaginem factam in se habens, et ipsam imaginem, qua

---

19 Alia ...] 2ª opinio *add. i. m.* A 21 VI°] II° *sed exp. et* VI° *sup. lin.* A 22 imago] verbum *add.* A 25 nostram] *subl.* A 26 Faciamus hominem] *subl.* A 29 ...] sive(?) A 32 Revera ...] *Reprobatio add. i. m.* A 41 Faciamus hominem] *subl.* A

---

21 AUGUST., *De Trin.*, VI, c. 2, n. 3 (CC lat. 50, 230; PL 42, 925).

30 PETRUS LOMBARDUS, *Sententiarum,* II, dist. 16, c. 3, n. 4 (I, 408; PL 192, 685).

38 *Ibid.*,

40-41 PHILIPPUS CANCELLARIUS, *Summa* (ined.), cf. *textum sequentem* : « Consequenter tractanda est quaestio de hoc quod dicitur « Faciamus hominem ad imaginem », etc., quid dicitur imago et utrum creatum aut non creatum, (si) non creatum, utrum teneatur essentialiter vel personaliter, et si personaliter, aut pro pluribus aut pro uno, et quae sit differentia inter similitudinem et imaginem». (MS. OXFORD, *Magdalen Coll.*, 66, f. 49ra : CIT. B. SMALLEY, *A Commentary ...*, 1953, p. 89; cf. *ibid.*, p. 89-90).

insignitus, et rem cuius est illa imago per quam est insignitus; et similiter de similitudine. Et secundum hoc incidit hic triplex comparatio : una imaginis ad id a quo est ut ab obiecto, alia eiusdem imaginis ad id cuius est ut subiecti, tertio eius cuius est imago et ad id a quo, ut intelligatur homo factus ad imaginem Dei. Quia tamen factus est similis, imagine Dei insignitus est, quae dicitur Dei, non quia eius sit ut subiecti (sic enim, id est ut subiecti, est ipsius facti), sed quia est eius ut obiecti, a quo subiectum quod est homo, imagine insignitur, et ad cuius imitationem ipsa imago transformatur in subiecto tali, sicut si tabula in qua statim cum sit, depingitur imago imperatoris, diceretur facta ad imaginem imperatoris. Unde Gregorius : Homo, totius creaturae dominus, ad imaginem sui creatoris effectus, nihil aliud indicat, nisi(?) quod mox in eo regia natura formata est. Sicut enim iuxta humanam consuetudinem qui principum imagines fingunt, non solum impressionem formae eius imitantur, verum etiam amictu picturae regiam exprimunt dignitatem, et imago ipsa iam pro consuetudine dicitur imperator, sic etiam humana substantia, quoniam ad aliorum regimen condebatur, propter regis universorum similitudinem velut imago animata componitur. Pro picturae | vela- 237 va
mine vestita est virtute, pro sceptro beatitudine et immortalitate sustollitur, pro regali serto iustitiae corona decoratur.

Adhuc nota ad magis declarandum, quod obscuritatem in hac oratione : *Faciamus hominem*, etc., facit ambigua constructio secundum compositionem et divisionem. Et antequam hoc exponamus, duo ad maiorem declarationem, quae plane vera sunt, supponamus : quia haec determinatio : *ad imaginem*, cum sit determinatio huius verbi : *Faciamus*, quod transit in hoc quod est *hominem*, quae aequipollet adverbio, intelligatur construenda cum suo verbo, ut sit media in ipsum et accusativum, in quem transit sub tali ordine : «Faciamus ad imaginem nostram hominem», quia hoc verbum «*faciamus*» duplicem habet respectum, unum ad id a quo actus egreditur, scilicet ad Deum ut ad facientem, et ad id in quod transit actus, scilicet ad hominem factum.

Dico ergo, quod oratio illa : *Faciamus hominem*, etc., potest intelligi ut haec determinatio «*ad imaginem*» determinet hoc verbum «*facia-*

54-55 Gregorius] *iter. i. m.* A 56 nisi] nihil A 65 Faciamus hominem] *subl.* A 69 ad imaginem] *subl.* A 70 Faciamus] *subl.* A 70 hominem] *subl.* A 76 Dico ...] Nota *add. i. m.* A

54-55 Cf. Gregorius, *Moralia*, v, c. 34, n. 63 (PL 75, 713 C-714 C); Gregorius Nyssenus, *De hominis opificio*, iv (PG 44, 135).

mus » per respectum quem habet ad id a quo procedit, vel per respectum quem habet ad id in quod procedit. Primo modo li « *ad imaginem* » denotat conditionem formae exemplaris et rationem faciendi sub hoc sensu : « *Faciamus ad imaginem nostram* » (secundum rationem imaginis in nobis) ipsum « *hominem* » : et necessario imago supponit pro increato, Secundo modo, li « *ad imaginem* » denotat conditionem formae informantis et disponentis ipsum factum sub hoc sensu : « *Faciamus ad imaginem nostram*» : id est dispositum imagine nostra, ipsum hominem : et necessario supponit pro imagine creata. Sicut si dicatur : « pictor depingit tabulam ad imaginem Herculis», sensus est duplex : unus talis : depingit ad imaginem Herculis, quam videt depictam forte in pariete, ipsam tabulam, et tunc manifeste dicit rationem depingendi, ut procedit a pictore et est ut forma exemplaris; alter autem sensus est talis : depingit « *ad imaginem* » Herculis, quam protrahit(?), ipsam tabulam, et manifeste dicit dispositionem rei depictae, quam recipit a depingente.

Et est primus modus construendi usitatior in communi sermone, secundus modus minus usitatus, sed tamen aeque proprius. Unde SIMON exponens dictum sermonem in S u m m a sua, dicit sic : *Faciamus hominem*, etc. : id est faciamus hominem ut sit imago nostra, vel potius ut sit insignitus imagine nostra. Homo enim non est factus ut existens imago proprie, sed ut habens imaginem et imagine <in-> signitus, ut dictum est prius. Et sic *li* « *ad* » dicit circumstantiam informantis. Et hoc potest esse secunda ratio, quare non dixit : « Faciamus hominem imaginem », sed « *ad imaginem* », quia non est homo neque mens proprie imago, sed informatus imagine. Secundum hunc ergo modum patet, quomodo homo creatus est ad imaginem Dei, et quomodo ad imaginem suam. Creatus enim est ad imaginem sui ut subiecti deferentis imaginem, et ad imaginem Dei, ut obiecti quod homo imagine sibi impressa imitatur. Nec oportet quod intelligatur imago praecessisse, si debet causari homo ad imaginem, quia procedit ex falso intellectu, ut visum est. Non enim factus est homo ad imaginem exemplantem, sed informantem, Quod ergo dicit hic BEDA,

---

88 quam] quem *sed in* quam *corr.* A 95 Simon] *iter. i. m.* A 95-96 Faciamus hominem] *subl.* A 99 li ad] *subl.* A 9 Beda] dicit Beda *add. i. m.* A

---

95 SIMON <DE TORNACO>, cf. *Summa* : « Nos e contra dicimus personarum imaginem non earum essentiam, sed hominem, et est sensus « Faciamus hominem ad imaginem nostram », id est ut sit homo imago nostra » (CIT. M. SCHMAUS, *Die Texte* ..., p. 70).

9 *Glossa* (I, 31 A).

quod dicendo « ad imaginem », substantia *trinitatis ostenditur*, dicendum est, quod verum est tamquam obiectum a quo transformatur illa imago, non tamquam id quod supponitur nomine imaginis, nisi velit sumere imaginem improprie pro exemplari. Sic ergo patet quomodo intelligenda est dictio, cum dicitur : *Faciamus hominem*, etc. Sequitur, quomodo intelligenda est res dicta. Dicit ergo : *Faciamus hominem* : quoad corpus, ex praeiacenti materia; quoad spiritum, ex nihilo. Pro quo supponit li « hominem », dictum est supra.

Sequitur : *ad imaginem et similitudinem nostram*, ubi considerandum est, quid significetur nomine imaginis, | et quid nomine similitudinis, 237 vb
et quomodo differunt imago et similitudo.

Primo ergo videndum, in quo consistit ratio imaginis, demum in quo consistit ratio similitudinis, et tunc planum erit totum. Ex parte igitur imaginis intelligendum, quod creatura imago Dei dicitur, non ex quacumque imagine, sed ex illa, qua imitatur essentiae eius unitatem et personarum trinitatem. Et hoc non imagine quacumque, sed suprema secundum quod possibile est creaturae, quia quanto natura est superior vel naturae gradus, tanto magis imitatur, et illa suprema imago, imago dicitur et non alia. Cum igitur superior natura creata est rationalis, et superior gradus in illa est superior portio mentis, in portione mentis superiori creaturae rationalis imago solummodo investiganda est, et quamquam trinitas alia inveniatur in portione inferiori vel in viribus sensitivis, vel in quocumque alio inferiori, imago non dicitur, quia non summe imitatur, sed tantum pertinet ad vestigium.

Partes huius imaginis AUGUSTINUS assignat dupliciter : IX° De Trinitate, in illis tribus : memoria, notitia, et amor; X° vero De Trinitate, in illis tribus : *memoria, intelligentia, et voluntas*. Et quia in ultimo modo ponendi omnes partes potentiae sunt, in primo duo habitus sunt cum una potentia et maior unitas et conformitas est potentiarum inter se et ad communem substantiam, quam habituum cum potentia et illorum ad substantiam, ideo AUGUSTINUS primum

---

10 dicendum ...] Solutio *add. i. m.* A 14 Faciamus ... etc.] *subl.* A 18 ad ... nostram] *subl.* A 28 Cum ...] Ubi debet investigari *i. m.* A 29 est] et A 34 Partes ...] In quibus debet sumi *add. i. m.* A

34-35 AUGUST., *De Trin.*, IX, cf. c. 4, n. 4 (CC lat. 50, 297; PL 42, 963); c. 5, n. 8 (CC lat 50, 300; PL 42, 965).

35-36 *Ibid.*, X, c. 11, n. 18 (CC lat. 50, 330; PL 42, 983); cf. XIV, c. 9, n. 11 (CC lat 50, 436; PL 42, 1044).

40 Cf. *supra*, lin. 34-35.

modum assignandi partes imaginis abicit, et prosequitur secundum tamquam illum, secundum quem sumitur verius ratio imaginis. In illis ergo tribus : memoria, intelligentia et voluntas, ut respiciunt superiorem portionem mentis, qua contemplatur aeterna, imago Dei verissime ponenda est, ut sit trinitas in unitate et unitas in trinitate. Et sunt quinque in trinitate increata, in quibus consistit perfectio imaginis creatae in imitando : quae sunt : consubstantialitas, aequalitas, origo, ordo, relatio.

Est enim ibi primo personarum consubstantialitas ex unitate substantiae in qua fundantur; secundo ex consubstantialitate est in eis coaequalitas; tertio ex naturae fecunditate est in eis origo, qua habent esse ab invicem; quarto ab actu originando est in eis ordo; quinto ex ordine originis est inter eas relatio. Secundum omnia haec trinitas creata imitatur increatam. Sicut enim ibi est unitas divinae substantiae et trinitas personarum in ipsa per indivisionem, sic hic est unitas substantiae creatae naturalis et trinitas potentiarum in ea per unionem. Et respondet memoria patri, intelligentia filio, voluntas sancto spiritui. Primum propter patris potentiam; secundum propter filii sapientiam; tertium propter spiritus sancti benignitatem. Sic ergo primo in his est correspondens consubstantialitas, secundo est in eis correspondens coaequalitas, quia sicut divinae personae non se excedunt in virtute aut potentia, sic nec potentiae animae, quia sine excessu mutuo se capiunt in sua operatione : quia memoria memoratur sui et suorum : intelligentiae et voluntatis, et quae eorum sunt; similiter intelligentia intelligit se et sua : memoriam et voluntatem et quae eorum sunt; similiter voluntas, similiter sui et aliorum; tertio est in eis origo, quia sicut a patre filius, ab utroque spiritus sanctus, sic a memoria intellectiva, et ab utroque voluntas; quarto ex hoc est inter eas ordo; et ex ordine quinto est in eis relatio. Et secundum aliquos consistunt omnia haec in nudis potentiis : qui dicunt quod a substantia animae primo fluit memoria, et de illa intellectiva, et de illis voluntas. Melius autem est dicere, quod consistunt in potentiis, ut consistunt in suis actibus naturalibus, secundum quos aequantur se|capiendo et ab 238 ra
invicem originantur, quia memoria existens in actu facit intelligentiam, et haec duo voluntatem. Et secundum hoc ratione originis memoria

---

42 verius] -iuis sed in -ius *corr.* A 51 coaequalitas] quo- A 56 potentiarum] personarum A 61 coaequalitas] quo- A 65 memoriam] n *add. sed exp.* A

---

41 Cf. *supra*, 35-36.

praecedit intelligentiam, et ambo voluntatem, et habent invicem relationem in obiectis suorum actuum, quia memoria est memorabilium, intelligibilium, et volibilium, et similiter de aliis. Unde quia potentiae determinantur per actus, actus per obiecta, non solum in potentiis cum actibus ratio imaginis consideratur, sed etiam in respectu ad obiecta, ita quod verior est ratio imaginis respectu obiecti quod magis conformat imaginem creatam increatae trinitati. Quia igitur obiectum increatum magis quam quodlibet aliud conformat imaginem creatam increatae trinitati, quia per imitationem ab ipso procedit sicut in cera figura a sigillo, et a nullo alio, ideo sine comparatione verius est ratio imaginis in potentiis existentibus in actibus suis respectu obiecti aeterni increati quam respectu cuiuslibet creati, quia imprimit imagini imaginatum, quod nullum aliud obiectum potest facere. Et ideo memorando, intelligendo, volendo quodcumque aliud recedit a perfecta ratione imaginis. Quia tamen ipsa mens eo quod habet in se rationem imaginis, non omnino recedit a ratione obiecti congruenti imagini et imaginato, ideo mens memorando, intelligendo, diligendo se, tenet rationem imaginis. Creatura vero corporalis vel irrationalis, quia non gerit in se rationem imaginis sed solum vestigii, omnino recedit a ratione obiecti imaginis, quia omnino recedit a ratione imaginati, et ideo mens exercendo actus suos respectu talis obiecti, in hoc non tenet rationem imaginis.

Unde Augustinus, IX° De Trinitate. cap.° II° : In temporalis retentione, contemplatione, delectatione, nondum est talis trinitas, ut Dei imago dicenda sit, ne in rebus temporalibus constituenda videatur, quae constituenda est in aeternis. Revera in aeternis debet poni, sed propriissime in aeterno obiecto increato, et aliquo modo in creato. Unde Augustinus, X° De Trinitate : Ecce mens meminit sui, intelligit se, diligit se. Haec si cernimus, cernimus quidem trinitatem, nondum quemlibet deum, sed iam imaginem Dei. Et ideo perfectissime in solius Dei memoria, intellectu et amore consistit, secundum quod de perfectissima ratione imaginis, a qua excludit mentem ipsam ut obiectum, dicit Augustinus, XIV° De Trinitate, cap.° XII° :

---

78 intelligibilium] -gentium A 78 et] memoria A 94 imaginis] -em A 98 Unde ...] memoriam / intelligentiam / voluntatem *add. i. m.* A 3 Augustinus] *iter. i. m.* A

---

98 August., *De Trin.*, IX, c. 7, n. 12 (CC lat. 50, 303-304; PL 42, 967).
3 *Ibid.*, cf. X, c. 11, n. 18 (CC lat. 50, 333; PL 42, 983-984).
8 *Ibid.*, XIV, c. 12 (CC lat. 50, 442-443; PL 42, 1048).

Non propterea Dei imago in mente est, quia *sui meminit, intelligit* se, *diligit se : sed quia potest etiam meminisse, intelligere et amare* Deum *a quo facta est.* Et quia de Deo triplicem habemus cognitionem : naturalem, quam mens habet per se et per creaturas, quae imperfecta est, et gratuitam, quam habet mens in praesenti per fidei gratiam, quae perfectior est, et gloriosam, quam habebit in futuro per lumen gloriae, quae perfectissima est, quia Deum videt nude et aperte sicut est, secundum hoc distinguitur triplex imago : super illud Psalmi LXXXIX^{i} : *Et sit splendor Domini Dei nostri super nos* : Glossa : *Triplex quippe est imago* : *creationis, recreationis* et *similitudinis.* Item super illud : « *Signatum est super nos lumen vultus tui, Domine* » : *Imago creationis* est *ratio, in qua creati sumus*; *imago recreationis, gratia in qua redempti sumus*; *imago similitudinis,* gloria in qua consummati erimus, quando fideles ei erimus : quando *videbimus eum sicut est* (I^{a} Ioannis, III°). Prima imago semper manet : in Psalmo : *In imagine pertransit homo, sed frustra conturbatur,* ruendo de peccato in peccatum. Secunda per peccatum corrumpitur : in Psalmo : *Domine, in civitate tua,* id est in ecclesia; *imaginem eorum,* id est peccatorum gravitatem ante peccatum; *ad nihilum rediges*: in peccantibus: quae in iustis per opera virtutum de die in diem reformatur. Tertia in futuro utramque perficiet et aeternaliter conservabit.

Sequitur de similitudine. Intelligendum primo, ne decipiat nos aequivocatio, quod similitudo uno modo sumitur communiter, et continet sub se similitudinem proprie|dictam et imaginem, secundum 238 rb
quod dicit AUGUSTINUS, 83 quaestionum q.^{e} 74^{a} : *Ubi* est *imago, ibi* est similitudo, et non e converso. Et q.^{e} 51^{a}: *Omnis imago similis est*; *non autem omne simile imago proprie, sed forte abusive dici potest.* Et in

---

17 Glossa] *iter. i. m.* A 23-24 In imagine...] *signum* X *add. i. m.* A 33 Augustinus] *iter. i. m.* A

16-17 *Ps.* LXXXIX, 17.
17 *Glossa,* (III, 1144 D).
19 *Ps.* LXXXIX, 17.
20-21 *Glossa* (III, 1144 D).
23 *I Ioann.,* III, 2.
23 *Ps.* XXXVIII, 7.
23 *Ps.* LXXII, 20.
33 AUGUST., *De div. quaest. 83,* q. 74 (PL 40, 85).
34 *Ibid.,* q. 51, n. 4 (PL 40, 33-34).

sermone de imagine : Anima in eo quod est « *ad imaginem* », similitudinem quandam gerit sanctae trinitatis. Et haec « similitudo » communiter dicta, proprio nomine appellatur « convenientia ». Et quia hic non quaerimus nisi similitudinem per convenientiam ad Deum, ut omnes modos similitudinis ad Deum cognoscamus, et ita quae sit similitudo communiter dicta, quae proprie, et quae est illa quae convenit imagini, sciendum quod in Deo tria sunt, secundum quae omnis convenientia et similitudo creaturae ad ipsum sumitur : secundum quod dicit AUGUSTINUS, 83 quaestionum q.e 51a : *Multis modis dici res possunt similes Deo. Aliae secundum virtutem et sapientiam factae, quae in ipso est virtus et sapientia non facta. Aliae inquantum solum vivunt, quia ille summe et primo vivit.* Quia ille summe et primitus est, similitudo ad omnem istam communitatem se extendens est similitudo ad Deum largissime dicta, et continet sub se similitudinem vestigii, imaginis, et similitudinis proprie dictae. Omnis enim creatura ratione vestigii similitudinem habet ad Deum, inquantum Deum imitatur in esse vel vivere. Et haec similitudo vestigii continetur materialiter sub similitudine proprie dicta et sub imagine, sicut incompletum sub completo. Similitudo autem proprie accepta secundum quod dicit AUGUSTINUS, 83 quaestionum q.e 51a : *Sunt qui non frustra intelligunt duo esse dicta « ad imaginem et similitudinem », cum si una res esset, unum nomen sufficere potuisse asserunt.* Et cum utrumque sumitur secundum convenientiam creaturae rationalis ad Deum, si differunt, oportet quod sumantur secundum aliam differentiam ad Deum. Est igitur intelligendum, quod in Deo quaedam sunt quae sunt substantia, immo ut magis proprie loquar, substantia ipsa, ut ipsa divina essentia cum tribus subsistentiis trium personarum in ipsa; quaedam vero sunt attributa substantialia, ut bonitas, veritas, pulchritudo, sapientia et huiusmodi. Dico ergo quod similitudo creaturae rationalis, qua imitatur Deum et convenientiam habet cum ipso ad unitatem substantiae cum trinitate personarum, est similitudo natura generis quasi cuiusdam figurae. Divina enim essentia est quasi superficies <aequi>latata, tres vero personae sunt quasi tres lineae continentes ipsam velut in

---

44 Augustinus] *iter. i. m.* A 55 Augustinus] *iter. i. m.* A 55 Sunt] Sut A

---

36 ID., cf. *Sermo* LII, c. 7, n. 19 (PL 38. 362).
44 ID., *De div. quaest. 83*, q. 51 (PL 40, 32).
55 *Ibid.*, q. 51, n. 4 (PL 40, 33).

triangulo aequilatero, qui velut sigillum in cera se imprimit creaturae rationali, eam creando, et illa impressio informans <quam> imaginem hic appellamus quae in substantia mentis rationalis consistit et in tribus eius potentiis, ut dictum est supra. Et est ista imago similitudo ad Deum, quasi qualitate in quarta specie qualitatis, quae dicitur forma vel circumstans figura. Similitudo vero illa, qua creatura rationalis imitatur Deum et convenientiam habet cum ipso in attributis substantialibus, est similitudo hic proprie dicta, quasi pictura in anima ad similitudinem divinorum attributorum. Unde AMBROSIUS super hunc locum in Hexaemeron, exponens illud prophetae : *Ecce Ierusalem,* ego *pinxi muros tuos,* dicit : *Illa anima a Deo pingitur, quae habet in se virtutem gratiarum renitentem splendore pietatis.* Et est ista similitudo ad Deum quasi qualitate in prima specie qualitatis, quae est habitus vel dispositio. Et est ista similitudo quasi quaedam pictura colorum in imagine, informans ipsam, sine qua esset informis. Et fit per ipsam de imagine creationis imago recreationis sive caelestis, qua similitudo deformata vel privata per vitia dicitur terrestris. Secundum hunc modum distinguendi imaginem et similitudinem concordari debent de hoc omnia dicta sanctorum.

Dicit enim AUGUSTINUS : Imago ad formam, similitudo ad naturam. Ad formam enim trinitatis in unitate refertur imago ; similitudo autem ad naturae divinae attributa, ut dictum est. Item HUGO : Anima est *imago,* quia *rationalis* ; similitudo, quia spiritualis. Rationalis | autem 238 va
est per potentias, spiritualis per virtutes. Item AUGUSTINUS, in sermone de imagine : Homo est « *ad imaginem* », quia sicut Deus est ubique totus, omnia vivificans, movens et gubernans, sic anima in suo corpore ubique tota viget, vivificans, gubernans et movens. Et etiam sanctae trinitatis habet similitudinem in eo, quod sicut Deus vivit et sapit, ita anima secundum suum modum vivit et sapit. Ecce anima est « *ad imaginem* », quia corpus vivificat, gubernat et movet : quod respicit eius potentias, sicut Deus vivificat, gubernat et movet : quod respicit personas : « vivificat » enim : bonitatem spiritus sancti ; « guber-

74 circumstans] materia *add. sed exp.* A 77 Ambrosius] *iter. i. m.* A
78 in] e contra *add. sed del.* A 88 Augustinus] *iter. i. m.* A 90 ad] a A
00 personas] -nam A

78 AMBROS., *Hexaem.*, VI, c. 7, n. 24 (CSEL 32[1], 233-234 ; PL 14, 258).
78-79 Cf. *Is.*, XLI, 16.
88 AUGUST., cf. *Sermo* LII, c. 7, n. 19 (PL 38, 362).
90 Cf. HUGO DE S. VICTORE, *Annotationes in Gen.*, c. 7 (PL 175, 37).
92-93 AUGUST., cf. *Sermo* LII, c. 7, n. 19 (PL 38, 362).

nat» : sapientiam filii; «movet» : potentiam patris. Est vero «*ad similitudinem*», quia vivit et sapit, in quo imitatur divina attributa. Et hoc est quod AUGUSTINUS dicit ibidem expresse : Homo, inquit, est «*ad imaginem*» Dei, quia sicut Deus unus est in substantia et trinus in personis, ita anima una est in substantia, tres habens dignitates, quae sunt : memoria, intelligentia et voluntas. Nunc autem de «similitudine» intellige: quae in moribus tenenda est, ut sicut Deus caritas est, bonus, iustus, patiens, mitis, humilis, et cetera virtutum insignia, ita homo creatus est ut haberet caritatem, ut bonus esset, ut patiens, etc. Quas virtutes quanto plus quis in ipso habet, tanto propinquius est Deo et maiorem sui conditoris gerit similitudinem. In hunc modum dicitur hic in Glossa : Imago est quantum ad naturalia, similitudo quantum ad gratuita, quia creavit hominem in sanctificationem et iustificationem morum. Hinc dicit AUGUSTINUS, De ecclesiae doctrina, imaginem in trinitate, similitudinem in moribus inveniri.

Sic ergo patet, quid intelligendum est cum dicitur : *ad imaginem et similitudinem.*

Sequitur quod additur : *nostram* : expone ex praedictis : *nostram* : non in nobis existentem, sed a nobis homini impressam. Nota hic, quod dicendo : *nostram*, intelligimus unitatem essentiae cum trinitate personarum. Imitatur enim homo imagine sua non solum trinum, non solum unum, sed trinum et unum, ut sit imago trinitatis in unitate et unitatis in trinitate, non solum alterius. Non ergo credendum est hominem solum creatum «*ad imaginem*» filii, sive «imago» hic supponat pro creata, sive increata. Si vero vellem loqui de imagine recreationis, de illa possem dicere, quod homo factus est «*ad imaginem*» filii, non ut aeternaliter nati, sed ut temporaliter incarnati, inquantum beneficio suae incarnationis nobis concessa est gratia recreationis, ut sic imago recreationis dicatur imago filii, et filius patris, et *Christus* sit *caput viri*, *Christi* autem *Deus* (1ª Cor., XIº). Unde ORIGENES : *Quae est* autem *imago Dei*, *ad cuius similitudinem factus est homo*, *nisi salvator noster*, *qui est* «*primoge-*

---

1 movet] vovet A 1 potentiam] -tia A 5 personis] -na A 13 sanctificationem] -ne A 16-17 ad ... similitudinem] *subl.* A 18 nostram] *subl.* A 27 temporaliter] increati *add. sed exp.* A 30 Origenes] *iter. i. m.* A

---

3 *Ibid.*

12 *Glossa* cf. (I, 32 F: RUPERTUS).

14-15 AUGUST., cf. *De doctr. christ.*, I, c. 22, n. 20 (CC lat. 32,16; PL 34, 26).

30 *I Cor.*, XI, 3.

30 ORIGENES, *Homiliae in Gen.*, I, n. 13 (PG 12, 156 D).

nitus» omnis creaturae (Rom., VIII°). Et quod ORIGENES dictum suum intelligat de imagine recreationis, statim manifestat ex eo quod subiungit dicens : *Propterea salvator noster, qui est imago Dei, misericordia motus pro homine qui ad eius similitudinem factus fuerat, videns eum deposita sua imagine maligni imaginem induisse, imagine hominis assumpta, venit ad eum.* De hoc etiam dicit AMBROSIUS super hunc locum : *Illa anima est bene picta, in qua elucet divinae operationis effigies. Illa anima bene est picta, in qua pictura est splendor gloriae et imago paternae substantiae. Secundum hanc imaginem qua refulget, pictura pretiosa est. Secundum hanc imaginem Adam ante peccatum, sed ubi lapsus est, deposuit imaginem | caelestis, et sumpsit terrestris effigiem.* 238 vb

Ex hoc nota unam differentiam imaginis et similitudinis, quoniam imago naturalis indelebilis est, quia in naturalibus consistit, similitudo vero sicut imago recreationis delebilis est, quia consistit in gratuitis. Et iterum alia, quia imago non suscipit magis et minus, neque in eodem, neque in diversis, neque illa quae naturalia sunt, similitudo vero magis et minus recipit, sicut gratuita.

Sic patet, qualem Deus creavit hominem respectu sui.

Et sequitur, qualem eum creavit respectu aliarum creaturarum : *et praesit piscibus.*

Et inducit AUGUSTINUS in Glossa istam partem ad declarationem praecedentis sic : *Cum dixisset : «ad imaginem et similitudinem»,* statim indu*xit* : *«et praesit piscibus», ut intelligamus in hoc factum hominem ad imaginem Dei, quo <ir>rationabilibus antecedit : id est mens rat*ionalis. *Omnia enim,* ut dicit primo De Genesi contra Manichaeos, unde illa Glossa sumpta est, *animalia cetera subiecta sunt homini, non propter corpus, sed propter intellectum, quem nos habemus, illa non habent.* BEDA vero in alia Glossa partem istam inducit tamquam effectum praecedentis sic : *Hic accipit potestatem super omnia, quia spiritualis quisque effectus et Deo similis omnia iudicat.* Et concordat utrumque, quia effectus signum est praenoscendi causam : quia

---

37 Ambrosius] *iter. i. m.* A   50-51 et ... piscibus] *subl.* A   53 ad imaginem] *subl.* A   54 et ... piscibus] *subl.* A   62 praenoscendi] praenotescendi A

---

32 *Rom.*, VIII, 29.
32 ORIGENES, *Homiliae in Gen.*, I, n. 13 (PG 12, 157 A).
37 AMBROS., *Hexaem.*, VI, c. 7, n. 42 (PL 32^{1}, 234; PL 14, 258).
52 *Glossa* (I, 32 F-33 A).
56-57 AUGUST., *De Gen. contra Manich.*, I, c. 17, n. 28 (PL 34, 186).
59 *Glossa* (I, 33 A).

ergo homo « *ad imaginem* » Dei factus est, super animalia potestatem accepit.

Describit ergo hic Moyses quomodo homo creatus est ut princeps et rex universae creaturae, et hanc praelationem describit respectu natatilium : *piscibus*, volatilium : *et volatilibus*, gressibilium : *et bestiis*, et reptilium : *omnique reptili*. Dicit ergo : *et praesit* : non tam naturae dignitate, nec tam corporis qualitate, ut quidam exponunt, quam dominii potestate. Unde subditur, infra eodem : *et dominamini*, etc. : praesit igitur rationis dominio, ceteris in solamen et vivamen utendo. *Piscibus*, etc. : id est universae creaturae corporali, quae ratione caret, non ergo homo hominibus. Unde GREGORIUS in Moralibus : Non est data homini praelatio, ut dominetur subditis hominibus, sed bestiis, nisi in eo quod induunt faciem illorum. Ubi enim non delinquimus, pares sumus. In quo ergo non delinquimus, praelati nobis non praesunt ut dominentur, sed ut prosint et famulentur : Iª Petri IVº : *Pascite qui in vobis est gregem Dei, neque turpis lucri gratia, sed voluntarie, neque ut dominantes in cleris, sed forma gregis facti*. Sed quomodo dicit : *universae creaturae*? Intelligendum : « corporali » : angelis enim, qui pares vel superiores sunt ratione, dominari non habet; vel nomine *universae creaturae* intelligit iumenta, quae proprio nomine non exprimit, et hoc quia in eis retinet dominium, quod ex creatione accepit prae ceteris; vel si nomine *creaturae universae* intelligat inanimata, tunc non exprimit iumenta, quia manifestum est dominium hominis in eis. Loco huius : *et bestiis terrae, universaeque creaturae*, translatio quam exponit ORIGENES, habet : *et animali*bus *universae terrae*, per quod manifeste intelligit omnia gressibilia : bestias et iumenta. Et tunc dicendum, quod dominium non describit Moyses nisi super animata, quia duci possunt ut domentur et rationi oboediant, quod non convenit inanimatis vel insensibilibus, et ideo in ipsis non dicitur proprie dominium, sed posse absolutum sumendi in usum homini. Cetera manifesta sunt ex praecedentibus.

---

67 piscibus] -ium *et subl.* A   67 et volatibilibus] *subl.* A   67 et bestiis] *subl.* A   68 omnique reptili] *subl.* A   68 et praesit] *subl.* A   70 et dominamini] *subl.* A   72 Piscibus, etc.] *subl.* A   73 Gregorius] G<regorius ?> *add. i. m.* A   86 et ... creaturae] *subl.* A   90 domentur] -antur A

---

73 GREGOR., *Moralia*, cf. IX, c. 49, n. 75 (PL 900 A-C).
77-78 *I Petr.*, V, 2.
87 ORIGENES, *Homiliae in Gen.*, cf. I, n. 12 (PG 12, 154 D).

Augustinus quaerit hic, quomodo homo recipit potestatem super omnes bestias, cum videantur plures ex eis hominibus nocere. Sed ad hoc responsum est supra.

<Opus potentiae Dei in hominem producendo : « Et creavit »>

Sequitur | Dei potentia in hominem producendo, ubi describit 239 ra Moyses quid et quale produxit, secundo exponit utrumque *ad imaginem Dei.*

Primo exponit quid produxit in se, dicens : *Et creavit Deus* : Deus trinitas, quae supra dixit : *Faciamus* ; ceterum expone ut supra.

Quaeritur, quare non dicit hic : *Et factum est ita*, sicut supra de luce, et alibi.

Augustinus respondet mystice, ut patet in Glossa ; sed litteraliter dicendum, quod illud dicit de aliis, quia proprie facta sunt, quia secundum totum quod habent, facta sunt ex praeiacenti materia. Non sic autem homo, quia non quoad mentem, in qua est « ad imaginem » Dei, secundum quam principaliter est homo.

Qualem autem produxit in comparatione ad alias creaturas, ad benedictionem quodammodo pertinet : ideo hoc cum benedictione determinat.

Sequitur expositio : primo huius, quod dixit : *suam*; secundo eius quod dixit *hominem* ibi : *masculum <et feminam>*.

Dicit ergo : *ad imaginem* Dei simpliciter dicti, scilicet totius trinitatis in unitate, ut dictum est supra, *non patris, non filii*, ut dicit interlinearis, et supplendum est « tantum ». Et exponitur sic, quia per li *nostram* magis tangitur distinctio personarum quam essentiae unitas, per li *Dei* magis unitas essentiae quam distinctio personarum ; ut ergo utrumque intelligatur : unitas in trinitate, et trinitas in unitate, ad cuius *imaginem et similitudinem* factus est homo, utrumque illorum ponit, et unum per alterum exponit.

---

94 Augustinus] *iter. i. m.* A 99-00 ad ... Dei] *subl.* A 1 Et ... Deus] *subl.* A 3 Quaeritur ...] <quaesti?>o *add. i. m.* A 3 Et ... ita] *subl.* A 5 Augustinus ...] solutio *add. i. m.* A 13 suam] *subl.* A 14 masculum] *subl.* A 18 nostram] *subl.* A 19 Dei] *subl.* A

---

94 August., cf. *De Gen. contra Manich.*, I, c. 16, n. 25-26 (PL 34, 184-185).

96 Cf. *supra*, p. 139, 9-141, 82.

5 *Glossa* (I, 36 E).

17 *Glossa interl.* (I, 33 A).

Sequitur : *Masculum et feminam creavit eos.*

Et secundum Augustinum, hic in Glossa, ita notandum, quod hoc inducitur, ne credamus creasse hominem solum secundum spiritum factum, secundum quem solum est *ad imaginem.* Exponit ergo quod dixit *hominem* per hoc quod dicit : *mas<culum> et feminam,* ut prius intelligamus hominem non solum secundum spiritum, sed etiam secundum corpus factum, ubi ibi describitur principaliter creatio hominis secundum spiritum, hic vero principaliter secundum corpus. *Mas* enim *et femina sunt proprie passione <s> animalis, non secundum* formam, *sed in materia et* in *corpore,* ut dicitur in fine X^{i} Metaphysicae. Unde non addit hic : *ad imaginem,* quia secundum corpus non est *ad imaginem,* ut dictum est supra.

Vel secundum illam Glossam Augustini « *Postea plenius* », *ut congrue inducatur divina benedictio* quae sequitur : « *Crescite et multiplicamini* ». *Multiplicatio enim hominum* non nisi *coniunctione maris et feminae perficit<ur>.* In quo concordat Origenes dicens : *Quomodo nondum facta muliere dicit* scriptura : « *Masculum et feminam* fecit *eos* » ? *Fortassis,* ut *arbitror, propter benedictionem qua benedixit eos* Dominus *dicens* : « *Crescite et* multiplicamini », *praeveniens quod futurum erat, dicit* « *masculum et feminam* », *quoniam* aliter *multiplicari homo non poterat, nisi cum femina.* Dicit ergo : *Masculum et feminam creavit* : id est in potentia generativa et multiplicativa sui ipsius fecit hominem.

Sed quare hoc non dixit de brutis animalibus ? Ratio est una : ne homo credatur debere fieri sine vi generativa et sui ipsius multiplicativa, quia factus est immortalis. Non sic bestiae, sed sunt mortales, et vis generativa secundum Philosophos data est mortalibus, ut quod non potest perpetuari in eodem secundum naturam, perpetuetur in eodem secundum speciem.

Vel secundum Glossam illam « *Postea* », hoc dicit, ut intelligatur Deus homines singulos in utroque sexu fecisse, cum cetera animalia in utroque sexu creavit plura : masculos scilicet et feminas.

---

23 Masculum ... eos] *subl.* A 27 masculum et feminam] *subl.* A 35 Augustini] Augustinus *add. i. m.* A 40 qua] quo(?) A 43 Masculum ... creavit] *subl.* A

---

24 *Glossa* (I, 34 D-E).

32 Aristot., *Metaph.*, X, c. 8 (I 1058a 21-23).

35 *Glossa* (I, 34 D-E).

38 *Glossa* (I, 34 E).

51 *Glossa* (I, 34 D-E).

Rursus ne credatur Deus sexus in homine creasse permixtos in uno homine hermaphrodito, sed in diversis, divisis et distinctis, addit illud quod dicit : *eos.*

Sed quomodo potest hoc dicere, cum primo solus vir erat creatus, postea mulier de costa viri dormientis, ipso in paradiso iam translato de loco ubi creatus erat in agro Damasci ? Hic est duplex responsio. Una : ut intelligamus | mulierem non esse factam nisi post benedictionem 239 rb diei septimae, et quod hic dicitur : *Masculum et feminam creavit eos,* dicitur anticipative sive per praesumptionem : unde dicit Glossa interlinearis : *Prolepsis* est, id est praesumptio rerum fiendarum ; *nondum* enim *erat mulier formata* ; vel, secundum AUGUSTINUM, quamvis mulier nondum erat a viro diversa, erat tamen in costa eius materialiter praesiminata. Sed hoc non potest stare : creditur enim homo in utroque sexu, eodem die quo creatus est, peccasse et de paradiso expulsus fuisse.

Ideo sic legendum est : *Creavit eos* : Glossa interlinearis : *non simul in tempore,* sed masculum primo, deinde feminam, ambo tamen isto die eodem et ad imaginem Dei. Unde Glossa AUGUSTINI : *Postea plenius, et unde, et quomodo primi homines facti sunt, exponitur. Sed nunc breviter creati referuntur, ut sextae diei operatio et septimae diei dedicatio cum ceteris explicentur.* Et illam expositionem pleniorem Moyses describit infra eodem, cap.º IIº b : *Istae sunt generationes caeli* etc. Et est totum illud capitulum et similiter capitulum 3um pertinens ad acta sextae diei, et ibi explanantur et explicantur quae sunt obscure dicta vel omissa.

<Opus bonitatis Dei in approbando : « Benedixitque illis »>

Sequitur bonitas Dei in approbando hominis productionem : *Benedixitque illis Deus,* etc.

---

57 Sed ...] Quaestio *add. i. m.* A 60 Una ...] Opinio(?) *add.i. m.* A 66 Sed ...] Reprobatio *add. i. m.* A 69 Creavit eos] *subl.* A 75-76 Istae ... etc.] *subl.* A 80 Sequitur ...] Quaestio *add. i. m.* A 80-81 Benedixit ... etc.] *subl.* A

---

63 *Glossa interl.* (I, 33-34 A).
64 AUGUST., cf. *Glossa* (I, 34 E).
69 *Glossa interl* (I, 35 A).
71 *Glossa* (I, 34 D-E).
75 *Gen.*, II, 4.

Et est quaestio in principio, quare hic describit divinum beneplacitum in approbando hominis productionem quoad multiplicationem de se faciendam, non autem quoad ipsum productum in se. Et hoc est quaerere quare non dixit : *Et vidit Deus*, etc., sicut superius dixit in opere quintae diei : potest dici quod illud tamquam manifestum ex praedictis omisit. Si enim benedixit de aliis, quae sunt bona ut ad finem, multo fortius hoc intelligendum est de homine, qui est finis illorum.

Potest dici aliter et forte melius, quod bonum hominis non consistit in naturalibus, sed in gratuitis et voluntariis, et ideo, quia non sic homo erat factus, quin proruptus ad lapsum a bono gratuito in quo erat creatus, quem lapsum futurum etiam Deus in creando praevidit, ideo approbando non dixit : *Et vidit Deus quod esset bonum*, beneplacitum tamen quoad multiplicationem apposuit, quia illa in puris naturalibus consistit.

Pars ista habet duas, quia primo Moyses describit divinae benedictionis donum homini collatum; secundo describit eius acceptationem de illo : Et factum est ita.

Prima habet duas, quia primo tangit istam benedictionem in generali : *Benedixitque illis Deus*, id est vim propagativam ad productionem similis ei contulit, et alia de quibus statim in speciali prosequitur.

Et ait : expone ut supra ; vel potius : *ait* formata voce in aere ministerio angelico, vel *ait* divina inspiratione interius in corde hominis : *Crescite*.

Et prosequitur in speciali illam benedictionem : primo quoad multiplicationem sui similium, secundo quoad super alia creata dominium : *Et subicite*.

Item primo tangit benedictionem quoad vim multiplicativam; secundo quoad actum multiplicandi sive quoad ipsa multiplicata ; tertio quoad multiplicationis effectum.

Pro primo dicit : *Crescite* : Glossa interlinearis : *Fecunditatem sexus accipite*; item sumatur alia expositio in opere quintae diei. Pro secundo dicit : *et multiplicamini* : simile producendo. Pro tertio dicit :

---

85 Et ... etc.] *subl.* A 86 potest dici ...] Solutio 1^a *add. i. m.* A 89 Potest ...] 2^a *add. i. m.* A 93 Et ... bonum] *subl.* A 00 vim] vir A 2 Et ait] *subl.* A 2 ait^2] *subl.* A 7 Et subicite] *subl.* A 11 Crescite] *subl.* A 13 et multiplicamini] *subl.* A

---

11 *Glossa interl.* (I, 35 A).

et replete terram : quasi dicat : in tantum multiplicamini, quod terra undique repleatur et inhabitetur.

Sequitur benedictio hominis quoad dominium super alia, ubi describit qualem Deus hominem produxit respectu aliarum creaturarum, de quo dispositio Dei supra descripta est, | ubi dictum est : *et praesit,* 239 va
etc. Unde Glossa Bedae : *Quod prius quasi consulendo dixerat, nunc* ipsis *dicit ut habeant* : *scilicet dominium omnium creaturarum in inferioris parte mundi, quae per singula exsequitur.*

Primo describit dominium respectu ipsius terrae : *et subicite eam* : Glossa interlinearis : *necessariis usibus,* ut per agri culturam, et cetera huiusmodi. Et nomine « terrae » intelligit etiam cetera elementa : non minus enim cetera elementa sunt homini in usum quam terra.

Secundo respectu ornamentorum terrae : primo respectu sensibilium ; secundo respectu vegetabilium : *Dixitque Deus.*

Dicit ergo : *et dominamini,* in usum vestrum et iuvamentum assumendo, non in esum, quia hoc non fuit datum ante diluvium, ut infra dicetur. Unde Origenes exponens illud : « *Ecce dedi vobis in escam* », dicit : *Historia* huius *sententiae manifeste indicat usum ciborum primitus a Deo ex herbis, id est oleribus et arborum fructibus, esse permissum* ; *postea vero, cum ad Noe post diluvium fieret testamentum, facultas vescendi carnium hominibus datur.*

Piscibus etc. : expone ut supra. Per *animantia quae moventur super terram* intelligit bestias et reptilia, quae hic propriis nominibus non exponit.

Sequitur dominium respectu vegetabilium, ubi primo describit quomodo fuit homini collatum quantum in escam : primo pro se ; secundo pro animalibus suo dominio commissis.

Et cunctis dicit ergo : *Dixit quoque Deus* : alloquendo hominem voce exterius formata per angelum, vel interiori inspiratione. *Ecce* : quasi dicat : ex nunc. *Dedi* in eo quod dixi iam de terra : *Et subicite eam,* ut sit ista pars quasi expositio illius clausulae. *Vobis* : principaliter *vobis* usum eorum committendo et dispensando, ut secundum vestram

---

14 et ... terram] *subl.* A 18 et praesit] *subl.* A 22 et ... eam] *subl.* A 27 Dixitque Deus] *subl.* A 30 Origenes] *iter. i. m.* A 35 Piscibus] *subl.* A 41 Dixit ... Deus] *subl.* A 42 Ecce] *subl.* A 43 Dedi] *subl.* A 43 Subicite eam] *subl.* A 44 Vobis] *subl.* A 44 vobis] *subl.* A

---

19 *Glossa* (I, 36 D).

23 *Glossa interl.* (I, 35-36 A-D).

29 In parte ulteriori *Lecturae ordinariae* ?

30 Origenes, *Hom. in Gen.*, I, n. 17 (p. 20; PG 12, 159).

dispensationem sint vobis in escam *et cunctis animantibus terrae*, ut statim sequitur.

Unde de bestiis numquam dicit, quia dedit haec eis, ut sint eis in escam, sed de homine dicit, quia dedit ei haec, ut sint sibi et illis in escam, quia illi totam dispositionem commisit. Propter quod dicit ORIGENES : *Observanda sane est sanctae scripturae etiam in verborum ratione cautela, ut intendamus lectioni* et *possimus sensum Christi accipere*, et scire *secundum APOSTOLUM*, *« quae a Deo data sunt nobis »*. Quod cum hominibus dixisset : *Ecce dedi vobis*, etc., de bestiis non dixit quia dedit eis, ut intelligantur homini a Deo data, praedita tamen a Deo, quod erunt etiam bestiis terrae in cibum.

Et quae dedit, prosequitur primo de herbis : *omnem herbam*, etc. : expone secundum praedeterminata in opere tertiae diei; secundo de arboribus : *et universa ligna*. etc. : expone similiter secundum praedeterminata.

Et nota quod li *quae* legi debet relative et non implicative, ne significetur aliquam herbam et aliquam arborem semen habere et illam concessam homini, et aliam non et illam non concessam. Immo omnis herba et omnis arbor habet semen suum, et omnis concessa est vel pro se vel pro animalibus sibi commissis. Et ideo sequitur modus concessionis : *Ut sint vobis in escam*, vel in fructu, vel in semine, vel in aliquo eius, et hoc pro illis quae competunt esui hominis, propter venenosa homini quae bene competunt in esum brutis, et ideo sequitur : *et cunctis animalibus terrae* : hoc quoad gressibilia : bestias et iumenta. *Omnique volucri caeli* : id est aeris, in quo volant. *Et universis quae moventur in terra* : hoc quoad reptilia et vermes. *Et in quibus est* omnis *anima vivens* : hoc quoad pisces, qui similiter vescuntur terraenascentibus, ut habeant ad vescendum, sine quo non possent vitam continuare.

Sed est quaestio de homine, cum sit factus immortalis, quomodo esca indiguit.

---

50 Origines] *iter. i. m.* A 53 Ecce ... etc.] *subl.* A 55 data] -ti A 55 praedita] -ti A 57 omnem ... etc.] *subl.* A 59 et ... etc.] *subl.* A 59-60 praedeterminata] in opere tertiae diei; secundo de arboribus : et universa ligna. etc. *add. homoeoceph. et* va cat *sup. lin.* A 61 quae] *subl.* A 65 pro[1]] per A 70 Omnique ... caeli] *subl.* A 71-72 Et ... terra] *subl.* A 71-72 Et ... vivens] *subl.* A 75 Sed ...] Quaestio *add. i. m.* A

---

50 ID., *Homiliae in Gen.*, I, n. 17 (p. 21-22; PG 12, 160 B-D).
53 *I Cor.*, II, 12.

Respondet AUGUSTINUS, quod factus est immortalis, quia potens non mori, quia potens se conservare in innocentia et vitam continuare | 239 vb per esum ligni vitae et aliarum arborum et herbarum, quousque ad perfectam immortalitatem transferretur, in qua esset immortalis, quia non potens mori, qua nulla esca indiguisset, sic<ut> nec indigebunt corpora nostra post resurrectionem.

Item numquid bruta habuerunt quaedam alia in escam ut dicit AUGUSTINUS, De Genesi, 1° : Videmus ancipites et aquilas non vesci, nisi carnibus aliorum ?

Et dicendum quod omnibus <de> terraenascentibus erat cibus communis, quo vivere potuissent singula, licet per suam ferocitatem quaedam bestiae carnes aliorum animalium sibi usurpabant, quod facere potuerunt, quia licet terraenascentia eis erant concessa, carnes tamen non erant interdictae.

Sequitur : *Et factum est ita* quoad hoc, quod omnia illa homini benedictione Dei concessa, ipse acceptavit. Unde Glossa interlinearis : *sibi concessa cognovit* : scilicet acceptando, non quia iam cuncta opere complevisset, quia nondum generavit, neque victu aliquo usus fuit : et hoc est quod dicit illa Glossa AUGUSTINI.

<Cunctorum operum Dei commendatio sive approbatio>

Sequitur cunctorum operum Dei commendatio sive approbatio : *Vidit Deus* approbanda *cuncta* simul ordinata in universi perfectionem *quae fecerat* ipse per se et non alius neque per alium. *Et erant valde bona,* quia non solum bonitate singulorum sed universorum, qua unumquodque melius erat ex ordinatione sua cum altero, quam per se. Unde AUGUSTINUS Contra Manichaeos : *Cum de singulis ageret, dicebat tantum, quia bonum est. Cum autem de omni diceretur, parum fuit dicere « bona », nisi adderetur et « valde ». Si enim singula opera Dei, cum considerantur a prudentibus, inveniantur habere laudabiles mensuras*

---

77 Respondet ...] Solutio Augustini *add. i. m.* A 81 indigebunt] -bant A 84 ancipites] -tres A 91 Et ... ita] *subl.* A 98 Vidit Deus] *subl.* A 98 cuncta] *subl.* A 99 quae fecerat] *subl.* A 99-00 Et ... bona] *subl.* A

---

77 AUGUST., cf. *De Gen. ad litt.*, VI, c. 25, n. 36 (CSEL 28^{1}, 197; PL 34, 354).
84 ID., *De Gen. ad litt.*, cf. III. c. 17, n. 26 (CSEL 28^{1}, 82-83; PL 34, 290).
92 *Glossa interl.* (I, 35-36 B-D).
95 *Glossa* (I, 36 E).
2 AUGUST., *De Gen. contra Manich.*, I, c. 22, n. 32 (PL 34, 188).

et numeros et ordines, in suo quaecumque genere constituta, quanto magis omnia simul : id est ipsa universitas, quae istis singulis in unum collectis impletur. Omnis enim pulchritudo, quae partibus constat, multo est laudabilior in toto quam in parte, sicut in corpore humano si laudamus oculos solos, si nasum solum, si genas solas, etc., *si pulchra singula et sola laudamus, quanto magis totum corpus, cui omnia membra, quae singula pulchra sunt, conferunt pulchritudinem suam.*

Sequitur consummatio operis ornatus terrae, et per consequens totius universi : *Et factum est vespere,* etc. : expone ut supra.

9 si] scilicet A

2um CAPITULUM

<DEI REQUIES>

Igitur perfecti sunt caeli et terra. Supra Moyses descripsit opus Dei in mundi constitutione per dies sex. Hic completo opere et perfecto, describit Dei requiem sive cessationem ab opere in die septimo. Et quia non esset Deo tempus quietis sive cessationis nisi completo et perfecto opere, ideo in parte ista quasi epilogando sive recapitulando concludit operis perfectionem, secundo describit Dei requiem intentam : *et requievit.*

<Conclusio perfectionis operis>

Item primo concludit epilogando ipsum opus perfectum, secundo perfectionis tempus : *complevitque opus.*

Epilogat et quoad substantiam factorum et quoad ornatum eorum. Dicit ergo : *Igitur perfecti*, etc. Et potest induci ista conclusio ex praecedentibus tripliciter.

Primo ex omnibus praehabitis et factis quasi ex partibus sufficienter enumeratis : sic creati sunt caeli et terra in principio, et distincti secundo et tertio die, ex quibus habetur caeli et terrae perfectio; facta est lux primo die, terraenascentia tertio die, sol, luna et stellae quarto die, animalia quinto die et sexto, ex quibus habetur perfectio ornatus caeli et terrae : *Igitur perfecti sunt*, etc.

Secundo inducitur ex productione hominis qui est finis caeli et terrae et ornatus eorum, quorum omnia cetera perficiuntur : sic homo perfecte fa<c>tus est die sexto, et ipse est finis et complemen-
tum | caeli et terrae et ornatus eorum : *Igitur perfecti sunt*, etc. 240 ra

Tertio inducitur ex divina approbatione operum universi, cum dixit quod erant valde bona : sed opus non est valde bonum, nisi perfectum. *Vidit* autem *Deus cuncta quae fecerat* : *caelum, terram et ornatum eorum, et erant valde bona* : *igitur perfecti*, ita quod nihil eis deest ad suam

---

1 2um capitulum] *i. m. et inv.* A 3 Igitur ... terra] *subl.* A 9 et requievit] *subl.* A 12 complevitque] et quoad substantiam *add. sed exp.* A 12 complevitque opus] *subl.* A 14 Igitur perfecti] *subl.* A 21 Igitur ... etc.] *subl.* A 25 Igitur ... sunt] *subl.* A 27 sed] sit *vel* sic A 29 igitur perfecti] *subl.* A

perfectionem; *sunt* producti a Deo in praecedentibus sex diebus; *caeli et terra*: id est partes principales mundi: corpora caelestia, quae supponuntur naturae caeli, et elementaria quatuor, quae supponuntur naturae terrae, quibus perficitur mundus in esse; *et omnis*: quod dicit, quia ornatus est multiplex, ut dictum est; *ornatus eorum*, quo perficitur mundus in bene esse.

Et nota, quod haec conclusio concludit perfectionem partium principalium mundi, sed per hoc intendit concludere perfectionem universi, id est unius, in quo omnia versantur et continentur ut partes. Si enim, ut dicit PHILOSOPHUS principio Caeli et mundi, *corpora quae sunt in form*is propriis, *unumquodque est* complementum *secundum suam dispositionem* in termino, complementum totum, cuius corpora ista sunt partes, *est perfectum, non diminutum, necessario.* Ubi AVICENNA: id est *totus mundus est perfectus* secundum quod partes eius sunt perfectae.

Sequitur: *Et complevit Deus*, finem et complementum imponendo. *Die septimo*: inclusive scilicet et negative, quia ab illa die incepit ab opere cessare et quiescere, ut dicit littera sequens; non inclusive et affirmative, quasi in eo die septimo aliquid fecerit Deus, quo opus suum complevit.

Secundum hoc tamen dicit HIERONYMUS De hebraicis quaestionibus: *Dicamus Iudaeis, qui de otio sabbati gloriantur, quod iam in principio sabbatum dissolutum sit, cum Dominus operetur in sabbato, complens opera sua in eo.*

Sed non est ita. Unde aliqui exponunt: «sibi complevit»: id est complementum ostendit, nihil apponendo, sed omnino ab opere novo cessando, quia hoc sapiens et potens artifex non faceret ante operis completionem.

Secundum aliquos, et tangit hic BEDA in Glossa, legitur inclusive et affirmative: *Complevit in die septimo*, quia, ut dicunt, tunc fecit diem septimum, et in hoc complevit numerum septenarium dierum, in quo

---

30 sunt] *subl.* A 33 et omnis] *subl.* A 34 ornatus eorum] *subl.* A 45 Sequitur ... Deus] *subl.* A 46 Die septimo] de septem *et subl.* A 51 Iudaeis] -os A 59 Complevit ... septimo] *subl.* A

---

39 ARISTOT., *De caelo*, I, c. 1 (A 268 b 5-7, 8-10).

42-43 AVICENNA, *De caelo et mundo*, c. 1 (37 a).

50-51 HIERON., *Hebr. quaest. in Gen.*, c. 2, v. 2 (CC lat. 72, 4; PL 23, 940).

58 *Glossa* (cf. I, 56 : BEDA).

omnia saecula involvuntur, vel quia illo die ipsum diem septimum sanctificavit, quod erat aliquid facere et opus consummare.

Primum non videtur conveniens, quia tempus non est factum in se, sed motum caeli consequitur. Unde cum Deus fecit caelum non quiescens, sed motus et stellas in ipso, ut sint in tempora, dies et annos, dies septima non est opus aliquod Dei, quod per se factum sit.

Secundum videtur impertinens ad propositum, quia littera non loquitur nisi de perfectione operis, quod Deus fecerat : id est mundi corporalis, ad cuius perfectionem non pertinet benedictio diei septimae, sicut nec ipsa dies septima.

Alia translatio, ut dicit Beda in Glossa, habet : *die sexto* : *quae nihil affert quaestionis*, quia *die sexto* ultimo operando, ad perfectionem universi *complevit Deus opus suum*, non solum quia ipsum in possessione sua habebat, sed *quod fecerat* ipse, non alius, solus et non cum alio.

<*Dei requies intenta* : « *et requievit* »>

Sequitur : *Et requievit*, ubi primo describit ipsam Dei requiem, secundo describit diei septimae benedictionem propter requiem habitam in ea : *et benedixit*.

Dicit ergo : *Et requievit* : ab opere perfectionis mundi cessando. Unde statim cum assignat pro causa sanctificationis sabbati quietem Dei in sabbato, dicit, quia *in ipso cessavit ab omni opere suo*. Patet ergo, quia quod hic dicit : *requievit*, ibi dicit : *cessavit* : quia ab initio | 240 rb omnis creaturae species in mundo creata est : aliter enim imperfecta esset; et de cetero nullam creaturam novam in specie creavit. *Nihil enim*, ut dicit Magister in Historiis, *post fecit*, quod prius non *fecerit* : vel in potentia *materiae*, *ut* omnia *corporal*ia per totum processum temporis producta, *vel* in speciei *similitudine*, *ut animas* rationales, quas corporibus dispositis infundendas non cessat causare. Unde Glossa interlinearis : *quia post nihil novum fecit*.

Unde notandum quod duplex est opus Dei : scilicet opus productionis

---

61 septimum] significavit *add. sed exp.* A 64 cum] tamen A 71 in Glossa] Glossa *add. i. m.* A 73 Deus ... suum] *subl.* A 74 quod fecerat] *subl.* A 76 Et requievit] *subl.* A 78 ea] eo A 78 et benedixit] *subl.* A 79 Et requievit] *subl.* A 86 vel]nihil A 88 dispositis] disponendis A

---

71 Cf. *Glossa* (I, 55 b : Augustinus).

85 Petrus Comestor, *Hist.-Gen.*, c. 11 (PL 198, 1065 A).

89 *Glossa interl.* (I, 56).

rerum ad universum perficiendum, et opus propagationis ad perfectionem in partibus universi conservandam. Primum opus fuit opus sex dierum, a quo cessavit die septima, et quievit. A secundo opere non cessabit ante finem mundi. De quo dicitur Ioannis V° : *Pater meus usque modo operatur, et ego operor.* Super quo dicit AUGUSTINUS, Ad Orosium : *Non novam creaturam condens intelligitur, sed quam condidit administrans.* Et ideo in Glossa praecedenti : Non solum *complevit opus suum*, sed addit : *quod fecerat.* A tali enim opere primae creationis quod fecerat, postmodum cessavit, non autem ab alio genere operationis quod facturus erat, quod est opus propagationis, sed ab illo cessabit in fine mundi, ubi incipiet quies perpetua, quae ista quiete diei septimae figurata est. Per opus enim creationis sex dierum figuratum est opus propagationis sex aetatum saeculi, per quietem diei septimae sabbati, aetatis septimae requietionis aeternae, secundum quod determinat cuilibet septem dierum unam septem aetatum comparando. Et AUGUSTINUS in fine libri primi Contra Manichaeos, sicut in parte habetur in Glossa : *Requievit ergo die septima* : tunc requiem in cessatione ab opere praedicto inchoando, et aeternam requiem figurando, secundum quod dicit AUGUSTINUS Contra Manichaeos : *Quid aliud significat Deum requievisse ab omnibus operibus suis, nisi requiem nostram, quam nobis daturus est? Ab universo opere* : id est ab opere mundi completo, in quo singula opera partium concurrunt. AUGUSTINUS Contra Manichaeos : *Multa bona tunc placent, cum in universum aliquod conveniunt atque concurrunt. Universum autem ab unitate nomen accepit. Quod patrarat* : quod erat opus primae creationis, non propagationis, quod adhuc patraturus erat.

Nota ergo, quod non dicitur Deus requievisse, quia in opere per motum sui laboraverit, sed quia ab alio opere cessaverit. Nota etiam,

---

95 Augustinus] *iter. i. m.* A 97-98 complevit ... suum] *subl.* A 98 quod fecerat] *subl.* A 1 incipiet] incipiens A 6 comparando] operando A 6 Augustinus] *iter. i. m.* A 7 die septima] *subl.* A 9 Augustinus] *iter. i. m.* A 11-12 Ab universo opere] *subl.* A 13 Augustinus] *iter. i. m.* A 15 Quod patrarat] *subl.* A 17 Nota ...] Nota *add. i. m.* A

---

94 *Ioann.*, v, 17.

95-96 Ps. - AUGUST., *Dialogus quaestionum* LXV, q. 42 (PL 40, 747).

97 *Glossa* (cf. I, 55 b).

6-7 AUGUST., *De Gen. contra Manich*, cf. I, c. 22, n. 34 (PL 34, 194); I, c. 25, n. 43 (PL 34, 194).

7 *Glossa* (I, cf. 57 ?).

9-10 AUGUST., *De Gen. contra Manich.*, I, c. 22, n. 33 (PL 34, 189).

13 *Ibid.*, I, c. 21, n. 32 (PL 34, 188-189).

quia dixit : *ab opere*, non : « in opere ». Id enim proprie in opere requiescit, quod opere indiget. Non sic autem Deus fecit mundum, quia aliquo indiguit, sed quia bonitatem suam diffundere voluit ut essent qui communicatione bonitatis suae indigerent, ab operibus cessans requievit in se ipso. AUGUSTINUS Ad Orosium : *Non in aliqua creatura tamquam eius bono indigens requievit Deus, sed in se ipso. Quod si in aliqua creatura requievisset, aliquam creaturam indigens fecisset. Quia ergo* nullam creaturam per indigentiam fecit, proinde in nulla creatura requievit.

Et benedixit. Hic primo ponitur diei septimae benedictio, secundo benedictionis ratio : *quia in ipso.*

Dicit ergo secundum unam lecturam : *Benedixit et sanctificavit* : id est benedicendo sanctificavit : benedicere enim est bona imprecari : infra XXVII° : *Benedixit* Isaac filio suo ; sanctificare : id est consecrare sive confirmare, quia olim pacta sanguine sparso confirmabantur. Ubi Dominus vult(?) sibi sabbatum consecrare et confirmare ad cultum suum, ut populus in eo ab omni servili cultu cessaret et divinis laudibus et benedictionibus et gratiarum actionibus insisteret, benedixit et sanctificavit diem septimum, sed hoc non propter ipsum diem, | <sed> ut nos diem haberemus Domino sanctificatum et 240 va
firmatum, ut in ipso Domino benediceremus et ipsum sanctificaremus. Per illam ergo figuram qua dicimus aliquod temporis quietum, quia in eo ab omni molestia quieti sumus, credo litteram sic exponendam : *Benedixit diei septimo* : id est ut nos eum in illo die benediceremus, voluit sive instituit ; *et sanctificavit* : id est voluit sive instituit ut in illo die eum sanctificemus, et contemplationi et quieti, divinae laudi insistentes, illo die ab omni servili opere cessaremus, secundum quod postmodum in lege institutum fuit : *Omne opus servile non facietis in eo.* Unde, ut dicit MAGISTER in Historiis, *semper ab aliquibus nationibus, etiam ante legem, dicitur sabbatum fuisse observatum.* Quod etiam creditur descendisse ab ista sanctificatione sabbati, quae Adae innotuit ab initio, et quam ipse observavit et posteris observandum reliquit. Et differunt proprie loquendo benedicere et sanctificare : quia

---

27 Et benedixit] *subl.* A 29 Benedixit ... sanctificavit] *subl.* A 33 vult(?)] quia A 41 Benedixit ... septimo] *subl.* A 42 et sanctificavit] *subl.* A 50 Et differunt ...] Nota *add. i. m.* A

---

23 Ps. - AUGUST., *Dialogus quaestionum LXV*, q. 42 (PL 40, 747).
31 Cf. *Gen.*, XVII, 27.
45 *Levit.*, XXIII, 7, etc.
46 PETRUS COMESTOR, *Hist.-Gen.*, c. 11 (PL 198, 1065 B).

tunc Domino benedicimus, quando ei laudes et bonorum interpretationes in gratiarum actionem pro susceptis beneficiis offerimus : Daniel III° : *Benedicebant Domino in fornace dicentes* : « *Benedictus es Domine, Deus patrum nostrorum*, etc. ; Eccl.^{ci} 39° : *Benedicite Dominum in operibus suis* ; tunc vero Dominum sanctificamus, quando sanctitatis eius magnalia praedicamus ; Ezechiel 38° : *Sanctificabor* (alia littera : *magnificabor*) *et notus ero in oculis multarum gentium*, et scient quia ego Dominus. Et quia sic eum sanctificamus, laudibus et praeconiis eius insistendo, ideo Deus *benedixit et sanctificavit diem septimum*, quia nos benedicendo ipsum volumus in illo sanctificari. Et quia hoc facere non possemus nisi ob omni opere alio cessando, ideo subiungitur pro causa : *quia in ipso cessavit ab omni opere suo* : expone ex praedictis. Et a quo opere, quasi exponendo subiungit : *quod creavit Deus* primo confuse in materia, *ut faceret* postmodum distinctum et ornatum in forma, secundum quod supra expositum est. Et illud pro causa induxit, ut nobis cessandum in illo die ab omni opere servili indicaret ad vacandum divinae benedictioni et sanctificationi. Non enim omnino est abrogatum sabbatum modo, sed mutatum, quae mutatio etiam in veteri fuit praenuntiata : Isaiae I^{o} : *Sabbatum et festivitates alias non feram* ; Isaiae ultimo : *Erit mensis ex mense, sabbatum ex sabbato.* Sabbatum primae feriae diei dominicae erit ex sabbato VII^{ae} feriae diei sabbati, ut cesset figura et maneat moralis observantia. Est enim figurale diei determinatae a lege institutio, sed est morale debito tempore divinae venerationi vacatio. Istud enim est iuris naturalis, ut aliis omissis, debito tempore divino cultui insistamus, sed ad hoc tempus habere determinatum ex lege, hoc erat figurale, qualis erat ista sabbati institutio. Unde non solum littera ista litteraliter exponenda est pro sabbato feriali, sed etiam spiritualiter pro sabbato morali ut figuram explicemus. Intelligendum igitur quod, licet ista requies Dei in sabbato illius requiei indicativa est, qua scilicet requiescemus in sabbato pacis sempiternae, quia tamen hoc sabbatum nondum revelatum est in re

---

56 Ezechiel] Eze<chiel> *add. i. m.* A 59 benedixit] *subl.* A 62 quia ... suo] *subl.* A 63 quod ... Deus] *subl.* A 64 ut faceret] *subl.* A 69 Isaiae] Isidorus *add. i. m.* A 79 Intelligendum ...] Nota *add. i. m.* A

---

53 *Dan.*, III, 51.
54 *Eccl.*, XXXIX, 19.
56 *Ezech.*, XXXVIII, 23.
69 *Is.*, I, 13.
70 *Is.*, LXVI, 23.

sub novo testamento, sed solum in spe (*Spe enim salvi facti sumus*), figurae autem veteris testamenti proprie cessant in novo, quia res in novo est revelata, ideo sabbatum novi testamenti investigandum est, quo adveniente, cessare debuit sabbatum veteris testamenti. Hanc figuram aperit nobis BEDA in Glossa dicens : *Haec benedictio et sanctificatio maiorem benedictionem | et sanctificationem* figur*at*. Sicut 240 vb
enim crebris victimis sanguis Christi fundendus figur*atur*, *ita per requiem diei septimae post opera sex dierum* significa*batur illa dies sab*b*ati*, *quo Christus semel in sepulcro quieturus*, *perfectis sexta die omnibus operibus quibus mundum sex diebus perfect*e *restauravit*. Isti sex dies fuerunt a ramis palmarum, in quibus praecipue opus restaurationis implevit, imminente passione. Unde in huiusmodi figuram, quia Iudaei tunc praecipue incipiebant Christum quaerere ad passionem, quam compleverunt die sexto, dictum fuit in lege : *Decimo die mensis huius* accipietis *agnum*, *unusquisque per familiam suam*, et in *decimo quarto die ad vesperas* afferetis altissimo Domino. Completo ergo opere restaurationis, principaliter per sex dies in hebdomade passionis, propter quod dixit in cruce moriens : *Consummatum est*, requievit sabbato toto in sepulcro. Et tunc cessavit sabbatum figurale de die VII°, et mansit morale, quo divino cultui vacandum esset, sed lex nova nullum tempus ad hoc determinavit. Quod enim nunc pro sabbato custodimus diem dominicum, non est ex lege Christi, sed ex ordine ecclesiae, quae tamen facta est instinctu spiritus sancti, et prophetata per Isaiam, quando dixit : *Erit sabbatum ex sabbato* : sabbatum scilicet diei dominicae ex sabbato septimae feriae.

* * *

Sic patet prima rerum productio per dies sex, et requies Dei in septimo. Sed quid per hoc intendit scriptura ? Legis naturalis certa principia in nobis renovare et ad eorum observantiam provocare. Unde

---

84 testamenti] est vesti- *add. sed exp.* A 86 Beda] *iter. i. m.* A 8 naturalis certa] *inv.* A

---

82 *Rom.*, IV, 24.
86 *Glossa* (I, 60 D-E).
95 *Exod.*, XII, 3-6.
99 *Ioann.*, XIX, 30.
4 *Is.*, LXVI, 23.

dicit Ambrosius de expositione sua in opere sextae diei : Cum velut *quadam sermonis manu per hanc communem vos circumduco patriam et singularum <rerum> species et genera demonstro, ex omnibus colligere cupiens quanto nobis creator universorum gratiam uberiorem donaverit,* certe et haec eadem fuit intentio Moysis scribentis.

<STATUS PRIMORUM PARENTUM ANTE LAPSUM>

Sequitur pars illa : *Istae sunt generationes caeli et terrae,* ubi Moyses quaedam omissa et quaedam obscure dicta in operibus sex dierum exponit, praecipue circa hominis creationem. Unde Magister in Historiis : *Quia creationem maris et feminae simul dixerat, quae tamen simul facta non fuit, ut explicet quod sub brevitate concluserat, repetit et de reliquis.*

Et primo ponit recapitulationem praecedentium, ut ordinate procedat ad propositum, unde Glossa interlinearis : *Conclusio superior-<um>* aut recapitulatio est. Secundo ad propositum descendit ibi : *Formavit igitur Deus hominem.* Prima habet duas, quia primo ponitur recapitulatio pertinentium ad distinctionem partium principalium mundi generaliter; secundo pertinentium ad quemdam ornatum unius eorum specialiter : *Et omne virgultum.*

Melius potest dividi dicendo quod non recapitulat, nisi ut exponat aut addat. Dicendum igitur quod primo recapitulat determinata circa principalium partium mundi productionem et distinctionem, ut obscurum exponat; secundo recapitulat determinata circa productionem terraenascentium ad ornatum terrae, similiter ut obscurum exponat : *Et omne virgultum*; tertio recapitulat quod principale est, scilicet determinata circa hominis creationem, ut obscurum exponat et omissum addat : *Formavit igitur.*

Quocumque modo dicatur, eadem est litterae expositio.

11 hanc] hunc A 11 vos] u^9 A 12 genera] -rum A 14 Moysis] Moysi A 16 Istae ... terrae] *subl.* A 25 Formavit ... hominem] *subl.* A 28 Et ... virgultum] *subl.* A 34 tertio] secundo A 36 Formavit igitur] *subl.* A

10 Ambros., *Hexaem.*, vi, c. 1, n. 2 (CSEL 32^1, 205; PL 14, 144 D-245 A).

19 Petrus Comestor, *Hist.-Gen.*, c. 11 (PL 198, 1065 C).

23 *Glossa interl.* (i, 60).

<Recapitulatio determinatorum circa principalium partium mundi productionem et distinctionem>

Circa primum tria tangit, scilicet distinctionem, tempus distinctionis, et ordinem ad creationem.

Pro primo dicit : *Istae* : iam descriptae secundo et tertio die; *sunt generationes* : id est distinctiones; *caeli et terrae* : terram sume pro omni elementari corpore, caelum pro omni caelesti. Dicuntur autem dis- | tinctiones *generationes*, quia de materia confusa facta est dis- 241 ra
tinctio, ut appareat in formis diversa, quod est quasi generatio de prima materia, per quem modum PLATO posuit mundum generatum de chaos confusum, secundum quod dicit PHILOSOPHUS, VIII° Physicorum : Solus PLATO generat mundum. Et legi debet *generationes* passive, et ideo sic exponi : id est distinctiones factae.

Et quod concordat pro secundo, quod sequitur : *in die*, etc. : *fecit*, dico, non ex nihilo, large sumendo « facere » pro « creare », sed ex materia confusa.

Et tunc concordat quod interponitur pro tertio : *quando* : id est postquam; *creata sunt* : caelum scilicet et terra de nihilo in materia confusa. Ecce expositio quae exprimit ordinem distinctionis post primam creationem, qui supra tactus non fuit. Et est littera facilis sic ordinando et exponendo. In prima fronte videtur obscura et habere verborum intercalationem.

Sed est dubitatio eo quod dicit : *in die*. Non enim in uno die distinctiones illae factae fuerunt. Unde ex hac littera arguit AUGUSTINUS, ex quo dicit : In die ergo omnia simul facta sunt.

Et est responsio secundum BEDAM in Glossa, quod hic sumitur « dies » *pro* toto *tempore quo primordialis* materia *formata est, sicut sumit APOSTOLUS, II*ª *Cor., VI*° : *Ecce nunc tempus acceptabile, ecce nunc dies salutis* : *pro toto tempore gratiae.*

---

42 Istae] *subl.* A 42-43 sunt generationes] *subl.* A 43 caeli et terrae] *subl.* A 51 In ... etc.] *subl.* A 54 quando] *subl.* A 55 creata sunt] *subl.* A 57 creationem] -nis A 59 intercalationem] interculcationem A 63 hic] *iter.* A

48-49 ARISTOT., *Phys.*, VIII, c. 1 (251 b 17-18).

61 AUGUST., cf. *De Gen. ad litt.*, IV, c. 33, n. 53 (CSEL 28¹, 133; PL 34, 319).

63 *Glossa* (I, 60 E-F).

65 *II Cor.*, VI, 2.

<Recapitulatio determinatorum circa productionem terraenascentium ad ornatum terrae>

Sequitur : *et omne virgultum.* Hic epilogat pertinentia ad productionem terraenascentium ad ornamentum terrae, exponendo quiddam obscurum supra omissum, quod primo exponit circa productionem arborum, secundo circa productionem herbarum : *omnemque herbam.*

Circa primum facit duo. Primo tangit istarum productionem, secundo productionis ordinem.

Pro primo dicit : *Et* : supple : quo die fecit primam productionem, simul dando terrae potentiam generandi; *omne virgultum* : per virgultum, quod est minimum in arboribus, intelligit omne genus arborum; *agri* : quia ager solet esse terra virgultis circumsaepta.

Pro secundo dicit : *antequam oriretur in terra* : productione secunda, per propagationem se multiplicando. Ecce obscura expositio, quae exprimit ordinem primae productionis ad secundam, qui supra tactus non fuit.

Nota ergo hic secundum triplicem rationem originandi triplicem rerum exitum in esse : primus a Deo ex nihilo, qualis erat creatio materialis omnium confusa in principio; secundus ex materia sine simili materia specie, qualis erat productio prima rerum vegetabilium et animalium in suis primis individuis; tertius ex materia per simile secundum speciem.

Primus est proprie creatio; secundus, factio; tertius, generatio. Primus solum habet causam efficientem: Deum; secundus : Deum efficientem et materiam subiectam; tertius : Deum efficientem primum, naturam sive speciem similem generato efficientem proximam, et materiam subiectam. Unde ratio primi exitus in solo Deo est, sive in verbo Dei; secundi vero in Deo et in materia; tertii vero in Deo et in materia et in natura : in Deo dicuntur rationes exemplares, in materia dicuntur rationes causales, in natura dicuntur rationes seminales. Secundum primum modum in principio creavit Deus caelum et terram, secundum secundum modum produxit opera sex dierum in quibus requievit die septima; secundum tertium modum ex illis rebus primo et secundo modo productis producit similia per totum temporis decursum.

---

69 et ... virgultum] *subl.* A 72 omnemque herbam] *subl.* A 73 istarum] -orum A 75 Et] *subl.* A 76 omne virgultum] *subl.* A 78 agri] *subl.* A 79 antequam ... terra] *subl.* A 1 decursum] disc- A

Unde propter istam diversitatem dicit AUGUSTINUS hic in Glossa, quod *aliter sunt* creaturarum rationes *in verbo Dei,* aliter opera a quibus Deus die septimo requievit, aliter quae ex illis usque nunc operatur. Ultimum utcumque corporis sensu et consuetudine cognoscimus, duo remota a nostro sensu auctoritate divina tradenda sunt post, per haec quae nota sunt utcumque noscenda. Primum modum tangit hic, cum dicit : *quando creata sunt.* Secundum cum dicit : *Istae sunt generationes caeli et terrae, die quo fecit Deus caelum* etc. *et omne virgultum agri.* | Tertium, cum dicitur : *antequam oriretur in terra,* 241 rb
priusquam germinaret, etc.

Sequitur : *omnemque herbam* : ubi primo tangit herbarum primam productionem, secundo productionis ordinem, tertio ordinis rationem.

Pro primo dicit : *omnemque herbam* : quo scilicet die fecit prima productione; *regionis,* quia herbae crescunt cuicumque quacumque.

Pro secundo dicit : *priusquam germinaret* : terra, immo potius ipsa herba producendo simile ex seipsa, quia in prima productione germinavit terra, in secunda germinant producta in primis individuis de terra.

Ecce expositio obscura addita ut prius; et secundum istum modum li *quando* et li *antequam* et li *priusquam* dicunt ordinem temporis, non solum naturae aut dignitatis; et continuat(?) dicta expositio ponendo omnia simul creata non in formis distinctis neque ornatis, et quod distinctio et ornatus facti sunt secundum distinctionem sex dierum.

Qui vero poneret omnia simul facta, distincta et ornata, li *quando* non posset legere ordinaliter sed temporaliter, ut sit adverbium temporis, non ordinis, et tunc illud *in die* exponit hoc quod dicit *quando,* sicut patet; vel si sit ordinis, dicit ordinem naturae vel dignitatis, non temporis. Li *antequam* et li *prius* <*quam*> bene possunt dicere ordinem temporis, ponendo omnia simul facta, si tamen li *oriretur* et li *germinaret* supponunt ortum et germinationem productione secunda; si autem

---

7 noscenda] nasc- A 8 quando ... sunt] *subl.* A 8 creata] -tae A 8-10 Istae ... agri] *subl.* A 10 agri] antequam *add. et subl.* A 10 antequam] -quam *sup. lin.* A 10-11 antequam ... etc.] subl. 15 regionis] *subl.* A 16 priusquam germinaret] *subl.* A 20 et] non *add.* A 21 quando] *subl.* A 21 antequam] *subl.* A 21 priusquam] postquam A 22 continuat(?)] c^t A 24 distinctionem] -ctiosum A 25 quando] *subl.* A 26 legere] legi A 27 in die] *subl.* A 27 quando] *subl.* A 29 antequam] *subl.* A 29 prius] *subl.* A 30 oriretur] *subl.* A 30 germinaret] *subl.* A

---

2 *Glossa* (I, 62 D).

supponunt ortum et germinationem productione prima, tunc non dicunt nisi ordinem naturae vel dignitatis.

Mihi videtur, quod in omnibus primus modus exponendi magis concordat litterae, et similiter *aliae translationi SEPTUAGINTA* in prima clausula de qua magis est dubium : dicit enim sic : *Hic est liber creaturae caeli et terrae.* Et : *Cum factus est dies, fecit Deus caelum et terram.* Dies autem factus est primus post illam primam creationem, quia illa facta est ante omnem diem, quia ante lucem, ut dictum est supra. Et ut dicit AUGUSTINUS II° Contra Manichaeos : *Quod dictum est : « In principio fecit Deus caelum et terram », non pertinet ad aliquem dierum ex illis septem.*

Sequitur tertium : ordinis ratio, quare *priusquam germinaret,* herba facta est : hoc est : quare non statim facta ex se simile germinavit : *Non enim pluerat,* etc. : quasi dicat : illa secunda productio non statim fuit cum prima, quia illa secunda eget irroratione et agricultura facta in terra per moras temporum, nec operatus est Deus tunc illa prima productione, sicut nunc ista secunda. Tunc enim singula subito produxit in terra vel aqua, ut dictum est supra, quae nunc producit per successionem temporis et beneficio agriculturae, irrorationis et huiusmodi. Unde, ut dicit Glossa AUGUSTINI, *hic intimare videtur quae fiunt secundum temporum intervalla ex prima productione,* quod verum est.

Et facit circa hoc Moyses in parte ista duo, quia primo describit defectum duorum beneficiorum in terra, quibus opus habet ad secundam productionem causandam, per quod sufficienter ostendit hanc secundam productionem non statim fuisse cum prima. Secundo describit occasione huiusmodi primum beneficium, quod tunc coepit oriri ad secundam productionem causandam : *Sed fons.*

Item duo beneficia quae deficiebant ab initio, fuerunt primum pluvialis irroratio, secundum humana operatio.

Pro primo dicit : *Non enim pluerat,* quia congregatis aquis tertio die et productis tunc terraenascentibus, nondum erat sol, qui calore radiorum suorum directorum inferius elevaret vaporem ad genera-

---

39 ante] e *add. sed exp.* A 40 Augustinus] *iter. i. m.* A 44-45 Non ... etc.] *subl.* A 58 Sed fons] *subl.* A 59 primum] *i. m.* A 61 Non ... pluerat] *subl.* A

---

35 *Glossa* (I, 61 B).
40 AUGUST., *De Gen. contra Manich.*, II, c. 3, n. 4 (PL 34, 198).
51 *Glossa* (I, 62 E).

tionem nubium, ex quibus Dominus plueret super terram ad eius irrorationem et fecundationem, quia *terra sine humore in sabulonem decidit, quae sterilis<est>, nec fertilis fit sine humore partes sicci continuante,* ut determinat PHILOSOPHUS 2° De generatione. Et tangit defectum primo, quia est primum et summum, quia omnia ex humido generantur, et *sunt primorum omnium semina humida,* ut dicit AUGUSTINUS. Unde et *THALES primus philosophantium* propter hoc *posuit aquam* | *esse* 241 va primum principium omnium, ut dicitur primo Metaphysicae.

Pro secundo dicit : *Et homo* agricola *non erat,* quia hoc dictum est pro tertio die, et homo creandus erat sexto die; *qui operaretur terram* : id est opus agriculturae exerceret in terra, quae multum facit ad secundam productionem terraenascentium.

Sequitur : et *fons* : unus vel plures in diversis partibus terrae, singulare pro plurali ponendo, secundum AUGUSTINUM in Glossa. *Ascendebat* : margines scilicet exeundo; *de terra* : ex meatu subterraneo ortum trahendo et superius scaturiendo; *irrigans* per suum defluxum ad terram fecundandam et secundam productionem terrenam faciendam, et etiam ad humum faciendam ex sui commixtione cum terra ad hominis formationem; *universam* circumiacens *superficiem terrae,* sicut Nilus plana Aegypti, *non continuando, sed madidando,* sicut dicit Glossa, quia totum cooperiendo factum fuisset *diluvium,* et hoc potuit tunc fieri de facili, quia tota terra plana erat: nondum enim erant montes et colles, qui postea per inundationem magni diluvii facti sunt. Nec est hic credendum ex hoc quod adversative dicitur : *sed fons,* quia haec irrigatio fontis ad primam productionem virgultorum fuerit necessaria : illam enim fecit Deus sine humoris adminiculo de terra, sed hoc dicitur, quia sine humoris beneficio de terra non possunt produci terraenascentia secunda productione. Et quia primum beneficium humoris ad illam secundam productionem fuit in illo fonte, ideo dicit : *sed fons,* etc.

---

65 sabulonem] -lolnem *sed* 1[2] *exp.* A 70 Thales] 1 *sup, lin.* A 72 Et homo] *subl.* A 72 non erat] *subl.* A 73 qui ... terram] *subl.* A 76 Et fons] *subl.* A 77 Augustinus] iter. *i. m.* A 78 Ascendebat] *subl.* A 78 de terra] *subl.* A 79 irrigans] *subl.* A 81 faciendam] -dum A 82 universam] *subl.* A 82 circumiacens] -ntem A 82 superficiem terrae] *subl.* A 83 madidando] maculando A 87 sed fons] *subl.* A 93 sed ... etc.] *subl.* A

---

67 ARISTOT., *Metaph.*, I, c. 3 (A 983 b 20-21).

69 *Glossa* (I, 62 E).

77 *Glossa* (I, 62 E).

84 *Glossa* (I, 62 E).

<Recapitulatio determinatorum circa hominis creationem>

Sequitur : *Formavit igitur.* Hic recapitulat Moyses breviter determinata circa hominis creationem, ut obscurum exponat, et alia facta circa ipsum superius omissa, ut hic apponat. Unde Augustinus : Non alicuius novi operis inchoatio, sed superius breviter insinuati retractatio isto sermone explicetur. Et Iosephus sic continuat : *Post septimum* vero *diem coepit de hominis natura Moyses* reddere rationem, ita dicens : *Finxit Deus hominem* : et est translatio Septuaginta. Item Beda in Glossa : *Factura hominis, qui sexto die factus est, latius describitur* : *quomodo factus* est : corpore et anima; et femina de latere dormientis.

Et dividitur haec pars in duo, nam primo describit et exponit utriusque formationem, secundo utriusque formatorum status et conditiones : *Erat autem uterque nudus.*

Prima habet duo, quia primo exponit complete hominis creationem quoad marem; secundo quoad feminam : ab initio enim *masculum et feminam* produxit *eos*, ut dictum est supra : pars secunda ibi : *Dixit quoque Deus* : « *Non est bonum hominem esse solum* ».

Item primo exponit ipsius maris creationem; secundo exponit ipsius creati educationem : *Plantaverat autem Dominus Deus.*

Item primo exponit productionem partium eius; secundo compositi ex partium unione : *Et factus est homo.*

Item primo exponit formationem corporis; secundo creationem animae : *Et inspiravit* : primum quoad principium materiale; secundum quoad principium formale.

Dicit ergo : *Formavit igitur.* Li *igitur* infertur ex eo, quod statim supra dixit : *Homo non erat qui operaretur terram* : igitur ut esset talis,

95 Formavit igitur] *subl.* A 97 Augustinus] *iter. i. m.* A 99 Iosephus] *iter. i. m.* A 1 Finxit ... hominem] *subl.* A 2 Beda] *iter. i. m.* A 7 Erat ... nudus] *subl.* A 10-11 Dixit ... solum] *subl.* A 13 Plantaverat ... Deus] *subl.* A 15 Et ... homo] *subl.* A 17 Et inspiravit] *subl.* A 19 Formavit igitur] *subl.* A 19 igitur] *subl.* A 20 Homo ... terram] *subl.* A

97 Cf. *Glossa* (I, 64 D-F); August., *De Gen. ad litt.*, V, c. 1, n. 2-3 (CSEL 28^1. 137-141; PL 34, 321-322); Id., *De Gen. contra Manich.*, II, c. 1, n. 1 (PL 34, 195).

99 Iosephus, *Antiq. Iud.*, I, c. 1, n. 1-2 (p. 5).

1 Septuaginta II, 7 (p. 52) : cf. August., *De Gen. ad litt.*, VII, c. 1, n. 1 (CSEL 28^1, 200; PL 34, 335).

2 *Glossa* (I, 65 B).

qui posset terram operari. *Formavit* : secundum BEDAM : *Non lineamentis membrorum componendo*, sed *tropica locutione* : iubendo et volendo verbo suo iussit fieri. *Dominus* : quia statim facto homine factus est sibi servus. Unde, quamvis post erat Deus, prius tamen non erat Dominus, unde scriptura hic primo Deum appellat Dominum. *Hominem*, quoad corpus et materiale principium. *De limo terrae* : id est de terra limosa : *Limus enim*, ut dicit AUGUSTINUS, *est aquae et terrae commixtio*. Qui factus est cum fons ascendens de terra ipsam irrigavit. Et sunt ista duo, terra et aqua, materialia principia ex abundanti cuiuslibet mixti, per quod solum ea nominat, et dat intelligere alia, scilicet aerem et ignem. Alia translatio habet : *finxit*, et exponit scriptura opus Dei ad modum figuli, | qui de limo facit opus suum. Iuxta 241 vb
hanc metaphoram dicit APOSTOLUS, <ad> Romanos IX° : *Numquid dicit figmentum*, etc.

Sequitur : *Et inspiravit spiraculum vitae* : alia translatio : *insufflavit flatum vitae*, id est spirando, vel spiraculum illud fecit quod est anima vivens et alteri vitam tribuens. Unde AUGUSTINUS : *Non sufflatio illa conversa est in animam viventem, sed operata est* animam viventem, ne *credamus illam veluti partem naturae Dei in animam hominis fuisse conversam*, sicut *Manichaei*. Et est tropica locutio, ne intelligamus quod faucibus inspiraverit, sed quia sicut spiritus est in ore spirantis antequam spiret eum extra se, sic anima antequam fieret in homine, tamquam in ore Dei erat : id est in eius virtute vel sapientia, ex qua spiravit eam, cum facta est in sua essentia. Non tamen recessit a spirante quasi loco separata : Deus enim ubique praesens est; sed quia est in substantia diversa.

Et nota quod per metaphoram huius actionis, quia magis est spiritualis, in actionibus corporalibus creationem animae de nihilo exponit,

---

21 formavit] *subl.* A 23 Dominus] *subl.* A 25-26 Hominem] *subl.* A 26 de ... terrae] *subl.* A 31 finxit] *subl.* A 35 Et ... vitae] *subl.* A 37 Augustinus] *iter. i. m.* A 39 Dei] diei A 45 spirante] q *add. sed del.* A 47 Et nota ...] Nota *add. i. m.* A

---

21 *Glossa* (I, 65 B).
27 AUGUST., *De Gen. contra Manich.*, II, c. 7, n. 8 (PL 34, 200).
31 Cf. AUGUST., *De Gen. ad litt.*, VII, c. 1, n. 2 (CSEL 28^1, 201; PL 34, 356).
33 *Rom.*, IX, 20.
35 Cf. AUGUST., *De Gen. ad litt.*, VI, c. 1, n. 1 (CSEL 28^1, 170; PL 34, 339).
37 AUGUST., *De Gen. contra Manich.*, II, c. 8, n. 10-11 (PL 34, 201-202).

per hoc eius summam spiritualitatem dans intelligere. *In faciem eius* : id est hominis, id est per partem dat intelligere quia anima est actus totius hominis, quia est tota in toto, et tota in qualibet eius parte, secundum AUGUSTINUM. Potius tamen exponit partem istam, quia in ea maxime animae operationes et sensus eius relucent. *Vitae* : id est quo homo debet vivere, quia anima non est facta ut viveret in se, sed ut esset actus alterius dans ei vitam. Et ideo non dicit : « spiraculum vivens ». Et quod statim dicit : *in animam viventem*, illud debet resolvi in denominationem ut vivere non animae, sed coniuncto attribuatur, ut iam exponetur, propter quod non posuit ibi « vitae » in abstracto(?) sicut hic, quia homo anima vivit, nulli vitam tribuit.

Sequitur : *Et factus est homo* ex coniunctione animae cum corpore *in animam viventem*, id est animatum vivens, sicut dominus aliquis « factus in iram » dicitur, quia factus est iratus, et est inusitatus modus loquendi. Et per hoc significat nobis scriptura, quod homo hoc quod est homo, est per animam, qua vivit, tamquam per actum et principium formale in ipso, ut per hoc quod dixit scriptura : *Et factus est homo*, intelligamus quod homo sit corpus et anima, per hoc quod additur : *in animam viventem*, intelligamus quod non sit corpus et anima, istis quocumque modo se habentibus, sed ita anima sit eius actus et forma in corpore, a qua sensus fluunt in ipso, propter quosdam, qui hoc non sunt opinati. Unde AUGUSTINUS, II° De Genesi contra Manichaeos : *Sic homo* ille *qui factus erat, iam corpus et anima erat. Ipsi animae sensus* erat *additus ista insufflatione, cum « factus est homo in animam viventem »*.

Sequitur : *Plantaverat autem Dominus Deus*, ubi exponit Moyses hominis iam facti educationem. Et quia homo, rex et princeps universae creaturae, non erat educandus nisi in loco mundi elegantiori, qui erat paradisus, et quia homo creatus erat extra paradisum in agro Damasci, nec posset in paradiso educari, nisi prius translatus esset ad ipsum, et sic factum erat in rei veritate, idcirco Moyses in parte ista, cum hoc quod

---

49 In ...eius] *subl.* A 53 Vitae] *subl.* A 56 in ... viventem] *subl.* A 57 attribuatur] -itur A 60 Et ... homo] *subl.* A 61 in ... viventem] *subl.* A 65-66 Et ... homo] *subl.* A 67 in ... viventem] *subl.* A 70 Augustinus] *iter. i. m.* A 74 Plantaverat ... Deus] *subl.* A 76 mundi] elō- *add. sed del.* A

---

52 AUGUST., cf. *Epistola* 156, c. 2, n. 4 (PL 34, 722); *Contra epistolam fundamenti*, c. 16, n. 20 (PL 42, 185).

70-71 ID., *De Gen. contra Manich.*, II, c. 8, n. 10 (PL 34, 201).

exponit translationem hominis ad paradisum et educationem eius in ipso, exponit productionem paradisi et dispositionem, et hoc propter contenta in ipso, in quibus homo debet educari. Et habet pars ista tres : quia primo exponit Moyses paradisi productionem; secundo proponit hominis in ipsum translationem : *Tulit ergo*; tertio exponit in ipso eius educationem : *ut operaretur*.

Prima habet duas, quia primo exponit productionem paradisi; secundo contentorum in ipso : *Produxitque Dominus.*

Prima pars est quasi brevis recapitulatio, ut descendat ad ea, quae exponit in parte secunda. Unde Augustinus in Glossa : Haec | recapi- 242 ra
tulat, ut ostendat quomodo Deus paradisum plantavit et eiecit de terra *omne lignum*, etc. Prima habet tres : nam primo exponit paradisum a Deo productum; secundo quando : *a principio*; tertio quare : *in quo posuit.*

Dicit ergo : *Plantaverat*, secundum Glossam interlinearem : *quasi* quaereret aliquis a Moyse postquam *Deus* hominem creavit, *ubi posuit eum.*

Respondet primo de productione loci, et dicit : *Plantaverat* : Magister in Historiis : *id est plantis* et *herbis aptaverat*; vel *Plantaverat* per metaphoram, id est fundaverat et produxerat. *Dominus Deus* : per se ipsum, qui et omnia alia produxit ab initio. *Paradisum* : id est hortum quemdam, quia secundum Isidorum « *paradisus* » *graece*, « *hortus* » *latine*. Unde Hieronymus : Pro « *paradiso* » in hebraeo « *hortum* » *habet*ur. *Voluptatis* : corporalis et sensualis; quia locus est amoenissimus corporaliter et deliciosus. Unde alia translatio habet : *in Eden* : *porro* « *Eden* », dicit Hieronymus, *interpretatur* « *deliciae* », pro quo *SYMMACHUS transtulit* : « *paradisum florentem* ».

Sequitur : *a principio.*

---

84 Tulit ergo] *subl.* A 85 ut operaretur] *subl.* A 89 Augustinus] *iter. i. m.* A 92 a principio] *subl.* A 92-93 in ... posuit] *subl.* A 94 Plantaverat] *subl.* A 97 Plantaverat] *subl.* A 98 Plantaverat] *subl.* A 99 Dominus Deus] *subl.* A 00 Paradisum] *subl.* A 3 Voluptatis] *subl.* A

---

89 *Glossa* (I, 67 A).

94 *Glossa interl.* (I, 65-66).

98 Petrus Comestor, *Hist.-Gen.*, c. 13 (PL 198, 1067 A).

1 Isidorus, *Etymologiae*, XIV, c. 3, n. 2 (PL 82, 496).

3 Hieron., *Hebr. quaest. in Gen.*, c. 2, v. 8 (CC lat. 72, 4; PL 23, 940).

4 Petrus Comestor, *Hist.-Gen.*, c. 13 (PL 198, 1067).

5 Hieron., *Hebr. quaest. in Gen.*, c. 2, v. 8 (CC lat. 72, 4; PL 23, 940).

Glossa interlinearis : temporis, *remotis aquis a superficie terrae.* Et sic patet plantatum tertio die, quando tota terra ornata est. Quidam vero exponunt : a principio temporis simpliciter, unde ante omnem diem, et ante distinctionem caeli et terrae intelligatur factum. Unde HIERONYMUS : In hebraeo « Eden » habetur quod *nos « ab exordio » possumus dicere*; *SYMMACHUS vero et THEODOTION, quod « principium »* significat. Ex quo manifestissime comprobatur, quod pri*usquam Deus caelum et terram faceret, paradisum ante condiderat.* Verior, ut credo, est prior expositio.

Aliter exponunt aliqui, ut *principio* non stet ibi pro principio temporis, sed loci vel situs, quia ab oriente, ubi est mundi *principium* et pars *dextr*a secundum PHILOSOPHUM, et superior. Unde STRABUS in Glossa : *Qui*dam codices habent : « in *Eden ad ortum* », *ex quo* nos p*ossumus* cognoscere *paradisum in oriente situm* etc. : lege Glossam. Translatio HIERONYMI habet : *contra orientem.*

Sequitur : *in quo posuit hominem,* quod non ponit hic Moyses inferius propter expositionem translationis, sed causa assignandae rationis : ad hoc enim conditus erat paradisus, ut homo in illo viveret, et ab illo ulterius ad paradisum transferretur caelestem. Ex quo, ut dicit Glossa interlinearis, <intelligitur> *non ibi fuisse hominem conditum,* etc.

Sequitur : *Produxitque Deus,* ubi exponit Moyses contenta in paradiso. Et quia duo principaliter faciunt horti amoenitatem : quia est arboribus consitus, et quia est aquis irriguus, ideo primo exponit dispositionem arborum paradisi, secundo fluvium : *Et fluvius egrediebatur.*

Item primo exponit dispositionem eius quoad productionem in eo arborum generaliter consideratarum(?); secundo specialiter arboris praerogativae : *lignum etiam vitae.* Et hoc quia de illo principaliter, et propter illud describit totum paradisum, quia in illo erat homo educandus, unde et propter hoc potius exponit, supra eodem : *et omne*

---

15 condiderat] considerat A 18 est] loci *add. sed exp.* A 23 in ... hominem] *subl.* A 29 Produxitque Deus] *subl.* A 30 horti] -tus A 32 Et ... egrediebatur] *subl.* A 35 lignum ... vitae] *subl.* A 36 illud] illum A

---

8 *Glossa interl.* (I, 67-68).

12 HIERON., *Hebr. quaest. in Gen.*, c. 2, v. 8 (CC lat. 72, 4; PL 23, 940).

19 ARISTOT., *De caelo,* II, c 2 (B 285 a 18-20).

19 *Glossa* (I, 67 B).

22 HIERON., *Hebr. quaest. in Gen.*, c. 2, v. 8 (CC lat. 72, 4; PL 23, 940).

27 *Glossa interl.* (I, 67-68).

lignum viride, quae pertinent ad ornatum terrae in terraenascentibus, quam quae pertinent ad alium ornatum. Omnia enim illa repetit et exponit, ut transeat ad expositionem paradisi, et principaliter lignum scientiae boni et mali in ipso.

In parte prima describit generaliter ligna paradisi a delectabilitate in visu et gustu, et per gustum intelligit odoratum, quia secundum Philosophum odoratus est sensus nutrimenti; in his autem tribus sensibus solum quaeritur delectatio amoenitatis. Hortus deliciosus quoad arbores in ipso. Unde ex his eisdem propter delectationem in his duobus sensibus mulier tentabatur : infra 3°, ubi dicitur : *Vidit quod bonum esset lignum ad vescendum et pulchrum oculis.* Dicit ergo : *Produxitque Deus* ab initio, sicut alia ligna totius terrae die tertia. *De humo* : id est de terra humecta paradisi adhuc post separationem aquae, et est proprietas in qua nata est germinare.

Nota quod aliqui propter hoc quod dicit hic de humo, et supra, die tertia, dixit de terra, dicunt quod non fuit haec productio et illa eodem tempore : secundum quod illam immediate produxit, et ideo de terra, quia in sua productione non oportuit terram habere humorem, hic ergo
quod | dicitur de humo, intelligi debet productio de terra, postquam 242 rb
facta est humus per humorem qui egressus est de terra, supra eodem.

Sed hoc non potest stare, quia statim sequitur : *omne lignum* : ergo prius non fuerunt in paradiso ligna, et ita erat prima lignorum paradisi productio, et ideo necessario a Deo immediate, et ita die tertio. Nihil obest quod terram hic vocat « humum » ab humore, quia hoc non est ob humorem fontis vel pluviae, qui requiritur in secunda productione, sed relictione in terra ex separatione aquarum, qui requiritur in prima productione, quia sine illo terra non esset continua, sed omnino pulverizata, nec posset sustinere arbores quin eradicarentur, nec posset productas omnino nutrire. *Omne lignum* : id est omne genus arborum in paradiso crescentium, propter quod sequitur conditio talium lignorum, qualis non est omnis ligni extra paradisum. *Pulchrum* in quantitate et qualitate et ordine ramorum, florum et fructuum. *Visu* : id est ad videndum cum delectatione. *Et suave* : id est redolens et aromaticum respectu

---

44 nutrimenti] et *add.* A 49 Produxitque Deus] *subl.* A 50 De humo] *subl.* A 58 omne lignum] *subl.* A 64 continua] -o A 66 Omne lignum] *subl.* A 67 crescentium] *vel* circumstantium ? A 68 Pulchrum] *subl.* A 69 Visu] *subl.* A 70 Et suave] *subl.* A

---

44 Cf. Aristot., *De sensu et sensili*, c. 5 (445 a 27-b 1).

47 *Gen.*, iii, 6.

odoratus, dulce et saporosum respectu gustus, qui sunt duo sensus nutrimenti, et per hoc aptum et conveniens ad vescendum. Nullum ergo lignum erat ibi venenosum.

Sequitur : *Lignum etiam*, ubi exponit dispositionem paradisi quoad arbores praerogativas : scilicet lignum vitae et scientiae boni et mali.

Lignum vitae solum describit ex situ, dicens : *lignum* : id est *arborem. Etiam* : supple : *produxit Deus de humo. Vitae* : sic dictum ab effectu, quia gustantem in vita conservare potuit in stabili sanitate et vigore sine declinatione ad senium vel infirmitatem, ut dicunt hic Glossae STRABI et BEDAE. *In medio paradisi* : et hoc propter huius ligni dignitatem, vel ut ratione situs omnibus esset paratum ad accipiendum et vescendum.

Lignumque : scilicet produxit ibi Dominus. *Scientiae* : id est discretionis, non per prudentiam, sed per experientiam. *Boni et mali* : et hoc non ab effectu, quia hoc vis ligni non contulit, sed ab accidenti, quia scilicet eo vesci homo prohibitus erat, et ex transgressione consecutum est ut in se homo experiretur poenam ex carnis rebellione ad spiritum et ex aliis passionibus, qua experiebatur quantum malum fuit transgredi et quam bonum fuit in oboedientia perstitisse. Nota quod est advertendum quod istud nomen non est consecutum ex plantatione sicut lignum, sed solum transgressione facta in ipso, ut dicit AUGUSTINUS in Glossa.

Sequitur expositio fluviorum paradisi : *Et fluvius.*

Unus scilicet *fons* erat ad litteram, ut dicit alia translatio, sed fluvius dictus propter suam magnitudinem. Iste fluvius *egrediebatur*, id est scaturiebat, et statim inter margines suos se dilatabat in modum stagni permaximi. *De loco* : quo ? : *voluptatis* : id est in paradiso deliciarum.

Pro secundo dicit : *ad irrigandum* per suam divisionem *paradisum* ut fertilitatem exinde haberet ad propagandum et nutriendum paradisi

---

74 Lignum etiam] crescit *add. et* Lignum ... crescit *subl.* A 76 lignum] *subl.* A 76 arborem] *subl.* A 77 produxit ... Vitae] *subl.* A 80 In ... paradisi] *subl.* A 83 Lignumque] *subl.* A 83 Scientiae] *subl.* A 84 Boni et mali] *subl.* A 89 Nota] *iter. i. m.* A 93 Et fluvius] *subl.* A 95 egrediebatur] *iter.* A 96 statim] se *add.* A 97 De loco] *subl.* A 97 voluptatis] *subl.* A 99 ad irrigandum] *subl.* A 99 paradisum] *subl.* A

79-80 *Glossa* (I, 69 B).
92 *Glossa* (I, 69 C-70 D).
94 *Glossa* (I, 72 A).

arbores. Et ideo statim sequitur expositio divisionis, ubi primo exponit numerum divisionum; secundo exponit proprietates cuiuslibet.

Pro primo dicit : *qui* : fons magnus. *Inde* : id est a loco scaturitionis. *Dividitur* : id est penes ripas distinguitur. *In quatuor capita* : id est quatuor origines quatuor fluviorum hinc inde decurrentium, qui infra paradisum meatus vastos terrae subintrant et transcurrunt per meatus subterraneos usque in terram nostrae habitationis in qua iterato in modum fontium scaturiunt, qui inde in fluvios quatuor currunt, secundum Glossas : quos consequenter describit per nomina, et loca quae circumeunt.

Primum describit a tribus : a nomine, a regione per quam currit, et a loco in quo currit.

Dicit ergo : *Nomen* : a notamine, quia nomine suo res notatur et cognoscitur. *Uni* : id est primo. *Phison* : sic appellatus est antiquitus, sed nomine mutato ab incolis suis nunc dicitur « Ganges », | unde 242 va
HIERONYMUS : Et *nomen uni Phison. Nunc esse Indiae flumen Gangen putant.* Phison interpretatur « mutatio oris » : vel, secundum Glossam interlinearem, *quia viliorem* se ostendit in ortu suo *apud nos* quam in paradiso; vel, <quo>d dicunt allii, quia in discursu mutat se et sub alia qualitate se ostendit quam habuit in orificio ortus sui : quia alibi clarus, alibi turbidus, alibi parvus, alibi magnus, alibi calidus, alibi frigidus apparet. Ganges interpretatur « ortus complutus », quia forte aquas ampliores adducit ad irrigandum terras, vel « elatio irrigata », quia ab eminentiori loco in terris nostris oritur, quia in locis *Caucasi montis*, ut dicit BEDA in Glossa : secundum ISIDORUM, interpretatur *« caterva », quia decem magnis fluminibus sibi iunctis impletur.*

Ipse est fluvius ille. *Qui circuit* : non a lateribus tingendo, sed percurrendo interius omnem terram, per partes eius principaliores currendo. *Evilath*, quae secundum HIERONYMUM in Glossa *regio est Indiae post diluvium possessa ab Evila, filio Iectan, filii Heber, patri-*

3 qui] *subl.* A 3 Inde] *subl.* A 4 Dividitur] *subl.* A 4 In ... capita] *subl.* A 9 describit] -itur A 11 describit] -itur A 13 Nomen] *subl.* A 14 Uni] *subl.* A 14 Phison] *subl.* A 24 Caucasi] -sis A 27 Ipse est] *subl.* A 27 Qui circuit] *subl.* A 27 circuit] creavit(?) A 29 Evilath] *subl.* A 30 Iectan] Ethan A

9 *Glossa* (I, 71 A-B).
16 HIERON., *Hebr. quaest. in Gen.*, II, n. 11 (CC 72, 4 (PL 23, 941).
17-18 *Glossa interl.* (I, 71-72 A).
25 *Glossa* (I, 71 A).
25 ISIDORUS, *Etymologiae*, XIII, c. 21 n. 8 (PL 82, 490-491).
29 *Glossa* (I, 72 D).

archae Hebraeorum, de quo Gen. X° et I° Paralipomenon, II°.

Et quia non transcurrit omnes partes illius terrae, describit partes in quibus transit. *Ubi* : id est circuit terram Evilath, transeundo per illas partes terrae illius, ubi *nascitur aurum. PLINIUS dicit regiones Indiae venis aureis prae ceteris* regionibus *abundare*, et hoc magis in illis locis, ubi currit Phison. Et quia alibi etiam nascitur aurum, describit locum illum per quem transit Phison a contentis suis tribus pretiosis, ut specialius cognoscatur quis sit.

Primum : *Et aurum terrae illius* : per quam transit Phison, respectu auri quod invenitur in aliis partibus Indiae, vel *terrae illius*, id est Indiae respectu auri aliarum regionum, *optimum*, id est pretiosius *est.*

Secundum : *Ibique* : id est in eodem loco, ubi currit Phison, *invenitur* a quaerentibus, per quod notat pretiositatem, quia modicum invenitur, et non nisi a diligenter quaerentibus, et non nisi in locis illis, *bdellium* : *PLINIUS* dicit quod *est arbor aromatica*, magn<itudin>e oleagina, cuius lacrima lucida est, gustu amara, boni odoris, *sed odoratior vini superfusione*, ut dicit BEDA in Glossa. Unde et ista lacrima quae gommi est, dicitur « bdellium » sicut et arbor.

Et: supple ibidem : invenitur et nascitur; *lapis* ille pretiosus, qui vocatur *onychinus* : dictus ab « onyx » graece, quod est « unguis » latine, quia ut dicit Glossa, *permixtum habet candorem ad humani unguis similitudinem.* Sed nota quod etiam de « onyx » derivatur « onycha », et hoc propter eius candoris similitudinem, et est gumma aromatica, de qua Exodi XXX° : *Sume tibi aromatica stacten et onycha.* Translatio HIERONYMI habet loco huius : « *Ibique invenitur bdellium et lapis onychinus* » sic : *ubi est carbunculus et lapis prasinus.* Ubi dicit HIERONYMUS, quod *pro carbunculo et lapide prasino* « *bdel-*

---

31 Gen.] la<cobi ?> A 33 Ubi] *subl.* A 34 nascitur aurum] *subl.* A 39 Et ... illius] *subl.* A 40 terrae illius] *subl.* A 41 Optimum] *subl.* A 41 est] *subl.* A 42 Ibique] *subl.* A 42 invenitur] *subl.* A 44 bdellium] *subl.* A 46 lucida] ludica A 49 Et] *subl.* A 49 lapis] *subl.* A 50 onychinus] *subl.* A 53 gumma] cf. J.F. NIERMEYER, *Mediae latinitatis* ..., p. 477.

---

31 *Gen.* x, 24-29.
31 *I Par.*, II, 6, 8.
34-35 *Glossa* (I, 72).
47 *Glossa* (I, 72 E).
51 *Glossa* (I, 72 E).
54 *Exod.*, XXX, 34.
55 HIERON., *Hebr. quaest. in Gen.*, II, v. 12 (PL 23, 941).
57 *Ibid.*

lium » et « onycha » alii transtulerunt, et tangit nostram translationem. Non ergo secundum hoc « bdellium » arbor est, sed lapis pretiosus, *carbunculus*, qui *ignei coloris*. Et « onychinus » vel « onycha » sic aequivocum ad lapidem pretiosum; et « Gungam »(?), *lapis prasinus*, est *viridi<s>* coloris, dictus *a porro quod graece « prason » dicitur*.

Secundum solum a nomine et regione describit, dicens :

Nomen vero ... scilicet *secundo*, numero et principalitate, *Gehon*, *qui* nunc *Nilus* dicitur, qui oritur nobis *non procul ab Atlante* monte, *qui est* finis *Africae ad occidentem*, ut dicit Beda in Glossa. Et interpretatur *Gehon* « hiatus terrae », quia facit hiatum et dissolutionem terrae, et impetu suo terram absorbet et secum trahit; vel potius ideo, quod in pluribus locis totus absorbeatur a terra et postea erumpens cursum agit consuetum.

Ipse est qui circuit : | expone ut supra. *Omnem terram Aethiopiae* : 242 vb
quae est in finibus Africae ad meridiem.

Tertium similiter describit a nomine et regione, dicens nomen antiquum et usque modo usitatum et non transmutatum. *Tertio* principalitate. *Tigris* : sic dictus a nimia velocitate, ad imitationem illius velocissimi animalis, quod « tigris » vocatur.

Ipse : ortus in *Armenia* secundum Glossam. *Vadit* currendo. *Contra Assyrios* : id est versus Assyriam, quam regionem transit. Unde Isidorus : *Tigris* est *fluvius Mesopotamiae, exiens de paradiso, pergens contra Assyrios, et post multos circuitus in mare Mortuum influens*. Sic *autem* dici*tur* a nimia *velocitate* ad modum *bestiae* tigridis.

Quartum describit a solo nomine. *nec dicitur quam terram circumeat, quia* in *vicino irrigat terram promissionis et facile a populo qui haec lecturus erat, cognosci poterat*, ut dicit interlinearis. Et dicit Beda secundum historicos, quod *ex Armenia*, cum sicut *Tigris*. De quo dicit Isidorus : *Euphrates* est *fluvius Mesopotamiae de paradiso* exiens,

---

64 Nomen vero] *subl.* A 64 ...] *conf.* : convenit(?) A 64 secundo] *subl.* A 71 Ipse ... circuit] *subl.* A 71 Omnem ... Aethiopiae] *subl.* A 74 Tertio] *subl.* A 75 Tigris] *subl.* A 78 Contra Assyrios] *subl.* A

61-62 *Glossa* (i, 72 E).
66 *Glossa* (i, 71 A).
77 *Glossa* (i, 71 A).
79 Isidorus, *Etymologiae*, xiii, c. 21, n. 9 (PL 82, 491).
84 *Glossa interl.* (i, 71 B-72 E).
84 *Glossa* (i, 71).
86 Isidorus, *Etymologiae*, xiii, c. 21, n. 10 (PL 82, 491).

copiosissimus gemmis, qui per mediam Babyloniam influit. Hic a frugibus vel ab ubertate nomen accepit.

Sequitur post masculi formationem et paradisi descriptionem, eius de loco creationis in paradisum translatio. *Tulit* : de agro Damasci, ubi homo de limo *format*us fuit secundum MAGISTRUM et IOSEPHUM in Historiis. *Ergo* : conclusio hic sic inferenda est ex praedictis : quia homo ad imaginem Dei factus est princeps et rex universae creaturae : locum ergo mundi elegantiorem inhabitare debuit, qui est paradisus : *Tulit ergo* etc. *Dominus*, cuius homo erat servus. *Deus*, qui eum formaverat. *Hominem* : ab humo dictum, quia de humo factum. *Et posuit eum* tamquam inquilinum, *in paradiso* : tamquam in loco regni terrestris principali, *voluptatis* : ut corporaliter deliciis eius perfrueretur.

Sed quare eum in paradiso non formavit ?

Dicunt quidam, quod hoc ideo factum est, quia Dominus praescivit eum peccatorem. Idcirco ergo de terra factus est, in quam debuit reponi.

Vel melius : ideo extra paradisum est factus, ut magis recognosceret, quia ex gratia locus paradisi sibi commissus erat, et eum non tamquam praelatus <et> dominus, sed tamquam servus et inquilinus sub dominio creatoris inhabitaret.

Sequitur : *ut operaretur* : ubi Moyses exponit hominis creati et in paradisum translati educationem.

Et quia, ut dicitur Eccl.^{ci} XXXIII°, *Cibaria, virga et onus asino*; *panis et disciplina et opus servo*, ideo, quia homo servus et inquilinus universalis Domini in paradiso positus fuit, Dominus illum in illis tribus educavit, sicut scriptura exponit : primo in opere; secundo in pane : *Praecepitque*; tertio in disciplina : *De ligno autem*.

Opus autem duplex committit culturae et custodiae.

---

90 translatio] -nem A 90 Tulit] *subl.* A 92 Ergo] *subl.* A 95 Tulit ... Dominus] *subl.* A 95 Deus] *subl.* A 96 hominem] *subl.* A 96-97 Et ... eum] *subl.* A 97 in paradiso] *subl.* A 98 prin cipali] principium voluptatis principium *add.* A 98 voluptatis] *subl.* A 99 Sed quare ...] Questio *add. i. m.* A 7 ut operaretur] *subl.* A 13 Praecepitque] *subl.* A 13 De...autem] *subl.* A

---

91 PETRUS COMESTOR, *Hist.-Gen.*, c. 15 (PL 198, 1068).

91 IOSEPHUS, *Antiq. Iud.*, I, c. 1, n. 2 (p. 5).

9 *Eccli.*, XXXIII, 25.

Pro primo dicit : *ut operaretur* : colendo illum non laboriose, sed voluptuose et deliciose, quantum volenti suum erat, non quantum indigentia cogeret. Providit enim Deus ut terra gratis omnia germinaret, sed per agriculturam et humanam industriam uberiores fructus redderet.

Pro secundo dicit : *et custodiret illum* : forte ab animalibus, si quae ibi erant, ne devastarent non devastanda, quod eis natura fuit.

Vel *custodiret illum* : acquisita in illo per agriculturam ad usum suum et suorum conservaret.

Vel potest legi ut hoc sit expositio clausulae praecedentis : unde secundum AUGUSTINUM Contra Manichaeos, *ex eo quod additum est* : « custodiret », figur*atum est qualis illa operatio erat. Nam in tranquillitate vitae, ubi mors non est, omnis opera est custodire, quod tenes.* Est ergo sensus : *ut custodiret* : non a nocivis | defendendo, sed sibi cavendo 243 ra
ne committeret, unde paradisum amitteret. Et quia talis custodia est in faciendo quod ei a Domino praecipitur, et non faciendo quod ei prohibetur, ideo quod statim sequitur de praecepto et prohibitione : *Praecepitque ei*, etc. expositivum est huius quod hic dicit : *ut custodiret*, sicut hic est expositivum eius quod dicit : *operari*, ut scilicet operaretur custodiendo, et custodiretur faciendo praeceptum et dimittendo prohibitum. Sed quia operari magis sonat in agendo, custodire in cavendo, ideo sequendo istum modum exponendi possumus unum referre ad praeceptum, alterum ad prohibitionem, ut ista duo *operaretur et custodiret* exponantur per ista duo quae sequuntur : *Ex omni ligno* et illud : *De ligno autem*, reddendo singulis singula hoc modo : *ut operaretur* : faciendo illud praeceptum : *Ex omni ligno*, etc., *et custodiret* : cavendo ab illo prohibito : *De ligno autem*, etc. Unde, ut dicit MAGISTER in Historiis, *quidam libri non habent* « *illum* » : cui multum concordat ista expositio. Hanc expositionem ponit beatus GREGORIUS XIX° Moralium, et habetur hic in Glossa dicens : *Bona prodesse nequeunt,*

---

15 dicit] vos(?) *add. sed del.* A 15 operaretur] *subl.* A 19 et ... illum] *subl.* A 21 Vel ... illum] *subl.* A 23 Vel] *subl.* A 31 Praecepitque ... etc] *subl.* A 31 ut custodiret] *subl.* A 32 operari] *subl.* A 35 exponendi] -dum A 36-37 operaretur et custodiret] *subl.* A 37 exponantur] *subl.* A 38 De ... autem] *subl.* A 38-39 ut operaretur] *subl.* A 39 Ex ... ligno] *subl.* A 39 Ex ... custodiret] *subl.* A 40 De ... autem] *subl.* A 41 illum] qu- *add. sed exp.* A

---

24 AUGUST., *De Gen. contra Manich.*, II, c. 11, n. 15 (PL 34, 204).

41 PETRUS COMESTOR, *Hist.-Gen.*, c. 15 (PL 198, 1069 A).

42-43 Cf. *infra*, 43.

43 *Glossa* (I, 73 B-C) = GREGORIUS, *Moralia*, XIX, c. 21, n. 34 (PL 76, 119).

si mala non caveantur, quae subrepunt. Unde est illud : « *ut operaretur* et custodiret ». *Operatur enim, qui agit bonum quod praecipitur, sed quod operatur, non custodit, cui hoc subrepit quod prohibetur.*

Alia est expositio, ut li *illum* supponat hominem, ut ipse Deus intelligatur operari et custodire ipsum hominem, ut qui operatus est hominem in esse, ipsum creando, operetur ipsum in bene esse, ipsum perfecte iustificando, et custodiat ipsum in utroque. Unde AUGUSTINUS hic in Glossa magna : *Praecipue dicendum est, ut ipsum hominem operaretur Deus et custodiret, et Deus hominem, quem creaverat ut homo esset, operaretur ut iustus sit.*

Sequitur : *praecepitque*, ubi describit Moyses educationem hominis quoad victum in praecepto affirmativo, et continuo quoad disciplinam in praecepto negativo. Sed primo utriusque mandati titulum proponit Moyses dicens : *Praecepitque ei dicens* : quasi dicat : quod sequitur, praecepit et homini transgredi non licet. *Dicens* : scilicet per interiorem inspirationem vel per exteriorem creaturam vocem formando, quam homo intelligere potuit. *Talem enim*, ut dicit AUGUSTINUS, *Deus* hominem *fecit, qui loqui* sciret ad alium, loquentem intelligere *si esset.*

Et sequitur praeceptum affirmativum in educatione victus : *Ex omni*: alio a ligno scientiae ; *ligno* : id est substantia vel fructu ligni ; *comede* : id est ad sustentationem vitae tuae comedere debes, et hoc tibi licet. Sed quare hoc praecepit, cum homo ad hoc naturalem appetitum habuit ? Dico : ideo ut illud <quod> facturus esset natura instigante naturaliter, faceret Deo praecipiente liberaliter, et illud quod erat necessitatis, fieret etiam virtutis. Per hunc modum viri sancti corporis sustentamen meritorie sumunt.

Sequitur praeceptum negativum, quod est educationis et disciplinae, ubi primo ponit prohibitionem, secundo poenalem coerctionem, ut quem ad bonum oboedientiae virtus non traheret solum, a malo transgressionis omnis poena coerceret : ibi : *in quacumque die.*

Dicit ergo : *De ligno autem scientiae boni et mali* : expone ut supra ; *ne comedas.*

Quaerit AUGUSTINUS, quare a ligno prohibitus est, quod malum non erat.

---

47 illum] *subl.* A 54 praecepitque] *subl.* A 57 Praecepitque ei dicens] *subl.* A 58 Dicens] *subl.* A 62 Ex omni] *subl.* A 63 ligno] *subl.* A 63 comede] *subl.* A 74 in ... die] *subl.* A 75 De ... comedas] *subl.* A

---

51 *Glossa* (I, 73 B).

60 Cf. *Glossa* (I, 75 A).

76 Cf. *infra*, p. 199, 80.

Et respondet, quod hoc ideo factum est, ut praecepti observatio bonum illi esset et per bonum oboedientiae, quod praecipitur, malum inoboedientiae monstraretur, sicut dicitur in Glossa.

Sed quare tale praeceptum dedit illi, quod transgressurum praescivit?

Dicendum quod hoc est, quia non propter malam hominis voluntatem futuram debuit dimittere ne ei proponeret quod observando ei bonum | 243 rb esset, sed propter bonitatem suam manifestandam, etsi non esset qui eam acceptaret, debuit proponere. In quo autem esset ei bonum, et quare Deus propter transgressionem non debuit praeceptum omittere, exponit AUGUSTINUS infra III°, in Glossa super illud : « *Cur praecepit vobis Deus?* ». In Glossa illa quaeritur : *Cur Deus*, etc.

Sed quare talem non fecit ut peccare nollet?

Respondet AUGUSTINUS ibidem in alia Glossa : *Talem*, inquit, etc.

Sequitur poena : *in quacumque die* : id est quandocumque : ecce praeceptivum negativum obligans semper et ad semper.

Comederis ex eo : hic est quaestio, quare praeceptum proposuit in singulari, cum mulierem astringere debuit sicut virum.

Dicendum est quod ratio huius est, quia per virum debuit devenire ad mulierem, ut per hoc vir ostenderetur caput mulieris. Unde APOSTOLUS de mulieribus, Iª Cor., XIV° : *Si quid velint discere, domi viros suos interrogent.* Ideo praeceptum soli viro proponebatur, et propter hoc in singulari.

Morte morieris : non statim in actu moriendo, nisi spiritualiter, sed necessitatem moriendi in se suscipiendo, et de illo qui factus est sic immortalis, ut posset numquam mori si vellet se sub oboedientia tenere, fieret mortalis, ut non posset non mori.

Translatio SEPTUAGINTA habet in plurali sic : *Qua die ederitis ex illo, morte moriemini.* Super quo est quaestio, quare poenae comminatio pluribus dirigitur, praeceptum non.

---

82 quia] *inser.* A 91 in ... die] *subl.* A 93 Comederis] -eritis A 93 Comederis ex eo] *subl.* A 93 hic] haec A 93 Hic est quaestio ...] Quaestio *add. i. m.* A 95 Dicendum ...] Solutio *add. i. m.* A 00 Morte morieris] *subl.* A 5 Super quo ...] Quaestio *add. i. m.* A

---

80 *Glossa* (cf. I, 75 B).
87 *Glossa* (I, 90 D-F).
88 *Ibid.*
90 Cf. *Glossa* (I, 91 B).
97 *I Cor.*, XIV, 35.
4 SEPTUAGINTA, II, 17 (p. 52) : cf. AUGUST., *De Gen. ad litt.*, VIII, c. 8, n. 15 (CSEL 242; PL 34, 379).

Ex parte praecepti dicta est ratio. Quae non locum <habet> in comminatione, quia poena tenere debet suum actorem, et quilibet per se ipsum pro sua trangressione puniendus est, quia anima quae peccavit, ipsa movetur per se, non per alium. Et ideo poena utrique comminari debuit, non uni per alterum. Secus autem erat de praecepto, ut dictum est.

Quaestio est hic, quare praecepto affirmativo non est poena sua apposita.

Dicendum, quod poena consimilis transgressioni illius praecepti debebatur, sed quia maior pronitas erat ad transgrediendum negativum quam affirmativum, quia ad unum natura movebat, ad aliud non, ideo ut arctius natura restringeretur ubi pronior erat ad transgressionem, cum negativo praecepto posita est poena, non cum affirmativo.

Item, si ex comestione mors secuta est, videtur, quod erat lignum venenosum et mortiferum.

Dicendum quod non est ita quia. ut dicit AUGUSTINUS in Glossa, si venenosam herbam quis prohibitus tetigerit, poena sequitur, et si nemo prohibuisset, etiam sequeretur. Non sic autem est in proposito, quia si homo non prohibitus lignum illud tetigisset, non peccasset. Quod ergo prohibitum tangenti obfuit, hoc non natura ligni, sed inoboedientiae malum fecit.

Et nota, quod non solum dicit : *morieris*, sed : *morte morieris*, ad significandum quod non solum essent morituri, quasi statim de somno resurrecturi, sed ita morituri, quod in mortem detinendi, a qua evadere non possent per se, nisi alterius meritum eos ad vitam revocaret. HIERONYMUS autem dicit : *Melius interpretatus est SYMMACHUS dicens* : « *Mortalis eris* ».

Sequitur de formatione mulieris : *Dixit quoque Dominus Deus*. Et habet divisionem, quia primo exponit Moyses mulieris formationem, secundo ipsius cum viro per matrimonium copulationem : *Dixitque Adam*: « *Hoc nunc os* ».

Prima habet tres, nam primo describit Moyses de formanda muliere divinam dispositionem; secundo describit formationis rationem :

---

7 Ex parte ...] Solutio *add. i. m.* A 10 Quaestio] Quaestio *add. i. m.* A 15 Dicendum ...] Solutio *add. i. m.* A 12 unum] tendunt *add.* A 15 Item ...] Quaestio *add. i. m.* A 22 Dicendum ...] Solutio Augustini *add. i. m.* A 28 Et nota ...] Nota *add. i. m.* A 32 Hieronymus] *iter. i. m.* A 34 Dixit ... Deus] *subl.* A 37 Dixitque ... os] *subl.* A

---

22 *Glossa*, cf. (I, 74 D-E).

32 *Glossa* (I, 76) = HIERON., *Hebr. quaest. in Gen.*, II, v. 17 (CC lat. 72, 4; PL 23, 941).

Formatis igitur, Dominus Deus; tertio describit formationis modum: *Immisit ergo Dominus Deus soporem.*

Item in prima | tria facit : primo describit Moyses quomodo disponit; 243 va
secundo quare disponit; tertio quid disponit.

Pro primo dicit : *Dixit quoque* : Glossa interlinearis : *forte temporalibus vocibus*; *vel ratio ipsa memorata est, quae in verbo Dei principaliter erat* : hoc melius est dicere. Ceterum expone ut supra. *Dominus*, quia iam habuit hominem servum. *Deus*, qui iam virum formavit et mulierem formare disponit : pro tota trinitate, quae hic consulit secum de mulieris formatione, unde statim mutat singularem locutionem factam propter unitatem essentiae, in pluralem propter trinitatem personarum, cum subdit : *Faciamus.*

Pro secundo dicit : *Non est bonum*, quia neque honestum humanae dignitati, quia, ut dicit Tullius : *Natura* humana nihil diligit *solitarium*, neque delectabile humanae conversationi. Seneca : Nullius rei sine consortio iucunda est possessio. Eccl. III° : *Melius est duos esse simul quam unum. Habent enim emolumentum societatis suae.* Ibidem : *Si dormierint, fovebuntur mutuo* ; *unus quomodo calefiet*? Et Philosophus : Tranquilla *requies et iocosum solatium necessaria sunt in usum vivendi* hominis. Sed et utile humanae propagationi : secundum enim Dionysium bonum est sui ipsius diffusivum. Quod non posset facere homo unus per se, quia per se generare non potest: et pro hac significatione stat *bonum* in proposito.

Et hoc est quod sequitur pro tertio : *Non est bonum hominem* : virum. *Esse solum* : sine muliere. Igitur *faciamus* : tota trinitas loquitur, consilium definiendo de mulieris formatione, sicut superius cum dixit : *Faciamus hominem ad imaginem.*

---

40 Formatis ... Deus] *subl.* A 41 Immisit ... soporem] *subl.* A 44 Dixit quoque] *subl.* A 46 Dominus] *subl.* A 47 Deus] *subl.* A 51 Faciamus] *subl.* A 52 Non est bonum] *subl.* A 53 Tullius] *iter. i. m.* A 54 Seneca] *iter. i. m.* A 60 Dionysium] Dionysius *add. i. m.* A 63 Non est bonum] Faciamus A 63 Non ... hominem] *subl.* A 64 Esse solum] *subl.* A 64 faciamus] *subl.* A

---

44 *Glossa interl.* (I, 75-76).
53 Cicero, cf. *De amicitia*, XXIII, c. 86 (p. 47).
54 Seneca, cf. *Dialogi*, IX, c. 3, n. 7 (p. 252).
55 *Eccl.* IV, 9.
56 *Ibid.*, IV, 11.
57-58 Aristot., *Eth. Nicom.*, IV, c. 8 (Δ 1128 b 3-4).
60 Ps.-Dionysius, cf. *De divinis nominibus* c. 4, § 20 (PG 3, 719 A).

Quaestio est hic, quare non sic consuluit supra eodem de formatione viri, sed recitat scriptura simplex factum, cum dixit : *Formavit igitur hominem*, etc, hic autem non sic.

Et est ratio : quod supra dixit : *Faciamus hominem*, etc., principaliter dixit pro viri formatione, licet utrique conveniebat, et ideo ibi solum recitatur modus formationis viri, et explicatur hic cum hoc concilium de formatione mulieris. Sed tamen non addit hic : « ad imaginem », quia illud supra communiter fuit dictum pro utraque.

Ei : ad usum eius. *Adiutorium* : generationi, ex quo poterit generare. Adiutorium, dico, *simile sibi* in specie ut possit ex eo generare simile eis in specie, ne si esset dissimile in specie, generaret ex eo mixtum sicut generatur mulus ex equa et asino.

Sequitur : *Formatis igitur*, ubi Moyses ostendit formandae mulieris rationem : quia scilicet nullum aliud simile ei potuit inveniri. Quod probat per factum quoddam, in quo hoc aperte ipse vir Adam experimentatur. Et primo describit illud factum experimentale; secundo ex eo concludit intentum : *Adae vero non inveniebatur*.

Factum illud experimentale erat, quod deductis ad se cunctis irrationalibus, cunctis nomina convenientia suis speciebus imposuit. Ubi Moyses primo describit deductionem animalium cunctorum ad Adam virum, hominem primum et solum formatum; secundo describit, quomodo eis nomina convenientia imposuit : *Omne enim quod vocavit*.

In prima primo describit deductionis ordinem; secundo deductionis actum; tertio deductionis finem sive intentum.

Pro quo dicit : *Formatis* : supra die 5ª quoad aves, die 6ª quoad cetera. *Igitur* : li *igitur* non tenetur illative, sed recapitulative, in signum quia haec superius facta sunt et exposita. *Dominus Deus* : istud construendum est cum eo quod sequitur : *adduxit* : unde *translatio* SEPTUAGINTA : *Et* quaecumque *fi<n>xerit Deus ex* omni genere *pecor*um, ex *omni* genere *bestia*rum *agri, et* ex *omni* genere *volatili*um sub *caelo, perduxit ea ad Adam. De humo* : humum vocat terram aqua

67 Quaestio] *iter. i. m.* A 68-69 Formavit ... hominem] *subl.* A 70 Et est ratio ...] Solutio *add. i. m.* A 71 ibi] hic A 75 Ei] *subl.* A 75 Adiutorium] *subl.* A 76 simile sibi] *subl.* A 78 ex] et *sed exp. et* ex *sup. lin.* A 79 Formatis igitur] *subl.* A 83 Adae ... inveniebatur] *subl.* A 88 Omne ... vocavit] *subl.* A 88 vocavit] noluit A 91 Formatis] *subl.* A 92 Igitur] *subl.* A 94 adduxit] *subl.* A 97 De humo] *subl.* A

95 SEPTUAGINTA, cf. II, 19 (p. 53).

mixtam, per quod intelligit terram et aquam, quia de aqua humo, humidante aqua, factae sunt aves et pisces, de terra vel sola vel humidante <aqua>, alia animantia. *Cunctis :* pro speciebus : de qualibet specie animalis, sicut ducebantur ad arcam : hoc enim sufficiebat ad propositum probandum. *Animantibus terrae* : per quod intelligit omnia gressibilia, et cum hoc etiam repentia producta de terra forte simul fuerunt adducta. *Et universis:* secundum speciem. *Volatilibus caeli* : expone ut supra. De piscibus non fecit mentionem, quia forte non fuerunt adducti eo quod non erat opus, vel quia extra elementum aquae vivere non poterant, vel si forte adducta fuerunt, comprehendit ipsos sub aliis, et in summa nominat adducta.

Pro secundo dicit : | *Adduxit* interius affectiones eorum, forte an- 243 vb
gelorum ministerio, cui omnia inferiora oboediunt. Et statim sequitur : *ad Adam,* cui simile erat faciendum, sed ante experimentandum, quia simile sibi non erat in iam productis.

Pro tertio dicit : *ut videret,* diligenter considerando et distinguendo rerum quidditates et essentias ab invicem, ut per hoc scire posset *quid vocaret ea* : id est vocare deberet, quia qui non definit et discernit aliquid, non potest ei nomen imponere, ut dicit PHILOSOPHUS VII° Metaphysicae, ubi dicit COMMENTATOR : Qui nescit rem, non ponet ei nomen. Nullus enim ponit nomen rei quam nescit. Et valde philosophice loquitur scriptura dicendo : *quid vocaret,* et non dicendo : « quo nomine vocaret » ea, quia nomen duo importat : vocem et significationem, quoniam, ut dicitur IV° Metaphysicae, necesse est ut sermo loquentis sit signum de aliquo apud ipsum qui loquitur et apud alium cum quo loquitur, et ideo consignat rem determinatam et finitam, secundum quod convenit suae definitioni. Ratio enim quam nomen significat, est definitio, et sic nomen rei, sicut sua definitio, est sermo quidditatis et essentiae eius. Ita et nominis impositio ex parte vocis est propter rem significatam per vocem intelligendam. Quantum enim est ex parte vocis, accidit nomen rei et fit impositio ad placitum. Quantum vero ex parte rei, non sic : immo secundum diversi-

---

00 Cunctis] *subl.* A 2 Animantibus terrae] *subl.* A 4 Et universis] *subl.* A 4 Volatilibus caeli] *subl.* A 6 quia] non potuerunt *add.* A 9 Adduxit] *subl.* A 9-10 angelorum] singulorum A 11 ad Adam] *subl.* A 13 ut videret] *subl.* A 15 quid ... ea] *subl.* A 19 quid vocaret] *subl.* A

16-17 ARISTOT., *Metaph.*, cf. VI, c. 6 (Z 1045 l 27-28).

17 AVERROES, *Metaph.*, cf. VI, com. 2 (146 r B).

21 ARISTOT., *Metaph.*, IV, cf. c. 27 (Δ 1024 a 8-10).

tatem rerum in forma, quidditate et essentia, nomina diversa debent imponi. Quia ergo impositio nominum et ipsorum diversitas est secundum quidditates rerum, propriissime locuta est scriptura, cum dixit : *quid vocaret ea* : « quid » enim in neutro genere essentiam rei representat. Et quia difficile est discernere rerum quidditates, quia tamen necessarium est ad nominum impositionem, ideo sollertissime praemisit scriptura : *ut videret.* Ad puram enim vocum impositionem non oporteret multum videre, quia hoc facillimum est. Ad discernendum autem rerum quidditates quibus voces correspondentes et convenientes imponuntur, hoc difficile est, et non nisi sapientis. Et de tali impositione loquitur hic Moyses. Et sic valet ad propositum, ut homo cognoscat videndo naturas et quidditates, quas tunc divina sapientia praeditus videre potuit, quibus nomina sunt imponenda, quia nullum sibi simile habuit. Attendendo autem puram impositionem vocum illa nihil faceret ad propositum. Ecce quantum ponderanda sunt verba scripturae.

Sequitur : *Omne enim,* ubi describit Moyses, quomodo Adam rebus nomina imposuit. Et quia secundum PHILOSOPHUM 4º Metaphysicae, si *nomen* debet esse *signum* de aliquo, debet significare rem, et rem determinatam, ut res habeant proprias significationes, ut hoc nomen « homo » significet hominem, et non hominem lignum, lapidem, etc. huiusmodi, sed hominem tantum, ideo potius Moyses describit quomodo Adam rebus nomina imposuit vere, quia essentiae et quidditati earum, secundo quomodo proprie : quia singulis nomina singula, singulis quidditatibus convenientia : *Appellavitque.*

Dicit ergo : *Omne enim* : quasi dicat : bene opus erat ut videret, quia quod vocavit unumquodque, hoc erat in rei veritate vocandum, et non aliud erat vocandum idem, neque ipsum erat vocandum aliud, ut quod vocavit « hominem », hoc erat vocandum « homo », et non aliud erat vocandum « homo », nec ipsum erat vocandum aliud, ut « asinus » vel « lapis ». Et loquitur semper scriptura plus de nomine rei, quod est quidditas per nomen vocis intellecta, quam de nomine vocis, quod est ipsa vox. Unde et quaestio de nomine plus est de ipsa re quam de voce, dicendo : quid vocatur iste ? Unde et verba vocativa substantiam uniuscuiusque significant sicut Petrum, Eliam, sicut et substantiva, licet illa significant eam sub ratione vocaminis, ut est principium

---

33 quid ... ea] *subl.* A 36 ut videret] *subl.* A 45 Omne enim] *subl.* A 49 « homo »] non *add.* A 53 Appellavitque] *subl.* A 54 Omne enim] *subl.* A 62 quid] quis A 63 sicut] secundum A

46-47 *Ibid.*, cf. III, c. 7 (*Γ* 1012 a 23-24).

cognoscendi, ista vero sub ratione entis, ut est principium essendi. Forma enim et est principium essendi et cognoscendi. Dicit ergo : *omne*. Et construe sic : *omne* : accusativi casus : id est unamquamque rem. *Animae viventis* : id est quod est animatum vivens, sicut superius exposuimus illud : *Factus est homo in animam viventem*. Unde alia translatio secundum AUGUSTINUM : *Quod vocavit ea* | *Adam, hoc est* 244 ra *nomen eorum*. *Quod* : similiter accusativi casus : id est quamcumque quidditatem vel essentiam sermone sibi convenienti expressam. *Vocavit* : id est vocandum dixit. *Adam* : nominativi casus, et supponit illi verbo *vocavit*, quod transit in duplicem accusativum, qui est *omne* et *quod*, ut expositum est. Bene enim tale verbum per hunc modum dicitur cum duplici accusativo, et impeditur hic rectus ordo construendi sicut ibi : *Hoc est nomen quod vocabunt eum* : « *Dominus iustus noster* ». Est enim ibi « quod » accusativi casus, construendum ex parte post, sicut patet pro neutro genere ponendo femininum, dicendo sic : « Haec est nominatio quam vocabunt eum : « Dominus iustus noster ». Bene enim possunt vocativa verba cum tali duplici accusativo construi, ut patet dicendo : « Voco te Sortem ». *Ipsum* : hoc est relativum ad aliud quod est *quod*, infinite positum, et est li *ipsum* nominativi casus, et construendum cum hoc verbo *est* ex parte post, cui supponit li *nomen*. Et impeditur similiter rectus ordo construendi. *Ipsum* : ergo *quod Adam vocavit omne*, quodcumque sit. *Illud* in rei veritate et non aliud. *Nomen* : non tam vocis quam rei. *Eius* : id est illius omnis, quodcumque sit illud. Translatio SEPTUAGINTA addit : « usque in hodiernam diem ». Et patet quod hoc verum est in populo Hebraeorum, in quo mansit *lingua hebraica* in qua Adam nomina rebus imposuit, quia *fuit* prima *lingua* et *sola* usque ad divisionem linguarum, ut dicit Glossa interlinearis, sed postmodum diversis linguis res diversimode sunt appellatae, et forte non ita proprie, sicut eas Adam appellavit, maiori sapientia praeditus in

---

67 omne[1]] *subl.* A 67 omne[2]] *subl.* A 68 Animae viventis] *subl.* A 71 eorum] Unde alia translatio secundum Augustinum *add. sed exp.* A 71 Quod] *subl.* A 72 Vocavit] *subl.* A 73 Adam] *subl.* A 74 vocavit] *subl.* A 74 omne ... quod] *subl.* A 82 Ipsum] *subl.* A 82 quod] *subl.* A 84 est] *subl.* A 84 nomen] *subl.* A 82 Ipsum] *subl.* A 85-86 quod ... omne] *subl.* A 86 Illud] *subl.* A 86 Nomen] *subl.* A 87 Eius] *subl.* A 91 linguarum] -rem *sed in* -rum *corr.* A

---

68 Cf. *supra*, p. 188, 56-73.

69-70 AUGUST., *De Gen. ad litt.*, IX, c. 1, n. 1 (CSEL 28[1], 268; PL 34, 394).

77 *Ier.*, XXXII, 16.

88 SEPTUAGINTA, II, 19 (p. 53) : *deficit*.

91 *Glossa interl.* (I, 79-80).

statu innocentiae, quam postmodum ex puris naturalibus aliquis fuerit. Illud ergo *quod* infinitum quod prima fronte videtur implicativum nominativi casus, et similiter li *omne*, facit obscuritatem quaestionis et sensus. Relativa tamen quae sequuntur : *ipsum* et *eius*, et li *Adam* nominativi casus, bene ostendunt quod alius sensus vel conclusio non debet hic esse quam dicto modo. Certe illud *omne quod vocavit*, etc. esset bonum sophisma grammaticale.

Sequitur : *Appellavitque Adam*. Et per hoc sic appellanda de cetero instituit; *cuncta* secundum speciem, non secundum numerum. Cum enim nomen sit quidditatis sermo et essentiae, sicut definitio, quidditas autem una in specie est omnium individuorum sub ipsa, ideo reali impositione nominis non imponitur nomen nisi speciei, sicut non definitur nisi species. Propter quod dicit PHILOSOPHUS, VII° Metaphysicae : Nomina imposita sunt communia omnibus rebus. Particularia enim non habent nomen proprium, unde quod nos nomina diversa damus individuis sub eodem, ut Thalliae(?), Sorti, et Platoni, cassa est appellatio et vana, quia solo nomine sive voce sine respectu habito ad rerum proprietates, unde solo placito talibus nomina imponuntur. Non sic autem imposuit nomina Adam, sed artificialiter et sicut optimus metaphysicus qui optime novit rerum essentias et quidditates, nomina solis speciebus imposuit diversa secundum diversitatem essentiarum et ipsis essentiis rerum correspondentia, ut ipsa nomina essenti<ali>a, deducentia in cognitionem essentiarum sicut et ipsae definitiones, licet definitiones magis distincte, nomina vero magis confuse ducant in rei cognitionem, quia, ut dicitur in principio Physicae : *Totum quiddam et indefinitum significat circulus*; *definitio autem ipsius dividitur in partes*.

Animantia, etc. : expone ex praedictis. *Nominibus* : non tam vocis quam rei, exponendo quid unumquodque esset re in quidditate et essentia et nomine sibi convenienti. Et propter hoc addit : *suis* : id est sibi respondentibus et rebus ipsis convenientibus, non cassis appellationibus et solo placito impositis, nullo respectu habito ad quidditates

95 quod] *subl.* A 96 omne] *subl.* A 97 ipsum] *subl.* A 97 eius] *subl.* A 97 Adam] *subl.* A 99 omne ... etc.] *subl.* A 1 Appellavitque Adam] *subl.* A 2 cuncta] *subl.* A 6 Philosophus[Aristoteles] *add. i. m.* A 18 ducant] -unt A 21 Animantia] *subl.* A 21 Nominibus] *subl.* A 23 suis] *subl.* A

6-7 ARISTOT., *Metaph.*, cf. VI, c. 4 (Z 1030 a 8-9).

19-20 ARISTOT., *Phys.*, I, c. 1 (A 184 b 11).

rerum, ita quod nomen impositum uni proprie non posset imponi alteri.

Sequitur quasi conclusio ex omnibus dictis istis : *Adam vero* : « Adam » indeclinabile est hic, et tamen genitivi casus. *Non inveniebatur* : impersonaliter. *Adiutorium* ad propagandum, quo innuit scriptura quia vir principalis est in generatione, mulier autem accessoria, et quod facta non fuisset nisi propter generationis necessitatem. *Simile eius* in specie specialissima secundum quam | debet generari simile, unde in 244 rb
nominando animalia et quidditates singulorum rimando semper invenit se differentem specie ab aliis. Si ergo non potest generare nisi ex alterius adiutorio in quo debet generare, si debet generare generatione univoca simile omnino in specie, qualis dignior est, et non monstruosa, generando mixtum ex adiutorio dissimili in specie, necesse est formari mulierem sibi similem in specie.

Sequitur igitur : *Immisit ergo Dominus Deus*, etc., ubi descripta ratione et necessitate formandi mulierem describit eius formationem, Et facit tria, quia primo describit materiae, de qua formanda est, praeparationem; secundo de praeparata materia formationem : *et aedificavit*.

Circa primum tria facit : primo describit viri dispositionem, ut materia formandae mulieris de ipso sumatur; secundo ipsius materiae de viro abstractio : *cumque obdormisset*; tertio : illius materiae restauratio : *et replevit*.

Dicit ergo : *ergo* : scilicet quia non erat bonum, hominem esse solum, nec inveniebatur ei adiutorium simile sibi, ut ergo materia formandi adiutorii simili<s> sibi de se ipso traheretur sine laesione et sensu doloris ipsius, quamvis, ut ait AUGUSTINUS, *vigilanti sine dolore costam* auferre posset : per quod dat nobis intelligere quod, cum aliquid fieri possit per naturam, non est currendum ad miraculum. AUGUSTINUS hic recedit ad mysterium, dicens quod eo dormiente costam abstrahit, non in doloris remedium, sed in *sacramentum* : quod sicut Eva formata est de latere Adae dormientis, sic etiam <ecclesia> de latere Christi

---

27 Adam vero] *subl.* A 28 Non inveniebatur] *subl.* A 29 Adiutorium] *subl.* A 31 Simile eius] *subl.* A 32 secundum quam] *iter. in initio col. b* A 39 Immisit ... Deus] *subl.* A 42-43 et aedificavit] *subl.* A 46 cumque obdormisset] *subl.* A 48 ergo] *subl.* A 51 Augustinus] *iter. i. m.* A 53 Augustinus] *iter. i. m.* A

---

51 AUGUST., *De Gen. contra Manich.*, II, c. 12, n. 16 (PL 34, 205).

53 *Ibid.*, c. 12, n. 17 - c. 13, n. 19 (PL 34, 205-206).

in cruce dormientis, secundum quod dicit *APOSTOLUS* : *Sacramentum hoc magnum : dico autem hoc in Christo*, etc.

Immisit : in mentis excessu per raptum spiritus a sensibus ipsum ponendo. Unde *translatio* Hieronymi : *Et misit Deus ecstasim super Adam*. Ubi dicit Hieronymus : *Pro ecstasi, id est mentis excessu*, quod *AQUILA grandem profundum soporem interpretatus* fuit. *Dominus Deus* : expone ut supra. *Soporem* : sopor est somnus divinitus immissus, in quo est quies virtutum interiorum et exteriorum animalium, cum intentione spiritualium. Somnus vero naturalis est, in quo est quies virtutum animalium exteriorum et spiritualium, cum intentione naturalium et animalium interiorum phantasiae et imaginationis.

Sequitur : *Cumque obdormisset*: dicto sopore, non vera et naturali dormitione. Unde Augustinus Contra Manichaeos : *Quisquis ab istis visibilibus rebus in interiora intellectione* excesserit, *hoc est quasi obdormisse*. Per hoc ergo tangitur tempus et ordo extrahendi materiam.

Et sequitur extractio. Et tulit extrahendo ministerio angelorum, ut demus ministris quod per ipsos possibile est fieri. Unde Augustinus : *unam* ad unius mulieris formationem. *De costis eius* : quare potius haec pars quam alia ? Ut mulier collateralis viro futura intelligeretur, et de dura parte ossea facta est, ut vigorem a viro et defensionem habituram intelligeretur. Et tamen in parte carnea, secundum quod iam dicet Adam : *Haec nunc os ex ossibus meis et caro de carne mea*, ut intelligatur tamen a virili vigore deficere.

Sequitur : *et replevit* in Adam in locum costae *carnem pro ea* : quare carnem et non aliam costam ?

Ut intelligeretur vir per mulierem totaliter a suo vigore emolliri. Augustinus, 1° Soliloquiorum : *Nihil esse sentio, quod magis ex arce reiciat animum virilem, quam blandimenta feminae, corporum ille*

62-63 Dominus Deus] *subl.* A 63 Soporem] saporem *et subl. et* Nota *add. i. m.* A 68 Cumque obdormisset] *subl.* A 69 Augustinus] *iter. i. m.* A 74 quare ...] Quaestio *add. i. m.* A 75 Ut ...] Solutio *add. i. m.* A 80 et replevit] *subl.* A 80 carnem pro ea] *subl.* A 80 quare ...] Quaestio *add. i. m.* A 82 Ut ...] Solutio *add. i. m.* A 83 Augustinus] *iter. i. m.* A

---

57 *Eph.*, v, 32.

60 Hieron., *Hebr. quaest. in Gen.*, ii, v. 21 (CC lat. 72, 4; PL 23, 941).

61 *Ibid.*

69 August., *De Gen. contra Manich.*, i, c. 12 (PL 34, 205).

73 Id., cf. *De Gen. ad litt.* ix, c. 18, n. 34 (CSEL 28[1], 293; PL 34, 407).

83 Id., *Soliloquia*, i, c. 10, n. 17 (PL 32, 878).

contactus sine quo uxor haberi non potest. Hinc dicitur « mulier », quasi molliens herum.

Sequitur : *Et aedificavit* : subito eam figurando et organizando. *Dominus Deus* per se, non per angelos. Unde AUGUSTINUS : *Mulier facta est a Deo, etsi costa ministrata sit per angelos.* Non enim in costa fuit virtus propinqua ut ministerio alicuius creaturae vel naturae fieri posset, sed possibilitas remota qua in naturalibus quodlibet est in quolibet in potentia, quam Deus subito et immediatis dispositionibus mediis solus in actum potuit reducere. Unde etiam quia materia costae tantae mulieri non suffecit, ipsam materiam quantum sufficeret, multiplicavit, sicut multiplicavit quinque panes, de quibus satiavit quinque millia | hominum. *In mulierem* : id est in corpus, sumendo totum pro 244 va parte.

Sed quare non facit hic mentionem de productione animae mulieris ?

Dico : quia non alia erat eius animae productio quam animae viri. Supponit scriptura superintelligi productionem animae feminae, unde non propter aliud determinat per se de productione corporis feminae, nisi quia alius est modus productionis eius quam corporis viri.

Sed tunc est quaestio, cum secundum AUGUSTINUM, *limus* Deo non *defuit de* quo corpus mulieris *formar*i potuit sicut formatum corpus viri fuit : quare potius de viro formata fuit quam de limo ?

Respondeo : est ut maior esset ipsorum inter se caritas et dilectio, quanto magis unitas, et similiter omnium procedentium ab eis, quia omnes ab uno processerunt.

Sequitur : *Et adduxit*, etc. : forte seorsum eam posuerat post suam formationem et tunc ipso excitato adduxit eam ad Adam tamquam sponsam in uxorem assumendam, ostendendo eam ei quasi superiori ut in eam consentiret, et ut in ea similitudinem eius cognosceret quam in nullo alio invenit, et eam in sociam et in adiutorium generationis sibi assumeret.

Littera SEPTUAGINTA adhuc habet : « ut videret quid vocaret eam » : id est cuius naturae et speciei eam esse iudicaret eam nominando.

---

87 Et aedificavit] *subl.* A 87 organizando] cf. J.F. NIERMEYER, *Mediae latinitatis* ..., p. 748 A 88 Dominus Deus] *subl.* A 88 Augustinus] *iter. i. m.* A 96 In mulierem] *subl.* A 98 Sed ...[Quaestio *add. i. m.* A 99 Dico ...] Solutio *add. i. m.* A 6 Respondeo ...] Solutio *add. i. m.* A 9 Et ... etc.] *subl.* A

---

88 *Glossa* (I, 79) = AUGUST., *De Gen. ad litt.*, IX, c. 15, n. 28 (PL 34, 404).

3 AUGUST., *De Gen. contra Manich.*, II, c. 12, n. 17 (PL 34, 205).

15 SEPTUAGINTA, II, 22 (p 53) : *deficit.*

Et hoc est quod statim sequitur : *Dixitque Adam*, ubi describit Moyses, qualiter eam in matrimonium sibi copulavit, generaliter rationem contrahendi matrimonium viri cum muliere exponendo. Et primo describit rationem contrahendi cum ea; secundo ipsum contractum : tertio legem de cetero contrahendi.

Pro primo dicit : *Dixitque Adam* : interius in mente vel verbo vocali exterius; dixit autem secundum Glossam interlinearem, quod *in ecstasi spiritu prophetico intellexerat, costam* scilicet *sibi esse subductam, et in mulierem formatam.*

Hoc nunc : quale non inveni prius in cunctis animantibus; *os* : in hac muliere existens et formatum; *ex ossibus meis* : id est osse : plurale pro singulari; *et caro* : scilicet haec formata est de carne mea. Vel sic : *Hoc :* id est mulier haec; *nunc* : quae non fuit prius, est; *os*, etc : et tunc per partem solidiorem et molliorem intelligit reliquas partes in ipsa, unde AUGUSTINUS : « *Os de ossibus* » : *fortasse propter fortitudinem* : *et* « *caro de carne* » : *propter temperantiam.* Et per hoc recognoscit eam esse similem sibi in specie.

Sequitur in nominis impositione ipse contractus. Quod primo imponit; secundo rationem impositionis apponit.

Pro primo dicit : *Haec vocabitur* : non nomine speciei, sed nomine, quod competit proprietati sexus, *Virago* : id est de viro acta sive facta.

Et est quod sequitur : *quoniam de viro suo* : id est de me qui suus vir sum, iam eius ministerio modo consentiendo. *Sumpta est* : quia formata secundum corpus de costa eius, ut dictum est. HIERONYMUS : *In Hebraico sermone etymologia servatur : vir quippe vocatur « is » et mulier « issa ».* AUGUSTINUS : *Vocavit ergo mulierem suam vir tamquam potior infirmiorem.*

Quamobrem, etc. : hic Adam legem matrimonialem generalem in lege naturae ponit, sicut Moyses describit, quoad duo : primo excludit a

---

17 Dixitque Adam] *subl.* A 26 Hoc nunc] *subl.* A 27 ex ... meis] *subl.* A 28 et caro] *subl.* A 28 Hoc] *subl.* A 29 nunc] *subl.* A 29 os] *subl.* A 31 Augustinus] *iter. i. m.* A 36 Haec vocabitur] *subl.* A 37 Virago] *subl.* A 38 quoniam ... suo] *subl.* A 39 Sumpta est] *subl.* A 40 Hieronymus] *iter. i. m.* A 42 Augustinus] *iter. i. m.* A 44 Quamobrem] *subl.* A

---

23 *Glossa interl.* (I, 81-82 A).

31 AUGUST., *De Gen. contra Manich.*, II, c. 13, n. 8 (PL 34, 206).

40 HIERON., *Hebr. quaest. in Gen.*, II, v. 23 (CC 72, 5; PL 23, 942).

42 AUGUST., *De Gen. contra Manich.*, II, c. 13, n. 18 (PL 34, 206).

matrimonio personas illicitas; secundo describit formam contrahendi cum persona licita : *Et adhaerebit.*

Pro primo : *Quamobrem* : scilicet quia mulier haec de suo viro sumpta est. *Relinquet* : quoad carnalem copulam : hae enim duae personae in lege naturae solummodo a matrimonio excludebantur. *Homo* : vir quicumque. *Patrem et matrem* : naturales genitores : postea in lege Moysis adhuc plures excludebantur : Levitici XIX°, demum adhuc plures tempore sequenti.

Pro secundo dicit : *Et adhaerebit* : consensu animi. *Uxori suae* : id est illi quam assumit in uxorem : quasi dicat : uxorem sibi assumet in ipsam consentiendo. Et quia non est ratum sive perfecte consummatum consensu animorum, nisi sequatur commixtio sive coniunctio corporum, ideo sequitur : *et erunt* : per corporum commixtionem; *duo* : vir et femina, *in carne una* : per seminum commixtionem ad prolis procreationem.

Notantur hic a quibusdam tria bona | matrimonii, scilicet sacramen- 244vb
tum indictionis, cum dicitur : *Adhaerebit*; fidei sinceritas, cum dicitur : *uxori suae*; bonum prolis ibi : *Et erunt*, etc.

Sequitur : *Erat autem uterque nudus* : ubi describit utriusque formatorum statum et conditionem : primo ante lapsum, in statu innocentiae; secundo post lapsum, in statu culpae, tertio capitulo : *Sed et serpens*, etc.

Et quia status transgressionis futurus erat contrarius statui innocentiae, ideo primo describit conditiones status innocentiae, ut apertum sit conditiones contrarias sequi ex transgressione.

Circa statum innocentiae duas conditiones ponit : unam ex parte corporis, alteram ex parte animae.

Pro prima dicit : *Erat uterque* ex prima eorum creatione in statu innocentiae. *Nudus* : secundum corpus veste corporali, quia scilicet ea non indigebant, nec ad protectionem propter corporis vigorem et impassibilitatem, nec ad decorem, quia ipsa natura humana secundum corpus honestior erat in se quam quodlibet ornamentum, quod ei posset adhiberi, et quoad hoc sequitur conditio secunda ex parte animae.

---

47 Et adhaerebit] *subl.* A 48 Quamobrem] *subl.* A 51 Patrem et matrem] *subl.* A 53 sequenti] -te A 54 Et adhaerebit] *subl.* A 58 et erunt] *subl.* A 63 Et erunt] *subl.* A 64 Erat ... nudus] *subl.* A 66-67 Sed ... etc.] *subl.* A 73 Erat uterque] *subl.* A 74 Nudus] *subl.* A

---

52 *Levit.*, XVIII, 6-20.

Nec erubescebant: scilicet corporis nuditatem, quia nihil nisi honestum in ipso appetebant. Unde AUGUSTINUS : Quod nudi erant et non confundebantur, simplicitatem animae castitatemque significat, quia *nullam legem in membris senserunt legi mentis repugnantem* (Romanos VII°). Et ideo *nihil putabant velandum, quia nihil sentiebant refrenandum*. Sed repugnantia refrenanda postmodum ex transgressione consecuta, per quam omnis inhonestas est in corpore, ut egeat tegi vestimento, cum qua consecuta est etiam omnis passibilitas, propter quam egeat protectione vestimenti.

---

82 simplicitatem] ta *sup. lin.* A 87 est] et *add.* A

---

81 *Glossa* (I, 83B).
83-84 *Rom.*, VII, 23.

3um CAPITULUM < : LAPSUS PRIMORUM PARENTUM ET STATUS EORUM POST LAPSUM>

Sed et serpens erat callidior. Hic intendit Moyses describere statum primorum parentum post lapsum, cuius gratia cum hoc describit modum ipsius lapsus. Et facit tria : nam primo describit antecedens ad lapsum; secundo processum in ipso lapsu ; *qui dixit ad mulierem*; tertio consequens ad lapsum : *Et aperti sunt oculi amborum.*

<ANTECEDENS AD LAPSUM : « SED ET SERPENS ERAT CALLIDIOR »>

Antecedens erat serpentis astutia, quam describit Moyses in ipso fuisse prae ceteris animantibus terrae, dicens : *Sed et serpens.* Li *sed* adversativum debet continuari ad immediate praecedens sic : Adam et Eva ambo, ut dictum est, sic simplices erant et innocentes, ut cum nudi erant, non erubescebant : *sed :* e converso ; *serpens* : id est diabolus in serpente apparens, qui vidit in hoc eorum felicitatem et invidit, vel serpens ipse sua naturali industria : Matthaei X^{o} : *Estote prudentes sicut serpentes* ; *erat* : id est per se vel per diaboli instinctum, qui ipsum arripuit et in ipso arte calliditatis suae usus fuit; *callidior* : PAPIAS, 1° : Subdolosus, versutus, cuius mens ad quamlibet fraudem vertitur. *Cunctis animantibus terrae* : large sumendo terram pro omni elemento, in quo animal habitat, ut comprehendatur omne animatum generaliter. HIERONYMUS : *In hebraeo habet*ur « *arom* », *quod interpretati sunt* « *nequam* », *versipellem.* Si ergo serpens iste nequior erat et astutior cunctis animantibus, iste ergo serpens erat ille qui nequior est et astutior inter omnes serpentes. Ille autem, ut creditur, vipera est, dicente AMBROSIO : *Vipera nequissimum genus* est *bestiae, et super*

---

1 3um capitulum] capitulum <3um ?> *add. i. m.* A 3 Sed ... callidior] *subl.* A 4 cuius gratia] *inv.* A 6 qui ... mulierem] *subl.* A 7 Et ... amborum] *subl.* A 17 ipso] -a A 17 callidior] *subl.* A 19 Cunctis ... terrae] *subl.* A 25 dicente Ambrosio] *iter. sed exp., et* Am<brosius ?> *add. i. m.* A

---

15 *Mt.*, x, 16.

18-19 PAPIAS : *non inveni.*

21 HIERON., *Hebr. quaest. in Gen.*, III, v. 1 (CC lat. 72, 5; PL 23, 942).

25 AMBROS., *Hexaem.*, v, c. 7, n. 18 (CSEL 32^{1}, 153; PL 14, 213 B).

omnia quae serpentini sunt generis, astutior. Vipera ergo erat serpens iste.

Sed quae necessitas ut exterius tentaret per serpentem, cum potuit tentare interius suggerendo ?

Dico quod utroque modo tentavit ut validior esset tentatio.

Quare potius per serpentem, quam per aliud animal ?

Responsio principalis est, quia in alio tentare permissus non est, et in serpente tali ei complacuit, ut eius naturalis astutia astutiae diaboli facilius se oboediendo applicaret, et propter corporalem simplicitatem, quae apparet in hoc serpente, sub qua astutia et fraus | magis 245 ra occultatur et fit efficacior ad decipiendum, secundum quod dicit AMBROSIUS : *Gravior et magis noxia* est *improbitas benignitatis velamine.* Dicit enim BEDA, quod serpens hic erectus erat, blandus, vultus virginei.

<PROCESSUS IN LAPSU>

Sequitur : *qui dixit ad mulierem* : ubi Moyses describit processum in lapsu : primo ex parte mulieris ; secundo ex parte viri : *Deditque viro suo.*

<*Processus mulieris in lapsu*>

Et quia, ut dicit AUGUSTINUS, I° De sermone Domini in monte : *Tria sunt quibus impletur peccatum : suggestio, delectatio, consensus*, ideo pars prima habet tres, quia Moyses primo describit quomodo serpens, immo diabolus per serpentem, mulieri primo suggessit ; secundo quomodo per sensus corporis illicite delectata fuit : *Vidit igitur mulier* ; <tertio> quomodo consensit : *et tulit.*

De primo dicit AUGUSTINUS Contra Manichaeos, II° : *Quomodo serpens ille peccatum persuaserit, diligenter considerandum. Pertinet enim maxime ad nostram* <*salutem*>. *Nam haec scripta sunt ut*

---

31 Quare ...] Quaestio *add. i. m.* A 32 Responsio] Solutio *add. i. m.* A 37 AMBROSIUS] *iter. i. m.* A 38 BEDA] *iter. i. m.* A 40 qui ... mulierem] *subl.* A 41 Deditque ... suo] *subl.* A 43 Augustinus] *iter. i. m.* A 47-48 Vidit ... mulier] *subl.* A 48 et tulit] *subl.* A 49 Augustinus] *iter. i. m.* A

---

37 *Ibid.*, v, c. 8, n. 21 (CSEL 32¹, 156 ; PL 14, 215 B).

38 BEDA : *non inveni.*

43 AUGUST., *De sermone Domini in monte*, I, c. 12, n. 34 (PL 34, 1246).

49 ID., *De Gen. contra Manich.*, II, c. 15, n. 22, 21 (PL 34, 207).

talia caveamus. Nam nunc in unoquoque nostrum nihil aliud agitur, cum ad peccatum quisque dilabitur, quam tunc actum est in illis tribus : serpente, muliere, et viro.

In prima parte primo describit suggestionis aggressum, secundo progressum : *Cur praecepit ?*

Pro primo dicit : *Qui dixit* : verba quae intelligere mulier potuit, pronuntiando non propria calliditate, sed diaboli potentia moventis in hoc serpentis organa, serpente non cognoscente quid in hoc per eum fieret. Unde Augustinus : *Serpente velut organo usus est ad exprimendos sonos verborum. Serpens ergo nec verba intell*exit, *nec rationalis* effectus est (Glossa super illud : « *Dixit autem serpens* » : Glossa « *Notandum* »).

Ad mulierem : tamquam ad sexum fragiliorem in quo scivit diabolus minus vigere quam in viro rationem et proniorem esse ad consentiendum eius voluntati. Item quia scivit illam non immediate a Deo, sed per virum accepisse, et ideo minus quam virum de transgressione curare. Et cum hoc, quia per mulierem facillime scivit se posse decipere. In quibus patet serpentis calliditas, quare potius mulierem primo aggressus est quam virum.

Sequitur suggestionis progressus. Et quia diabolus sciebat mulierem adhuc animalem(?) gerere, quae magis traheretur ad praecepti observantiam timore poenae comminante, quam amore duceretur iustitiae, ideo diabolus aggreditur ipsam dissuadendo poenam comminatam. Et primo eam in dubium vocat, secundo eam annullat.

Dixit autem serpens : vocat autem eam in dubium, ponendo eam in quaestione. *Quaestio* enim secundum Boethium est *dubitabilis propositio.*

Ubi primo Moyses describit serpentis introductionem, qua poenam comminatam in dubium ponit; secundo mulieris dubiam responsionem, qua bene exprimit, quia dubietati quam serpens interrogatione insinuavit, bene consensit : *Cui respondit.*

Circa primum duo facit serpens : quia de causa praecepti interrogat, ut mulierem circa eam in dubium mittat, et praeceptum recitat, *ne*

---

56 Cur praecepit ?] *subl.* A 57 Qui dixit] *subl.* A 60 Augustinus] *iter. i. m.* A 62 Glossa] secundum *add. sed exp.* A 63 Ad mulierem] *subl.* A 75 Dixit ... serpens] *subl.* A 76 Boethium] Boethius *add. i. m.* A 81 Cui respondit] *subl.* A

---

62 *Glossa* (I, 95 A-B).

76 Boethius, *In Topica Ciceronis commentarii*, I (PL 64, 1049 D).

quasi oblita praecepti, in transgressione *excusationem* aliquam *habeat,* ut dicit STRABUS.

Pro primo dicit : *Et dixit serpens* : « *Cur ?* » : quasi dicat : Non est ratio praecepti ulla propter quam debetis ipsum observare, ne timeatis agere, quod vobis est prohibitum. Unde GREGORIUS in Glossa : *Timorem divinae sententiae conatur amovere,* cum *dicit* : « *Cur ?* ». Ecce interrogatio, quae mulierem posuit in cogitationem et posuit rationale eius in dubitatione. *Praecepit vobis,* etc. : praeceptum utique propositum asserit, licet ad mulierem per virum pervenit, quia praesente marito ipsum in dubium vocare non audet, ne marito contrarium asserente, tamquam fraudulentus statim repelleretur. Ex verbis tamen praecepti nititur ostendere, praeceptum rationem non continere, et ad transgrediendum quantum audet incitare. *Diabolus* enim *videns* praeceptum *hominibus* in cumulum maioris gloriae et beatitudinis datum, *magis exarsit* iracundia | adversus hominem, *et magis institit ut* 245 rb
praeceptum ei con*verteret in perniciem,* quod susceperat iuvamen, ut dicit Glossa super Romanos, VII° « *Occasione autem accepta* ». Dicit ergo : *Cur praecepit* : id est astringere praecepto voluit, qui liberi esse deberetis, secundum quod eis ita suasit : *Eritis sicut dii.*

Ut ergo accenderet ad appetitum prohibiti, reducit ei ad memoriam ligamen praecepti : Glossa ... : *Talis est nostra carnalitas, ut ardentius desiret prohibita : quibus non memoratis, iacet quasi sopita.* SENECA De clementia : *Natura contumax est humanus animus et in contrarium atque arduum nitens sequitur facilius quam ducitur. Vobis* : qui creatura estis, et omnia vobis subiecit : supra 1° : *Et praesit piscibus maris, universae creaturae.* Et ita nihil denegare debuit *Deus,* cuius est sua communicare, *a quo longe relegata est omnis invidia,* ut dicit PLATO in Timaeo. *Ut non comederetis* : cum tamen omnia vobis in escam

86 Et ... Cur] *subl.* A 88 vobis] nobis A 88 Gregorius] *iter. i. m.* A 91 Praecepit vobis] *subl.* A 96 Diabolus ...] Nota *add. i. m.* A 1 Cur praecepit] *subl.* A 4 ...] ut<*lac.*>us A 5 Seneca] *iter. i. m.* A 11 Ut non comederetis] *subl.* A

85 *Glossa* (I, 90 D).
89 *Glossa* (I, 90 E).
00 *Glossa* (VII, 91 B-C).
00 *Rom.*, VII, 8.
4 *Glossa* (VI, 91 B).
5-6 SENECA, *De clementia,* I, c. 24, n. 2 (p. 240).
8 *Gen.*, I, 26.
11 PLATO, *Timaeus* (29 e) (p. 22).

concessit, supra 1° : *Et universa ligna, ut sint vobis in escam*, et ideo non deberet revocare. *De omni ligno* : ecce comparatione aliorum lignorum quae concessa sunt, acuit curiositatem mulieris ad appetendum prohibitum. *Paradisi* : ex bonitate loci intendit commendare bonitatem ligni prohibiti, ut amplius ad ipsum appetendum accendat mulieris appetitum.

Et nota : ex verbis praecepti secundum dictam expositionem suggerit ad triplex genus vitii, quibus omne vitium comprehenditur, quibus et ipso deiecit : ad superbiam, cum dixit : *praecepit*; ad avaritiam, cum dicit : *vobis Deus*; ad gulam, cum dicit : *ut non comederitis*, etc.

Sequitur mulieris responsio : ubi Moyses primo describit, quia respondit; secundo, quomodo.

Pro primo ponit Moyses tria : *Cui respondit mulier*, in quibus ex tribus reprehensibilis notatur. Primo ergo reprehensibilis notatur, quia tali interroganti et tali interrogationi respondit, cum dicitur : *Cui*. Secundo, quia sine consilio mariti respondit, cum dicitur absolute : *respondit*. Tertio, quia per se ipsam respondit, cum dicitur : *mulier*. Tali interroganti tam versuto taliter respondisse non debuit, ne ex responsione occasionem malignandi acciperet, sicut hic serpens accepit, ut patebit.

Unde primo reprehensibilis notatur, quia tali adversario respondit : Eccl.ci VIII° : *Non omni homini cor tuum manifestes, ne forte inferat tibi gratiam falsam, et convicietur tibi*. Certe totum hoc contigit isti mulieri ex sua responsione, sicut patebit in processu. Maxime autem ad tale interrogatum respondisse non debuit, quia contra praeceptum divinae legis ille proposuit : IV° Regum. XXXVII° : Cum quaereret Rabsaces : « Quis est Dominus, ut *possit eruere Ierusalem de manu mea?* », dicitur ibi : *Tacuit itaque* omnis *populus et non respondit ei*.

Secundo reprehensibilis notatur, quia sine consilio respondit : Proverbiorum XIII° : *Qui custodit os suum, custodit animam suam. Qui autem inconsideratus est ad loquendum, sentiet mala*. Et sequitur : *Qui omnia agunt cum consilio, reguntur sapientia*.

---

13 De ... ligno] *subl.* A 15 Paradisi] *subl.* A 18 Et nota ...] *Nota add. i. m.* A 20 Praecepit] *subl.* A 21 Vobis Deus] *subl.* A 21 non] n'o A 24 Cui respondit mulier] *subl.* A 26 Cui] *subl.* A 27 respondit] *subl.* A 39 Secundo] 2° *add. i. m.* A 41 mala] -le A

---

32 *Eccli.*, VIII, 22.
36 *IV Reg.*, XVIII, 35-36.
40 *Prov.*, XIII, 3.
41 *Ibid.*, XIII, 10.

Tertio reprehensibilis notatur, quia per se, non per maritum, respondit, quia *caput mulieris vir* (Iª <ad> Corinthios, XIº). Iª <ad> Timotheum, IIº : *Docere mulierem non permitto, sed esse in silentio.* In hoc ergo quod dicit Moyses : *Cui respondit mulier*, ostenditur mulier fuisse loquax, clamosa et garrula : primo, quia insipienter respondit, et de quo non debuit; secundo, quia praecipitanter respondit, eo quod prius non consuluit; tertio, quia arroganter respondit, quia per se, nec virum interpellavit.

In quo nos instruimur, quomodo contra tentationes nos habere debeamus.

Primo enim, cum nobis contra divina mandata suggerendo proponit per delectationem, ei non respondere debemus: Proverbiorum Iº: *Fili mi, si te lactaverint peccatores* : daemones scilicet, suggerendo, *ne acquiescas eis* : in suggestione delectando.

Secundo, et si respondere | oporteat delectando, consilium sacrae 245 va scripturae quo a delectatione subtrahamus, adeamus : Romanos XVº : *Ut per patientiam et consolationem scripturarum spem habeamus.*

Tertio, si omnino timeamus in respondendo deficere, patrocinium adhibeamus qui pro nobis respondeat et a delectatione nociva subripiat : in Psalmo : *Ad Dominum, cum tribularer, clamavi.*

Sequitur, quid mulier fatue respondit : *De fructu lignorum* : et respondit mulier de tribus : primo de concesso; secundo de prohibito; tertio de poena prohibitionis.

Pro primo ergo dicit : *De fructu* : extendendo « fructum » ad omne quod valet ad esum in ligno; *lignorum* : omnium aliorum a ligno scientiae boni et mali; *quae sunt in paradiso* : ubi sunt multa ligna pretiosa; *vescimur* : id est licitum et permissum est nobis vesci. Nota ex hoc, quia mulier in se ex transgressione maiorem ostendit ingratitudinem, quia in his cognoscit largam circa se divinam munificentiam.

Pro secundo dicit : *De fructu vero ligni* : scilicet scientiae boni et mali; *quod est* : situm; *in medio paradisi* : iuxta lignum vitae : ita enim erat in rei veritate, licet hoc superius non sit expressum : nota quod ex hoc

---

63 De ... lignorum] *subl.* A 63 lignorum] *subl.* A 68 quae ... paradiso] *subl.* A 69 vescimur] *subl.* A 72 De ... ligni] *subl.* A 73 quod est] *subl.* A 73 in ... paradisi] *subl.* A

---

44 *I Cor.*, XI, 3.
44-45 *I Tim.*, II, 12.
54 *Prov.*, I, 10.
58-59 *Rom.*, XV, 4.
62 *Ps.* CXIX, 1.

exaggerat contra se transgressionem : quia enim prope erat lignum vitae, de quo vesci poterat, nulla necessitate arripuisse lignum scientiae se manifestat; *praecepit Deus* : ipse namque Dominus; *nobis* : Subditis, qui ci in omnibus oboedire debemus; *ne comedamus* : AUGUSTINUS : *Inde* deterior *transgressio, quia memor praecepti erat, et Deus in illo tamquam praesens contemnitur*, quia melius est viam Domini non agnoscere quam per agnitam retroire. Item « *servus* sciens *voluntatem domini sui et non faciens, vapulabit multis* ». *Et ne tangamus illud* : hoc non fuit in praecepto supra, sed pertinuit ad praeceptum, quia sine tactu non potuit transgredi praeceptum, unde et gustus est quidam tactus. Et forte Adam sub hac forma ei praeceptum recitaverat, ut fortius eam a transgressione arceret, quia ipse tactus suavis etiam manualis plurimum ad gustandum alliceret.

Pro tertio dicit : *ne forte moriamur* : *forte* : non de forma praecepti, sed contrarium ei fuit : Deus enim asserendo dixit : *In quacumque die gustaveritis, moriemini*, sed mulier hoc de suo apposuit, in quo dubitationem suam et affectionem ad degustandum expressit, et dixit : *forte*, ubi positum erat : *morte*. Et est prima dispositio ad peccatum.

Sed numquid in hoc peccavit peccato primo?

Dicitur quod triplex est dubitatio. Una haesitationis circa veritatem, et tale est peccatum infidelitatis circa divina praecepta. Alia, non certa cognitio, quae est intellectus haesitatio, veritate non plane percepta, et est poena peccati. Tertia est dubia apprehensio rei de se contingentis, non pertractando et conferendo ad causam suam, qua posita necessarium est evenire. Hoc modo non est peccatum nec poena peccati, sed est dispositio ad peccatum. Hoc modo mulier hic dubitavit. Vidit enim quia Deus praecepit, et quia est poenam comminatus, sed non pertractavit Adam ad divinam iustitiam in qua certitudinaliter vidisset, ex quo ipsam decuerit, quod evenire necesse esset sicut decuerit.

Unde ex hoc *forte* diabolus percipiens mulierem pronam ad casum et

---

77 praecepit Deus] *subl.* A 77 Dominus] 1 *add. sed exp.* A 77 nobis] *subl.* A 78 ne comedamus] *subl.* A 78 Augustinus] *iter. i. m.* A 82 Et … illud] *subl.* A 88 ne … forte[2]] *subl.* A 93 Sed numquid …] Quaestio *add. i. m.* A 94 Dicitur …] Solutio *add. i. m.* A 99 necessarium] -a A 3 vidisset] quod *add.* A 5 forte] *subl.* A

---

78 *Glossa* (I, 89 A) = AUGUST., *De Gen. ad litt.*, XI, c. 30, n. 38 (CSEL 28[1], 363; PL 34, 445).

81-82 *Luc.*, XII, 47.

consensum mali, cepit audaciam aperte mentiendi et poenam divinae iustitiae annullandi, sicut statim sequitur : *Dixit autem serpens.* Annullat autem eam dupliciter : primo poenam, quam Deus statuit, negando, ut mulieri omnem timorem subtrahat; secundo contrarium eius, scilicet divinam immortalitatem, promittendo, ut ad confidentiam transgrediendi eam trahat : *Scit enim Deus.* In primo evacuat divinam comminationem; in secundo divinum praeceptum.

Dicit ergo Moyses : *Dixit serpens ad mulierem* : expone ut prius. *Nequaquam moriemini* : ex illa comestione : ecce primum mendacium diaboli in sacra scriptura, propter quod dicitur *pater mendacii* (Ioann. VIII°), quod improperat ei | BERNARDUS dicens : O nequam, nequam, 245 vb
ubi est illud « nequaquam » ? Omnes enim morimur.

Hoc diabolo non suffecit, quia mulier, ut audivit, nondum ei credidit, quia infidelitas primum peccatum eius esse non potuit, sed initium omnis peccati : superbia. Et ideo diabolus, cum ex nuda dissuasione poenae ad gulam protrahere non potuit, addit suasionem avaritiae et superbiae, quibus divinum mandatum evacuat, et ipsum Deum inculpat, quasi per invidiam illa praecepisset, cum dicit : *Scit enim Deus.* Et facit hic duo : nam primo praeceptum Dei evacuat, et Deum illud per invidiam praecepisse insinuat, suadendo ut fiat quod Deus prohibuit; secundo contra hoc quod Deus mortem comminatus est comedenti, ipse vitam gloriosam promittit quoad dua, scilicet quoad scientiam et quoad divinam potentiam, cum dicit : *Aperientur.*

Dicit ergo : *Scit enim Deus* : quasi dicat : dico vobis secure, quod ex comestione nequaquam moriemini, sed hoc vobis Deus comminatus est, si comedatis, quia omnino vult ne comedatis, ne sitis scientes bonum et malum, sicut ipse, sed comminatus est illud, credens quod timore comminationis nequaquam comedere acceptaretis : quasi dicat ergo : non moriemini, si comederitis, sed secure comedatis.

Quod : id est quia Deus scit, et ideo verum est in rei veritate, *quod in quacumque die comederitis ex eo* : ecce suggestio, sed quia ista per se non

---

7 Dixit ... serpens] *subl.* A 11 Scit] Sit A 11 Scit ... Deus] *subl.* A 13 Dixit ... mulierem] *subl.* A 14 Nequaquam moriemini] *subl.* A 15 Ioann.] Ro-<manos ?> A 16 Bernardus] *iter. i. m.* A 23 Scit ... Deus] *subl.* A 29 Scit ... Deus] *subl.* A 31 sitis] scitis A 33 quasi] .b. A 34 ergo] quod *add.* A 35 Quod] *subl.* A 35-36 quod ... eo] *subl.* A

15-16 *Ioann.*, VII, 44.

16 BERNARDUS CLARAVALLENSIS : *Non inveni.*

sufficeret ad consentiendum diabolo et ei credendum, addit aliam : *aperientur oculi vestri* : scilicet spirituales et intellectuales. Unde ad quod aperientur, addit expositio : *scientes bonum et malum* : id est per vos habebitis scientiam discernendi inter bonum et malum, quam modo non habetis, quia non videtis, quia comestio illa in nullo vobis potest esse nociva, sed tunc hoc bene videbitis, et cum hoc etiam quantum erit vobis utilis et proficua. Ecce persuasio curiositatis ad appetitum sciendi plus quam oportet, quod pertinet ad avaritiam.

Sed quia diabolo non assensisset nec credidisset, postquam Deum supra se et Dominum scilicet adhuc cognosceret, ut in hoc eam excaecaret, addidit tertiam suggestionem : *Et eritis sicut dii* : et est suggestio superbiae, ut essent divinam habentes potentiam, ita quod nulli subicerentur, et proprii regiminis haberent libertatem. Hoc fuit ultima suggestio, qua diabolus in se tentatione sua victus fuit, appetendo Dei similitudinem : Isaiae XIV° : *Ero similis altissimo.* Et ideo illam quasi efficacissimam in fine proposuit, cui si restitisset, ulterius quid faceret, non inveniret, et sine qua praecedentes tentationes nihil ei valuissent, secundum quod dicit Augustinus in Glossa : *Quomodo his verbis crederet*, Deum *se a re bona* et *utili prohib*uisse, *nisi inesset menti* eius *amor ille propriae potestatis* ? Idem Contra Manichaeos : *Quid intelligitur nisi persuasum ut esse sub Deo nollent, sed in sua potestate potius sine Domino, ut legem eius non observarent, quasi invidentis sibi ne se ipsi regerent, non indigentes illius interno lumine, sed utentes propria providentia, quasi oculis suis, ad dignoscendum bonum et malum, quod ille prohibuisset?* De illa triplici suggestione dicit Gregorius in Glossa illa : « *Primum parentem* », etc. Et nota quod diabolus caute dixit : non « dii », sed *sicut dii* : sciebant enim se esse factos a Deo, et ideo non credidissent quod aequales illi umquam fieri potuissent; sed quod Dei(?) aliqua imitatione, propria potestate usi fuissent sine obligatione et dominio alterius. Haec elati crediderunt, nec umquam haec credere potuissent, nisi prius per elationem quam

---

37-38 aperientur ... vestri] *subl.* A 39 scientes ... malum] *subl.* A 47 Et ... dii] *subl.* A 52 quasi] quia A 62 Primum parentem] *subl.* A 63 sicut dii] *subl.* A 65 Dei(?)] Deus A 65 potestate] -tati A 67 elationem] elect- A

---

51 *Is.*, XIV, 14.

54 August., *De Gen. ad litt.*, XI, c. 30, n. 39 (CSEL 28^1, 363; PL 34, 445); cf. *Glossa* (I, 91 A).

56 August., *De Gen. contra Manich.*, II, c. 15, n. 22 (PL 34, 207).

62 *Glossa* (I, 92 E).

conceperunt, cum dictum est eis : *sicut dii*, excaecati, appetierunt esse potestatis propriae sicut dii, et scientiam boni et mali. Et quia illa promisit diabolus ex comestione, statim mulier, potestatis et gloriae avida, habens oculum cordis excaecatum, oculum corporis ad fructum arboris convertit et ad carpendum | et vescendum se paravit, sicut 246 ra
sequitur : *Vidit igitur*, etc.

Item nota, quod diabolus sophistice eos decepit, promittens quia essent sicut dii, scientes bonum et malum. Revera scientes erant statim bonum et malum, sed per poenae experientiam, ad quod aperiebantur oculi eorum, ut dicetur infra. Non sic Deus, sed sola prudentia. Sic etiam ipsi bonum et malum scivissent, sed divina illustratione, quod tamen ipsi appetierunt ex proprio lumine, Et nota, quod quamvis serpens omnem sermonem suum ad mulierem dixerit, secundum quod dixit Moyses : *Dixit autem serpens ad mulierem*, in plurali tamen locutus est ambobus, dicendo : *moriemini*, *comederit*is, etc. : quoniam non audebat aperte viro loqui sicut mulieri, intendebat eum simul involvere cum muliere et per mulierem.

Sequitur ergo : *Vidit igitur*, ubi Moyses describit mulieris delectationem ad transgressionis impletionem, dico : exterius in opus, quia iam interius fuit perfecta in mala voluntate. Et tangit ibi Moyses duo : occasionem delectationis ex visu mulieris sive respectu, et causam delectationis ex dispositione ligni, quod vidit.

Dicit ergo : *igitur* : quia sic suasit ei diabolus, cui elata credidit. *Mulier vidit* : lignum vetitum aspiciendo, et ad ipsum aspectum convertendo forte quem prius habuit in serpentem, intendens facere quod diabolus suasit, ut adipisceretur quod promisit. Et nota quod istud videre mulieris non fuit causa libidinis et appetitus ligni, sed e converso : quia enim ex diaboli suggestione appetiit, vidit ut sumeret, non e converso quia vidit, appetiit, licet forte intensus fuit appetitus. Et secundum hoc Glossa GREGORII hic male inducitur, quia loquitur de visu qui causat appetitum.

Sequitur triplex ratio delectationis ex dispositione ligni. Quia enim non delectat nisi bonum verum vel apparens, et triplex est bonum : utile, honestum, et delectabile, ex isto triplici bono ponit istam triplicem delectationem, quae traxit ipsam ad opus transgressionis. Delecta-

---

73 Vidit igitur] *subl.* A 90 igitur] *subl.* A 91 Mulier vidit] *subl.* A 91 vetitum] -dum A

---

97 *Glossa* (cf. I, 92 E : GREG.[2]).

tio ex bono utili, cum dicit : *quod lignum* : id est fructus ligni; *quod esset bonum ad vescendum* : id est utile, non nocivum, secundum quod apparebat ex substantia ligni et secundum quod credebat ex suasione diaboli. Aliter enim videre non potuit ex bono honesto, cum dicit : *et pulchrum* : figura et colore. *Oculis* : quia oculi propter pulchritudinem in videndo ipsum delectabantur ex bono delectabili, cum dicit : *aspectuque delectabili.* Et sequitur istud ex praecedentibus duobus.

Sequitur tertium membrum, quo peccatum mulieris impletum est : scilicet sensus, non dico consensus nudi affectus, quia ille non processit, sed consensus operis sive operi coniunctus, et tangit ipsum in duplici opere : in opere praeambulo ad opus principale transgressionis; secundo in ipso opere principali transgressionis.

Pro primo dicit : *et tulit* : carpendo manu de fructu eius ligni vetiti, scientiae scilicet boni et mali.

Pro secundo dicit : *et comedit* : aliud nihil legitur comedisse in paradiso, unde omnia licita et permissa dimisit et ad illicita se transtulit.

<*Processus viri in lapsu*>

Sequitur transgressio viri, cuius primo describitur occasio, secundo actio.

Pro primo dicit : *Deditque viro suo* : ut ipse similiter comederet et obtineret quae serpens promiserat, quamvis hoc se obtinuisse non sentiret. Dedit autem, ut dicit Glossa, *fortassis cum alia suasione,* quam scriptura intelligendam relinquit. Vel forte non fuit necesse eam suadere, cum *non vidit eam* ex esu statim *mortuam*; vel forte sufficienter ei fuit suasum per serpentem, quando audivit suasionem factam mulieri. Sed haec sunt contra APOSTOLUM, qui dicit I^a^ <ad> Timotheum, II°, quia vir *non est seductus,* sed *mulier,* sed seductus fuisset, si suasus comedisset. Ideo dicitur, quod Adam, fortiori mente et ratione praeditus, promissioni diaboli non consensit, nec ei credidit, nec ob eius suasionem comedit, sed ne mulierem contristaret, si ei in comedendo consortium denegaret, | et quia eam non mori <putavit> : 246 rb

---

3 quod lignum] *subl.* A 3 fructus] -ctum A 3-4 Quod ... vescendum] *subl.* A 6 et pulchrum] *subl.* A 6 Oculis] *subl.* A 8 aspectuque delectabili] *subl.* A 11 nudi] -e A 15 et tulit] *subl.* A 17 et comedit] *subl.* A 22 Deditque ... suo] *subl.* A 26 suadere] -ri A 30 fortiori] suasione *add. sed exp.* A

---

24 *Glossa* (I, 99 B).

28 *I Tim.*, II, 14.

forte non putavit, tantum fuisse peccatum, et credidit Dominum illam mortem secundum aliquem intellectum spiritualem intellexisse.

Pro secundo dicit : *Et comedit* : in quo peccavit, non tam gula quam inoboedientia.

Et primo inoboedientia, qua a Deo recessit, ut mulierem non contristaret. Amor enim nimius ad mulierem ipsum apostatare a Deo fecit et per hoc excaecavit, ut in aliquibus contra divinum praeceptum erraret et sub spe veniae peccaret. Unde licet *vir seductus non* fuit per serpentem secundum Apostolum, seductus tamen fuit per mulierem, secundum quod dicit Ambrosius : *Adam per Evam deceptus est* : Eccl.ci XLIIo : *De vestimentis procedit tinea et a muliere iniquitas viri.*

<CONSEQUENS AD LAPSUM>

Et aperti sunt : hic describit Moyses consequens ad peccatum, scilicet poenam.

Et est duplex : una scilicet statim concomitans peccatum ab interiori, quia non potest stare ad nutum deordinatio culpae sine decore iustitiae, ut ordinetur per poenam, quod deordinatum est per culpam; alia inflicta propter peccatum ab exteriori, et hanc describit Moyses : *Vocavitque Dominus Deus.*

<Poena interior peccati>

Prima poena duplex est : una rebellionis carnis ad spiritum per fomitem concupiscentiae, alia rebellionis superioris portionis rationis ad inferiorem per remorsum conscientiae. Prima poena confusionem inducit homini, qua non audet comparere in praesentia hominis; secunda homini ad Deum, scilicet qua non audet comparere in praesentia Dei : de secunda ibi : *Et cum audissent.*

---

36 Et comedit] *subl.* A 41 peccaret] -are A 47 Et ... sunt] *subl.* A 58 comparere] -rare A 59 comparere] -rare A 60 Et ... audissent] *subl.* A

---

42 *Ibid.*

43 Ambros., *Hexaem.*, v, c. 7, n. 18 (CSEL 32[1], 153; PL 14, 213 C).

44 *Eccli.*, xlii, 13.

<Rebellio carnis ad spiritum per fomitem concupiscentiae>

In prima Moyses facit tria : quia primo describit illam poenam, secundo confusionem sequentem ex illa, quae est poena ex poena; tertio remedium, quod sibi quaesierunt ad illam confusionem operiendam.

Pro primo dicit : *et* : scilicet statim facta transgressione et poena commissa, ne esset culpa sine vindicta.

Aperti sunt : qui prius erant clausi.

Oculi : carnalis scilicet concupiscentiae : Glossa : *ad concupiscendum, scilicet invicem, ad peccati poenam morte, scilicet carnis, conceptam, ut esset corpus non tantum animale, sed et mortis, in quo lex membrorum repugnet legi mentis.* Iustum enim erat, ut cum non voluit rationale in homine oboedire suo superiori, nec oboediret ei suum inferius.

Vel : *oculi* : scilicet intellectus et affectus in cognitione boni et mali, quam ex poena illa habebunt per experientiam, quam stantes in luce gratiae melius habuissent per prudentiam, non per experientiam, quia poena docente sciunt, quantum utique(?) est inter transgressionis malum et oboedientiae bonum, si in eo perstitissent.

Vel : *oculi* : carnis ad videndum motum membrorum carnalium pudendum, quem prius non viderunt, quia non erat pro istis modis oculorum.

Aperti sunt : non quia prius erant clausi, sed quia ad hoc videndum, quod tunc videbant, aperti non erant : sicut in fractione panis, Lucae ultimo : *Aperti sunt oculi discipulorum et cognoverunt* quem cognoscere prius non valebant, sic aperti sunt oculi eorum ad quae ante non patebant, ut dicit Glossa.

Amborum : ut quilibet illorum videret oculis carnalibus motum in carne propria et alterius, unde pro oculis carnalibus verior videtur expositio et magis litteralis.

Unde et de cognitione ipsorum statim sequitur : *Cumque cognovissent,* ubi describit confusionem quae est poena sequens ex poena priori.

---

66 et] *subl.* A 67 Aperti sunt] *subl.* A 69 Oculi] *subl.* A 74 Vel] *sublin.* A 74 oculi] *subl.* A 82 Aperti sunt] *subl.* A 86 Glossa] Ambrosii *add. sed exp.* A 90-91 Cumque cognovissent] *subl.* A

---

69 *Glossa* (I, 94 E).
83-84 *Luc.*, XXIV, 31.
86 *Glossa* (cf. I, 94 D).

Et quia prior respicit principaliter partem animae cognitivam, sive rationalem sive sensibilem, ista affectivam rationalem, et affectio non est nisi ex praecedenti notitia, ideo Moyses describendo hanc secundam poenam, describit quomodo ex prima causatur, dicens : *Cumque* : id est postquam.

Cognovissent : Glossa : *sentientes* in se *bestialem motum.*

Se esse nudos : id est sine membrorum operimento. Sed numquid prius erant vestiti et per transgressionem ablato vestimento denudati, quod tunc primo cognoverunt?

AUGUSTINUS, qui omnia ista exponit, spiritualiter dicit, quod sic, quia prius erant vestiti gratia, a qua postea erant denudati, | quod et 246 va
cognoverunt et erubuerunt. Sed hoc non tangit historiam, quae prosequitur erubescentiam, quae processit ex nuditate corporali, qua<m> nitebantur operire per perizomata.

Ideo aliam responsionem ponit AUGUSTINUS infra in Glossa « *Vocavitque Dominus Adam* », dicens quod homo factus erat nudus, et non permisit Deus advertere nuditatem suam, in superna sustollens, nisi post peccatum.

Possumus autem dicere, quod prius neque nudi erant neque vestiti, sequendo historiam, secundum AUGUSTINUM Contra epistolam fundamenti, quod *nud*um esse nihil aliud est quam *carere vest*ime*nto*, sicut *tenebra* est *carent*ia *lucis*, et *inanitas* carere *plenitudine corporis.* Nunc autem secundum PHILOSOPHUM, V° Metaphysicae, non *dicitur aliquid* privatum esse vel *habere in se privationem*, nisi *natum sit habere eam in sua natura, et in tempore in quo natum est eam habere vel non habere. Caecitas enim est privatio. Caecus autem non est aliquis in omni tempore, sed in tempore in quo dicitur aptus natus habere visum* : verbi gratia, dicit ibi COMMENTATOR, quia *catulus non dicitur caecus*

---

96 Cumque] *subl.* A 98 Cognovissent] *subl.* A 99 Se ... nudos] *subl.* A 99 Sed ...] Quaestio *add. i. m.* A 2 Augustinus, qui ...] Solutio *add. i. m.* A 7 Augustinus ... Glossa] Glossa Augustini *add. i. m.* A 7-8 Vocavitque Dominus Adam] *sublin.* A 12 historiam] quod *add.* A 12 Augustinum] Augustinus *add. i. m.* A 13 fundamenti] *sequitur signum insertionis* A 15 Philosophus] Aristoteles *add. i. m.* A 19 aptus] -um A 19 natus] um A

---

98 *Glossa interl.* (I, 93-94).

2 AUGUST., cf. *De Gen. ad litt.*, XI, c. 31, n. 40 (CSEL 28^1, 364; PL 34, 445-446).

7-8 *Glossa* (cf. I, 94 E-95 A).

2-3 AUGUST., *Contra epistolam fundamenti*, c. 30, n. 33 (PL 42, 195).

15 ARISTOT., *Metaph.*, IV, c. 22 (Δ 1022 b 22-29).

20 AVERROES, *Metaph.*, V, com. 27 (134 v K).

quando nascitur, licet non videat tunc. Et huiusmodi ratio est, quia non est natus videre ante nonum diem. Dico igitur quod homo ante peccatum in statu innocentiae, licet corporaliter vestitus non erat, non tamen dicendus erat fuisse nudus, quia nondum in natura sua erat habere nuditatem. Nec tamen vestitus erat, quia nondum in natura sua erat, ut haberet habitum vestitus. Et hoc propter impassibilitatem et honestatem, quae tunc erant in carne. Et vestitus non est, nisi ad tegendum inhonestatem pudoris, vel ad protegendum contra intemperiem frigoris aut caloris. Nudi ergo prius non erant nec tamen vestiti, quia neutrum nati erant esse in illo statu, sicut catulus ante nonum diem neque caecus est neque videns, quia neutrum natus est esse. Sed post peccatum, cum facti sunt passibiles, et propter motum pudendum membra carnis facta sunt inhonesta, nati sunt esse vestiti. Unde quia tunc non erant vestiti, erant nudi, quod prius non erant. Et ita tunc primo *cognoscebant se esse nudos*, sentiendo in se bestiales motus, per quos facti sunt indigentes vestium. Et ita tunc sunt facti nudi ex vestitus carentia. Bene ergo ex hoc quod dicit, quia *cognoscebant se esse nudos*, describit erubescentiam animae rationalis propter bestialem motum, quam tunc primo sentiebat, et ante non senserat.

Unde statim pro tertio describit remedium, quod sibi quaesierunt ad illam erubescentiam cooperiendam : *consuerunt* : id est connectebant quodam modo, ut sibi adhaererent. *Folia ficus* : ad litteram, quia paratiora erant. Unde AUGUSTINUS : *Non puto eos in foliis putasse aliquid, quo congrueret tegi membra prurientia, sed ad hoc conturbatione compulsi sunt. Et fecerunt sibi* : ad tegendum pudenda. *Perizomata* : id est succinctoria secundum aliam translationem : quaedam circa tibias mittenda, unde BEDA dicit : *Bracas* : a « peri », quod est circum et « zona » quod est cingere : quasi coniunctorium(?); vel « zoma » quod corpus, quasi circum-zoma : id est circa corpus.

---

22 natus] -um A 24 dicendus] -um A 28 protegendum] -tem A 31 natus] -um A 35 cognoscebant ... nudos] *subl.* A 41 consuerunt] *subl.* A 42 folia ... litteram] *subl.* A 43 Augustinus] *iter. i. m.* A 45 Et ... sibi] *subl.* A 45 Perizomata] *subl.* A

---

43 *Glossa* (I, 95 A).

46 *Glossa interl.* (I, 95 A); AUGUST., *De Gen. ad litt.*, XI, c. 32, n. 42 (CSEL 28^{1}, 366; PL 34, 447).

47 *Glossa interl.* (I, 95 A : *Glossa anonyma*).

<Rebellio superioris portionis rationis ad inferiorem per remorsum conscientiae>

Et cum audissent vocem : hic describit Moyses poenam eorum interiorem ex rebellione superioris portionis ad inferiorem per remorsum conscientiae, qua erubescebant erga Deum. Describit autem Moyses primo in figura deambulationis Domini in paradiso; secundo insinuat eam ex facto, quo ab illa poena se voluerunt cooperire, ibi : *abscondit se.*

Dicit ergo : *Et* : sic continua : ita cum apertis oculis cognovissent se nudos, *consuerunt*, etc., ut expositum est. *Et* : etiam.

Cum audisse<n>t : apertis auribus interioribus, qui prius erant clausi, et hoc ad percipiendum rebellionem remorsus conscientiae et | 246 vb confusionem ex nuditate a vestimento gratiae, quo spoliati erant per peccatum. *Audissent* : inquam, talibus auribus interioribus per interiorem inspirationem; vel pro auribus exterioribus. Demum illis interioribus *vocem* interius inspiratam, vel exterius per creaturam in aere formatam; *vocem*, inquam, conquerentis et transgressores increpantis et inculpantis. Unde Magister in Historiis : *Ut ex ipso motu videretur eos arguere, quia non steterunt in praecepto Domini*, cuius debebant esse oboedientes servi, a cuius dominio per inoboedientiam et mandati transgressionem se subtraxerant. Et ideo erubescentes in eius praesentia, confusi et timidi. Et quod hoc totum debet intelligi ex isto auditu, bene declarat verbum quod dicit Adam infra eodem, exponendo istum auditum suum, cum dicit : *Domine, vocem tuam audivi in paradiso, et timui, eo quod nudus essem, et abscondi me.* Audierunt ergo vocem increpantis, et ideo timuerunt tamquam mali conscii, erubescentes eo quod nudi essent, non tantum corporaliter, propter quod consuerunt perizomata, sed spiritualiter, ut dictum est. Potuit ergo uterque illorum dicere illud Habacuc : *Domine, audivi auditionem tuam, et timui. Consideravi opera tua, et expavi.*

Unde et hic de eius operibus statim subditur, ex quibus consideratis etiam expavescebant, quia qualitas operis Dei in deambulando figura-

---

52 Et ... vocem] *subl.* A 56 abscondit se] *subl.* A 57 Et] *subl.* A 59 Cum audissent] *subl.* A 62 Audissent] *subl.* A 67 Domini] *subl.* A 68 servi] sui A 74 mali] -le A 77 Habacuc] *iter. i. m.* A

---

66 Petrus Comestor, *Hist.-Gen.*, c. 23 (PL 198, 1073).
71 *Gen.*, II, 10.
77 *Habacuc*, III, 2.

bat qualitatem criminis ipsorum. Et hoc ex tribus : ex operis scilicet qualitate et loco et tempore.

Pro primo dicit : *Deambulantis* : versus ipsos ad eos deprimendum, secundum AUGUSTINUM in Glossa : *Cum ad eos iam iudicandos veniret, ante poenam eorum deambulabat* : hoc secundum litteram. Secundum figuram : *Deambulantis* : non dicit : « stantis » : ad figurandum quia in ipsis iam stabilis non erat. Unde AUGUSTINUS in Glossa : « *Deambulabat in paradiso* » : *id est movebatur in eis praesentia Dei, quando iam ipsi stabiles in eius praecepto non erant.* Unde interlinearis : *non stantis vel inhabitantis*, quia in eius praecepto non steterunt. Et sic in typo figuratur exterius, qualiter se habebant interius. *In paradiso* : tamquam in suo proprio dominio, quod eis commiserat. Et hoc dicit tamquam exaggerando(?) contra eos iram iudicis.

Pro secundo dicit : *ad auram* : quasi quaerens refrigerium. Unde HIERONYMUS : *In plerisque* libris *pro eo quod hic posuimus* « *ad vesperam post meridiem* » *habet*ur, *quod AQUILA interpretatus est ut meridiano calore transacto refrigerium aurae spirantis ostenderet*, in quo significatur in eis caritatem friguisse.

Pro tertio dicit : *post meridiem.* SEPTUAGINTA habent *ad tenebras noctis*, in quo significatur in eis occasus lucis veritatis et inclinatio ad noctem ignorantiae. Unde Glossa : *Frigescente caritate et luce declinante, appropinquantibus tenebris eorum.* Item AUGUSTINUS : *Bene ad vesperam* : *id est cum ab eis iam sol occideret, id est auferretur ab eis lux illa interior veritatis.*

Secundum historicam veritatem homo hora sexta sextae diei peccavit, hora qua Christus crucifixus est ; et fuit post peccatum usque ad horam nonam, per quantum spatium Christus vixit et passus est in cruce,

---

83 Deambulantis] *subl.* A 84 Augustinum] Augustinus *add. i. m.* A 86 Deambulantis] *subl.* A 87 Augustinus] *iter. i. m.* A 91 In paradiso] *subl.* A 94 ad auram] *subl.* A 97 transacto] transactio A 99 post meridiem] *subl.* A 99 ad] vesperam *add. sed exp.* A 2 Augustinus] *iter. i. m.* A

---

84 *Glossa* (I, 94) = AUGUST., *De Gen. ad Manich.*, II, c. 16, n. 24 (PL 34, 208).

87 *Glossa* (I, 94 D) = AUGUST., *De Gen. contra Manich.*, II, c. 16, n. 24 (PL 34, 208).

89 *Glossa interl.* (I, 95-96).

95 HIERON., *Hebr. quaest. in Gen.*, III, v. 8 (CC lat. 72, 5 ; PL 23, 942-943).

99 SEPTUAGINTA, III, 8 (p. 54). Cf. *Glossa* (I, 94 D) ; AUGUST., *De Gen. ad litt.*, XI, c. 33, n. 43 (CSEL 28[1], 367 ; PL 34, 447).

1 *Glossa interl.* (I, 95-96).

2 AUGUST., *De Gen. contra Manich.*, II, c. 16, n. 24 (PL 34, 208).

ut peccatum Adae expiaret, in quo spatio Deus per paradisum deambulavit; hora autem nona Adam de paradiso expulsus est et aditus paradisi clausus est, qua hora Christus mortuus est et homo restitutus est, quod in parte hac innuit Glossa BEDAE « *Unde hora* » etc.

Ut ergo opus creationis, damnationis et recreationis historice percurramus, notandum, quod primus dies saeculi, in cuius primo instanti Deus mundum creavit, fuit dies quem nos appellamus « dominicam » vel « primam feriam », et fuit XIII^{a} kalendas Aprilis. Die autem sexta sequenti, quae nunc vocatur « dies veneris » sive « sexta feria », creatis animalibus terrestribus ante horam sextam, creatus est homo mas et femina. | Non multum post mulieris formationem tentavit eam serpens, 247 ra
et transgressi sunt ambo : vir et mulier, hora sexta illius diei. Eodem die sextae feriae, sed multis defluxis intermediis, Christus annuntiatus est virgini, hora qua tentavit Evam serpens, et incarnatus hora sexta, qua illi transgressi. Eadem hora post curricula XXXIII annorum Christus in cruce levatus, in qua vixit usque ad horam nonam, per spatium quo Deus in paradiso deambulavit, et Adam post peccatum in paradiso fuit. Hora autem nona mortuus fuit, qua Adam de paradiso expulsus fuit.

Sequitur : *abscondit se,* ubi describit remedium contra erubescentiam et timorem divini aspectus. Sicut enim confusionem nuditatis corporalis ad invicem ex motu carnalis concupiscentiae tentabant excludere per perizomata, sic confusionem ad Deum nuditatis spiritualis ex remorsu conscientiae super commisso in Deum, tentabant excludere per absconsionem. Sed *volentes esse sicut dii,* « *evanuerunt in cogitationibus suis, et obscuratum est insipiens cor eorum* », volentes latere quem nihil latere potest, et carnem occultare, cum corda inspiciat, ut dicit AUGUSTINUS. Sed hoc fecerat ut homini, quia tamquam homo eis apparuit, vel ut dicit AUGUSTINUS infra in Glossa : *Non abscondit* se *ut eius scelera Dominus non videret, sed ut se indignum eius* con*spectu*i *ostendat.*

Ubi Moyses describit actum absconsionis, causam et locum.

Pro primo dicit : *abscondit se* sub arbore in umbra, vel sub frutectis

---

27 abscondit se] *subl.* A 34 Augustinus] *iter. i. m.* A 36 abscondit se] *subl.* A

---

11 *Glossa* (I, 96 E).

32-33 *Rom.*, I, 21.

34 Cf. AUGUST., *De Gen. ad litt.*, XI, c. 34, n. 46 (CSEL 28^{1}, 368; PL 34, 448).

36 *Glossa interl.* (I, 97-98).

tamquam *amentes* prae pudore et timore, ut dicit Glossa, et hic quaerentes subterfugere divinum aspectum corporaliter, quia forte in corpore assumpto Deus deambulavit per paradisum. Aliter enim non videtur, quod corporaliter se absconderent, nisi forte sicut amentes, qui saepius neminem videndo, timore fugiunt et abscondunt se. *Adam et uxor eius* : nota quia distincte utrumque nominat, quia ambo confusi, quilibet illorum de altero non curabat, sed latibulum suum quaerebat.

Pro secundo dicit : *a facie Domini* : id est ne in praesentia eius compareret, qui forte, ut dictum est, in specie corporali eis apparuit.

Pro tertio dicit : *in medio paradisi* : ubi forte ligna magis erant densa, unde ubi peccaverunt, ibi se absconderunt statim, nec a loco recesserant.

Mystice autem illa absconsio, ut dicit Glossa interlinearis, est *aversio a* luce *veritatis*, Deum fugiendo, et ut dicit AUGUSTINUS : *Quis se abscondit a conspectu Dei, nisi qui deserto ipso incipit amare, quod suum est?* Unde AUGUSTINUS dicit hic in Glossa, quia quodam *occulto instinctu, ut nescientes, fecerunt, quae aliquid significarent.* Aliqui per dicta in tota ista parte notant quatuor, quae BEDA inflicta dicit homini ex primo peccato, quae sunt infirmitas, ignorantia, malitia, et concupiscentia. Concupiscentia in eo quod dicitur : *aperti sunt.* Quae erat in corpore infirmitas sive instabilitas in bono in eo quod dicit : *deambulantis*, quae respondet irascibili. Malitia concupiscibilis, in eo quod dicitur : *ad auram* propter defectum caloris caritatis. Ignorantia rationalis, cum dicitur : *post meridiem* propter defectum lucis. Et per perizomata et absconsiones fraudulentam duplicitatem et simulationem innuit, qua omnes mali se protegunt, quia qui male agit, odit lucem.

<*Poena exterior peccati*>

Sequitur : *Vocavit autem Deus*, ubi describit Moyses poenam inflictam ab exteriori.

Et facit duo Dominus, quae Moyses describit : primum est peccatoris

44 Adam ... eius] *subl.* A 47 a ... Domini] *subl.* A 49 in ... paradisi] *subl.* A 52 Augustinus] *iter. i. m.* A 55 Aliqui] Aliquid sed d exp. A 58 aperti sunt] *subl.* A 59-60 deambulantis] *subl.* A 61 ad auram] *subl.* A 62 post] ad A 62 ad meridiem] *subl.* A 66 Vocavit ... Deus] *subl.* A

40 *Glossa* (cf. I, 96 E).
51 *Glossa interl.* (I, 95 A-96 D).
52 AUGUST., *De Gen. contra Manich.*, II, c. 16, n. 24 (PL 34, 208).
54 *Glossa* (I, 96 E).
56 Cf. Ps.- BEDA, *Quaest. super Gen.* (PL 93, 280 C).

increpatio, ut ad paenitentiam convertatur; secundum est damnationis poena : *Et ait Dominus Deus ad serpentem.*

Item primo increpat virum, secundo mulierem : *Et ait Dominus Deus ad mulierem.*

Item primo ponitur increpatio viri | tacita et in generali, secundo 247 rb
expressa et in speciali : *Cui dixit* Deus. Utraque increpatio facta est ironica interrogatione, ut tamen extrahatur viri responsio, qua peccator se ipsum reum ostendat delicti, et ita quod iusto iudicio debeat condemnari.

Circa primum Moyses primo describit personae interrogandae in iudicio citationem per Domini vocationem; secundo describit illi factam interrogationem : *et dixit ei*; et tertio subiungit interroganti responsionem : *qui ait.*

Pro primo dicit : *Vocavitque* : vel interiori inspiratione, vel exterius per subiectam creaturam voce formata. Unde Augustinus : Probabile est Deum per creaturam ... humana forma hominibus apparere. Sic enim apparebat ut hominibus tamquam homo loqueretur, non ut finaliter deiceret et damnaret, sed, secundum interlinearem, *ut redeat* ad *paenitentiam. Dominus* : misertus servi sui, quia *non vult mortem peccatoris,* etc. (Ezechiel XVIII° et XXIII°). *Deus* : qui diligit omnia, et *nihil odit eorum quae fecit. Adam,* tamquam reum citando ad disceptandum in iudicio cum Domino.

Pro secundo dicit : *Et dixit ei* : interius, sed potius exterius, ut dictum est : « *Adam, ubi es ?* » : quasi dicat : respice *in quanta miseria* es, secundum interlinearem Glossam : *Habeo adversum te, quod caritatem tuam primam reliquisti. Memor itaque esto, unde excideris, et age paenitentiam,* ut dicit Apocalypsis 2°. Alia interlinearis dicit : *Verba*

71-72 Et ... serpentem] *subl.* A 74 Cui ... dixit] *subl.* A 76-77 condemnari] commendari A 80 et ... ei] *subl.* A 80 interroganti] n *add. sed exp.* A 81 qui ait] *subl.* A 82 Vocavitque] *subl.* A 83 creaturam] creationem A 83 Augustinus] *iter. i. m.* A 84 creaturam] *sequitur lac. unius verbi* A 87 Dominus] *subl.* A 88 Deus] *subl.* A 89 Adam] *subl.* A 91 Et ... ei] *subl.* A 92 Adam, ubi es ?] *subl.* A 95 Gregorium] Gregorius *add. i. m.* A

---

83 August., cf. *Glossa* (I, 96 F) et *Collatio cum Maximino* (PL 42, 723).

86 *Glossa interl.* (I, 95-96).

88 *Ezech.*, XVIII, 23.

88 Cf. *ibid.*, XXXIII, 11.

89 *Sap.*, XI, 25.

93 *Glossa interl.* (I, 98).

95 *Apoc.*, II, 4-5.

95 *Glossa interl.* (I, 97-98 A).

sunt *increpantis et ad confusionem cogentis, non ignorantis.* Secundum Gregorium hoc dicit statum suum reprobando, *quia* (inquit Gregorius) *erroris eius tenebras non approbat, qua*re, u*bi sit peccator, ignorat*; vel potest dici quod est verbum urbaniter blandientis, ne si statim aperte increparet, omnino desperando recederet. Dicit ergo hoc ut erubescat, et fidenter delictum suum proponat. Vocat ergo et interrogat, ut ad paenitentiam provocet, interrogat ut confusionem delicti eliciat.

Hic est quaestio, quare vir primo interrogatur, sed, infra eodem, mulier primo punitur.

Quoad primum est responsio, quia primum mandatum recepit, et per ipsum devenit ad mulierem, cuius *ipse est caput* (I^{a} <ad> Corinthios, XI°), et ideo debuit eam corripere, ita quod delictum mulieris etiam ipsi Adae ascribitur. E converso tamen mulier primo punitur, quia per mulierem vir peccavit, ut dictum est supra, ut primus sit in poena, qui primus fuit in culpa.

Sequitur responsio Adam, quae non est ad quaestionem de ubi, quia bene vidit cum Dominus eum vocaret, quia ubi esset non ignoraret, sed respondet ad quaestionem, quae consequenter posset ei fieri : quare ibi confugerat.

Et hoc est : *Qui* : tamquam timidus et verecundus. *Ait* : non respondendo ad interrogatum, sed rationem assignando, quare ibi fugerat et se abscondit, et in ratione tangit duo : primum motum, et impellens proximum. Pro primo dicit : *vocem tuam* : expone ut supra. Pro secundo dicit : *et timui* : timore servuli, qui, secundum Gregorium, *peccat*um silet et *abscon*dit, *non deserit.* Timuit vero verecundia duplici, ut dicit Augustinus, quia tunc primum motum sentiebant, et quia post transgressionem hoc contigisse sentiebant. Sed istud non tantum pertinet ad verecundiam absconsionis quam operationis peractae (?) Ideo melius : timuit verecundia transgressionis, qua remordens conscientia se culpabilem ostendit. Sed huic non concordat quod sequitur : *eo quod*

---

98 ubi] ibi A 2 provocet] provocat *add. sed exp.* A 3 Hic ...] Quaestio *add. i. m.* A 5 Quoad ...] Solutio *add. i. m.* A 15 Qui] *subl.* A 15 Ait] *subl.* A 18 vocem tuam] *subl.* A 19 et timui] *subl.* A 21 Augustinus] *iter. i. m.* A 25-26 eo ... etc.] *subl.* A

---

97 *Glossa* (I, 38).
3 *Gen.*, III, 16.
6-7 *I Cor.*, XI, 2.
19 *Glossa* (I, 98 F).
21 August., cf. *De Gen. ad litt.*, XI, c. 34, n. 46 (CSEL 28[1], 368; PL 34, 391).

etc. Ideo melius secundum litteram timor iste fuit ex nuditate, propter quam non audebat comparere coram Domino : et quomodo hoc, dictum est supra. Augustinus autem dicit, quod fatue respondit, *quasi displiceret nudus, qui talis fuerat factus*. Est autem hoc erroris proprium, ut quod cuique displicet, hoc de eo displicere arbitratur. Sed certe postquam Dominus in specie humana apparuit, non erat mirum, si nuditatem in qua foedus motus apparuit, ipse timuit, qui ab initio in ipso non fuit, et ideo etiam Deo displicuit. *Eo quod nudus essem* : | quo- 247 va
modo nudus, expone ut supra.

Sequitur : *Cui dixit Deus* : ubi Deus eum in speciali increpat et expresse, et hoc quia dignus erat, eo quod poenam nuditatis ex delicto venientem confessus est, quam celare non potuit, eo quod ad oculum patens fuit, sed culpam, quae fuit causa inductiva poenae, subticuit, quasi illi scrutanti corda et renes aliquid latere potuit.

Ubi Moyses duo facit : quia primo describit, quomodo Dominus improperando ei culpam quam subticuit, eum manifestando increpavit; secundo quomodo ille videns quia factum negare non potuit, se excusando factum attenuavit : *Dixitque Adam*.

Pro primo dicit Moyses : *Cui* : confitenti poenam sed subticenti causam. *Dixit* : improperando culpam, quam subticuit, et de hoc increpando. *Deus* : cui nihil latere potuit. *Quis* ? : pro : « Quid ? » : id est quae res : aliter enim non responderet. Sequitur exclusio : *nisi quod*, etc. : quasi dicat : « revera nihil aliud, nisi quod », etc. *Indicavit tibi* : ut perciperes in te quod prius non percepisti, videlicet *quod nudus esses*, et de nuditate tua erubesceres : quasi dicat, secundum Glossam interlinearem : *Quis te* in *hanc infirmitatem* de*duxit*, qua illud in te percepisti ? *Nisi* hoc : scilicet malitia et peccatum tuum, quod perpetrasti in eo *quod ex ligno*, etc., et patet ex praedictis, quasi dicat : nihil aliud hoc indicavit; et in hoc peccatum eius, quia confiteri noluit, ei improperavit.

Quod cum negare non potuit, statim tamen excusando attenuavit.

---

33 Eo ... essem] *subl.* A 35 Cui ... Deus] *subl.* A 43 Dixitque Adam] *subl.* A 44 Cui] *subl.* A 45 Dixit] *subl.* A 46 Deus] *subl.* A 46 Quis ?] *subl.* A 48 Indicavit tibi] *subl.* A 49-50 quod ... esses] *subl.* A 52 Nisi] *subl.* A 53 quod ... etc.] *subl.* A

---

28 *Glossa interlin.* (I, 97 A-98 D : *Glossa anonyma*) : cf. August., *De Gen. contra Manich.*, II, c. 26, n. 24 (PL 34, 309).

50-51 *Glossa interl.* (I, 97-98).

Et hoc est quod Moyses consequenter describit, dicens : *Dixitque Adam* : Glossa : *Non humiliter confitens, sed superbe excusans, et in auctorem mulieris culpam retorquens.* Superbia enim habet confusionis deformitatem, non confessionis humilitatem. Et nota quia Adam, ut se excuset, duos inculpat : Evam et Deum. Et sex conditiones excusandi in dicto suo accumulat, ut patebit.

Dicit ergo : *Mulier*, etc. : quasi dicat : non est mirum, quod accepi et comedi : primo, quia mihi datum erat, non propria auctoritate lignum usurpavi; secundo, quia socia dedit, cui conveniens erat, ut societatem servarem; tertio, quia illa dedit quam mihi dedisti, quam nisi dedisses, non fecissem; quarto, quia mulier erat quae dedit, quam de facili contristassem, si non accepissem; quinto, quia quod accepi, non nisi lignum, et ita modicum erat; sexto, quia comedi, et ita in bonum usum naturae converti. Si ergo malum feci, mulieri imputes : mihi dedit; et tibi ipsi, quia mihi eam dedisti. Allegat ergo primo pro se muliebrem conditionem, cum dicit : *mulier*; Domini factum : *quam dedisti*; iura societatis : *sociam*; sociae factum : quae *dedit mihi*; ligni modicitatem : *de ligno*; usus bonitatem : *et comedi* : quomodo nullum istorum excusat, longum esset prosequi, et ideo omitto.

Sequitur increpatio mulieris, ubi tangitur primo Domini increpatio, secundo mulieris superba excusatio.

Pro primo dicit : *Et* : postquam se, ut dictum est, excusavit vir per mulierem, et vere accusanda fuit, licet per hoc vir non erat excusatus. *Ait* : improperando ei factum suum, et eam increpando.

Sed quare eam sicut Adam non vocavit, et ubi esset, interrogavit?

Responsio est : quod fecit in hoc viro, quia simul erant, intelligitur simul factum mulieri, et responsio viri pro se facta intelligitur et pro muliere, sed ubi vir mulieri adversabatur, et eam specialiter inculpabat, ibi specialiter interroganda erat, et increpanda.

Dominus Deus : expone ut supra : mulieri tamquam illi quae in rei veritate erat auctor et particeps criminis. *Quare*: id est quae causa tibi fuit et ratio, quare. *Hoc* : id est quod viro tuo dedisti de ligno, ut comederet. *Fecisti* : ut alium tecum inculpares, cui proprium delictum

---

57-58 Dixitque Adam] *subl.* A 61 excuset] accuset *sed in* excuset *corr.* A 63 Mulier] *subl.* A 72 mulier] *subl.* A 72 iura] -e A 73 Sociam] *subl.* A 73 quae ... mihi] *subl.* A 74 de ligno] *subl.* A 74 et comedi] *subl.* A 78 Et] *subl.* A 80 Ait] *subl.* A 81 Sed ...] Quaestio *add. i. m.* A 82 Responsio ...] Solutio *add. i. m.* A 86 Dominus Deus] *subl.* A 87 Quare] *subl.* A 88 Hoc] *subl.* A 89 Fecisti] *subl.* A

---

58 *Glossa interl.* (I, 97-98).

suffecisse debuisset. Quasi dicat : tu transgressa es et viro tuo causa trangressionis fuisti. Unde notabile est, quia de commisso in virum pro se increpatur, quia hoc pure a se habuit, de delicto vero propriae transgressionis in Deum non increpatur per se, sed solum vir, et ipsa in hoc, quod vir eius increpatur. Et hoc quia mandatum non accepit mulier, nisi per virum, et ideo debuit fuisse custos in conservando mandatum, sicut mediator in denuntiando, propter quod et pro transgressione propria et mulieris ipse solus increpatur.| 247 vb

Pro secundo dicit : *Quae respondit* : ut vir eius, *non humiliter confitendo sed*, secundum Glossam, *superbe se excusando*, et in auctorem serpentis culpam referendo, cum tamen Dominus per se interrogavit eam, ut saltem, viro superbe se excusante, ipsa humiliter confitendo paeniteret. Et est advertendum, quia non respondit ad interrogatum de eo quod commisit in virum, quia in hoc se excusabilem non vidit, sed transtulit se ad principale delictum, in quo se posse excusare credidit, dicens : *Serpens* : creatura tua, cui deceptionis astutiam dedisti; *decepit me* : falsa suadendo. Sed vana est excusatio, quasi cuiusquam persuasio praevalere debeat Dei praecepto. Et nota, quia mulier principaliter allegat deceptionem serpentis, vir viro mulieris suasionem : in quo notatur quod mulier principaliter per errorem intellectus, vir vero per illationem affectus. Unde mulier proprie ut peccaret, seducta fuit sive decepta, non illecta; vir autem proprie illectus fuit, non seductus sive deceptus. Utrumque tamen utrique quodam modo contigit, sed mulier fuit decepta ut alliceretur, vir vero illectus, ut deciperetur. Ecce qualiter occulte crimen refert in creatorem. *Et comedi* : et fuit haec criminis extorta confessio, quae veniam non meretur sed poenam. Et propter hoc Dominus contra eos, quos in superbia persistere vidit, poenam infligendo processit, ut poena humiliaret, et sic ad paenitentiam provocaret, quos malitia in superbiam et accusationem peccati erexit. Unde si statim humiliter paenitendo crimen confessi fuissent et veniam postulassent, dicendo : *Domine, miserere mei, sana animam meam, quia peccavi tibi*, credo quod multum misericordius contra eos processisset, quam processit in poena quam Moyses consequenter describit. Et quia secundum Apostolum : *Quaecumque scripta sunt, ad nostram*

---

5 Serpens] *subl.* A 6 decepit me] *subl.* A 7 Et nota ...] Nota *add. i. m.* A
14 Et comedi] *subl.* A

---

99 *Glossa interl.* (I, 99-100).
20-21 *Ps.* XL, 5.
23 *Rom.*, XIII, 4.

doctrinam scripta sunt, ut dicit hic Augustinus, *hoc scriptum est, et interrogationes*, et *responsiones ad hoc factae sunt, ut veraciter et utiliter scrib<er>entur, ut sciamus quomodo superbi laborant* hodie, conantes malum suum in creatorem referre. *Nihil est autem tam familiare peccatoribus, quam tribuere Deo velle undecumque accusantur.*

Et ait Dominus ad serpentem : hic Deus, cum peccatores flectere non potuit ad paenitentiam, sententiando procedit ad poenam. Primo contra serpentem suggerentem; secundo contra hominem suggestioni consentientem : *Mulieri quoque dixit.*

<Poena serpentis>

Item contra serpentem primo sententiat poenam respectu aliorum animalium brutorum; secundo respectu primorum hominum : *inimicitias ponam.*

Contra serpentem primo ponit condemnationis causam; secundo poenam, ubi poenam primo pronuntiat in generali, secundo in speciali eam describit : *Super pectus.*

Dicit ergo pro primo : *Et ait Dominus Deus* : per subiectam creaturam : credendum enim est secundum Glossam, quod omnia haec ad litteram dicta sunt, nihil interrogando neque improperando sicut prius fecerat hominibus, sed solum poenam infligendo, quia, ut dicit Augustinus Contra Manichaeos : *Serpens non interrogatur, sed excipit poenam, quia nec confiteri potest, nec habet unde se omnino excuset*; et aliter hic in Glossa : *Serpens non interrogatur, quare fecerat, quia non ipse propria voluntate et natura fecerit, sed de illo diabolus, et per illum et in illo.* Unde ad litteram verum est quod dicit Augustinus de serpente bruto. Sed ex parte diaboli, quia diabolus in serpente damnatur, sicut in serpente suggessit, aliter respondendum est, ut omnem poenam quae hic serpenti indicitur, ad ipsum referamus, secundum quod dicit hic Augustinus in Glossa : Nota tamen quod refertur tota

30 sententiando] cf. J.F. Niermeyer, *Mediae latinitatis ...*, p. 959. 31 hominem suggestioni] *iter. sed exp.* A 32 Mulieri ... dixit] *subl.* A 35-36 inimicitias ponam] *subl.* A 39 Super pectus] *subl.* A 44 Augustinus] *iter. i. m.* A

24 August., *De Gen. ad litt.*, XI, c. 35, n. 47 (CSEL 28^1, 369-376; PL 34, 449).

27-28 Id., *De Gen. contra Manich.*, II, c. 17, n. 25 (PL 3, 209).

41 *Glossa* (I, 100 E).

44 August., *De Gen. contra Manich.*, II, c. 17, n. 26 (PL 34, 209); *Glossa* (I, 100 E).

46 August., cf. *De Gen. contra Manich.*, II, c. 17, n. 26 (PL 34, 209-210).

52 Cf. *Glossa* (I, 100 E ?).

sententia ad diabolum, non pro poena qua in futuro aeternaliter, sed <qua> hic temporaliter punitur. Unde Augustinus Contra Manichaeos : *Non autem nunc ea damnatio dicitur diaboli, quae ultimo iudicio reservatur, sed ea nunc eius poena dicitur, qua nobis cavendus est. Poena enim est eius, ut in potestate habeat eos, qui Dei praecepta contemnunt. Hoc enim explicatur his verbis, quibus in eum profertur sententia, et inde maior poena est, quia | de hac tam infelici potestate laetatur,* 248 ra *qui solebat antequam caderet, de sublimi veritate gaudere, in qua non stetit.* Ex parte ergo diaboli respondetur, quod non interrogatur, quia ex malitia et invidia et irrevocabiliter peccavit. Non sic homo, quia mulier peccavit ex ignorantia, et decepta, vir autem ex infirmitate naturae et intellectus. Et recipit diabolus primo damnationem, quia initium peccati fuit mulieris, et demum mulier, quia fuit initium peccati viri, et tunc restat ultimo damnatio viri. *Ad serpentem* : Glossa interlinearis : id est *diabolum, qui occulte serpit.* Sicut enim in serpente loquitur, ita in serpente maledicitur : *Quia hoc fecisti* : scilicet mulierem per tuam fraudem decepisti.

Pro secundo dicit : *Maledictus* : id est malo poenae addictus : id est condemnatus. *Eris* : statim secundum quod sententia iam in speciali exprimitur : *super pectus,* etc. Unde vel, si de diabolo exponatur, non loquitur de maledictione poenae aeternae, cui ab initio sui proprii peccati erat addictus, sed poenae temporalis propter peccatum in suggestione temporali ipsi homini, ut dictum est secundum Augustinum.

Vel : malo addictus e*ris,* quia mala de te dicentur : non de natura eius : naturam enim eius malam esse dicere, est peccatum blasphemiae, unde in canonica Iudae : *Cum Michael archangelus cum diabolo disputans altercaretur, non est ausus iudicium inferre blasphemiae,* dicendo scilicet malam eius esse naturam; sed de eius vitio, et ipsi pro vitio maledicendo, non livore invidiae, sed amore iustitiae.

---

66 Ad serpentem] *subl.* A 68 Quia ... fecisti] *subl.* A 70 Maledictus] *subl.* A 71 Eris] *subl.* A 75 est] *sup. lin.* A 77 Eris] *subl.* A 78 malam esse dicere] maledicere *corr. in* malam esse dicere A

54-55 August., *De Gen. contra Manich.*, II, c. 17, n. 26 (PL 34, 209).
66-67 *Glossa interl.* (I, 99-100).
75-76 Cf. *supra*, p. 237, 52 - 238, 61.
79 *Iud.*, I, 9.

Inter omnia animantia terrae : id est super omnia animalia et bruta : ad litteram: malignitate veneni, quod portat serpens, super omnia *maledictus* est ab omnibus et abominatus tamquam summe nocivus. Alia translatio habet : *ab omni pecore et omni* genere *besti*arum, quia venenum eius omnes bestiae fugiunt. Et creditur a quibusdam, quod in ista maledictione venenum serpenti sit inditum, et quod prius non erat venenosus. Non sic credendum est, quia quod in eo aliis est venenum, sibi est natura, et ideo ab initio sibi concreata. Unde debet legi : *ab omni pecore*, etc., ut prius : id est prae omni, et hoc ab hominibus, qui post peccatum ab eius veneno sibi vix cavere possunt. Sed referamus hoc ad diabolum, dicendo cum AUGUSTINO Contra Manichaeos, quod, quia *antequam caderet, de sublimi veritate gaudere solebat, in qua non stetit, ideo etiam illi pecora praeponuntur, non in potestate, sed in conversatione naturae suae, quia pecora non amiserunt beatitudinem aliquam caelestem, quam numquam habuerunt, sed in natura sua quam acceperunt, peragunt vitam.* Sed hoc nihil ad propositum, quia de poena illius peccati non loquitur hic. Ideo exponendum est sic : *maledictus* eris, ut dictum est, quia mala de eo dicentur super omnia animantia, quia in illo est malitia culpae in rationali natura perversa, in brutis autem non est nisi malitia naturae, qua naturaliter aliqua sunt homini vel alteri bruto nociva : prior malitia multo maior est et etiam multo magis nociva. Propter quod dicit PHILOSOPHUS, VIIº Ethicorum : *Innocentior est pravitas semper non habentis intellectum. Decies enim millecies plura mala facit malus homo bestia.* Cuius rationem assignat ibi COMMENTATOR, dicens : Homo enim cum intentione et consilio conatur laedere, bestia autem sine intentione ad laesionem conatur, et propter hoc magis innociva est. Si ergo malus homo peior est bestia, multo fortius diabolus, qui pessimus est et perspicacioris intellectus homine. Et ex hoc maledicunt ei homines super omnes bestias, quia tentando primos parentes maxime eis nocivus fuit.

Sequitur descriptio huius maledictionis in speciali; vel si dictam maledictionem tenere<mus> pro poena distincta dicendo quod ibi tangitur

---

83 Inter ... terrae] *subl.* A   9 innociva] cf. J.F. NIERMEYER, *Media latinitatis ...*, p. 539.

---

85 Cf. AUGUST., *De Gen. ad litt.*, XI, c. 36, n. 49 (CSEL 28^1, 370; PL 34, 449).
93-94 AUGUST., *De Gen., contra Manich.*, II, c. 17, n. 26 (PL 34, 209-210).
5 ARISTOT., *Eth. ad Nicom.*, VII, c. 6 (Z 1150 a 4-5, 7-8).
7 AVERROES, *Eth. ad Nicom.*, VII, c. 6 com. (cf. 102v L-103r B).

poena serpentis respectu aliorum brutorum hic in natura sua abstracta, tunc alii istas tres poenas dicunt respondere triplici peccato, quod serpens suggessit mulieri : avaritiae, propter quod dicitur ei : *Maledictus eris*, quia depauperatus et privatus omnibus bonis, et solitarius super omnia animalia ; superbiae, propter quod ei dicitur : *Super pectus tuum gradieris*, ut quia hominem super se elevavit, ipse in corpore suo deiciatur et prosternatur ; | gulae, propter quod dicitur : *terram comedes*, 248 rb ut quia gulam suasit, vilissimo cibo deputetur. Et dicunt hoc, non quia talis non fuit natura eius, sed quia Deus talem praevidit eum futurum, tali maledictione dignum. Sic exponitur litteraliter de serpente materiali.

De diabolo autem et poenam sub ratione serpentis exponendo, dicimus de eo : *super pectus tuum gradieris*, id est in *superbiam* te semper eriges, secundum Glossam interlinearem, *quia in pectore impetus animi dominatur*, et ideo « *ventrem* tuum » *SEPTUAGINTA addiderunt. Ceterum in hebraeo « pectus » tantum habetur, ut versutias et calliditatem cogitationum aperiret*, eo *quod omnes gressus eius nequitiae et fraudes sunt*. Gregorius in Glossa utrum, scilicet pectus et ventrem, exponit de fraude concomitanti(?) *malum luxuriae*, ut patet inspicienti, Augustinus autem Contra Manichaeos exponit « pectus » de nequitia superbiae, « ventrem » vero de fraude(?) luxuriae, dicens : *Dicitur ergo huic* : « Super *pectus* et *ventrem* repes ». *Ex illo animante visibili ad hunc invisibilem inimicum nostrum locutio figuratur. Nomine enim pectoris significatur superbia, quia ibi dominatur impetus animae. Nomine autem ventris significatur carnale desiderium, quia haec pars mollior sentitur in corpore. Et quia ille his rebus serpit ad eos quos vult decipere, propterea dictum est : « Pectore et ventre repes »*.

Sequitur : *et terram comedes*. Augustinus Contra Manichaeos : « *Terram manducabis* » *duobus modis potest intelligi : vel « ad te pertinebunt quos terrena cupiditate deceperis » : id est peccatores omnes, qui terrae*

---

20 tuum] enim A 24 praevidit] -ens A 25 exponendo] exponitur(?) A 27 poenam] -na A 28 super ... gradieris] *subl.* A 32 cogitationum] -nem A 34 concomitanti(?)] contra A 34-35 Augustinus] *iter. i. m.* A 43 et ... comedes] *subl.* A

---

29 *Glossa interl.*, (I, 101-102 A).

30-33 Hieron., *Hebr. quaest. in Gen.*, c. 3, v. 14 (CC lat. 72, 5; PL 23, 943).

33 *Glossa* (I, 101 A-B).

35 August., *De Gen. contra Manich.*, II, c. 17, n. 26 (PL 34, 210).

43 *Ibid.*, II, c. 18, n. 27 (PL 34, 210).

nomine designantur; *vel certe tertium genus tentationis his verbis figuratur, quod est curiositas* : *terram enim qui manducant, profunda et tenebrosa penetrant, et tamen temporalia atque terrena.* Dicitur ergo ipsi : *supra pectus*, quia suasit homini superbiam; *supra ventrem*, quia gulam, quae est mater luxuriae; dicitur : *terram comedes*, quia suasit scientiae curiositatem.

Cunctis diebus vitae tuae : et hoc propter peccati eius irremediabilitatem. Sed hoc nihil ad propositum, quia non aget ista nisi quamdiu homines tentabit. Ideo dicendum secundum AUGUSTINUM : *id est omnibus* diebus *quibus* agis hanc *potestatem ante illam ultimam poenam iudicii* : haec enim *vita* eius videtur, *de* qua *gaudet* atque *gloriatur.*

Sequitur poena eius respectu hominum quos decepit : *Inimicitias ponam.* Et est magna discordia cum humano genere, quam describit quoad ingressum, quoad progressum, et quoad consummationem, exponendo pro serpente naturali, ex cuius figura transfertur littera ad serpentem spiritualem.

Dic<it> hoc modo pro primo. *Ponam* : naturali instinctu quem a me habebunt. *Inimicitias* discordiarum naturalium, quia homo timet naturaliter super omnia animantia serpentem, et serpens maxime hominem nudum, et hoc propter venenum serpentis, quod maxime est nocivum homini, et propter sputum hominis, quod venenum est et maxime nocivum serpenti. *Inter te* : qui nunc insidiatus es mulieri. *Et mulierem* : quia et mulieres plus viris serpentes abhorrent.

Pro secundo dicit. *Et semen tuum et semen illius* : id est : inter generationes vestras semper, quemadmodum inter vos.

Pro tertio dicit. *Ipsa conteret caput tuum* : quia in capite homo maxime insidiatur serpenti, quia ibi facilius occiditur, et ideo serpens notabiliter maiori diligentia caput custodit. *Et tu insidiaberis calcaneo* : id est quia cum pede conculcatur, insidiatur, si saltem talum pungere possit, et venenum ei immittere, quia serpens humi depressus nocere homini nisi in parte inferiori <non> potest. Nec haec dicuntur, quia post mulieris tentationem istae inimicitiae primo factae sunt, sed a natura eis indita<e> sunt, et Deus praevidit eas congrue istis primis insidiis.

---

52 Cunctis ... tae] *subl.* A 57-58 Inimicitias] *subl.* A 62 pro primo] *sup. lin.* A 62 Ponam] *subl.* A 63 Inimicitias] *subl.* A 67 Inter te] *subl.* A 68 Et mulierem] *subl.* A 69 Et ... illius] *subl.* A 71 Ipsa ... tuum] *subl.* A 73 Et ... calcaneo] *subl.* A 74 saltem] -tim(?) A

---

54 *Glossa* (I, 100 F).

De spirituali serpente exponendo, dicit pro primo sic. *Ponam* : gratiam infundendo homini ad odium peccati. *Inimicitias* : id est odium et discordias, ne in aliquo consentiatis. *Inter te* : qui non voles nisi instigare ad malum. *Et mulierem* : quae non volet malo consentire, sed bonum eligere. Hic quaerit AUGUSTINUS Contra Manichaeos : *Non*(?) *autem* | *inimicitiae ponuntur inter ipsum et virum, sed inter ipsum et* 248 va *mulierem. Numquid quia viros non tentat et decipit? Sed manifestum est, quod decipit. An quia ipsum Adam non decepit, sed mulierem eius? Sed numquid propterea non est inimicus eius, ad quem venit per mulierem suam illa deceptio? Quare ergo ita dicitur, nisi quia hic manifeste ostenditur non posse nos a diabolo tentari, nisi per illam animalem partem quae quasi mulieris imaginem vel exemplar in ipso* bono *homine ostendit?* Non enim ratio nostra deduci ad consummationem peccati potest, nisi cum delectatio mota fuerit in illa parte animi, quae debet obtemperare rationi tamquam <mulier> rectori viro. Per mulierem ergo hic intelligitur status muliebris et humana fragilitas, sive in viro sive in muliere.

Pro secundo dicit. *Et semen tuum* : illos qui ex parte tua sunt, ut sunt omnes peccatores, quorum ipse pater dicitur : Ioannis VIII°: *Vos ex patre diabolo estis. Et semen illius* : omnes carnales, spiritui tamen adhaerentes, nati de ea carnaliter; vel, secundum AUGUSTINUM, *significatur semine diaboli perversa suggestio, semine autem mulieris fructus boni operis quo perversae suggestioni resistit.*

Pro tertio dicit. *Ipsa conteret caput tuum* : in semine suo, quod te conculcabit. *Et tu insidiaberis calcaneo* ipsius : hoc etiam in semine suo, quia calcaneo seminis eius, quod eum conteret calcando ipsum, ipse insidiabitur, Christo scilicet, qui est semen eius secundum humanam naturam, qui eum conteruit, cuius humana natura « calcaneum », id est pars eius inferior est, quam tentando diabolus persecutus fuit, insidiando ei usque ad mortem. Unde HIERONYMUS : *Melius habetur in hebraeo* : « *Ipsa conteret tuum caput, et tu conteres eius calcaneum* » : quia et nostri gressus praepediuntur a colubro, et *Dominus conteret Satan sub pedibus* nostris *velociter*. (<ad> Romanus ultimo). AUGUSTINUS

79 Ponam] *subl.* A 80 Inimicitias] *subl.* A 81 Inter te] *subl.* A 83 Non(?)] Sive(?) A 95 Et ... tuum] *subl.* A 97 Et ... illius] *subl.* A 1 Ipsa ... tuum] *subl.* A 2 Et ... ipsius] *subl.* A 7 Hieronymus] *iter. i. m.* A 10 Augustinus] *iter. i. m.* A

83 AUGUST., *De Gen. contra Manich.*, II, c. 18, n. 28 (PL 34, 210).
96 *Ioann.*, VIII, 44.
98 AUGUST., *De Gen. contra Manich.*, II, c. 18, n. 28 (PL 18, 210).
7 HIERON., *Hebr. quaest. in Gen.*, III, v. 16 (CC 72, 6; PL 23, 943).
10 *Rom.*, XVI, 20.
10 *Glossa* (I, 101 A).

transfert se ad sensum spiritualem, dicens : *Observat* iste *plantam mulieris, ut si* quand*o in illa*<m> *illabitur delectatio,* tunc *illam capiat, et illa observat eius caput, ut* eum in *ipso initio malae suasionis excludat.*

<Poena hominis suggestionem serpentis consentientis>

Sequitur : *Mulieri quoque dixit* : ubi Moyses describit poenam hominis suggestionem serpentis consentientis .

Et describit poenam duplicem : scilicet poenam sensus ex illatione mali contrarii et disconvenientis; et poenam damni ex subtractione boni convenientis, ibi : *Nunc ergo ne mittat.* Et est conveniens haec duplex poena peccato, quia secundum AUGUSTINUM in peccato duo sunt : conversio ad bonum commutabile, et aversio a malo incommutabili : ratione ergo conversionis ad bonum commutabile punitus est poena sensus; ratione vero aversionis, poena damni.

Item in prima parte Deus primo utrique infligit poenam, secundo eis replicat culpam, ut ostendat eis poenam iuste fore inflictam : *Ecce Adam.*

Item quia omnes viae Domini misericordia et veritas, ideo in prima parte infligendo eis poenam, exercet primo circa eos veritatem iustitiae; secundo administrando eis tunicas pelliceas ad tegendum nuditatem, et ad protegendum contra aliquas poenalitates, aperit et ostendit eis viscera misericordiae, ibi : *Fecit quoque Dominus Deus.*

Item primo poenam dictam inducit super(?) protoplastos; secundo insinuat illam per illos traducendam ad posteros, ibi : *Et vocavit Adam.*

Item primo describit poenam inflictam mulieri, secundo viro : *Adam vero dixit.*

Poena mulieris triplex describitur, respondens triplici modo, quo mulier peccavit. Peccavit enim in se ipsa prava delectatione : et in affectione et in actione; peccavit etiam <in> virum suum mala persuasione. Contra primam delectationem punitur poena prima in affectu; contra secundam delectationem punitur poena secunda in effectu; contra pravam suggestionem punitur poena tertia in statu. Prima est ex maeroris conceptu; secunda ex doloris partu : *in dolore*; tertia vero ex subiectionis statu : *et sub viri.*

---

15 Mulieri ... dixit] *subl.* A 19 Nunc ... mittat] *subl.* A 25-26 Ecce Adam] *subl.* A 31 Fecit ... Deus] *subl.* A 32 super] si^{r} A 33 Et ... Adam] *subl.* A 35 Adam ... dixit] *subl.* A 42 In dolore] *subl.* A

---

20 Cf. AUGUST., *De civ. Dei*, XII, c. 6 (CC lat. 48^{2}, 360; CSEL 40^{1}, 574; PL 41, 354).

Pro primo dicit : *Mulieri quoque dixit* : expone ex praedictis. *Multiplicabo aerumnas et conceptus tuos* : quae multiplicasti delectationes tuas in suasio-|nibus et conceptibus alienis. Delectabatur enim male 248 vb in audiendo serpentis verba, in afficiendo circa eius promissa, in complacendo circa lignum vetitum visione vana.

Aerumnas : id est *curas saeculi* secundum Glossam Marci IVº. <Iª ad> Corinthios, VIIº : *Volo vos sine sollicitudine esse.* Et sequitur : *Mulier innupta et virgo cogitat quae Domini sunt*; *quae autem nupta est, cogitat quae sunt mundi.*

Et conceptus : spirituales : dolores scilicet et tristitias : unde translatio SEPTUAGINTA : *Multiplicabo dolores tuos et* suspiria(?) tua; translatio <HIERONYMI(?)> : *Multiplicabo tristitias tuas et gemitus tuos.*

Hoc ad litteram patet, licet potest legi : *conceptus* : corporales : in prolis scilicet multiplicatione. Unde ut quidam dicunt, hebraeus habet « impraegnationes tuas ». In statu enim innocentiae non fuisset necesse tot filios concipere : id est tum quia nullus damnaretur et ideo non tot generarentur quousque numerus electorum fuisset impletus, quot modo necesse est generari propter multitudinem damnatorum; secundo : tum quia omnes tunc generassent; tertio : tum quia nulla mulier tunc aborsum passa fuisset. Et secundum hunc modum *aerumnas et conceptus* possunt legi pro diversis generibus poenarum : ut altera poena sit aerumna, quia circa curas et tristitiam rerum mundialium; conceptus vero circa proles, in quorum multiplicatione est mulieribus maxima poena, tum quia unus conceptus per alium subsequentis intempestive saepe extinguitur, et ita mulier in aborsu periclitatur; tum quia ex multiplicatione fetus mulier debilitatur, multum citius

44 Mulieri ... dixit] *subl.* A 44-45 Multiplicabo ... tuos] *subl.* A 49 Aerumnas] *subl.* A 54 suspiria(?)] superbia A 55 translatio] *sequitur lac.* A 57 conceptus] *subl.* A 68 conceptus] -tum A 69 aborsu] multiplicatur *add. sed exp.* A

49 *Glossa interl.* (v, 523-524 B).
49 *Marc.*, IV, 19.
50 *I Cor.*, VII, 32.
51 *Ibid.*, VII, 34.
54 SEPTUAGINTA, III, 16 (p. 18).
55 HIERON., *Hebr. quaest. in Gen.*, III, v. 16 (CC lat. 72, 6; PL 34, 943).

senescit et moritur; tum quia impraegnata dolores patitur capitis, gravedinem ventris, cibi et potus abominationem, inordinatum appetitum, et cetera huiusmodi.

Vel possunt legi pro eodem genere poenae sic : *aerumnas et conceptiones* : id est dolores et tristitias conceptus ; cui concordat littera statim sequens de dolore partus : *In dolore*, etc. Cui etiam concordat hebraeus, secundum quod dicit HIERONYMUS : *Pro « tristitia », « gemitu », in hebraeo « dolores », « conceptus » habetur*.

Pro secundo dicit : *in dolore paries filios* : quae prave delectando fructus gustavit alienos. MAGISTER in Historiis : *quia in fructu peccavit, in fructu suo punita est*. Quod dictum est : *in dolore*, maledictio est, sed *paries*, benedictio : Maledicta enim sterilis, et ita puniendo *non est oblitus misereri Deus*. Dolor ille tantus est, quod omnis vehemens dolor in sacra scriptura per illum exprimitur et illi comparatur : Isaiae XIV° : Ut *parturientes* dolebunt. Unde et *dolor* est *maior mulieris parturientis*, quam *alterius animalis*, ut dicit PHILOSOPHUS De animalibus.

Pro tertio dicitur : *et sub potestate viri eris* : ut voluntarie te ipsi subdas, qui prius ei quasi imperando ut comederet, lignum porrexisti. *Et ipse dominabitur tui* : *ipse* : tamquam superior natura ; *dominetur tui* : ut conditione servili ei subiciaris, et hoc solum quoad regnum et gubernationem : alias enim pares sunt, ut statim patebit.

Alia potest esse expositio primae clausulae, et melior : ut scilicet continetur et cum praecedenti et cum isto sequenti. Cum praecedenti sic : licet in dolore paries filios, non tamen te dolor retrahat ne ad virum tuum revertaris, sed ad virum tuum erit iterato conversio tua, et *sub potestate* eris, ut ipse habeat potestatem corporis tui : Iª <ad> Corinthios, VII° : *Uxori vir debitum reddat, similiter et uxor viro. Mulier sui corporis potestatem non habet, sed vir. Nolite fraudare invicem, nisi forte ex consensu.*

Sed ex hac littera obicitur : cum mutuo habent potestatem in corpus,

71 impraegnata] -antem A 76 In ... etc.] *subl.* A 79 in ... filios] *subl.* A 79 dolore] dicit *add. sed exp.* A 88 et ... eris] *subl.* A 89-90 Et ... tui] *subl.* A 90 dominetur tui] *subl.* A

77 *Ibid.*, III, c. 16 (CC lat. 72, 6 ; PL 23, 943).
80 PETRUS COMESTOR, *Hist.-Gen.*, c. 23 (PL 198, 1074 B).
83 Cf. Ps. LXXVI, 10.
85 *Is.*, XIII, 8.
87 ARISTOT., *De animalibus*, VII, c. 9 (Z 587 a 2-3, 586 b 35).
97-98 *I Cor.*, VIII, 3-5.

si de hac potestate clausula ista exponatur, non magis est in poenam mulieri, quod sit sub potestate viri, quam viro, quod sit sub potestate mulieris. | Quare ergo potius dicit mulieri : *sub potestate viri eris*, quam 249 ra
viro : « sub potestate mulieris » ?

Dicendum, quod quoad usum corporis aequales sunt omnino vir et mulier, et non plus iuris et potestatis habet vir in mulierem, quam e converso. Et pro hac potestate, in qua sic aequiparantur, exponenda est haec clausula. Unde HIERONYMUS : « *Et ad virum* erit *conversio tua* » : *pro conversione AQUILA « societatem », SYMMACHUS « appetitum » vel « impetum » transtulerunt.* Quia tamen mulier tempore impraegnationis patitur dolorem corruptionis, et usque ad conceptum dolores dictos « dolores conceptus », et tempore partus dolores summos parturitionis, e quibus nullum vir patitur, idcirco mulier postquam omnia ista experta est et aperte novit, quia plus habet doloris ex commixtione cum viro, quam delectationis, vir autem quasi nihil sentit, nisi quod est delectationis, plus habet occasionem subtrahendi se viro suo, ne revertatur ad copulam, quam vir, et ideo ille reditus sub potestate viri magis praecipitur mulieri in poenam quam viro, quia mulieri magna poena est, quod viro non est poena, sed magis delectatio. Unde plures inveniuntur mulieres, quae postquam experiuntur incommoda ex coniunctione cum viro, libenter retrocederent si possent, et dolent se contraxisse, qua de causa forte se retraxit a viro suo illa mulier de Bethlehem, de qua legitur Iudicum XIX°. Unde et virgines quod concubitum ardentius cupiunt, multum facit quod inexpertae sunt, secundum quod dixit HIERONYMUS : *Etiam ferreas mentes libido domat, quae maiorem in virginibus patitur famem, cum dulcius putat omne quod nescit.* Remedium tamen unum dedit Dominus revertendi facilius mulieri, quia quantocumque dolore torqueatur ex viri copula, peracta doloris pressura, non meminit pressurae, ipsam scilicet <nihil> reputando : Ioannis XVI° : *Mulier cum parit, tristitiam habet. Cum autem peperit puerum, iam non meminit pressurae propter gaudium, quod natus est homo in mundum.*

---

4 mulieris] s *exp.* ? A 4-5 Quare ...mulieris ?] *iter. in fine folii praecedentis* A
6 Dicendum ...] Solutio *add. i. m.* A 9 Hieronymus] *iter. i. m.* A

---

9 HIERON., *Hebr. quaest. in Gen.*, III, v. 16 (CC lat. 72, 6; PL 34, 943).
24 *Iudic.*, XIX, 2.
26 HIERON., *Epistola* CXVII, c. 6 (CSEL 16, 429; PL 22, 957).
31 *Ioann.*, XVI, 21.

Sed licet hoc verum sit de pluribus, non tamen de omnibus, secundum quod Augustinus, arguendo contra illam clausulam : *et ad virum erit conversio tua,* dicit : *Nonne multae* et *prope omnes mulieres absentibus viris suis pariunt, et post partum se ad illos non convertunt?* Sed hoc dicit Augustinus ut convertat se ad sensum moralem.

Et respondere debemus quaestioni Augustini, dicendo quod omnes se debent convertere, et si aliquae se non convertant, illae iura matrimonii infringunt. Sed intelligendum quod illa conversio non intelligitur facienda statim facto partu, et quoad hoc dicit Augustinus quod *prope omnes* post partum *se non convertunt.* Quod verum est, quia nulla pudica statim se convertit post partum ad copulam viri, sed debet exspectari dies purgationis in puerperio, quia in eis sentitur residuum doloris ex partu. Illis autem completis omnibus his, praecipitur ut ad virum sit conversio ipsarum, nisi forte ex consensu viri, secundum quod dicitur Iª <ad> Corinthios, VIIº : *Nolite fraudare invicem, nisi forte ex consensu ad tempus.*

Haec est ergo prima subiectio poenalis, qua mulier subiecta est viro habenti potestatem corporis eius. Et quia hac potestate mulier aequiparatur viro habendo similiter potestatem corporis illius, sed subiectio illa non sit illi in tantum poenalis,

Sequitur secunda subiectio, in qua mulier omnino viro subiecta est, et non e converso. Et potest induci per modum remotionis dubii, ut addatur ista clausula : *Et ipse dominabitur tui* : ne credatur mulier non aliter esse sub potestate viri, quam modo quo dictum est esse sub ipso : *et sub potestate viri eris* : est enim per hoc sub potestate viri, ut habeat potestatem corporis eius, in quo e converso ipse est sub potestate mulieris, licet hoc non sit poenale viro sicut mulieri, ut dictum est. Est autem sub dominio viri, ut habeat auctoritatem regiminis eius et provisionis, quae prius voluit eum regere et ei pro-|videre, porrigendo 249 rb
ipsi esum ligni vetiti.

Non alicuius principatus. Unde Ambrosius contra viros, qui dominium principatus quaerunt super suas uxores, dicit sic in Hexaemeron : *Adam per Evam deceptus est, non Eva per Adam. Quem*

---

51 habenti] -do A   56 Et ... tui] *subl.* A   58 et ... eris] *subl.* A

---

35 August., *De Gen. contra Manich.*, II, c. 19, n. 29 (PL 34, 211).
42 *Ibid.*
48 *I Cor.*, VII, 5.
65-66 Ambros., *Hexaem.*, V, c. 7, n. 18 (CSEL 32^1, 153; PL 14, 213 C).

vocavit ad culpam mulier, iustum est ut eum gubernatorem assumat, ne iterum feminea facilitate labatur. Et sequitur post pauca : *Sed tu, vir, depone tumorem cordis, asperitatem morum, cum tibi sedula coniunx occurrit. Propelle indignationem, cum blanda coniunx ad caritatem provocat. Non es dominus, sed maritus. Non ancillam sortitus es, sed uxorem. Gubernatorem te Deus voluit esse sexus inferioris, non praepotentem. Redde studio vicem, redde amori gratiam.* Unde et propter talem gubernationem bene potest vir dominari super mulierem in bonis temporalibus, in quibus eam habet regere; bene et decet ut mulieres viros suos « dominus » vocent; sed in aliis viri debent uxores honorare ut pares : Iª Petri, IIIº : *Mulieres subditae sint viris suis*; infra : *sicut Sara oboediebat Abrahae, « dominum » eum vocans. Viri similiter cohabitantes inferiori vasculo muliebri impertientes honorem tamquam coheredibus gratiae vitae.*

E converso autem quod uxor viro dominetur, omnino non permittitur. Unde de hac subiectione dicitur Iª <ad> Timotheum, IIº : *Mulier in silentio discat cum omni subiectione. Docere autem mulieri non permitto, neque dominari in virum. Primus formatus est Adam, demum Eva. Et Adam non est seductus, mulier autem seducta,* sed *in praevaricatione.* Quia igitur mulier tunc seducta est, et secum in praevaricationem virum duxit, ne de cetero seducatur, virum habet gubernatorem, <Ad> Ephesios, Vº : *Mulieres viris suis subditis sint, sicut domino, quia vir est caput mulieris.* Et <Ad> Colossenses, IIIº : *Mulieres, subditae estote viris, sicut oportet, in Domino.* Similiter, ne de cetero docere praesumat, virum habet doctorem : Iª <ad> Corinthios, XIVº : *Mulieres si quid volunt discere, viros suos interrogent.* Ceterum autem, quia in aliis par est, dicit Apostolus <Ad> Ephesios, Vº : *Viri debent diligere uxores suas, sicut corpora sua.* Et <Ad> Colossenses, IIIº : *Viri, diligite uxores vestras, et nolite amari*

---

68 facilitate] facultate A 75 decet] dicet *sed in* decet *corr.* A 77 IIIº : Mulieres] *iter.* A 79 impertientes] -em A 91 Corinthios] Colossenses A

---

68 *Ibid.*, v, c. 7, n. 19 (CSEL 32^1, 154; PL 14, 214).
77 *I Petr.*, III, 1.
77 *Ibid.*, III, 6.
82 *I Tim.*, II, 11-14.
88 *Eph.*, v, 22-23.
89 *Col.*, III, 18.
91 *I Cor.*, XIV, 35.
93-94 *Eph.*, v, 28.
94-95 *Col.*, III, 19.

esse ad illas. Unde et ex caritate dilectionis possunt eis servire, dominari tamen eas omnino permittere non debent, quia, ut dicit AUGUSTINUS Contra Manichaeos : *Vir debet feminam regere, nec eam permittere dominari. Quod ubi contingit, perversa et misera est domus.* Et hoc in Glossa : *Mulier in virum dominari non permittitur,* quia *nisi caveatur, depravabitur* natura *et augebitur culpa*; neque docere, quia mulier semel docuit, et totus perversus est mundus.

Sed obicitur, cum poena peccati non sit ante peccatum, et mulier etiam si peccatum non fuisset, sub viro esset, quod dicit AUGUSTINUS, Contra Manichaeos, supra secundo, super illud : « *Haec vocabitur virago* » : *Vocavit ergo mulierem suam vir, tamquam potior inferiorem.*

Dicendum ad hoc, quod potest esse triplex subiectio : naturalis, dilectionis, et conditionis.

Naturalis, loquendo de subiectione naturali, quae sequitur dignitatem status naturalis : sic homo superior et dignior erat, etiam ante peccatum, quam mulier, quia nobilior corpore, et firmior mente. Unde dicit PHILOSOPHUS, quod mulier est vas occasionatus(?), et est in ea quodammodo defectus naturae, sed naturalis et non poenalis, de qua procedit obiectio.

Loquendo vero de subiectione caritatis, procedit sic etiam : ut dicit hic AUGUSTINUS in Glossa : *Etiam ante peccatum facta est* mulier, *ut vir ei dominaretur, et ad eum conversa, serviret.*

Loquendo de servitute conditionis servilis, qua etiam homines serviunt hominibus : illa ex peccato venit. Unde MAGISTER in Historiis : *Nunc quidem viro subdita est conditione et timore, cui prius subiecta fuerat, sed amore.* Et hoc est servitus poenalis, et in quibus consistit, dictum est supra.

Sequitur poena viri : | *Adae vero dixit.* Et primo improperat culpam, 249 va
ut ostendat poenam iustam; secundo infligit poenam : *Maledicta terra.*

---

8 conditionis(?)] -ibus A : cf. J.F. NIERMEYER, *Mediae latinitatis* ..., p. 238 (n° 4). 23 Adae ... dixit] *subl.* A 24-25 Maledicta terra] *subl.* A

---

98 AUGUST., *De Gen. contra Manich.*, II, c. 11, n. 15 (PL 14, 204-205).
00 *Glossa*, (I, 102 E).
5 AUGUST., *De Gen. contra Manich.*, II, c. 12, n. 18 (PL 34, 206).
5-6 *Gen.*, II, 23.
12 ARISTOT., cf. *Metaph.*, VI, c. 9 (Z 1034 b 2-4).
16 *Glossa* (I, 102 E).
19-20 PETRUS COMESTOR, *Hist.-Gen.*, c. 23 (PL 198, 1074 B).

Peccati duplex tangitur conditio : consensus in voluntate; operis in trangressione.

Pro primo dicit : *Adae vero dixit* : improperando scilicet : ceterum expone ut supra. Nota litteraliter, quia supra dicitur : *Mulieri quoque dixit,* hic non dicitur : « Viro vero dixit », sed *Adae,* quasi nomine proprio. Unde hoc ? Responsio est, quod « Adam » est nomen commune humanae naturae ad marem et feminam, sicut hoc nomen «homo». Unde « Adam » interpretatur « homo », et poena quam hic infligit, communis est utrique sexui, licet principaliter hominis quantum pertinet ad laborem agriculturae, quia fortiores et aptiores ad illam. Poena autem supra assignata non convenit <nisi> mulieribus. *Quia audisti* : non tantum aure exteriori, dicta eius percipiendo, sed interiori, assentiendo. *Vocem uxoris tuae* : quam corrigere debuisti, sicut Iob suam, Iob II°, dicendo : *Quasi una de stultis mulieribus locuta es.* Et est hoc argumentum secundum AUGUSTINUM, quod mulier viro non tantum fructum obtulit, sed etiam comedere persuasit.

Pro secundo dicitur : *et comedisti,* etc. ; *tibi* : immediate, et propter hoc forte viro poenam improperat, quod non fecit supra mulieri, quia non nisi per virum mandatum acceperat.

Sequitur hominis poena, quae est afflictionis in vita. Circa quam describit duplicem causam afflictionis, quam homo in vita sustinebit; secundo utramque exponit : *Spinas.*

Et quia afflictio illa est laboris in opere, quae non causatur nisi per excellentiam obiecti circa quod operatur, quoad virtutem operantis, et ista fieri potest dupliciter, quia obiectum fit inoboediens magis ad opus suscipiendum, quam prius fuit, aut quia virtus operantis debilitatur, et secundum hoc describit hic laborem et afflictionem hominis in opere suo primo ex maledictione obiecti, qua factum est ei minus oboediens, secundo ex virtutis suae debilitatione, qua factus est minus potens.

Pro primo dicit : *maledicta* : id est malo addicta, quo repugnans facta est cultori humano, et punitur Adam in solo exercitio laboris in terra,

---

28 Adae ... dixit] *subl.* A 29 Nota ...] Quaestio *add. i. m.* A 30 Viro ... dixit] *subl.* A 31 Responsio ...] Solutio *add. i. m.* A 36-37 Quia audisti] *subl.* A 38 Vocem ... tuae] *subl.* A 42 et comedisti] *subl.* A 42 tibi] *subl.* A 47 Spinas] *subl.* A 49 quoad] quid ad A 56 maledicta] *subl.* A 57 cultori] -re A

---

39 *Iob*, II, 10.

40 *Glossa* (I, 99 B).

quia solum ex affectione terrena circa mulierem de fructu terrae comedit. Unde MAGISTER in Historiis : *Adam, quia in solo esu peccavit, in labore sibi quaerendi edulii punitus est.* Mulier autem aliis modis pluribus punita est, ut dictum est supra. *In opere tuo* : id est in subiacendo operi tuo : id est agriculturae, ut minus tractabilis sit, et cum maiori difficultate quam prius fuisset, nec gratis ferat fructus, sicut prius tulisset, sed nec semper ex aequo labori respondeat, sed cum operata fuerit, fructus suos non reddat : quasi dicat : quia male exaudisti uxorem tuam, terra tibi laboranti non respondebit reddendo fructus suos tibi utiles, sed potius nocivos.

Et nota quod hoc non est factum quasi terra mutata sit in naturali dispositione, sed quia terra extra paradisum, in qua positus erat, non ita apta erat agriculturae, sicut terra paradisi. Et contigit hoc valde rationabiliter. Postquam enim factus est inoboediens suo superiori, non debuit ei oboedire suum inferius, immo omne ius, quod in creatura habuit ex eo quod dixit ei Deus, supra 1° : *Et praesit piscibus maris*, etc., peccando iste amisit, et contrectando creaturam in usum suum, de cetero ei violentiam fecit, secundum quod dicit AUGUSTINUS in sermone(?) de natali beatae virginis : Postquam homo Deum contempsit et eius mandatis tumidus contraire non timuit, in ulla creatura, quam ad subsidium eius Deus instituit, iusto iudicio aliquid iuris amplius habere non debuit. Cum igitur et in contumacia sua contra Dominum rerum perstitit, et tamen usum rerum in subsidium suum retorquere non destitit, iniustitiam Deo, et Dei creaturae violentiam intulit et oppositionem, Aliter legitur illud : *in opere tuo* : non pro opere agriculturae in terra, sed pro opere peccati, quod homo commisit, pro quo terra maledicitur, et in ipso opere tamquam in causa suae maledictionis. Unde HIERONYMUS : « *Opera* » *hic non ruris colendi, ut plerique putant, sed peccata significant : in hebraeo habet*ur, *et AQUILA non* | 249 vb
discordat, dicens : « Maledicta humus propter te », et THEODOTION : « Maledicta, Adama, in transgressione tua ». Ceterum expone ut supra.

---

60 quaerendi] -ndo A   61 In ... tuo] *subl.* A   68 Et nota ...] Nota *add. i. m.* A   71 non] utique *sed exp. et* non *sup. lin* A.   75 Augustinus] *iter. i. m.* A   75 sermone(?)] secundo(?) A   76 natali] *vel* nativitate? A   82 in ... tuo] *subl.* A   84 suae] -a A   85 Hieronymus] *iter. i. m.* A

---

59 PETRUS COMESTOR, *Hist.-Gen.*, c. 23 (PL 192, 1074).
73 *Gen.*, I, 26.
75-76 AUGUST., *non inveni* : cf. *Epistola* 140, c. 2, n. 4 (CSEL 44, 157-158; PL 33, 539).
85 HIERON., *Hebr. quaest. in Gen.*, III, v. 17 (CC lat. 72, 6; PL 72, 943).

Sequitur poena hominis ex afflictione et labore suo prae virtutis suae in se debilitatione. *In labore* : id est virium fatigatione : quod non est nisi ex virtutis defectu, et excellentia obiecti circa quod operatur. Et ad litteram vis germinativa terrae propter hominis peccatum deteriorata est et homo viribus debilitatus est, et ita illud opus, quod modo est homini laboriosum quia viribus suis improportionale, tunc fuisset ei deliciosum quia omnino sub potestate virium suarum, ut dicit Glossa AUGUSTINI « *Hos esse labores* », *etc. Comedes ex ea* : id est acquires tibi quod comedere debebis, et non parvo tempore, sed *omnibus diebus vitae tuae* : id est quamdiu vives.

Sequitur expositio causarum afflictionis : primo illius ex parte terrae ; secundo illius ex parte sui : *et comedes.*

Pro primo dicit : *Spinas* : quasi dicat quia terra maledicta, quia *spinas et tribulos* usui humano non proficua *germinabit* in abundantia maiori, et ubi prius non germinasset, impediente terrae bonitate quae prius fuisset, et hominis bona industria ; *tibi* : ad nocumentum et gravamen tuum, et hoc quia *maledicta in opere tuo* erat terra ; et per haec duo intelligit omnia terraenascentia non ad profectum sed ad hominis gravamen.

Sequitur expositio causae afflictionis et laboris ex parte hominis, quam declarat duplici effectu : primus edulium eius, quod sibi debet acquirere ex cultu terrae ; secundus sudor superveniens ei in colendo terram.

Pro primo dicit : *et comedes herbam,* etc. : quas habere non poteris nisi ex laborioso terrae cultu, quia herbam homini convenientem non profert terra gratis, sed magno eius labore, sicut profert plures arbores. Ex hoc notatur, quod ante peccatum solum ex esu lignorum quae terra gratis profert, vixisset, et si homo usus fuisset illas, terra gratis protulisset, vel sine hominis labore sed cultura deliciosa ei. Et sumitur ibi *herba terrae* pro omni quod terra profert per agriculturam. Unde alia translatio : *Et edes* pabulum *agri* tui.

Pro secundo dicit : *In sudore* : qui resudat virtute caloris excitati ex labore evaporante corporis humorem, qui cutem exiens, frigore in

---

90 In labore] *subl.* A 95 ut] unde A 96 Comedes ex ea] *subl.* A 97-98 sed ... suae] *subl.* A 00 et comedes] *subl.* A 2 spinas et tribulos] *subl.* A 2 germinabit] *subl.* A 4 tibi] *subl.* A 12 et ... herbam] *subl.* A 20 In sudore] *subl.* A 21 cutem] -im A

---

96 *Glossa* (I, 104 D).

19 Cf. AUGUST., *De Gen. ad litt.*, XI, c. 38, n. 51 (CSEL 28[1], 373 ; PL 34, 450).

guttas comprimitur. *Vultus* : ubi sicut in parte corporis aptiori magis sudor apparet. *Vesceris pane* tuo : acquisito per illum labore circa cultum terrae maledictae. Nota quia per panem intelligit omne pertinens ad victum humanum per agriculturam. Et quantum durabit iste labor? *Donec revertaris* : resolutus per mortem *in terram*, materiale principium *de qua sumptus* : id est factus, quia unumquodque in id resolvitur ex quo componitur. Et dicit solum resolutionem in terram, quia principaliter erit in ipsam sicut principaliter secundum corpus factus est ex ipsa. Et hoc est quod sequitur : *quia pulvis es* : quoad generationem, quia factus principaliter ex terra, quae de se, sine humido continuante ipsam, pulvis est segregatus. *Et* ideo *in pulverem* : per corruptionem, quod est finis eius, quod comminatum fuit cum praecepto supra secundo : *Quacumque hora comederitis ex eo, morte morie*mini. Finis enim omnium quae naturaliter corrumpuntur, putredo, cuius finis est pulvis, remanente sicco discontinuo per humidi exhalationem virtute caloris putrefactivi exhalantis. Et est illud quod manet, terra pura. Unde alia translatio : *Terra es, et in terram ibis.* Et est id quod dicit : *In sudore,* expositivum eius quod dicit : *in labore*; hoc vero quod dicit : *donec revertaris*, etc., eius quod dixit : *cunctis diebus vitae tuae.*

Sequitur : *Et vocavit,* ubi insinuat poenam inflictam protoplastis propagandam esse ad posteros, et hoc per nominis impositionem factam mulieri cum ratione impositionis.

Et hoc est : *Et vocavit* : impositione. *Adam* : tamquam superior. *Nomen* : quo qualitas naturae eius agnosceretur. *Uxoris suae,* sub potestate sua scilicet acceptae.

Eva : | *id est vita* (Glossa interlinearis). Et ne putetur vana nominis 250 ra
impositio, sed competens qualitati et naturae rei, addit rationem impositionis secundum interlinearem : *eo quod mater esset* : non solum generans, sed continens et fovens secum in utero, in quo quasi una et eadem vita vivit fetus cum matre omnium viventium de ipsa pro-

---

22 Vultus] *subl.* A 23 apparet] *sublin.* A 23 Vesceris ... tuo] *subl.* A 26 Donec revertaris] *subl.* A 30 quia ... es] *subl.* A 32 Et ... pulverem] *subl.* A 32 pulverem] pulvere A 38 In sudore] *subl.* A 39-40 donec revertaris] *subl.* A 40 cunctis ... tuae] *subl.* A 41 Et vocavit] *subl.* A 44 Et vocavit] *subl.* A 44 Adam] *subl.* A 45 uxoris suae] *subl.* A 47 Eva] *subl.* A 49 eo ... esset] *subl.* A

33-34 *Gen.*, II, 17.

37-38 AUGUST., *De Gen. ad litt.*, XI, c. 38, n. 51 (CSEL 28[1]; PL 34, 450).

47 *Glossa interl.* (I, 104).

49 *Ibid.*, (I, 105-106).

genitarum : quasi dicat : ipsa debet vocari « vita », quia vita quam habet, mortalis scilicet et aerumn<os>a, ab ipsa communicatur omnibus viventibus. Unde AUGUSTINUS Contra Manichaeos : *Non vocat Adam mulierem suam « vitam », quia vivorum ipsa sit mater, posteaquam meruit mortem et mortales fetus destinata est parere, nisi quia illos fetus attendit scriptura, quos cum in doloribus peperit,* sit *« conversio* eius *ad virum suum ». Sic enim est illa « vita » materque vivorum.*

Unde et alia interpretatione « Eva » interpretatur « calamitas », quia est calamitas omni. Unde secundum MAGISTRUM in Historiis *forte post maledictionem imposuit ei* hoc *nomen, quasi plangens hominis miseriam : dixit eam « Evam », quasi alludens eiulatum parvulorum : masculus enim recens natus eiulando dicit : « a », mulier vero : « e »; quasi dicat : omnes dicent « e » vel « a » quotquot nascentur ab Eva.* Et potius ipsi matri, quam patri, attribuitur ratio talis « vitae », quia ab ipsa principium peccati, per quam vita nostra est mortalis et aerumnosa, et quia propagatio est penes materiam, cuius principium principalius est femina, quia passivum principium, vir vero activum magis, et quia vitam primam sumit fetus in utero, ubi continuatur cum matre et quasi vita communi cum matre vivit. Non sic cum patre, ut dictum est.

Sequitur Dei misericordia, quam exhibuit eis Deus, quos ultus est poena : *Fecitque Dominus.* Secundum continuationem autem AUGUSTINI ista pars infima(?) est expositoria praecedentis, significando vitam, cuius principium est Eva, esse vitam miseram et mortalem, per tunicas pelliceas quas Dominus eis contulit. Unde sic dicit : *Mors, quam omnes qui ex Adam sumus, coepimus debere naturae, illa ergo mors in tunicus pelliceis figurata est. Tamdiu* enim *in paradiso fuerunt isti, quamvis iam sub sententia damnationis Dei, donec ventum est ad pelliceas tunicas : id est ad huius vitae mortalitatem. Quo maiori indicio potuit significari mors, quam sentimus in corpore, quam pellibus* <*quae*> quandoque *pecoribus mortuis detrahi solent?*

Dicit ergo : *Fecit quoque* : ministerio angelorum, animalibus interfectis, quorum erant pelles, et pellibus subtractis; vel de alia materia

58 vivorum] vitiorum A 68 femina] feminae A 73-74 Augustini] Augustinus *add. i. m.* A 74 praecedentis] praesentis cedentis *sed* sentis *exp.* A 80 Quo] Quam A 81 maiori] -re A 83 Fecit quoque] *subl.* A

54 AUGUST., *De Gen. contra Manich.*, II, c. 21, n. 31 (PL 34, 212).
60 PETRUS COMESTOR, *Hist.-Gen.*, c. 18 (PL 198, 1071 B).
73-74 AUGUST., *De Gen. contra Manich.*, II, c. 21, n. 32 (PL 234, 212-213).

formatis : Glossa : *antequam eiceret* eos *de paradiso*. *Dominus* : dans eis signum recognoscendi mortalitatis suae poenam, vel in protectionem et tegumentum, miseratus eorum tamquam adhuc servorum suorum. Et *Adam et uxori suae* : ut communi vestitu communem poenam pro communi culpa recognoscerent. *Tunicas pelliceas* : de pellibus mortuorum animalium factas ad eorum *mortal*itatem significandam, secundum interlinearem; vel ad litteram : ad eos tegendum et protegendum. *Et induit eos* : significans eos maledictione mortalitatis indutos sicut vestimento, et ad statum bestiarum, de quibus erant pelles, per peccatum deductos.

Sequitur improperatio culpae in argumentum iustitiae et inflictionem poenae : *Et ait ad eos* : scilicet insultando, et peccatum, per quod poenam incurrerunt, eis insultando.

Et secundum Glossam *ironia* est : *Ecce Adam*, etc., *quasi* secundum interlinearem *nec illud quod volebat assecutus est*, et addit quod *factus est*, et replicatur in caput superbi, ad quem venit exitum quod a serpente suggestum est : *Eritis sicut dii*. Qua insultatione nos admonemur, quantum possumus cavere *superbiam*, sicut dicit AUGUSTINUS. Dicit ergo : *Ecce* : quasi dicat : in aperto est. *Adam*, qui terra es et in terram vadis (*Adam* enim interpretatur « rubea terra »), quia, ut dicit MAGISTER in Historiis, *de terra rubea conspersa factus es*. *Factus est* : ex esu pomi, secundum suasionem diaboli. *Quasi unus* : id est similis uni; *ex nobis* : quod indicat trinitatem, et intelligit scriptura similitudinem ad verbum vel filium, cuius appropriatur | scientiam boni et mali, 250 rb
quae istis improperatur : vel *quasi unus ex nobis* : secundum Glossam : *id est Deus sicut unus ex senatoribus* : *id est senator*. *Sciens*, etc. : per sapientiam scilicet, sicut et nos.

Vel potest totum hoc legi lectione propria dupliciter : primo modo

---

85 Dominus] *subl.* A   87 Et ... suae] *subl.* A   89 Tunicas pelliceas] *subl.* A   91-92 Et ... eos] *subl.* A   96 Et ... eos] *subl.* A   98 Ecce Adam] *subl.* A   2 Augustinus] *iter. i. m.* A   3 Ecce] *subl.* A   3 Adam] *subl.* A   6 Quasi unus] *subl.* A   6 unus] scilicet *add. sed exp.* A   7 ex nobis] *subl.* A   9 quasi ... nobis] *subl.* A   10 Sciens] *subl.* A

---

85 *Glossa* (I, 105 A).
91 *Glossa interl.* (I, 105 A-106 D); *Glossa* (I, 106 E).
98 *Glossa interl.* (I, 105 A); cf. *Glossa* (I, 106 E).
99 *Glossa interl.* (I, 105-106 A).
2 *Glossa* (I, 105).
5 PETRUS COMESTOR, *Hist.-Gen.*, c. 18 (PL 198, 1071 A).
9-10 *Glossa* (I, 106 E).

sic : *factus es<t>*, etc. : scilicet sciendo bonum et malum per experientiam, quae nos scimus per sapientiam; et est increpatio secundo sic : *factus es<t>*, etc. : id est talis factus, ut esset quasi unus ex nobis, deus scilicet, per adoptionem et gratia<m> sciendo bonum et malum, quae nos scimus per naturam sicut Deus summus per naturam. Et est simplex et propria lectio, unde alia translatio : ad scientiam *cognoscendi bonum et malum*; unde AUGUSTINUS Contra Manichaeos: « *Factus tamquam unus ex nobis » dupliciter intelligi potest : vel unus quasi et ipse deus, quod pertinet ad insultationem, sicut dicitur « unus ex senatoribus », utique senator; aut certe quia et ipse deus esset, quamvis creatoris sui beneficio, non natura, si sub eius potestate manere voluisset. Sic dicitur* « unus *ex nobis* », *quomodo dicitur ex consulibus, qui iam non est. Sed ad quam rem factus est tamquam unus ex nobis? Ad scientiam scilicet dignoscendi boni et mali, ut iste per experimentum disceret dum sentit malum, quod Deus per sapientiam novit.*

Sed quare Adam talia improperat, cum ea non credidit, cum ex promissis serpentis fuit deceptus?

Responsio est : quia ipse, caput mulieris, contra<di>xisse debuit, cum serpens illa promisit, et ideo tacendo visus est consentire, ideo ad ipsum, etiam pro muliere, in proprium rationabiliter profertur.

Sequitur : *nunc ergo*, ubi Moyses describit poenam damni homini illatam pro peccato, scilicet excommunicatio<nem> ab esu lignorum paradisi et expulsio<nem> ab ipso.

Et primo describit ordinem expulsionis; secundo prohibitionem regressionis : *Et collocavit.*

Primo describit damnationis sententiam; secundo executionem : *Eiecitque.*

Item primo describit expulsionis causam; secundo actum : *Emisit eum.*

Dicit ergo : *nunc ergo* : continua ad partem proxime praecedentem sic : quia non est sicut *unus ex nobis*, quod appetivit mulier, vel ad quod facti erant, vel quia est sicut *unus <ex nobis>* experientia poenae per suum delictum, et ideo indignus est ad esum ligni vitae et moram

---

13 factus es<t>] *subl.* A 15 factus es<t>] *subl.* A 21 insultationem] exultationem(?) A 28 Sed ...] Quaestio *add. i. m.* A 29 fuit] sive *sed in* fuit *corr.* A 30 Responsio ...] Solutio *add i. m.* A 33 nunc ergo] *subl.* A 39 Eiecitque] *subl.* A 40-41 Emisit eum] *subl.* A 42 nunc ergo] *subl.* A

---

18 Cf. AUGUST., *De Gen. ad litt.*, XI, c. 39, n. 53 (PL 34, 451).

19 AUGUST., *De Gen. contra Manich.*, II, c. 22, n. 33 (PL 34, 213).

trahendi in paradiso. Et est secundum Glossam « aposiopesis » : defectiva locutio, *quae irato vel turbato convenit* : cum enim secundum unam expositionem Dominus loquatur angelis, quorum ministerio homo expellendus erat de paradiso, principale verbum omittit : scilicet « videte diligenter » vel « cavete » *ne mittat*, etc., sic autem intelligendo, ut ipse Dominus loquatur. Totum hoc cum clausula praecedenti concludi debet sub illo, quod dicit ante clausulam praecedentem : scilicet : *et ait*, quasi dicat Moyses : Dominus ait illud totum, quod sequitur : *Ecce Adam*, etc. usque ibi : *Emisit eum*, ut ibi incipiat nova clausula, et ante illud sit punctatio et pausa. Quod videtur faciendum per hoc, quod li *mittat* est futuri optativi, et non requirit aliud verbum sibi subiungi cum quo contineretur omnino. Et secundum hoc ibi : *emisit eum*, manifeste incipit sermo Moysis recitantis factum Dei secundum hunc modum loquendi; clausula praecedens debet esse de parte ista, in qua describitur poena damni, ut primo describatur iusta causa huius poenae, secundo ipsa poena.

Vel potest ista littera legi in persona Moysis recitantis divinum factum cum sua causa. Et tunc est locutio perfecta, ut sit sensus : *nunc* : id est statim dicendo illud : *Ecce Adam. Ergo* : quia talis erat, ut prius. *Ne mittat*, etc. : suspensive usque ibi : *emisit eum*, ut sit propositio conditionalis, et ibi incipiat consequens. Sed tunc li *mittat* futuri optativi stat ibi improprie pro li « mitteret » (pro futuro subiunctivi), quem ponit alia translatio; similiter est de li *sumat* et li *vivat* : quasi dicat Moyses : ne hoc fiat ab homine, ideo Dominus *emisit eum*, etc. Et hoc est quod apertius dicit alia translatio sic : Et tunc ne porrigeret manum suam Adam ad arborem vitae et sumeret sibi inde, ut ederet et viveret in aeternum, dimisit eum Dominus de paradiso. Et isto modo melius clausula haec continuatur cum praecedentibus, | <quam> ut 250 va
supra est exposita.

Dicit ergo sive Dominus ipse praecipiens, sive Moyses recitans (non est vis, quis illorum dicatur loqui) : *ne forte*, etc. *Forte* dicit, non quia dubitet de eventu, an eveniret, si maneret, sed notat per hoc eventus possibilitatem, quia hoc de facili contingere posset, tum

---

50 ne mittat] *subl.* A 53 et ait] *subl.* A 54 Ecce ... etc.] *subl.* A 54 Emisit eum] *subl.* A 56 punctatio] cf. J.F. NIERMEYER, *Mediae latinitatis* ..., p. 872. 58 emisit eum] *subl.* A 63 nunc] *subl.* A 64 Ergo] *subl.* A 64-65 Ne ... etc.] *subl.* A 65 emisit eum] *subl.* A 66 mittat] *subl.* A 68 vivat] -veret A 76 ne forte] *subl.* A 76 forte] *subl.* A

---

46 *Glossa interl.* (I, 105 A-106 D).
70 *Non habetur in* SEPTUAGINTA III, 22-23 (p. 55).

quia tentatus posset accipere, sicut accepit lignum scientiae, tum quia ab illo prohibitus non est, licet sit indignus esu eius, propter quod ab ipso relegatur : *mittat manum*, etc.

Et est tota ista locutio : *ne forte mittat*, etc. usque ibi : *emisit*, ambigua, sive Dominus loquatur sive Moyses, et hoc propter illud *forte*, quod potest denotare eventum rei deflecti <in partem> negativam, ut li *ne* notet prohibitionem et stet in propria significatione pro « ut non », vel potest deflecti in partem affirmativam, ut li *ne* sit permissivum, et stet improprie pro « si ». Primo modo est sensus : *ne forte mittat* : id est ut non mittat, quia aliquando forte, manens in paradiso, tentatus ad esum, *mitteret manum*, etc., quia hoc nolumus : si loquatur Dominus; vel quia hoc non vult Dominus : si loquatur Moyses. Secundo modo est sensus : *ne forte mittat* : id est ut aliquando conversus ad paenitentiam mittat manum etc., quia hoc volumus : si loquatur Dominus; vel quia Dominus hoc vult : si loquatur Moyses. Unde AUGUSTINUS Contra Manichaeos : *Quod dictum est : « Ne porrigeret Adam manum suam » : etiam haec ambigua est locutio. Loquitur enim sicut cum dicimus : « Ideo te moneo ne iterum facias quod fecisti » : volentes utique ut non faciat. Et iterum sic : « Ideo te moneo ne forte sis bonus », volentes utique ut sis : id est : moneo te ne desperes quod bonus possis esse », sicut APOSTOLUS loquitur, cum dicit* : II^{a} <ad> Timotheum, II° : *« Ne forte det illis Deus paenitentiam ad cognoscendum veritatem ». Potest* igitur *videri propterea homo* ad *labores esse dimissus, ut aliquando porrigat manum ad arborem vitae, et vivat in aeternum. Manus autem porrectio bene significat crucem* : id est paenitentiam, *per quam vita aeterna recuperatur. Quamvis etiam si illo modo intelligamus : « Ne porrigat manum »* scilicet, *« et vivat in aeternum », non iniusta poena est post peccatum interclusum esse aditum ad sapientiam, donec Dei misericordia mensuris temporum reviviscat qui mortuus est, et inveniatur qui perierat.*

Et nota, quia istud(?) li *ne* notat propositionem conditionalem, vel cum antecedente intellecto in hoc verbo « cavete », si Dominus lo-

---

81 relegatur] religatur A 81 mittat ... etc.] *subl.* A 82 ne ... mittat] *subl.* A 82 emisit] *subl.* A 82 ambigua] *subl.* A 83 forte] *subl.* A 87 ne ... mittat] *subl.* A 93 Augustinus] *iter. i. m.* A 7 temporum] reminiscat *add. sed exp.* A 7 qui^{2}] mortuus est *add. sed exp.* A 9 Et nota ...] Nota *add. i. m.* A 9 istud] isti A 9 ne] *subl.* A

---

94 AUGUST., *De Gen. contra Manich.*, II, c. 22, n. 34 (PL 34, 213-214).
99-00 *II Tim.*, II, 25.

quatur, vel consequente significato in illo verbo quod sequitur : *emisit eum,* si Moyses loquatur. Et nota quod quando Deus loquitur ad angelos, ut sit coniunctio conditionalis cum antecedente intellecto, sensus est secundum praedicta unus talis : « Cavete ne mittat » : id est prohibeatis, nec permittatis si mittat; alius talis : « Cavete ne mittat » : id est non prohibeatis, sed permittatis si mittat.

Sed quia iste secundus sensus non videtur sapere historiam — nullo enim modo Dominus voluit quod ad litteram homo post peccatum ederet in paradiso de ligno, quamquam hoc voluit secundum mysterium iuxta hoc quod dicit Augustinus — idcirco non videtur hic proprius esse. Et similiter sensus secundus secundum quem Moyses loquitur et li *ne* stat affirmative, non est sensus litteralis, sed mysticus.

Idcirco magis sunt sensus illi convenientes, in quibus li *ne* stat negative praeter dictos sensus, in quibus li *ne* stat conditionaliter. Potest esse sensus facilior, ut li *ne* stet negative et prohibitive absolute, ut Dominus loquatur sub hoc sensu : *nunc ergo* : ut supra expositum est ; *ne mittat* : id est non mittat de cetero; *manum suam,* etc. : ut sit sensus : sententia assertiva et absoluta, cuius executionem statim Moyses describit, cum dicit loquens in sua persona : *Emisit eum*; sic et in aliis sensibus, secundum quos Dominus intelligitur loqui.

Et tunc distinguenda est littera sequens exsecutionis, quod primo describit Moyses, quomodo Adam propria voluntate quasi confusus recessit, cum dicit : *Emisit eum,* ubi alia translatio habet : « *Dimisit eum* », | secundo vero describit quomodo eum Dominus quasi excom- 250 vb
municando expulsit, ibi : *Eiecitque.* Et bene stant simul ista duo.

Unde pro primo membro dicit Augustinus Contra Manichaeos: *Dictum est : « dimisit », non : « exclusit », ut ipso peccatorum suorum pondere tamquam in locum sibi congruum videretur urgeri. Quod patitur plerumque malus homo cum inter bonos vivere coeperit, si se in melius commutare noluerit : ex illa bonorum congregatione pondere malae consuetudinis pellitur, et illi eum non excludunt reluctantem, sed dimittunt cupientem.* Dicit ergo secundum hoc : *emisit* : dimittendo

---

21 quem] quod A 22 stat] a *add. et exp.* A 26 nunc ergo] *subl.* A 27 manum suam] *subl.* A 27 ut] *subl.* A 29 Emisit eum] *subl.* A 33 Emisit eum] *subl.* A 35 Eiecitque] *subl.* A 42 cupientem] -iditatem A 42 emisit] *subl.* A

---

20 Cf. *supra,* p. 258, 97-00.

33 August., *De Gen. contra Manich.,* II, c. 1, n. 2 (PL 34, 197); II, c. 22, n. 34 (PL 34, 213).

36 *Ibid.,* II, c. 22, n. 34 (PL 34, 213).

exire, vel proprie loquendo expellendo, ut illud quod sequitur : *Eiecitque* sit expositivum eius quod est *emisit eum* : tamquam indignum tali habitatione vel tali cibo. *Emisit* autem *eum* Dominus ministerio angelorum.

De paradiso voluptatis : expone ut supra secundo. *Ut operaretur terram* : non sicut dictum est supra secundo de paradiso : *ut operaretur et custodiret illum*, sed *corporaliter* : terram colendo et in ea *laborando ut meritum redeundi sibi collocaret*, sicut dicit interlinearis.

De qua sumptus est : terram scilicet miseriae, relicta terra bonae vitae paradisi. Et creditur secundum MAGISTRUM in Historiis fuisse repositum *in agro Damasci*, ubi formatus erat et in terris illis vixisse et vitam finivisse. Erant enim, ut creditur, *Adam et Eva sepulti* in Hebron *in spelunca duplici*, ubi postmodum sepulti erant Abraham et Sara.

Sequitur : *eiecitque Adam* : Glossa : *quasi excommunicatum* : id est non permittendo eum diutius immorari, etsi voluisset. Translatio AUGUSTINI habet : *Et eiectus foras de paradiso, moratus est contra paradisum voluptatis*. Secundum litteram hanc non statim repositus erat in locum, ubi creatus est et postmodum commoratus, sed extra paradisum in terram propinquiorem, in qua forte aliquantulum moratus, sed postmodum declinans ad occidentem, forte quaerens maiorem aeris temperiem, reversus est ad terram formationis suae, vel forte quia spiritu prophetico scivit ibi Christum nasciturum.

HIERONYMUS autem illam litteram additam sub alio sensu et alia punctatione ponit et exponit. Littera eius est talis : *Et eiecit* Adam, *et habitare fecit contra paradisum voluptatis, et statuit cherubim* etc. Quam exponens dicit : *Alius sensus in hebraeo est*, quam hic legitur; <non(?) est(?)> autem dubium, quin Dominus et *habitare fecit ante paradisum voluptatis cherubim et flammeum gladium*, qui vertitur ut custodiat lignum vitae. *Non quod* ipsum *Adam*, quem eiecerat, Dominus

43-44 Eiecitque] *subl.* A 44 emisit eum] *subl.* A 47 De ... voluptatis] *subl.* A 47-48 Ut ... terram] *subl.* A 51 De ... est] *subl.* A 57 eiecitque Adam] *subl.* A 69 legitur] *sequitur lac.* A

47 *Gen.*, II, 8.
48 *Gen.*, II, 15.
50 *Glossa interl.* (I, 107 A-108 D).
52 PETRUS COMESTOR, *Hist.-Gen.*, c. 24 (PL 198, 1075 B).
57 *Glossa interl.* (I, 107 A-108 D).
59 AUGUST., *De Gen. contra Manich.*, II, c. 1, n. 2 (PL 34, 197).
66 *Glossa* (I, 107 A).

fecerit habitare contra paradisum voluptatis, sed quod, *illo eiecto, ante foras paradisi cherubim et flammeum gladium ponit ad custodiendum paradisi vestibulum, ne quis posset intrare.*

Hic quaeruntur duo : primum : si Adam vixisset in aeternum, si comedisset de ligno vitae; et quare de expulsione Evae scriptura nullam facit mentionem.

Ad primum dicitur, quod in rei veritate propter bonitatem et temperantiam ligni vitae, si Adam postea usus fuisset, diutissime vixisset, secundum quod modo usu eius creduntur vivere Enoch et Elias, semper tamen non vixisset propter continuam deperditionem et actionem contrariorum in corruptibili corpore. Unde quod dicitur hic : *Ne forte vivat in aeternum*, exponitur secundum hominis expositionem, qui forte hoc credidit : quod non est credibile, cum immensa scientia praeditus fuit. Aliter dicitur, quod aeternum ibi sumitur pro longo tempore, quia multo longiori tempore viveret homo de esu illius ligni, quam cuiuscumque alterius cibi, unde, ut dicit MAGISTER in Historiis, quaedam *sunt insulae, in quibus nullus moritur* : quod falsum est, licet in aliquibus terris magis *protelatur vita* quam in aliis. Dicit etiam, quod Alexander scripsit Aristoteli *de sacerdotibus* | *arborum solis et* 251 ra
lunae, quod esu pomorum illarum arborum *longissimam agerent vitam.* Vel potest dici quod Dominus quoad hoc ironice loquitur hic, sicut in praecedenti clausula.

Ad secundum dicendum, quod iam ante expulsionem posita est servitus sub potestate viri, ita quod ab ipso non posset se alienare, sed ad ipsum deberet esse conversio eius. Idcirco sufficit describere proscriptionem viri, ut per hoc intelligatur proscriptio mulieris, quia debuit sequi virum.

Sequitur praeclusio regressus, ubi primo describitur prohibens, secundo prohibitionis modus : *ad custodiendum.*

Prohibens describitur dupliciter : principale et instrumentale.

Pro primo dicit : *et collocavit* : ut quasi locati ibi firmiter manerent. *Ante paradisum voluptatis* : id est *ante fores* secundum HIERONYMUM, et ante introitum ubi possibilis esset transitus in ipsum. *Cherubim* :

---

80 diutissime] usus fuisset *add. sed exp.* A 81 Elias] Eliaas *sed in* Elias *corr.* A 1 ad custodiendum] *subl.* A 3 et collocavit] *subl.* A 4 Ante ... voluptatis] *subl.* A

---

88 PETRUS COMESTOR, *Hist.-Gen.*, c. 24 (PL 198, 1075 B).

90 *Ibid.*

4 HIERON., *Hebr. quaest. in Gen.*, III, v. 34 (CC lat. 72, 6; PL 23, 944).

id est angelorum multitudinem, quia forte circumquaque, ne alicui pateret ingressus.

Pro secundo dicit : *et flammeum* : ad litteram : ignem, puram figuram gladii praetendentem.

Quidam dicunt quod gladium appellaret ignem circumquaque cingentem paradisum. Melius est ut intelligamus ad litteram sicut littera loquitur, postquam sit aeque possibile. Ad litteram enim ponit ibi Deus talem custodiam, quae homini esset terribilis ex sola notitia, scripturae testimonio, quod ibi sit, licet per eum nihil umquam fiat. Vel, ut dicit Augustinus in Glossa : *Credendum est hoc per* angelicas *potestates in paradiso visibili factum esse, ut ibi esset quaedam custodia, non tamen frustra, sed quia aliquod de paradiso significat spirituali.* Sed hoc nihil ad historiam.

Gladium : in figura. Hieronymus habet «*romphaeam*», quae est gladius ex utraque parte acutus. Augustinus habet «*frameam*», quod idem sonat.

Atque versatilem : id est *qui vertitur*, secundum Hieronymum; sive qui *verti potest*, secundum Augustinum. Et exponunt quidam hoc : quia ex utraque parte acutus, et ita ad scindendum potest verti in utramque partem. Alii dicunt *versatilem*, quia averti posset, quasi non ad perpetuum ibi positus : unde aversus fuit in introitu Enoch et Eliae.

Sequitur prohibitionis modus : *ad custodiendum* : ab ingressu cuiuscumque, et si aliquis vellet et posset ingressum tentare, *ne quis posset intrare*, ut dicit Hieronymus. Et ideo sequitur : *viam* : per quam ire quis posset ut introiret. *Ligni vitae* et totius paradisi, per partem intelligendo totum. Non enim solus fuit interdictus ingressus introeundi ad illud lignum, sed omnino paradisum introeundum, sed potius nominat lignum vitae, quia cupiditate diu vivendi ad vescendum de

---

8 et flammeum] *subl.* A 19 Gladium] *subl.* A 22 Atque versatilem] *subl.* A 26 positus] *add. sed exp.* ad A 26 aversus] adversus A 27 ad custodiendum] *subl.* A 30 Ligni vitae] *subl.* A

---

15 *Glossa* (I, 107 A).

19 Hieron., *Hebr. quaest. in Gen.*, c. 3, v. 34 (CC lat. 72, 6; PL 23, 943).

20 August., *De Gen. contra Manich.*, II, c. 1, n. 2 (PL 34, 197); II, c. 22, n. 35 (PL 34, 214).

22 Hieron., *Hebr. quaest. in Gen.*, c. 3, v. 34 (CC lat. 72, 6; PL 23, 943).

23 August., *De Gen. contra Manich.*, II, c. 23, n. 35 (PL 34, 214).

29 Hieron., *Hebr. quaest. in Gen.*, c. 3, n. 34 (CC lat. 72, 6; PL 23, 944).

ligno vitae illuc ire libentius tentarent, quam propter aliud, licet hoc magis est eis in miseriae augmentum quam in remedium. Unde misericordia Dei fuit, quod hominem de paradiso exclusit, quia ibi vescendo de ligno vitae, diutius vescendo in miseria diutius perseveraret, quam extra minus vivendo, citius evadit.

<EPILOGUS>

In hoc ergo terminatur opus sex dierum cum requie diei septimae, supra, cap.º 2º a, interposita, secundum litteralem et historicum sensum expositum, omni alia expositione spirituali omissa.

Deo gratias, alleluia.

---

3 *Gen.*, II, 2.

TABLES

TABLE BIBLIOGRAPHIQUE DE L'INTRODUCTION

Manuscrits :

CATALOGUE SORBONNE (ms. PARIS, *Bibl. Nat.*, *Nouv. Acq. lat.* 99 (auparavant PARIS, *Arsenal*, d'abord au n° 1338 *Hist. Franç.* 855, ensuite au n° 1223) : cf. H. MARTIN, *Catalogue* ..., II, 1886, p. 353-354 (n° 1223)) (éd. L. DELISLE, *Le Cabinet* ..., III, 1881, p. 9-14; seulement le Répertoire méthodique de la grande librairie (f. 274-fin), reclassifié selon les places des manuscrits : P. GLORIEUX, *Aux origines* ..., I, p. 246-289).

NICOLAS GORRAN, Prologue au commentaire sur la Genèse (ms. OXFORD, *Bodleian Library, Laud. misc.* 161).

Imprimés :

ARBUSOW L., *Colores Rhetorici.* (*Eine Auswahl rhetorischer Figuren und Gemeinplätze als Hilfsmittel für akademische Ubungen an mittelalterlichen Texten*), 2., durchgesehene und vermehrte Auglage, hrsg. von Helmut PETER, Göttingen, 1963.

AVERROES, *Destructio destructionum Philosophiae Algazelis*, dans *Aristotelis opera cum Averrois commentariis*, Venetiis apud Junctas, 1562-1574 (édition anast., Frankfurt am Main, 1962), IX.

BARON R., *Études sur Hugues de Saint-Victor*, Bruges (1963).

BASCOUR H., *La double rédaction du premier commentaire de Maître Eckhart sur la Genèse*, dans *Rech. théol. anc. méd.*, 7, 1935, p. 294-320.

BEUMER J., *Erleuchteter Glaube. Die Theorie Heinrichs von Gent und ihr Fortleben in der Spätscholastik*, dans *Franziskanische Studien*, 37, 1955, p. 129-160.

CHEVALIER U., *Répertoire des sources historiques du moyen âge. Bio-Bibliographie*, 2 vol., Paris, 1905-1907.

DELISLE L., *Le Cabinet des manuscrits de la Bibliothèque impériale* [ensuite : *nationale*] ..., 4 vol., Paris, 1868-1881.

—, *Inventaire des manuscrits latins de la Sorbonne, conservés à la Bibliothèque impériale sous les numéros 15176-16718 du fonds latin*, Paris, 1870.

DONDAINE A., *Abréviations latines et sigles recommandés pour l'apparat critique des éditions de textes médiévaux*, dans *Bulletin de la S.I.E.P.M.*, Louvain, 1960, p. 142-149.

—, *Secrétaires de saint Thomas* (*Editores operum sancti Thomae de Aquino*, 1 vol. + 1 vol. de *Planches*, Rome, 1956.

DUIN J.J., *La bibliothèque philosophique de Godefroid de Fontaines*, dans *Estudios Lulianos*, 3, 1959, p. 21-36, 137-160.

ECHARDUS, Magister, *Die Deutschen und Lateinischen Werke* hrsg. im Auftrage der Deutschen Forschungsgemeinschaft. Die Lateinischen Werke. I. Bd, Fasz. 1 : *Prologi in Opus Tripartitum, Expositio libri genesis*; Fasz. 2 : *Expositio libri genesis et libri exodi, Prologus generalis in opus tripartitum*, Stuttgart-Berlin, 1937- 1938.

EHRLE F., *Beiträge zu den Biographien berühmter Scholastiker*, I, *Heinrich von Gent*, dans *Archiv für Litteratur- und Kirchengeschichte des Mittelalters*, 1, 1885, p. 365-401.

FABRICIUS J.A. - MANSI J.D., *Bibliotheca latina mediae et infimae aetatis*, 6 parties en 3 vol., Florence, 1858-1859 (Unveränderter Nachdruck, Graz, 1962, 6 parties en 3 vol.).

GLORIEUX P., *Aux origines de la Sorbonne* (*Études de philosophie médiévale*, 53-54), 2 vol., Paris, 1965-1966).

—, *Un recueil scolaire de Godefroid de Fontaines* (*Paris, Nat. lat. 16297*), dans *Rech. théol. anc. méd.*, 3, 1931, p. 37-53.

—, *Répertoires des Maîtres en Théologie de Paris* (*Études de Philosophie Médiévale*, 17-18), 2 vol., Paris, 1933-1934.

GÓMEZ CAFFARENA J., *Cronología de la « Suma » de Enrique de Gante por relación a sus « Quodlibeta »*, dans *Gregorianum*, 38, 1957, p. 116-133.

—, *Ser participado y ser subsistente en la metafísica de Enrique de Gante* (*Analecta Gregoriana*, 93), Rome, 1958.

HAVET L., *Manuel de critique verbale appliquée aux textes latins*, Paris, 1911.

HENRICUS DE GANDAVO, *Summae Quaestionum Ordinariarum Theologi recepti praeconio Solennis Henrici a Gandavo*, cum duplici repertorio, *Tomos Prior, Posterior*. Vaenundantur in aedibus Iodoci Badii Ascensii, cum Privilegio Regis ad calcem explicando. (Parisiis, 1518). 2 vol. (éd. anast., New York, 1953).

—, *Quodlibeta Magistri Henrici Goethals a Gandavo doctoris Solemnis : Socii Sorbonici : et archidiaconi Tornacensis. cum duplici tabella.* Vaenumdantur ab Iodoco Badio Ascensio, sub gratia et privilegio ad finem explicandis. Parisiis, f° (1518). 2 vol. (éd. anast., Louvain, 1961).

HENRICUS DE HERVORDIA, *Liber de rebus memorabilioribus sive Chronicon Henrici de Hervordia* edidit et de scriptoris vita et chronici fatis auctoritateque dissertationem praemisit Augustus POTTHAST. Gottingae, 1859.

HUET F., *Recherches historiques et critiques sur la vie, les ouvrages et la doctrine de Henri de Gand*, Gand, 1838.

JEAUNEAU É., *Gloses marginales sur le Timée de Platon, du manuscrit 226 de la Bibliothèque Municipale d'Avranches*, dans *Sacris Erudiri*, 17, 1966, p. 71-89.

—, *Gloses sur le Timée, du manuscrit Digby 217 de la Bodléienne, à Oxford*, dans *Sacris Erudiri*, 17, 1966, p. 71-89.

JOHANNES CAPGRAVE, *Liber de illustribus Henricis* edited by F. Ch. HINGESTON (in *Rerum Britannicarum Medii Aevi scriptores*), Londres, 1858.

LANDMANN M., *Ursprungbild und Schöpfertat. Zum platonisch-biblischen Gespräch*, München, (1966).

MACKEN R., *Hendrik van Gent's « Quodlibet I ». Tekstkritische uitgave. Weerlegging van een mogelijke eeuwigheid der wereld.* 2 vol. (pro manuscripto), Louvain, 1968.

—, *Les quodlibets d'Henri de Gand et leur exemplar parisien*, dans *Rech. théol. anc. méd.*, 37, 1970, p. 75-96.

—, *De radicale tijdelijkheid van het schepsel volgens Hendrik van Gent* (*In aanhangsel : kritische uitgave van Quodl. I, q. 7-8*), dans *Tijdschrift voor Filosofie*, 31, 1969, p. 519-571.

—, *La temporalité radicale de la créature selon Henri de Gand*, dans *Rech. théol. anc. méd.*, 39, 1972, p. 211-272.

MARTIN H., (*Catalogue général des manuscrits des bibliothèques publiques de France*). *Catalogue des manuscrits de la Bibliothèque de l'Arsenal*, 8 vol., Paris, 1885-1889.

MEYERUS J., *Annales Flandrici* (vol. I des *Annales sive historiae rerum belgicarum a diversis auctoribus ... ad haec nostra usque tempora conscriptae deductaeque ...*), Frankfurt a.M., 1580.

NIERMEYER J.F., *Mediae latinitatis lexicon minus*, Leyde, 1954 ss.

NEUMANN B., *Der Mensch und die himmlische Seligkeit nach der Lehre Gottfrieds von Fontaines*, Limburg, 1958.

[NOMENCLATURE], *Nomenclature des écritures livresques du IXe au XVIe siècles. Premier colloque international de Paléographie latine, Paris 28-30 avril 1953* (*Colloque international du Centre national de la recherche scientifique. Sciences humaines*, IV), Paris, 1954.

OMONT H., *Concordances des numéros anciens et des numéros actuels des manuscrits latins de la Bibliothèque Nationale, précédées d'une notice sur les anciens catalogues*, Paris, 1903.

PARENT J.M., *La doctrine de la création dans l'école de Chartres*, Paris-Ottawa, 1938.

PAULUS J., *Henri de Gand. Essai sur les tendances de sa métaphysique* (*Études de philosophie médiévale*, XXV), Paris, 1938.

PÉPIN J., *Théologie cosmique et théologie chrétienne* (dans *Bibliothèque de philosophie contemporaine*), Paris, 1964.

SALMAN D., *Algazel et les Latins*, dans *Archives d'histoire doctrinale et littéraire*, 10, 1936, p. 103-127.

SIEMIĄTKOWSKA Z.K., *Avant l'exil de Gilles de Rome. Au sujet d'une dispute sur les « Theoremata de esse et essentia » de Gilles de Rome*, dans *Mediaevalia philosophica Polonorum*, Varsovie, 7, 1960, p. 3-67.

SIMLERUS J., *Bibliotheca instituta et collecta primum a Conrado Gesnero, deinde in epitomen reducta ...*, Tiguri, 1574.

SMALLEY B., *A Commentary on the Hexaemeron by Henry of Ghent*, dans *Rech. théol. anc. méd.*, 20, 1953, p. 60-101.

—, *The study of the Bible on the Middle Ages*, Oxford, 1952.

SPICQ P.C., *Esquisse d'une histoire de l'exégèse latine au moyen âge* (*Bibliothèque thomiste* XXVI), Paris, 1944.

STEGMÜLLER F., *Repertorium biblicum medii aevi* (*Consejo superior de investigaciones científicas — Instituto Francisco Suárez*), 7 vol., Madrid, 1950-1961.

—, *Repertorium commentariorum in Sententias Petri Lombardi*, 2 vol., Würzburg, 1947.

TRITHEMIUS J., *Catalogus Scriptorum Ecclesiasticorum sive illustrium virorum, cum appendice eorum qui nostro etiam saeculo doctrissimi claruere*, Cologne, 1531.

TABLE ONOMASTIQUE

Caractères romains : noms des personnes.
Caractères italiques : noms des institutions et des lieux.

Introduction et apparat

Texte

TABLE DES SOURCES DE LA « LECTURA ORDINARIA »

Les chiffres en caractères romains renvoient aux citations non-littérales;
Les chiffres en italiques, aux citations littérales;
Les chiffres entre parenthèses, aux citations d'identification incertaine.
Les chiffres placés en exposant indiquent combien de fois une source est citée à la même page.

TABLE DES PLANCHES

TABLE DES MATIÈRES

LECTURA ORDINARIA SUPER SACRAM SCRIPTURAM

ANCIENT AND MEDIEVAL PHILOSOPHY. Series 2: HENRICI DE GANDAVO OPERA OMNIA

I. R. Macken, *Bibliotheca manuscripta Henrici de Gandavo.* I. Catalogue A-P, 1979, xviii + 677 pp.

II. R. Macken, *Bibliotheca manuscripta Henrici de Gandavo.* II. Catalogue Q-Z; Répertoire, 1979, pp. xix-xxii + 678-1306 + 34 extra-textual plates on glossy coated paper (pp. xxiii-liv).

III. R. Macken, *Bibliotheca manuscripta Henrici de Gandavo. Continuatio* (in preparation).

IV. R. Macken, *Henri de Gand (†1293), maître en théologie à l'Université de Paris, archidiacre de l'évêché de Tournai. Dates et documents* (in preparation).

V. *Quodlibet* I (R. Macken), 1979, xciv + 262 pp. + 12 extra-textual plates on glossy coated paper.

VI. *Quodlibet* II (R. Wielockx) (in preparation).

X. *Quodlibet* VI (G.A. Wilson) (in preparation).

XIII. *Quodlibet* IX (R. Macken) (in preparation).

XIV. *Quodlibet* X (R. Macken) (in print).

XVII. *Quodlibet* XII, q. 31 *(Tractatus super facto praelatorum et fratrum)* (L. Hödl) (in preparation).

XVIII. *Quodlibet* XIII (J. Decorte) (in preparation).

XIX. *Quodlibet* XIV (J.V. Brown) (in preparation).

XXXVI. *Lectura ordinaria super Sacram Scripturam* Henrico de Gandavo adscripta (R. Macken), 1980, xxxii + 290 pp. + 4 extra-textual plates on glossy coated paper.

XXXVII. *Syncategoremata* Henrico de Gandavo adscripta (H.A.G. Braakhuis) (in preparation).